资本之都

——国际金融中心变迁史

(1780—2009年)

Capitals of Capital

The Rise and Fall of International Financial Centres1780－2009

尤瑟夫・凯西斯(Youssef Cassis)/著

中国人民大学出版社
中国金融出版社
・北京・

中文版序言

在国际金融秩序发生了明显转变的历史时刻，《资本之都》中文版出版了。在21世纪的第一个十年，世界经济和金融形势主要有两个变化：一是新的经济和金融力量——中国的崛起；另一个则是，由于2007—2008年的金融危机，美国作为国际经济和金融强权正在日渐衰落。2000年以来的中国崛起和1900年美国的崛起非常相似。那么，在成为世界金融巨头的过程中，中国会走和美国相似的道路么？果真如此的话，中国又会以什么样的节奏和方式崛起呢？换句话说，纽约和伦敦能保持它们的世界领导地位吗？还是它们会被以上海为代表的发展中国家的金融中心超越呢？历史从来不会提供一个现成的答案。尽管如此，对18世纪以来国际金融中心的起落进行研究仍然可以揭示历史发展规律，从而预见未来。

如果从历史角度进行长期观察，可以归纳出三个主要的规律。第一，一座城市崛起成为国际领先的金融中心与其所在国家经济实力是密切相关的。1913 年，世界领先的国际金融中心（伦敦、巴黎、柏林和纽约）都是当时世界上最富有国家的金融中心。70 年后的东京以及取代柏林的法兰克福也是如此。从时间上看，即便某个金融中心稍微地落后于它所在国家的经济力量的崛起，这条规律仍然适用。第二，国际金融中心领导地位的轮换是非常罕见的。在过去 300 年中，仅有三个金融中心相继站在了国际金融体系之巅：17 世纪中期到 18 世纪晚期的荷兰阿姆斯特丹；19 世纪和 20 世纪初的英国伦敦及 1945 年之后的美国纽约（伦敦和纽约在第一到第二次世界大战期间，分享了世界金融的领导地位）。第三，由于世界经济的长期发展，这样的轮换，过程非常缓慢，而且往往是剧烈的国际经济政治动荡的结果——有时是国际金融危机，但更多的是世界战争。由于 1792 年到 1815 年的“法兰西战争”，阿姆斯特丹让位给了伦敦；1914 到 1945 年间，包括两次世界大战和经济大萧条的“20 世纪 30 年战争”又使伦敦让位给了纽约。

从这个角度来看，毫无疑问中国不久将拥有一个重要的国际金融中心。事实上，自从 1997 年香港回归之后，中国已经拥有了香港这个国际金融中心。然而，上海的崛起完全可以和 19 世纪晚期柏林、19 世纪末 20 世纪初纽约和 20 世纪 70 及 80 年代东京的崛起相匹敌，并真正地反映中国在世界经济中的新地位。与这三个中心类似，上海成为一个国际金融中心的推动力量更多地来自于国内而不是国际的金融活动。与伦敦不同，伦敦即使在大英帝国经济的高峰期，其推动力量仍主要来自于国际。上海和香港也不一样，香港的崛起是包括中国改革开放在内的世界经济全球化不可或缺的一部分。当然，上海要想增强它的国际影响力，还必须要满足一些条件，尤其是人民币的国际化和金融机构及市场的发展。然而，影响崛起的决定因素更多地取决于中国占全球经济的比重以及世界经济保持开放性。历史经验表明，一个国家的金融活动倾向于集中在单一的金融中心，因而对香港来说，从中期看它可能会被上海超越。但香港和上海作为国际金融中心的角色分工，也可能使得两者向纽约—伦敦这样的轴心体系发展。

另一个问题是，一旦上海最终取代纽约成为国际金融的中心，国际金融的重心是否会向东方转移呢？这种情况有可能出现，但是在中短期内则不太可能，而且这种可能性和2007—2008年的金融危机几乎没什么关系。上海要想追随18世纪阿姆斯特丹、19世纪伦敦和20世纪纽约的脚步，那么中国的经济规模必须要超过美国。什么时候会实现这样的超越呢？最近有人认为可能在2020年以前，也可能在2050年之前或更晚。不过，历史表明作为全球最大的经济体并非是拥有一个国际领先的金融中心的充分条件。当纽约在1914年开始挑战伦敦的时候，美国的GDP已是英国的2.5倍，人均GDP也比英国高了20%。然而，纽约仍然用了30年（包括两次世界大战）才最终完成了替代过程。到1945年，当纽约崛起成为无可争议的世界金融领导者的时候，美国的GDP是英国的6倍，人均GDP则为2.5倍。因而，上海或上海—香港的联盟还有很长的路要走。

在中短期，更可能发生的情形是金融秩序的多极化发展。随着一些以中国为首的发展中国家（特别是金砖四国）的经济比重的增加，它们将拥有具有世界影响力的金融中心。上海、孟买、莫斯科和圣保罗将会适时地（但未必同时）与纽约、伦敦、东京、法兰克福、巴黎、苏黎世、新加坡和中国香港一起，在国际金融体系中比肩而立。

尤瑟夫·凯西斯

2011年1月

序

“过去做得好并不能保证未来也做得好”，这个广为流传的警言频繁出现在各种投资学书刊上。它非常简洁地表明如下事实：金融从业者会将更多的精力集中在未来以及未来所能获得的收益上面，而不是沉湎于过去。但是，“向前看”并不意味着我们可以无视昨天的教训。虽然没有哪两个金融冲击是完全相同的，但它们的表现却惊人地相似：当投机泡沫突然破裂——无论是1673年的“郁金香泡沫”，1845年的“铁路泡沫”，还是2000年的“互联网泡沫”——投资者都会在没有征兆的情况下突然改变他们的想法，当危机达到最高点时，整个市场会陷入停滞状态。投资者面临的各种风险不胜枚举，但是无论他们怎样铭记这些过去的灾祸，也难以确切预测未来冲击的时间和程度。从这个角度来说，对于过去历史的了解虽然很有帮助，却并不是决定性的。

然而，除了大的金融冲击外，金融世界的规律性是显而易见的，它遵循着一个可预测的轨迹：日常业务、抵押物和资产的转移、证券交易、构建中介机构的组织体系和法律地位（这包括了一系列复杂的银行内部运营程序和一些金融行业运行机制中非常隐秘的细节）。实物资本和人力资本高度密集的行业的变化总是非常缓慢的。进一步说，在金融行业的竞争中，由于基础设施太过庞大且构建的成本极高，所以单独的“玩家”会很自然地把相关的活动集中在某个固定地点来降低成本，而这个地方常常靠近证券交易所。这种集中化的驱动力是如此强烈，以致最终导致了所谓的“金融中心”的诞生。虽然多数的金融中心只是把它们的业务限于一个较小的范围内，比如当地或者国内，但还是有少数把原先区域性的业务扩展到了世界范围，于是它们就成了国际金融中心，现实世界的“资本之都”。在这些地方，金融行业的运营标准迅速形成。而发生在这些地方的技术创新（有时这些创新太过超前，所以把它们叫做潮流和奇想可能更加合适）会迅速在这个行业产生巨大的影响。因此，每一个身处金融行业的决策者都应该了解这些中心的演化，金融中心演化的历史细节是那些想要进行金融创新的人的必要的背景知识，无论他所要进行的创新是局部性的还是整体性的，也无论他从事哪一类型的金融活动。这些资本之都还会继续主导全球金融市场，并进一步在其周围集中金融资源而边缘化那些较小的中心吗？抑或是这些国际金融中心将失去其重要性甚至逐渐被人遗忘，随着廉价的信息在世界范围内的即时可得和商务进程的高度标准化解体为忙乱的交易网络，就如有形的交易所一样一个接一个地消失？这两个问题可以有很多不同的答案，而策略投资和地点选择与这个答案密切相关。有时，对于以上问题的答案可以影响某个城市、区域甚至整个国家的命运。

作为一个有两百年历史的私有银行，日内瓦的 Pictet & Cie 银行经历了多次的危机、衰退和战争，积累了丰富的经验和优秀的传统。有趣的是，尽管日内瓦在世界范围内只能算作二流的金融市场，Pictet & Cie 银行的历史中一些关键要素却非常好地反映了世界一流的金融中心的发展。Pictet & Cie 银行创建于 1805 年，建立伊始是作为一家商业银行承担各种银行业务和交易操作。由于和日内瓦的其他私有银行保持了密切的合作关系，它逐渐演变成一家投资银行，并把它的主要资本投向各类风险行业，比如海运。这种情况一直持续到 20 世纪初它进入美国和墨西哥股票的信托业务之前。

最后，自 1910 年 Pictet & Cie 银行转向专营私人银行业务之后，它又在 20 世纪的后期把其业务延伸到机构资产管理并一直持续到现在：一个从事资产管理的小型的国际化的银行集团（注意不是单个银行，而是许多银行的复合体）。在历经了这些变化后，Pictet & Cie 银行仍然保持其作为一家私有银行的组织结构，而没有变成一家有限责任公司或者一家全能银行。许多 Pictet & Cie 银行在 19 世纪的合伙人现在担任抵押银行董事会的负责人，这些抵押银行成立的目的是为了平抑整个银行集团在扩张过程中出现的波动并进行银行间清算。可以理解，来自 Pictet & Cie 银行的故事是不能脱离日内瓦和私有银行这个背景的。这些从区域历史中继承下来的智慧和专业化的技巧，对于那些想要在当今的金融世界寻求发展和成功的银行来说是不够的，即使对于那些业务限于一个较小范围的银行来说也是如此。对于我们来说，战略规划和长期决策应该建立在对周围环境及其运作机制进行通盘考虑的基础上，这意味着我们必须对大型金融中心的历史作用和现在正扮演的角色有一个良好的认知。

不幸的是，有关"资本之都"的历史，尽管不乏关于特定区域或者城市的文章，但直到现在也没有一部称得上简明且易于理解的专门性著作。为了纪念其成立两百周年，Pictet & Cie 银行决定填补这个空白。完成这个任务的合适人选就是该领域的专家：历史学家 Youssef Cassis。他曾经在伦敦和格勒诺布尔（Grenoble）授课，现在是日内瓦大学的经济史教授，并当仁不让地承担了这项富于挑战性的工作。本书概括了世界上最重要的国际金融中心近两百年来的历史，展现了它们的发展趋势、人力网络和技术变迁，而正是这些细节一点一点地铸就了这些中心的今天。本书内容丰富，为那些想要了解这段历史的人们提供了非常好的资料，对于经济史学者也有很大的参考价值。我们坚信它将成为这个领域不可多得的参考书。

Claude Demole

Pictet & Cie 银行合伙人

前言

本书是为纪念日内瓦的大型私有银行 Pictet & Cie银行成立两百周年而作的。Pictet & Cie 银行的合伙人希望通过出版一部关于银行和金融史的学术著作来纪念这一时刻。这一支持学术项目的愿望展现了一种远见，这和日内瓦的人文传统不谋而合，且从 Pictet & Cie 银行不同寻常的悠久历史中也得到了印证。我提议写一部关于最近两百年来主要国际金融中心的历史著作，这是一个重要的研究主题。一直以来我都对这一主题有着浓厚的兴趣，并且也在我的一些著作中有所涉及，不过那些工作难以说是全面的历史研究。我要感谢 Pictet & Cie 银行的合伙人，特别是 Ivan Pictet 和 Claude Demole，是他们给了我这样的机会，使我能够完成这本书，这也许对于填补这一学术空白会有所帮助。

此书激起了读者的兴趣，因此出版社考虑再出版简装版本。不过，2007年夏天爆发的金融危机已经横扫所有金融中心城市，这是1930年以来最严重的金融危机。相关内容不容忽视，因此也要更新。我在最后一章里也加入了相应的章节，对当时究竟发生了什么事给出暂时的解释，并试图搞清楚当时的状况。同样地，本书最终结论中有关未来国际金融中心城市如何发展的部分也不得不重写：我从未预想到巨大的危机会以如此的形式爆发——为2004年末以来所罕见。书中也将简要讨论一下金融危机对于那些领先的国际金融中心城市的影响。

除此之外，本书没有进一步修改的必要。我写这本书主要是针对某些读者。在不牺牲学术严谨的同时，本书的行文尽量采取较为活泼的形式。这是一本历史学著作，以叙事为主。尽管如此，它还是在分析和诠释事件的同时引用了一些金融经济学的概念。我希望无论是经济学和政治学的学者还是那些认识到了历史的重要性的银行和金融行业的切身参与者，以及其他所有对于有重要影响力的国际金融事务感兴趣的人都能觉得这本书对于他们是有所帮助的。了解历史并不能保证好的决策和有效的解决办法，但是它让我们更好地理解当前所发生的事物。如果忽视了历史，也许错误也离我们不远了。

本书是一部富于创造性的复合体，不仅在于它本身的目的、长期的视野和比较性的分析方法，还在于它参考了大量的、现存的、最新的文献。在这里我要感谢我的同事和朋友们，没有他们的帮助和建议我不可能完成这项工作。还要感谢本书其他版本的译者和 Pictet & Cie 银行的员工们。当然，我对于本书中的错误负全部的责任。

Youssef Cassis

目录

引　言

1

国际金融中心早已是世界经济的重要组成部分。事实上，它们给所在国家和城市带来的好处，特别是在就业、收入和财富聚集这些方面，是相当诱人的（当然这一切也是有代价的：最明显的就是其强化了贫富差距）。[1]这些好处在所有重要的金融中心都得到了印证，纽约、伦敦、法兰克福、巴黎、苏黎世、阿姆斯特丹、香港、新加坡无一不是如此。然而，对于那些面临后工业时代竞争和挑战的发达国家，以及展现出良好发展前景的新兴市场经济体的二流金融中心来说，以上所提及的好处就不那么明显了。

那些重要的金融中心所达到的发达程度充分反映了担任这一角色所带来的好处。这种好处不仅仅局限于金融行业。当事关国家利益的时候，政客也往往会加入进来。最近一个很好的例子就是英国前财政部长戈登·布朗，难道不是他提出英镑加入欧洲货币联盟的五个条件之一便是保护伦敦金融城的国际竞争性的吗？

人们对金融中心的关注还反映在过去20年间这一领域的出版物持续增加上。这些作者（常常是经济学家或金融分析师）致力于对国际金融中心进行定义和分类，并把它们归为不同的等级。通过这种方式，他们试图找出国际金融中心之所以兴盛或者衰落的背后条件。然而，历史学家直到现
2 在也没有赶上这个潮流，这已经不是什么新现象了。不用追溯到远古时期，一提到今天的国际金融中心就会让人想起它们那辉煌而有时混乱的过去，某些过去可以追溯到18世纪甚至更早。不管怎样，重要的是，人们从它们身上学到了大量的经验教训，从而能更好地理解当下的发展。

历史学家们并没有忽视对重大历史事件的关注，但是直到现在他们都只是在某个特定的框架下分析这些事件。他们只是独立地研究某个金融中心（如伦敦）、某种特定的机构（如银行）、某个资本市场（如股票市场和保险公司）。自 Charles Kindleberger 于1974年[2]在国家的水平上从银行的角度来关注这些中心的出现这一开拓性工作以来，还没有任何历史研究把从工业时代到现在的这些国际金融中心作为一个整体的研究对象。本书试图填补这个空白。

什么是国际金融中心？华宝银行公司（S. G. Warburg & Co.，一个声名卓著的城市商业银行，现已并入 UBS）的主席 David Scholy 在1987年告诉他的听众说："虽然我们总是把这些金融中心描述得非常冠冕堂皇，但其实它们是很简单的事物。它们都需要足以弥补原来所出现赤字的资本，以及中介机构或者其他任何中介程序。"[3]这个定义是清晰的，虽然它的最后一点需要进一步说明。一个金融中心可以被看做是在一个特定的城市空间，一定数量的金融服务的集合体。或者，它也可以被定位为这样一个地方：这里承担了协调金融交易和安排支付清偿的工作。

不管是哪一个定义，这种聚集都可以被解释为经济学所说的外部性。换句话说，企业不需要改变内部的组织结构（例如与不断增长的生产相联系的经济规模），只需要借助于竞争效应或所处的地理位置就可以削减成本。对于一个金融中心来说，真正重要的是市场的流动性和有效性，是金融活动的多样性和互补性，是专业的服务（尤其是法律和会计），是专业性技术的应用，是人力资源的储备，以及最重要的一点：是对高质量信息的

掌握。

无论在国家层面、区域层面还是世界层面，我们都可以发现这种聚集。这取决于每个金融中心所提供的服务在地理上的覆盖范围。因此，不是所有世界金融中心都有着同等功能和同等重要性。于是，它们相互之间或多 3
或少的等级性成了大量文献的主题。例如，在 1981 年，美国经济学家 Howard C. Reed 给出了最早的国际金融中心的排名。这份排名是从 1900 年开始[4]，以十年或者十五年作为间隔，基于一些数量化的标准（比如外资和跨国银行的数量、相对的非居民储蓄等）给出的。他把所考虑的 80 个金融中心分为五种类别：其中有 40 个是附属金融中心，29 个是国家间金融中心，8 个是二流国际金融中心（包括法兰克福、香港、巴黎、苏黎世），纽约和东京是一流国际金融中心，而伦敦是唯一的超级国际金融中心。类似这样的研究方法都有其局限性。我们必须承认，这类文献提供了一种把大量金融中心放在一起进行比较的方法，但是，最终的结果是，作者只是给出了一些关于这些中心的很有限的信息。

其后的分析推进了对这一主题的研究。例如，Geoffrey Jones 稍稍修正了 Reed 的模型，他使用了质量更高的选择方法，并且把五个分类削减为三个：第一类是国家性的金融中心，它们是次区域性的，和其他金融中心的联系只是一种自然的双边关系；第二类是区域性金融中心，它们主要是为某个地理区域服务的；第三类是全球金融中心，它们的职能是真正意义上的世界性的。[5]Richard Roberts 建议采用一种相似的分类方法[6]，即在以上三类中再加入离岸金融中心。另一些分类更具功能性，例如 Gunter Dufey 和 Ian Giddy，他们将金融中心区分为位于大规模资本输出国的传统金融中心、用于国际资本流动的金融中心以及为非居民服务的离岸市场。[7]当然，这里所罗列的研究工作并不是全部。[8]

本书采取了一种不同的方法，毕竟本书的目的也与以前的研究目的不同。它并不致力于提供过去两百年间所有这些国际金融中心的排名、分类和历史。单就缺乏 20 世纪中叶以前的文献这一点而言，就使得上述工作变得不可能。本书集中笔墨于最重要的中心身上，这一点也正好和本书的书名《资本之都》相符合。即使世界经济瞬息万变，主要金融中心的数量却一直保持稳定，当然这不是严格意义上的不变。从 18 世纪起，在欧洲大概只有一半的中心对于金融领域产生了深远的影响：伦敦和巴黎、法兰克福（第二次世界大战前）和柏林（第二次世界大战后）。其他的几个影响区域 4

稍小：苏黎世（或者可以认为是苏黎世和日内瓦）、布鲁塞尔（特别是1914年前）、阿姆斯特丹（1800年以前和20世纪20年代），或许再加上卢森堡（作为一个离岸中心）。在世界水平上，则是伦敦、纽约（从19世纪末期开始），以及东京、香港和新加坡（从最近开始）。

本书的目的是对过去两百年的国际金融中心进行一个历史性的和比较性的分析，并把重点放在它们的兴衰变化上。本书不仅仅是基于一些事先定义好的标准给出一个排名，因为对于一个中心来说，赢得或失去地位（成为世界领袖还是次重要的中心）的原因是相当复杂的。这些只有在其特定时代的经济、政治和社会背景之下才能够理解。并且，为了更好地理解这些普适性的因素如何影响一个中心的发展，探究其内部的原理和运营是很有必要的。

一个国际金融中心的重要性主要取决于它的金融资本容量，以及其机构和市场容纳这些资本时的运作方式。这可以通过其所在国家的资本输出、资本市场的发展程度、主要金融机构的规模（即使这个中心的国际业务和国内业务难以区分，这个方法也是适用的）、外资银行的数量、所在国国内银行在国外开设分支机构的数量、市场的主要参与者所建立的正式或者非正式的关系网络的数量来进行衡量。当然一个更直观的度量是这个中心所提供的服务种类的多少，这和其重要程度是正相关的。作为银行和资本市场的补充，还有保险公司、金融公司、商品市场和专业服务。

这些现在被称作金融结构的机构和市场的运行、组织、作用，是国家结构的组成部分。各国现行的银行体系，特别是专业化程度，在这方面发挥了关键作用。这里由全能型银行主导的德国模式与由活跃资本市场补充的英国储蓄银行形成了鲜明的对照。

中央银行扮演了一个重要而且多样化的角色。在第一次世界大战以前，那些已经存在的中央银行（毕竟瑞士直到1907年才有中央银行，而美国的中央银行则是到1913年才出现）并没有准备充当最后贷款人，所以它们并没有完全承担现在所谓的中央银行的职责。而在第二次世界大战后，多数
5 的中央银行失去了它们的独立性，它们和国家的关系成为一个主要的争论话题。一国的金融结构同时也受到政府部门对银行业和金融业的管制的影响，而这些管制在不同的时间和不同的国家之间差别非常大。有的中央银行完全独立于政府，有的则是另一个极端：完全受政府控制。而且，我们必须考虑这些中心各自所处的货币条件。中心所在国的通货的角色和地位

（是硬通货还是软通货，是储备通货还是世界通货）对于该中心在世界范围的影响力有着巨大的正面或者负面影响，这种影响会随着汇率制度的不同（固定汇率制或浮动汇率制）而变化，且相对稳定。

对于一个国际金融中心的兴衰起落的理解，不能脱离其所在国家的经济和社会环境、这个经济体中金融行业所占的比重、政府部门相比于其他行业（特别是工业）对于金融行业的偏好、金融精英们所拥有的影响力。这里包含了很多基本元素，它们总是处在变动中。在推动国际金融中心发展的过程中，男人始终是占据主导地位的，无论是小职员、销售经理还是金融巨子。所有的这些因素，无论是制度上的还是人力资源上的，都为这些国际金融中心的成功创造了一个非常关键的氛围。而这些，又常常是难以数量化甚至难以察觉的。它们在这些中心展现自己特有的门槛、它们的传统、潜规则、人际网络、对外部世界的态度和独一无二的文化。

受世界政治和经济秩序变动的影响，这些因素自身的发展变动以及相互影响已经诠释了主要金融中心命运的起起落落。无论处于何时，战争时期还是和平时期，革命时期还是反革命时期，繁荣时期还是萧条时期，贸易高涨期还是衰落期，技术创新期还是创新匮乏期，都在影响着不同的国家，它们也以同样的方式作用于不同的金融中心。在本书中，上述这些因素组成了这些金融中心历史分析的主体架构。

本书按照年代顺序分为六章，这些不同的时期涵盖了世界主要的经济和政治历史阶段。在每个不同的阶段，这些金融中心之间的关系都有所不同。本书在阐述历史的同时也试着用这种关系的变化来解释这些中心兴衰的原因。

为国际金融中心写一部历史对于历史学家来说是一项相当有挑战性的 6
工作。国际化的运营（这是本书的主题）如何与国家性的活动区分？这个研究确切的目的是什么？它不是一部银行史，但也不能把这些在金融中心扮演关键角色的“玩家”排除在外。对于那些作为金融中心基础的资本市场、那些为金融中心“添砖加瓦”的股票交易市场以及其他的代理人、机构或者市场来说，这个道理也同样适用。金融中心的历史不能包括所有金融活动的历史，不会把视野仅仅局限于其中某一个细枝末节，所以它是中肯的、不偏颇的，但同时也是困难的。我们所描述的与事实完全一致，它也许是书写银行和金融历史的另一种方式，这种方式使我们可以抓住它的全球化的本性和它与其所处环境的关联性。

第1章　私营的银行家时代（1780—1840年）

7 对于Walter Boyd这个年轻的、充满野心的苏格兰商人来说，他注定要在18世纪80年代早期的欧洲三大国际金融和贸易中心——伦敦、巴黎和阿姆斯特丹崭露头角。到哪里掘到第一桶金呢？Boyd首先选择了巴黎。1785年他来到巴黎并在短短的几年间变成了当地最有影响力的银行家。然后，1792年，他不得不离开巴黎去了伦敦。在伦敦，他最初在为英国政府发行贷款上取得了辉煌的成就，接着度过了艰难的几年，但最后又从滑铁卢战役之中恢复了元气。[1]

Walter Boyd的经历相当清晰地反映了法国战争期间世界最主要的国际金融中心所发生的变迁，以及在19世纪初形成的国际金融秩序：伦敦的“一骑绝尘”，巴黎作为二级市场的崛起，阿姆斯特丹的日益黯淡，以及原本默默无闻的布鲁塞尔、法兰克福、汉堡和日内瓦的崭露头角。这种秩序的天性就是不稳定的。尽管如此，它在整个 19 世纪还是留下了自己的烙印。1870 年以后，柏林在某种程度上取代了法兰克福，而纽约则在 20 世纪崛起。

那位苏格兰银行家的跌宕起伏恰好揭示了“变革的年代”[2]——工业革命时代躁动的本性。工业革命于 1780 年左右兴起于英国，而后蔓延到美国和欧洲的西北部；与之相关的政治革命则由 1789 年秋天的巴士底狱革命引发，法国凭借让人信服的革命理念和强大的革命军队使得这场革命迅速蔓延到了欧洲的大部分地区。从现在看，那个时代的“革命”似乎是这样的：在工业革命[3]时期，英国的经济增长从未超过 2%；在许多方面，古老的政治制度未曾改变，并一直持续到了第一次世界大战时期（这主要是受到领主阶级的影响[4]）。但无论是从变革性的角度还是延续性的角度，我们都必 8
须承认发生在 18 世纪 80 年代到 19 世纪 30 年代的那些变化，这些变化深远地影响和改变了西方世界。

同样地，革命、战争和重建也在这些国际金融中心的身上留下了痕迹。不仅仅是它们之间的秩序，还包括它们的组织变更、新的制度安排和市场中“玩家”的更迭。我们将审视这些演进，它们在每个不同的中心都有着不同的发展过程。但是，无论这些不同点是什么，任何地方的商业活动都被一个相同的机构所引导：由商业企业、股票经理人和其他金融从业者组成的私有银行，当然其中的领导权不总是明晰的。除非其运作是以私有为基础的，否则所有这些都以合伙人的形式运作。

在 19 世纪最初的几十年间，私有银行在任何一个金融中心都占据主导地位，那是它们的黄金时期。除了中央银行，其他形式的联合控股银行从 19 世纪 40 年代才开始出现。在 19 世纪和 20 世纪的大部分时间，私有银行有一个非常显著的特点，那就是它的所有者常常也是它的经营者，并且，它们常常是家族企业，虽然从外部进入企业的人可以成为合伙人。它们的法律形式通常是合伙人制度或者一般合伙人制度，这两种制度中的合伙人都有无限的责任。当然，也存在有限合伙人制度或者联合控股公司，这些企业的执行者控制了企业的大多数资本。所以，私有银行是以其所有形式而不是其主营业务定性的。只是到了 20 世纪最后的 25 年，私有银行才多被看做专职于某个特殊领域——为富有者进行资产管理。这些业务原来是被分派给商业银行、资产管理公司甚至全能银行的。由于合伙人对不同的业务有着不同的策略选择。银行体系被赋予职能的方式（无论是官方的还是非官方的）也有所不同，这些都造成了银行针对不同业务的专业化。在主要的金融中心，这些活动无不紧密地与商业活动产生联系。在 19 世纪初，一个国际金融中心的主要职能是为国际贸易融资，当然也以货币交易、保险和海运作为补充业务。在 19 世纪末，其为国外政府发放贷款的业务变得越来越重要，但在此时这项业务的重要性仍然次于为贸易融资。

阿姆斯特丹的兴盛和衰落

9 阿姆斯特丹的衰落是非常迅速、剧烈的，在金融中心的历史上没有任何例子能出其右。同时代的人们把它的衰落归因于拿破仑一世时期的战争和法国对荷兰的占领。他们认为在荷兰 1813 年恢复独立后，旧有的秩序将会得到重建。但事实是，阿姆斯特丹再也没有回到其在 17 世纪和 18 世纪大多数时候作为当时世界卓越的贸易和金融中心的地位。

贸易和金融

实际上，阿姆斯特丹的衰落不是一夕之事。它作为世界贸易和金融中心的地位原本来源于荷兰经济在当时世界的领先地位。这一点正如那些在 19 世纪和 20 世纪取得成功的中心——伦敦和纽约——背后都有它们所在国家的强大经济作为背景一样。当 16 世纪末期，世界贸易的重心从地中海转向大西洋时，荷兰确立了其经济的领先地位。这一点从它高于欧洲其他国家的城市化水平、更加有效率的农业、更加先进的工业和更加充分发展的国际贸易上就可以看出。[5]在 1700 年，荷兰的人均收入超过了位列第二的英国的人均收入 50%之多。[6]荷兰的霸主地位以阿姆斯特丹成为当时世界最大的贸易中心为基础。那时，每天都有大量来自世界各地的货物和食品涌入这里。那些货物在这里被分类、交易、加工并最终分送各地，然后再进口，如此反复循环。这些贸易活动不仅仅植根于当地服务行业（主要如海运、保险和金融交易）的发展，也以制造业（包括船舶制造以及将原材料变为出口品如糖、肥皂、香烟和印花布的加工业）为基础。

18 世纪时由于世界贸易逐渐向伦敦转移，阿姆斯特丹作为金融中心那一套体系的基础逐渐被削弱。对于荷兰的商业从何时开始衰退这点有很多不同的意见。有些意见甚至追溯到 17 世纪 70 年代，但更可能的是 18 世纪

30 年代。然后又经过半个世纪的起伏，最终在 1780 年到 1784 年之间，与英国发生的战争给了这个国家的贸易致命的一击。阿姆斯特丹的衰落主要是由于国际竞争，特别是荷兰和英国之间的竞争。同时国与国之间日益稳 10
定的贸易纽带也使得阿姆斯特丹作为进出口港口的角色变得多余。为了恢复昔日的地位，荷兰政府采取了很多补救措施，包括在 1751 年取消关税（这使得阿姆斯特丹变成了一个自由港）。但是这些努力最终被证明是徒劳的。[7]在 1780 年左右，由入港船只的数量（使用这个指标的原因是它不但关系到货物贸易还关系到辅助服务，比如保险和对票据的承兑程度）可以明显看出伦敦作为一个贸易中心已经超过了阿姆斯特丹。[8]

即使它的贸易霸权已经不复存在，阿姆斯特丹依然把自己作为世界的金融中心。它的资本或为国际贸易提供融资，或投资于外国政府发行的债券。这部分是这个城市的商人们的策略选择，来自他们对新的商业机会的远见。从 17 世纪起，这里最有实力的几个商人开始承兑交易的票据，换句话说，他们承担起了对不同到期时间（这个时间取决于不同商人各自的需要）的票据支付的责任。在 18 世纪，贸易融资逐渐从贸易中脱离出来。首先，越来越多的商人从事为他人代理业务的活动，换句话说，这些人自己不承担买进货物然后再卖出的风险，而是扮演经纪人的角色。他们的存在连通了买家和卖家并从中赚取佣金。这使得他们可以使用更少的资本、出清更多的存货并把他们的剩余用于信用交易。其次，很多商人开始放弃有形的交易，专注于通过承兑票据来提供融资。1750 年，对于票据的承兑量达到了 2 亿弗罗林。上述两种金融活动都有这样的特征：和阿姆斯特丹的港口功能的联系越来越小，而和国际贸易的联系越来越大。

阿姆斯特丹的富商们也纷纷转向于在日后将变为国际金融中心最有声望的业务：发行国外债券。从 17 世纪中叶起，荷兰借给了其他国家数目可观的债务，这些国家包括奥地利、瑞典和英国。这一直持续到了 1688 年，从那以后荷兰主要对英国公债进行投资。但是资本市场真正的发展起始于 1713 年荷兰宣布政治中立。从那时起直到 1763 年的 7 年战争时期结束，发行的外国债券每年平均达到了 400 万弗罗林（也就是说总数达到了两亿弗罗林）并且这些钱基本流入了英国和奥地利。然后，在 1763 年到 1780 年间，这个数量进一步显著增长，达到了年均 830 万弗罗林，并开始流向整个欧洲，其中主要以丹麦、瑞典、俄国和德国的几个州为主。在其后的 15 年 11
（1780 年到 1794 年）荷兰国外债券发行达到了最高点，此时的年均债务发行额高达 2 000 万弗罗林。[9]这也是当时的市场领导者 Hope & Co. 银行最鼎盛的时期。这家起源于苏格兰后又迁至荷兰的银行成立于 1734 年。它大概用了 25 年的时间从一家从事多种贸易和金融业务的企业，成为一家专门从事交易票据和发行债务的银行。具体来说，它承销了 1767 年到 1787 年之间 10 笔瑞典公债的发行，以及 1788 年到 1793 年之间 18 笔俄国公债的发行。在 1780 年，它拥有 1 000 万弗罗林的资本，可能是当时欧洲最大的银行。[10]此外，在 1800 年，有 70 种债券在阿姆斯特丹的交易所里进行交易，它们分别由 14 个国家发行。即使是最保守的估计，当时荷兰的对外投资总额也有五六亿弗罗林的规模，是荷兰 GDP 的整整两倍。以同样的方式进行比较，在第一次世界大战前夕的英国，这个比例是 1.5。[11]总之，荷兰可以继续对海外进行重金投资，但是阿姆斯特丹的资本市场却不再扮演其在 18 世纪所扮演的独一无二的角色了。

金融中心的衰落

判断一个金融中心的衰落有多个标准。第一个标准是看其提供的金融服务的范围和目的。在阿姆斯特丹作为当时处于领导地位的国际金融中心的例子中，这个标准成为探寻其作为领导者时执行的国际角色有多少被弱化了。第二个标准是估计衰落的程度和结果，是相对的衰落还是绝对的衰落。失去第一的位置并不意味着市场的减小，且这种变化对于所有的银行和企业来说受到的影响也是各不相同的：有些可能会破产而另一些可能可以自我恢复。同时，审视这种变化对于整个城市甚至国内经济的影响也是十分必要的。毕竟，一个国际金融中心提供服务所获得的收入被认为是城市和国家收入的重要来源。最后还有第三个判断标准：什么策略被采用了？是不是屈服于这种变化然后去适应新的世界秩序？

整个 19 世纪甚至更早，一个国际金融中心所提供的最首要的服务总是围绕对国际贸易融资和发行外国债务展开。而在上述两个领域，阿姆斯特
12 丹的领先地位都逐渐移交给了伦敦和巴黎。[12]即使法律限制资本输出，在拿破仑战争期间，阿姆斯特丹的年均债务发行仍然保持着 500 万～1 000 万弗罗林。[13]伦敦则后来居上。在 1794 年，奥地利政府从阿姆斯特丹的银行家那里筹集了 250 万弗罗林的贷款，不过在同样的条件下，它没费多大力气就从伦敦借到了 5 000 万弗罗林，而且偿还期要长三年。这样的数字可以看出伦敦的资源已经比阿姆斯特丹更多了。在战争中丢失的市场再也无法收复。

从 1814 年到 1860 年，在阿姆斯特丹市场上流动的债务是 3.45 亿弗罗林，换句话说，是年均 750 万弗罗林。这与伦敦和巴黎相比非常少，而且也远远低于其自身在 18 世纪末的债务量。更加严峻的是，这些债务中的大部分（3.12 亿弗罗林）是为俄国政府发行的，并且基本被 Hope & Co. 银行所垄断，而剩下的又有一部分债务是为被伦敦拒绝的几个美洲国家发行的。正如 Joost Jonker 所说的，阿姆斯特丹从一个发行的市场变为了一个交易的市场。[14]这种衰落无疑是由于伦敦和巴黎之间的竞争造成的，但是阿姆斯特丹的银行和企业的经营不力也是另一个重要原因：它们不再拥有鼎盛时期所拥有的那些资源。最终，随着交易活动的减少，阿姆斯特丹的地位也逐渐被削弱。

虽然阿姆斯特丹在上述两个主要的金融活动中的地位越来越边缘化，但它在某些市场上的地位仍然相对重要，所以它对于境外的银行还是有吸引力的。首先，这里有票据和证券的交易市场。荷兰依然是资本输出大国，而且有大量的境外企业在阿姆斯特丹交易所（这是一个管制很松的市场，特别是进入交易的门槛很低）挂牌交易。有段时间这里只需要记录挂牌证券的名字而不需要企业资本的任何信息。从数量上来说，国外证券超过了国内证券：1820 年是 108∶28，1830 年是 110∶27，而 1840 年是 126∶34，大概有四倍的差距，而从价值上说，差距则没有这么大（这主要是由于荷兰国家公债比重较大的原因）。所以，阿姆斯特丹依然是进行证券套利的理想之地，并且在 19 世纪的前 50 年对境外的银行还是有很大吸引力的。它们中的大多数是位于法兰克福、科隆和柏林的德国犹太银行，这些银行往往 13
是联系安特卫普、布鲁塞尔、威尼斯、伦敦和纽约的网络中的一部分。[15]由于阿姆斯特丹的短期利率通常很低，这些外国银行可以利用其与欧洲其他市场的利差进行套利交易。更进一步地，它们利用阿姆斯特丹的货币市场来对其整个交易网络进行融资。[16]

证券市场上的投机无疑在很大程度上是被货币市场推动的。延伸证券（一种具有几个不同执行期限的证券）或伦巴德贷款（中央银行给商业银行的证券抵押贷款）是阿姆斯特丹的特有品种。[17]延伸证券被赋予可以把合约的执行推迟一个月的权利，除非双方中的一方取消合约，而且它是被名义价值超过优先权价值 10%的股份和债券背书的。为了避免交印花税和遵守伦巴德贷款所要求的条件，延伸证券在 19 世纪很受欢迎。整个延伸证券体系通过吸收存款发放贷款，在当时扮演了期货市场和银行的角色。它充满弹性而且被许多机构（无论大小）采用，这个市场为储蓄者和投资者提供了一个没有利率差额的中介，唯一的价差是借款者付给经纪人的佣金。尽管它的本性是投机的，整个延伸债券体系却风靡19世纪前50年，并且被认为是足够稳定的，因而对于保守的投资者（比如储蓄银行）也有很大的吸引力。也有观点认为这个市场是被威廉一世的金融顾问所控制，目的是为了在这个市场上提高一种不受欢迎的债券的流动性。对于阿姆斯特丹承担的国际金融中心这一角色来说，最重要的是这个延伸债券市场是境外投资者经常光顾的地方。从19世纪20年代起，法国和德国的银行家们就开始利用这里的低额短期利率来为自己在阿姆斯特丹的生意提供持续的资金。在19世纪30年代，英国的银行家们发行了以美国债券为基础的债券，这些是无法靠他们自身的力量完成的。

因此，阿姆斯特丹保持了一两个领域的真正的国际市场，这是它早先的几十年所享受的世界领先地位的残余。然而总的来说，对于境外债券的发行，失去领先地位是和国际商务总量上的吸引力相伴的（这一点可以从大银行的办事处和企业的巨大建筑看出）。在1773年，它们当中最大三家银行的总资本大概有3 000万弗罗林[18]（当然这个数字可能被高估了），将近50年后的
14 1820年，这个数字（可能被低估）大概是1 300万弗罗林，并且在1835年跌到了1 000万。[19]虽然有少数银行做得比其他的更好，但是它们在世界金融体系中扮演的角色的重要性却在下降：在1790年，阿姆斯特丹大银行所拥有的资本是超过它们在伦敦的竞争对手的；然而在1840年，除了Hope & Co.银行以外，它们大概只能达到英国地方银行的平均水平。[20]另一点值得注意的是，虽然国内贸易涉及的企业数量从1 759家上升到2 452家[21]，大银行和企业数量在19世纪前50年的增加速度仍非常缓慢：从1826年的140家到1850年的145家。这意味着它们适应了新的形势：国内的经济有着更高的利润。这是国际金融中心衰落的标志。更进一步的是，更多的专注于国内经济的新机构被创立，比如1806年的Associate Cassa——是这个国家的第一个联合控股银行，以及1814年的以英格兰银行为参照设立的荷兰银行。

防御策略

于1824年成立、拥有3 700万弗罗林资本的荷兰贸易公司的目的，是加强与荷属印度群岛殖民地的贸易联系。这在很大程度上是一个重建策略。然而，这个策略并没有对那些削弱阿姆斯特丹作为一个贸易港的市场角色（这恰恰是阿姆斯特丹17世纪和18世纪兴盛的原因）的因素产生实质性的

影响。那些作为这个城市的经济和政治精英的、实力雄厚的商人和银行家也只能像他们 18 世纪中期的先辈们那样遵守旧有的秩序。他们因拒绝变化并且盲目地墨守“光辉”传统（这是可以理解的，因为所谓的过去还并不遥远）而饱受批评。当然用集体破产来形容当时的情况也是不准确的，有相当多的企业还是存续了下来，不过这些企业都是那些有足够活力、敢于创新的企业。其实在当时的阿姆斯特丹，一个企业要存活下去除了上述的策略是别无选择的，因为周围的不利因素是前所未有的多。

模仿早先的荷兰东印度公司，荷兰贸易公司在威廉一世的新重商主义框架下运行。威廉一世也是荷兰贸易公司的最大股东。公司运营的目的是通过复制整套曾使阿姆斯特丹成为国际金融中心的出口港贸易体系，以及 15
利用被赋予的特权，使殖民地贸易取代全球贸易的地位。在 1830 年和 1850 年之间，荷兰贸易公司和荷属印度的贸易来往以年均 5.4%的速度（这个速度高于其他的经济活动的增长速度）增长[22]，其中一半以上的贸易要经过阿姆斯特丹，这对于依靠城市贸易扩张的制造产业和服务产业的复兴来说是大有帮助的。然而，尽管荷兰贸易公司对于整个国家的经济影响基本上是正面的，但它的成功还需要从长远的视角来看。这个公司的成立可以说是源于威廉一世对于国外竞争的自然反应，它实际上在一个阿姆斯特丹的商人们仍然很有竞争力且可能做得更好（无论是交易量方面还是盈利性方面）的领域形成了垄断。[23]

尽管如此，阿姆斯特丹总算是通过一种殖民地式的倒退的政治手段暂时地止住了自己的衰落。从城市人口数量来看，1795 年大约是 221 000，复苏前夕的 1815 年只有 180 000，而 1849 年这个数字达到了 224 000。虽然国外移民数量和最高峰时期相比还是有些差距，但此时阿姆斯特丹的人口数量还是超过了其在被法国占领前的水平。虽然这个国家经济增长的速度确实非常缓慢，但其聚集的财富是不会在一夜之间消失的：在 1820 年荷兰的人均收入位列世界第二，仅次于英国，而且发生在 19 世纪后半段的经济复苏使得荷兰依然是当时世界上最富有的国家之一。阿姆斯特丹作为世界金融中心的衰落是应该放在那个时代的大背景下来思考的。

伦敦金融城的崛起

19 世纪到来的同时，伴随着伦敦作为顶级国际金融中心的崛起。这并没有出乎人们的意料。英国的扩张主要源于18世纪其在世界经济中建立的主导地位，以及拿破仑战争之后其惊人的地位巩固方式。在已经拥有了巨大的贸易力量和大片的殖民地之后，英国在18世纪最后三分之一的时间里成为工业革命的摇篮。在英国产生的一系列技术创新（比如纺织机的发明、煤炭在冶金工业中的应用以及用蒸汽作为动力）改变了世界的生产方式，它们使获得巨大的生产盈利成为可能，从而给了这个国家决定性的竞争优
16 势（特别是在纺织业），并且使可观的资源从农业转入工业。英国在19世纪上半叶保持并加强了自己的领先地位，这可以从它的工业产量、用于技术创新的资本量、贸易额、居民收入（在19世纪60年代，这个指标达到了欧洲大陆的两倍）看出。因此，伦敦的主导地位是建立在这个时期英国的经济实力或者超级实力之上的。

在19世纪前三分之二的时间里，英国既扮演了世界工厂的角色，又扮演了世界银行家的角色。但是这两个角色之间的联系并非必然。首先，在地理上北方的工业基地和东南部的金融中心、服务中心是分开的；其次，金融革命与工业革命之间的时滞很长，所以那些造成金融革命的因素在工业革命发轫前就已经存在了。

金融体系的诞生

18世纪金融革命对公共部门的影响远大于对私有部门的影响，其中的原因在于战争对融资的需要远超过贸易和工业对融资的需要。[24]这场金融革命包括政府融资的现代体系的建立（紧接着荷兰的威廉在1688年就任国王）和1694年英格兰银行的设立。[25]作为政府的银行，英格兰银行承担了管理国家公共债务的责任。同时，作为一个私人机构，它的收益也来自于商业银行业务和发行银行券的特权。有了公债后，国家的借款机会大大增加。1697年的公债为1 450万英镑，并在每次战争后保持了稳步增长（西班牙继承之战、奥地利继承之战以及7年战争），1763年达到1.32亿英镑，1781年达到1.88亿英镑（美国独立战争）。

金融革命也带动了能够吸收储蓄的资本市场的发展，在这里交易的不单单是政府债券，还有大型联合控股公司（比如英格兰银行和东印度公司）的股票。在那段时间里，这些证券交易的代理商占据了以商品交易为主的皇家交易所的一部分地盘，这个交易厅是根据 Thomas Gresham 的建议于1571年建造的，并于1666年的伦敦大火灾后重建。但后来，因为其产生巨

大的噪音并且被认为纯粹是在进行投机活动，所以这些证券代理商被其他的商人赶走了。1698 年他们搬到了“兑换街”，这条街位于伦巴大街和科恩 17
希尔大街之间。这里有很多客栈，这对于和客户进行交易非常有益，证券经纪人和其他的监管者在 1773 年决定把这里叫做“证券交易所”。

18 世纪也是英国的海外贸易飞速增长的时期，1700 年至 1780 年对美国贸易量翻了一番。这一趋势大体上可以用三个现象来解释：国内对于美洲和亚洲的消费品（糖、竹子、茶叶和咖啡）以及北欧的原材料（特别是木材）的需求的增长；美洲和亚洲消费品对欧洲其他国家的再出口；最后是日益增长的美洲和非洲殖民地的市场（这些地方都是留给英国商品的）。[26] 但是，商业扩张同时也得益于英国海军坚固的霸主地位和英国新增了在加拿大、西印度群岛和印度的殖民地（这些殖民地补偿了因美洲殖民地失去控制权而带来的损失）。虽然，伦敦的增长速度相比于英国的其他港口（布里斯托尔、利物浦和格拉斯哥）并不显著，但它却是这场使服务业显著发展的“商业革命”当之无愧的“心脏”。

首先，伦敦是商品交易市场。虽然皇家交易厅仍然是这个城市的交易者们最主要的聚集点，更加专业化的市场也在它的旁边特别是它旁边的咖啡馆里出现，但在这里交易依旧被执行，新的信息依旧被分享。它们对于英国的地位就如牙买加之于西印度、耶路撒冷之于东方、弗吉尼亚之于美洲殖民地以及波罗的海之于东北欧。[27]

其次是保险业，它起始于海运保险市场。劳合社海上俱乐部的起源颇具传奇色彩，其原因部分是由于法律影响。这一切都从托尔大街的 Edward Lloyd 的客栈开始，这个客栈地处伦敦城靠近港口的部分。没有人真正知道其最早成立的日子可以追溯到什么时候，但可以肯定的是它在 1688 年到 1689 年间就已经存在了。航海家经常光顾这里，不过他们是来谈生意而不是来放松的。具体来说，它是一个进行船舶交易和拍卖酒的地方。保险业务何时在这里兴起还不确知，但是这项业务在 1721 年到 1742 年间 Robert Walpole 政府统治下的商业繁荣时期（也是奥地利继承之战时期）以及在 18 世纪下半叶得到了相当大的发展。同时，这个客栈从一个会面地点变成了一个注册会员联盟。1769 年有一些注册会员离开了 Lloyd 客栈（这里越来 18
越多的交易只是限于少数年迈的精英人士之间）并且成立了新的 Lloyd 客栈。他们选出了一个委员会并于 1773 年搬入了皇家交易厅。[28] 除了 Lloyd 海上俱乐部在海上保险业中近乎垄断不谈，第一家大型保险公司成立于 18

世纪初。皇家交易厅保险公司和伦敦保险公司都在1720年拿到了皇家牌照，在海运、人寿和火灾保险领域开展了自己的业务。[29]

最后，伦敦的银行业务也相当活跃。正如我们所知，这些业务仍然和那些把交易票据作为主要信用工具的贸易联系紧密。同时，一种更加自治的银行形式——伦敦的私有银行得到了长足的发展。它们的所有者们是那些从17世纪就扮演银行家角色的金匠们。他们收集抵押品、授权债券、贴现交易票据和发行可以替代第一银行券的收据。在18世纪后半段，私有银行的数量猛增——从1750年的不足30家到1770年的50家以及1800年的70余家。

在最开始的时候，伦敦金融城的银行家和伦敦西城的银行家之间的专业分工有所不同[30]，前者在数量上更多。[31]他们收集抵押品，为商人发行的交易票据贴现，并且为证券经纪人和这个城市的其他各种经纪人提供短期融资。从18世纪末期开始，这些银行也扮演地方私有银行（它们的数量增长迅猛：在1750年时只有十来家，而到了1810年，这个数字至少达到了650家，甚至可能多达780家）在伦敦的代理人的角色，并且也负责自身的投资和交易的运营。西城集团（包括皇家的金融代理人 Coutts & Co.）和拥有土地的权贵阶级联系非常紧密，它为其管理资金并向其发放贷款（通常数目很大）。最后，在18世纪末期，出现了第三类的金融中间商——票据经纪人。他们是正在形成的英格兰银行体系中虽然微小却非常关键的一环。票据经纪人从事交易票据的经纪业务，他们为银行贴现票据，并从中赚取佣金。以这种方法，他们把在农业地区供应充裕却缺少使用机会的资金经
19 过伦敦调转到了大量需要资金而当地的资金供应又不足的工业区。他们支撑起了接下来的一个世纪在伦敦发展起来的巨大的贴现票据市场。

这个城市的金融体系（换句话说，它能够提供的服务的综合体）在18世纪的中间段已经渐入佳境。然而，阿姆斯特丹仍然控制着国际市场。这一点在一个金融中心所承担的两个主要功能上得到了证明：对国际贸易进行融资和向国外政府借款。在这两个领域，英国政府和英国的商人们仍然依靠阿姆斯特丹。情况在18世纪80年代得到了改变，英国通过加强与本国殖民地之间的贸易联系，商人逐渐独自对美国的出口进行融资。至此，在与荷兰的竞争中英国占了上风。[32]1780年到1784年的两国战争后，荷兰的船只彻底从波罗的海消失了。这给了荷兰的霸主地位有力的一击，但是彻底的角色反转发生在法国战争之后。

法国战争

就国际贸易融资而言，在 18 世纪之初，交易票据的使用变得普遍，这些票据吸引了来自伦敦和利物浦的商人。私有银行家 Henry Thornton 在 1802 年时就认为伦敦已经成为了“欧洲和世界的贸易首都”。[33]这个称号在当时还名不副实，但到了 1836 年，伦敦票据交易的总交易量达到了大概 3 000万英镑到 4 000 万英镑，其中有一半是和盎格鲁美洲之间的交易。[34]承兑一张交易票据意味着如果这张票据的开票人违约则必须在票据到期时（一般在 3 个月之内）替其支付。这项业务在当时已经不新奇，但是它越来越多地被专注于此项信用业务的银行所承担，从 19 世纪 20 年代起尤为如此。在最开始时，从事这项业务的有各式各样的企业，或者换句话说，从事这项业务的企业同时还直接进行着买卖商品的生意。而且它们中很大一部分在 1850 年甚至更晚（整个 19 世纪末期）还保留了这种经营方式。多亏了它们的商业知识和那些或远或近的与它们进行交易的商人的良好财务基础，使得它们能够分辨票据的“好”与“坏”。所以，它们开始接受越来越多的票据，直到这项业务变成了它们的主要业务。然后，它们开始接受房 20
屋抵押，这在现代商业银行中已经很常见。例如，在巴林兄弟公司，上述融资业务所得到的佣金数量在 1830 年达到了其总盈利的 50%～65%，20 年后这个比例达到了 75%。[35]

同时，欧洲各国的财政状况使得它们不得不靠借贷维持，而它们除了伦敦之外也别无选择。伦敦银行家和金融家对于发行国外证券的经验尚不丰富，其历史只能追溯到革命战争之前。在 1794 年，Walter Boyd 承担了奥地利第一笔发行 300 万英镑债券的业务。由于这次业务有许多不平常之处，而原来的经验又非常有限，他在寻找贷款方时遇到了很大的困难。即使是这样，伦敦仍然显示出了其他地方无法比拟的优势。正如 Walter 在给 Pitt 的信中写道：“我们怎么能放弃它作为欧洲银行家的优势呢?”[36]伦敦的学徒身份一直延续到了战争时期，在这期间巴林兄弟公司成为当时伦敦整个行业中最有影响力的公司。但是，它依然是在另一家拥有丰富经验的国外公司监护下的学徒，那就是来自阿姆斯特丹的 Hope 公司。它们两家企业在业务上往来甚密。例如，1802 年这两家公司为葡萄牙政府发行了 1 300 万弗罗林的债券，其中包括巴林兄弟公司在伦敦市场上费力筹集到的 500 万弗罗林。次年，它们共同承担了一个更加重要而且也更负盛名的交易——为美国从法国手中购买路易斯安那州进行融资。[37]执行的方法是巴林兄弟公司和 Hope 接受美国数额 1 125 万弗罗林、年息 6%的国库券，同时支付法国等额的金块。[38]

在那个时代，许多国外商人和银行家到伦敦“安营扎寨”。他们是被这个国家的经济活力给这个城市所带来的商机吸引来的。其中最为重要的是英国的海外贸易迅速扩张，尤其是棉花的出口。从小范围上讲，这里也有发行债券和为军队买卖抵押品的业务。这些人在伦敦金融城的历史上留下了印记。汉堡的商人 Schroder 家族把家庭中一些年轻的成员派到了伦敦。Johann Friedrich 于 1797 年来到伦敦，并于 1800 年成立 J. F. Schroder 公司。两年后，他年仅 18 岁的弟弟，Johann Heinrich，也加入了他的公司。这个公司专注于糖的进出口（糖在当时是一种主要的、向商业同业公司再出口的殖民地食物），并由此涉及了票据业务。后来，由于汉堡的衰落（1803 年它被法国军队占领），公司的主要业务对象变成了俄国。兄弟俩的
21 合伙关系在 1817 年终止，年轻的弟弟开办了自己的企业：J. Henry Schroder 公司，并于 1819 年和 1839 年在汉堡和利物浦设立了分公司。[39]这个公司后来成为了伦敦城主要的商业银行之一。另外一些值得一提的商业银行也是由来自德国的商人和银行家创立的[40]，其中最重要的就是 N. M. 罗斯切尔德父子。

N. M. 罗斯切尔德在 1798 年被他的父亲，银行家 M. A. 罗斯切尔德从法兰克福派到曼彻斯特，主要从事向德国和欧洲大陆其他国家出口棉花的业务。所以，罗斯切尔德在英格兰是以贸易起家的。然而，在 1806 年他和伦敦一个地位显赫的商人之女 Hannah Barent Cohen 结婚之后，N. M. 罗斯切尔德的精力越来越多地转向银行业务。1808 年他来到伦敦城，并于 1811 年在这里永久定居。在这里，罗斯切尔德夫妇建立起了他们良好的声誉，并通过在接下来的几年里负责管理英国政府的资金（这些资金部分是用于支付威灵顿公爵的部队的军饷，部分是给英国同盟国的补贴）交上了好运。N. M. 罗斯切尔德得到了英国政府的信任，当时他还不出名，却被授权承担相关战争的事务。这些事务对于政府来说是非常关键的，而对于商人来说，由于得到丰厚的佣金且可以在境外交易中进行套利，因而是非常有利可图的。在兄弟们的配合下，他将这项工作完成得十分出色。这多亏了两点：他们身处的都是重要的金融中心——伦敦和法兰克福，以及后来的巴黎（五个兄弟中最年轻的 James 于 1812 年在那里定居）；他们的网络

遍布了整个欧洲。[41]

伦敦市场所扮演的角色确保了罗斯切尔德家族的成功，以及他们作为欧洲金融业主力军的崛起。在 1815 年，他们多多少少已经可以和当时欧洲最大的银行巴林兄弟公司平起平坐了。这座城市的重要性体现在其接近政治权力中心的优势地理位置，更为重要的是，无论是战争还是其他的阻隔，它的资本市场都能为欧洲的资源提供流动性并通过伦敦发行的票据为战争融资。[42]

发行基于法国战争赔偿的债券标志着伦敦在国际借贷市场地位上升的开始。在波旁王朝复辟的时代，在法国根本就没有对于这种债券的需求。但滑铁卢战役之后情况就改变了。法国要支付 7 亿法郎的战争赔款，并且会
有一支部队一直驻守在法国直到其付清这笔款项。更糟的是，这支 150 000 22
人的部队的日常费用也由法国来支付。路易十八的宰相黎塞留公爵承认他会寻找外国公司来发行这个债券。当时的国际金融领袖巴林兄弟公司和 Hope 公司答应承担这个业务。这两个银行继续着它们的合作关系，尽管现在权利的天平倾向了英国的巴林兄弟公司。Hope 公司的合伙人在 1795 年撤资来到了伦敦，尽管 Hope 公司在 1802 年重新开业，但它的业务还是在 1813 年中断了，最后被 Alexander Baring 以大概 25 万英镑的价格买入。第一笔 2 亿法郎的债券在 1817 年 1 月发行，第二笔 1.15 亿法郎的债券在同年 7 月发行，接着第三笔 2.65 亿法郎的债券在 1818 年 5 月发行。据称，这次无可挑剔的良好运作使得黎赛留公爵发出这样的感慨："在欧洲有六股主导力量：英国、法国、普鲁士、奥地利、俄国和巴林兄弟公司。"

伦敦的辉煌时代

虽然是一家拥有荷兰合伙公司的英国银行直接承担了法国公债的发行，但这些债务也并非全部是被伦敦市场消化的。巴林兄弟和 Hope 公司把债务中的多数分销给了其他的银行，特别是那些法国的银行。然后，由这些银行负责在欧洲的各个金融中心发行这些债券。伦敦所展现的融资能力与其说是由它可以动用的数量巨大的资本带来的，不如说是由城里信誉卓著的大银行及其发达的网络所产生的对资本质量的保证带来的。需要进一步说明的是，法国债券以法郎计价并且在巴黎结算利息。

对于伦敦作为境外债券发行的世界中心这一角色来说，1818 年普鲁士债券的发行标志着一个全新时代的开始，甚至是比法国债券更加重要的转

折点。像神圣同盟的其他国家（奥地利和俄国）一样，由于其公共财政受到战争的严重破坏，普鲁士需要国外资本来拯救被战争严重削弱的经济，它的第一笔债券是由罗斯切尔德家族在英国的银行总部伦敦代其发行的，并且是由 N. M. 罗斯切尔德运作的。这是其接管为欧洲国家发行债券业务的第一步，而后持续了整整一代人。接着是奥地利、俄国、那不勒斯、西班牙和比利时，直到 1825 年的股市崩盘。N. M. 罗斯切尔德很快就完全走出了巴林兄弟公司的阴影。巴林兄弟公司衰落的主要原因是其拥有者 Alexan-
23 der Baring 逐渐失去了对于银行生意的兴趣而转向过一个乡村绅士的生活。而罗斯切尔德家族的成功主要还是依靠自己的商业天赋、良好的服务、广泛的关系网和在金融事务中的创新。还有关键的一点是，普鲁士的债券是以英镑作为单位发行的，而不是泰勒元，且利息是在伦敦而非柏林结算的。当一个偿债基金（sink fund）仿造英国公债被设立，就如 Niall Ferguson 所说的，它就成为一个“盎格鲁化”了的外国债券。更进一步的是，该债券同时在法兰克福、柏林、汉堡、阿姆斯特丹和维也纳发行。这些都朝着创造一个真正的政府债券的国际市场迈出了关键的一步。[43]

这些被罗斯切尔德家族引入的创新作为后来发行的模板被广泛使用。从 1822 年到 1825 年，至少有二十种、折合总数达到 4 000 万英镑的外国债券在伦敦的金融中心发行。[44]那时，这个城市疯狂地热衷于把钱借给拉丁美洲的新成立的国家。依靠英国的帮助，这些国家从伊比利亚的殖民地变成独立的国家。而伦敦在那里不仅倾销了工业品也输出了它的资本。除了一些比较体面的债券发行（比如罗斯切尔德家族为巴西发行债券，以及巴林家族为阿根廷发行债券），伦敦城的狂热也导致了一些冒险的交易，包括为假想的王国泊亚斯发行债券。在高度专业化的英国银行体系中，有关外国证券的业务（比如债券的承销）是商业银行的保留业务。具体来说，它们是由巴林家族和罗斯切尔德家族领导的、被精选出来的特权集团。[45]其他来自国外并在伦敦营业、从事票据买卖和小范围发行业务的商业银行中，比较有名的是 George Peabody & Co. 和 C. J. Hambro，Sons & Co. 。其中一家是由来自马萨诸塞州的 George Peabody 于 1838 年创立的，这家公司以它在 J. S. Morgan & Co.（后改名为 Morgan Grenfell & Co.）名下为荣。另一家是由 Carl Joachim 于 1839 年创立的，Carl 是哥本哈根的一个银行家和美国驻丹麦前领事的儿子。

商业银行是债券发行与票据贴现市场的主要参与者，而这两个领域也是伦敦金融城成为世界金融中心的重要依托。尽管如此，它们并不是完全的市场领导者（除了罗斯切尔德家族和巴林家族），因为它们仍然相对是新手。那些传统的、成立时间较久的、更多专注于国内市场的、依然在主导市场的私有银行无论是从社会角度还是从个人角度都对这个城市产生着更大的影响。[46]而且，它们恰好对应了英文中对于“银行”这个词的定义。如
19 世纪 70 年代 Walter Bagehot 所写：“N. M. 罗斯切尔德和他的儿子们无疑 24
是非常出色的资本家，他们手边有很多借入的资本。但他们不会因此持有面值 100 英镑的票据，然后每期支付 5 英镑。而这正是英国的银行业所做的事。”[47]伦敦同时也是英国的金融中心。在 19 世纪初，对于这个城市来说国内事务显然是优先于国际事务的，而且二者之间的协调和互动仍然还有很长的路要走。传统的私有银行是国内现金循环的一部分，而且它们在货币市场建立的过程中始终是中流砥柱。1825 年，狂热的投机最终造成伦敦城和郡的 60 多家银行破产。从此以后，私有银行把它们的储备更多地以现金的形式放在手边并且密切注意票据经纪人的活动。很多经纪人转向做交易，他们的利润不再来自佣金而是来自低买高卖的价差。这种转型从他们被冠以“贴现商”这个名称可见一斑。

为了满足日益对外开放的市场的需求，另一种机制也被建立起来，这就是，国外债券在 1823 年被允许在伦敦证券交易所挂牌买卖。最初这项举措遭到了强烈的反对，很多委员会的会员以退出相威胁才得以通过这项提议。至此英国银行开始承担最后贷款人的角色，为贴现商的票据进行再贴现，并在出现危机的时候，出手援助卷入国内外事务的英国银行和外国银行。

巴黎的复兴

从法国大革命前的封建统治时期到 19 世纪中叶，巴黎成为金融中心的发展轨迹与伦敦出人意料的崛起和阿姆斯特丹不可逆转的衰落相比，表现出了更强的持续性。

法国的封建统治和法国大革命

18 世纪，巴黎以发展国际贸易为主，但同时它也要满足国内的融资需

25 求。巴黎也因为它的包容而闻名于世。很多外国银行家（特别是来自日内瓦的银行家）在这里安顿下来。通过皇家年鉴，我们可以知道 1721 年时这里有 51 家银行，到 1780 年则超过了 70 家。1770 年时，巴黎主要的三家银行[48]很可能已经是欧洲大陆最大的三家银行了。[49]同时代有人这样描述："巴黎的银行业务范围非常广泛，可以说，没有哪个城市能在这方面超过它。"[50]这里还有公证人这种职业，他们在分配私有或公共长期信贷的活动中扮演着关键的角色。这一点得益于他们拥有的客户信息和共享这些信息的体系。[51]

金融机构和金融市场的重要性也不应该被忽略。在 1776 年由金融家和投机客 Isaac Panchaud 建议、由 Turgot 成立的 Caisse d' escompte 银行的主要目的是支持各种交易活动，比如票据贴现、吸收存款、代客户支付账款、买卖金银以及发行非本币债券。虽然是仿造英格兰银行建立，并在很多方面是法兰西银行的前身，但是，Caisse d'escompte 银行并没有享受什么特权。然而，这家最初以为商业企业服务为目的建立的股份制银行很快就被国家，尤其是 Necker，授予代理国库券的权利。

1724 年，Bourse 交易所在国会的授权下成立。不少大公司（比如 Campagnie des Indes 和 Caisse d'escompte）的股票都在这里挂牌交易。不过这里的主要交易品种还是政府的年金债券。在推进改革的十几年中，它们发行了超过 10 亿英镑的债券，其中包括 6 亿英镑永久年金债券和 5 亿英镑人寿年金债券。后者发行的基础是一个人的寿命或者是人头数，其价格由日内瓦和阿姆斯特丹的投资者来确定。尽管如此，国会于 1785 年禁止挂牌的外国债券进行交易。但政府部门和经纪公司的严格管制仍然阻止不了市场的投机活动，尤其是期货市场，投机商充斥着市场。最初经纪人的数量被限制在 40 个，1785 年又改成 60 个，并且规定只有他们可以作为证券买卖的中间人。另一个对巴黎发挥国际影响力既是推动力量又是良好反映的重
26 要市场是外汇交易市场。它也在 Bourse 交易所中，这个市场原则上只对那些受到国家金融控制的银行开放，1785 年这类银行有 53 家。汇率是由交易市场中最大的银行来决定的，定价的根据是海外市场汇率、本地市场对于各种货币的供给和需求以及最近的政策新闻。

法国大革命，特别是 1792 年 9 月君主制被终结，不可避免地使这些市场陷入停滞。当时的经济和政治条件，特别是 1793 年由雅各宾派（Jacobin）颁发的一系列措施，如关闭 Bourse、清算 Caisses d'escompte、解散股

份制公司、扣押现货和殖民地的货物、逮捕垄断者，很明显对于一个国家金融中心的繁荣是有害无利的。那些被怀疑财富来源不明和与国外有联系的银行家受到了沉重的打击。这些人当中留在巴黎的大部分被逮捕了，有的还上了断头台。尽管如此，当罗伯斯庇尔（Robespierre）在 1794 年失势以及 1795 年“开放所有原有的证券交易所”的法令颁布之后，生意仍旧重新开始了，但仍存在一些针对那些扰乱市场正常功能的投机行为的管制。[52]在最初的试探后，市场的复苏速度逐渐加快，这种趋势在 1807 年的夏天、当大陆法系在刺激工业和鼓励创业方面的效率提高之后特别显著。虽然有一些银行把银行业务和工业投资结合起来进行，但大多数的银行还是在进行和贸易相关的传统业务。[53]

法国大革命以后，货币动荡持续了很长一段时间。由于政府发行纸币的速度失去了控制，温和通胀变为了高通胀，自 1790 年以来发行的辅币（法国大革命时期的银行券）变得一文不值并在 1796 年被废止。由于被移民带出国外或者被国内居民用于储藏，银币也几乎退出流通领域。但此后，法国的银行业开始了一段自由的时期，很多巴黎商人和银行家开设了各种银行，银行券开始进入流通领域。法兰西银行的产生最终结束了这种局面。在 1799 年 11 月 9 日的武装政变之后，拿破仑·波拿巴（Bonaparte）开始掌权。通过和一些巴黎的银行家商议，他决定建立一个中央银行。1800 年 1 月 18 日，他签署了一道命令，委任一些银行家（包括 Lecouteulx、Perregux、Mallet 和 Perier）创立形式为私有企业、资本金为 3 000 万法郎、由 27
15 名董事管理及 3 名监察员监管的法兰西银行。它吸收了当时两家最大的商业银行，并在 1803 年获得了 15 年的银行券发行权。这种发行权后来得到延长，但政府不久就加强了对法兰西银行的管制。1806 年，一道法令规定国家将为其总部指派一名管理者和两名副官，并且不可被解职。这造成了法兰西银行和英国的英格兰银行相比，政策上的独立性更小。[54]

巴黎高能银行（haute banque）的成立

19 世纪早期的新发展是，巴黎展现出越来越强的吸引力，而某些地方城市（特别是里昂）的利益则受到了损害。实际上，法国的商业和金融资本越来越多地向巴黎集中。当时的巴黎正如 Louis Bergeron 所写的：“自从法国大革命以来，表现出商业自由之家以及交易、信息和投机中心的姿态。”[55]此后，有二十多家地方银行在巴黎设立办事机构来寻找新的商机，而这些机会原来只属于少数的有政治背景的家族和个人。[56]来自格勒诺布尔的 Claude Perier 是这些人当中非常杰出的一个。他曾经为 1799 年的雾月政变融资，后来又成为法兰西银行章程的起草者之一。除去他在格勒诺布尔的生意以外，Claude Perier 在法国大革命期间还接管了 Mines d'Anzin 公司，且他的家族在整个 19 世纪都在重工业中占有重要地位。Nicolas Seilliere 于 1796 年在巴黎开始了他的银行家生涯。他的家族在南锡有生意，特别是为军队购买物资融资；同时，他也利用和 Wendel 家族的联系对工业企业提供融资。另外还有两个来自 Lorraine 的显赫犹太家族，Fould 家族和 Worm 家族，也在这段时期在巴黎开展生意。

巴黎的金融中心也吸引了很多国外银行和商人，这也是巴黎恢复生气的证据之一。作为一个开始，这种复苏意味着法国封建时期在巴黎设立办事机构的瑞士和日内瓦的银行家又开始回到生意兴隆的时代了。在这一段历史中，主导的四家银行是：Mallet、Perregaux、Delessert 和 Hottinguer。[57]Mallet 家族已经到了他们在巴黎的第二代，并且马上就要到第三代。
28 从日内瓦（整个家族曾在一个半世纪以前去那里寻求庇护）回来的 Isaac Mallet 于 1713 年设立了第一家银行。1794 年在创始人的孙子 Guillaume 兄弟和 Isaac Jean Jacque 兄弟以及他们的堂兄 Jacques Torras 修改了合伙人协议后，银行改名叫做 Mallet Freres。Mallet Freres 不是当时巴黎最大的银行，但它悠久的历史和良好的经营状况使得它的信誉卓著。正因为如此，它成为法兰西银行的创始银行之一。于 1765 年从纽法切特来到巴黎的 Jean Frederic Perregaux，在 1781 年开设了自己的银行。1788 年，他雇用了 Jacques Lafitte。后者在 1795 年成为他的合伙人。在法国大革命期间这家银行中断了业务，而在帝国时期又作为巴黎最重要的银行出现。1808 年 Jean Frederic Perregaux 去世后，银行更名为 Perregaux，Laffitte & Cie。Delessert 家族起源于瑞士的沃州（Vaud）。Etienne Delessert 途经里昂，于 1777 年来到巴黎。虽然在第二年他被投进了监狱，但他还是从大革命中生还并把资本转移到了国外，从而保住了自己的财富。1795 年，他的儿子在总部继承了他的事业，他自己转而作为有限责任的合伙人。后来他的兄弟也加入了管理者的行列。Delessert 的资金主要来自于 Le Havre，后者更多的是直接参与贸易活动。出生在苏黎世的一个贸易商家庭的 Jean Conrad Hottinguer 于 1784 年来到巴黎开设了自己的银行。1794 年，他离开巴黎去了美国，后来又在 1796 年回到巴黎，并于 1798 年重新开业。他同时也是欧洲最大的棉花进口商。

另一支主要的外国移民来自德国，他们实际上是在法国的重建时期才发挥其影响力的。James de Rothschild 于 1812 年无声无息地来到巴黎。在他兄长 N. M. 罗斯切尔德的基金转移交易的框架下，他在 1817 年成立了自己的银行——de Rothschild Frères，并很快成为巴黎主导性的银行之一。其他一些从法兰克福来的银行家也在巴黎开始了自己的生意。在 18 世纪后半段的法兰克福金融中心的外国债券（特别是奥地利债券）业务方面扮演领导者角色的 Protestant Bethmann 家族也在巴黎设立了代表处，并且在 1827 年后由 Gontards 家族担任长期代理人。不过 Bethman 家族还是把他们的总部留在了法兰克福。其他的来自德国的银行家还有 Oppenheim[58] 家族、de Haber 家族和 Seligmand'Eichtal 家族，他们大多是犹太人。[59]

巴黎的比较优势

巴黎作为金融中心的吸引力首先来自于它在国内和国际贸易融资业务 29
中的地位。不但国内的贸易基本上都在这里处理，很多的国外商人，特别是瑞士商人，也经常在巴黎兑现交易票据。巴黎金融中心扮演世界结算中心角色的原因部分是当地银行良好的经营及其客户对它们的信任。当然，这个解释是不够充分的。就如 Maurice Levy Leboyer 清楚证明的，造成巴黎成为这一角色的最主要原因是法国在国际多重支付体系中的角色。尽管法国的对外贸易量相对较少，但它在货币领域扮演了一个非常重要的角色，因为法国是欧洲大陆唯一一个和拉丁美洲保持贸易平衡而且对盎格鲁-撒克逊国家保持贸易顺差的国家。由于一方面英国和美国为购买货物而在巴黎使用票据，另一方面来自欧洲大陆的商人们在巴黎结清他们和盎格鲁-撒克逊国家之间的债务，所以法郎成为了一种国际货币。[60]

对于当时有局限但又有优势的巴黎来说，这确实是一个全新的角色，特别在创造一个活跃的资本市场方面更是如此。资本在巴黎积聚。代表了某些银行 80%负债的存款中，除了属于统治阶级和中产阶级以及许多法国工业和商业企业的账户的资金以外，还包括了那些在法国进行贸易的商人的运营资金。这些资金不断地自我补充。特别地，这成为了巴黎能够加强国外债券交易以及后来发行国外债券的根基所在。[61] 在重建时期以前，发行活动依然处在管制之下：拿破仑对于债务融资不太感兴趣，而法国那时的战争款项大多来自于法国的占领国。至于那些用于战争赔款的资金也是交给国外的银行（比如伦敦的巴林兄弟银行、阿姆斯特丹的 Hope 银行）来筹集的。[62]因而，法国的银行家在这些事务方面缺乏经验。即使法国和英国一样也是主要的资本输出国，在巴黎市场上流动的债券在 19 世纪的前半段也还是增长缓慢：1821 年到 1824 年，由罗斯切尔德家族的银行为尼泊尔王国发行了三只债券，主要发行地点在巴黎；1823 年，巴黎银行家 Guebhart 在
30 极其困难的情形下完成了西班牙国债的发行；四只比利时债券和两只布鲁塞尔债券在 1831 年到 1844 年之间被发行；而在 1831 年到 1839 年之间为教皇发行债券倒是比较容易的。[63]

巴黎的 Bourse 交易所也提供债券的二级市场交易，无论这些债券是在这里发行的还是在其他市场发行的。法国和其他国家的公债主导了这个市场，这种状况一直持续到 19 世纪 40 年代。之后，铁路债券开始和国家债券争夺市场。尽管外国证券的挂牌交易于 1785 年被国会禁止（这项法令在 1823 年被皇家宣布废除，同年英国也同意外国证券在伦敦交易所挂牌交易），然而在巴黎，这个授权并未完全受到政府部门的监管，政府在这件事情上的态度是倾向于指定证券经纪人作为政府的代表。管制还被延伸到了其他领域，比如证券经纪人在公共证券交易中的垄断行为，或者是期货市场的禁行令（尽管原来对于这类交易是默许的）。然而，这些监管在另一个与之平行的市场——Coulisse 上却被巧妙地避开了，在这里，大部分不符合上市条件的股票可以交易，被禁止的远期交易也可以进行。在法国大革命之前，Coulisse 的行为还是被监管者所容忍的。这些监管者非常清楚没有 Coulisse 的后果是什么。无论从官方还是从非官方角度来说，这些交易需要大量的资金，而这些资金主要由银行和其他机构（特别是保险公司）提供。[64]

所以，巴黎的国际地位主要是依靠其“大型私人银行”的存在，这样的银行有二十几家（不同学者对于这个数字的看法可能会不一样），既有本土的也有海外的。大型私人银行这个概念是很难定义的，以存在时间长短来判断大型私人银行，这个在 19 世纪末期很有用的指标在此时用处不大，因为大多数银行才刚刚成立。规模、关系网络、业务范围和同行的认同是较为可信的标准，而派别却不是。这些大型私人银行大多是新教徒，他们中也有犹太教徒和天主教徒。他们的业务是伦敦的商业银行的翻版：通过接受交易票据来为国际贸易进行融资、发行外国债券。前一项业务是所有大型私人银行都能做的，而第二项业务却主要被一家银行主导即 de Rothschild Frères。

影响力稍小的中心

在伦敦和巴黎之后，还有几个市场很引人注意，但是和这两个最大的欧洲经济体的首都相比影响力还是较小。阿姆斯特丹在当时的地位算是这一档次的金融中心，但由于它在过去一段时间里作为世界市场领导者的角色和衰落的特殊环境，它还是值得特殊对待的。除了阿姆斯特丹，还有另外三个这样的金融中心：法兰克福、布鲁塞尔和日内瓦。 31

法兰克福、汉堡和德国

在 1871 年德国统一前，这里没有可以和伦敦、巴黎相比较的金融中心。普鲁士的首都柏林拥有几个主导性的大银行，比如 Mendelssohn & Co.（它和俄国有业务来往）。但是柏林在世界上的影响力还是很有限的。科隆在整个欧洲网络中也发挥了一定的作用，但它扮演的角色依然无法与德国两个主要的市场——法兰克福和汉堡相比。作为欧洲大陆第一和世界第四的主要的港口城市（前三个是伦敦、利物浦和纽约），汉堡作为一个金融中心的重要性与其活跃的贸易以及与英国的紧密联系密不可分。然而，法兰克福却不仅仅是银行业的中心，所以我们接下来要着重介绍法兰克福。

法兰克福的命运可以说是最坎坷的。自从它在 18 世纪中期到 19 世纪中期成为德国的金融中心以来，它在 1871 年德国统一后一度衰落，一直到第二次世界大战后的“经济奇迹”才恢复了自己卓越的地位。法兰克福扮演国际角色的历史可以追溯到 13 世纪的市集贸易。它坐落在连接意大利和欧洲西北部国家的贸易通道上，这是一条非常活跃的贸易路线。18 世纪的法兰克福经历了一段繁荣的时期，然后它的市集贸易逐渐向莱比锡转移。此外，一直延续的贸易（特别是那些和海运及陆运相关的贸易）被加强了。这个城市的银行业就是从这些贸易领域里发展起来的。[65]

在 19 世纪上半段，法兰克福的特殊之处在于它是欧洲大陆政府债券的交易中心。1776 年这个城市的发展出现了加速趋势，当年 Bethmann 在市场上交易了价值 20 万荷兰盾、回报率为 4%的奥地利债券；次年，又发行了两笔 50 万基尔德、回报率为 4.5%的债券。从那时起，Bethmann 就得到了 32

奥地利皇家银行家的称号。他在 1778 年到 1796 年之间发行了 54 笔、总数达到 3 000 万基尔德的债券。其他银行也迅速赶上：Metzler 于 1779 年发行了巴伐利亚债券，而 Mayer Amschel Rothschild 在 1801 年到 1806 年间总计发行了 5 笔债券。这个时期很难进行国际性的比较。在 1778 年到 1796 年之间，有超过 1 亿基尔德的政府债券在法兰克福被发行，其中主要是为奥地利、丹麦、普鲁士、巴伐利亚和其他更小的公国或者领主发行的。这是一个不小的数字，但是它还不及当时阿姆斯特丹市场上债券总量的三分之一（这还不算在阿姆斯特丹发行、主要由公众购买的外国债券，比如法国的年金债券）。

在法国战争时期，法兰克福所受到的损失要远远小于阿姆斯特丹。因此，在阿姆斯特丹于 1795 年被法国占领后，法兰克福的债券发行数量经历了一个强劲的增长。1805 年，神圣罗马帝国瓦解之后，法兰克福加入了莱茵河联盟。这个联盟联合了德国南部最大的几个城邦（巴伐利亚、瓦特姆伯格和巴登）以及其他一些地方，包括海赛-达姆斯塔德和法兰克福。但是法国的占领给这里的经济生活（特别是银行业）带来的影响是有限的。从 19 世纪 20 年代起，这里主要的变化是罗斯切尔德银行在政府债券发行和买卖行业至高无上的地位的加强。五个兄弟的家乡依然是在伦敦的 Nathan Mayer 经营跨国银行战略的一个重要基石。

法兰克福的金融资本主要来自于这个城市的财富和那些被外国投资所吸引的公众，银行家和商人们并不常在他们的资产组合中放入证券。同时，城市以外潜在的投资者也是资金的来源之一。例如，在 19 世纪初，Bethmann 银行只有 53%股份的持有者是德国的居民。法兰克福的国际影响力还在于这里培养了很多银行家。1837 年 118 家银行在这里注册，它们组成了
33 一个非常庞大的社会和专业网络。它们不仅生存下来，还不断地向其他主要的欧洲金融中心扩张，后来甚至有银行在美国拓展业务。对于那些在法国占领期间赢得政治独立、在重建时期受到威胁的犹太银行家来说，情况尤其如此。直到 1824 年他们才获得平等的公民权，而到了 1854 年才获得平等的政治权力。当然，罗斯切尔德家族是最为人所知晓的例子，他们获得了巨大的成功。另外也有一些家族向阿姆斯特丹、伦敦、巴黎、布鲁塞尔、纽约或者旧金山派出了他们的家庭成员。[66]

布鲁塞尔、安特卫普和比利时

布鲁塞尔金融中心的兴起则是晚些年的事了。在 18 世纪，许多外国债

券被允许在比利时发行。其中主要是为奥地利政府发行的债券，分别以 4.5%、4%、3%的回报率发行，总数达到了 3 000 万弗罗林，并且主要由 Nettine 银行（后来改名为 Vvv Nettine et fils）在布鲁塞尔发行。其他一些国外债券（包括瑞典和俄国的债券）也在这里发行，不过数量一般不超过 200 万～300 万弗罗林。除此之外，比利时人大量投资于法国公债。[67]但是，在 19 世纪初期，布鲁塞尔仍然是欧洲二流的中心，因为它还是次于一个更古老的中心——安特卫普。在当时，安特卫普是比利时无可争议的最主要的证券交易中心。比利时大多数的国外证券都在安特卫普交易，而布鲁塞尔则专注于比利时公债的发行和交易。[68]除此之外，布鲁塞尔地方级别的银行只有少数，而安特卫普则有很多。

布鲁塞尔崛起于 19 世纪 20 年代。当时发生了一系列的事件，使得它击败了它的竞争对手。这些事件源于 1822 年兴业银行（Societe Generale）的成立。这个银行的成立最初是由荷兰的威廉一世和一些来自布鲁塞尔的银行家发起的，共有 3 000 万弗罗林的资本，总部在布鲁塞尔，主要目的是执行中央银行的职责和在国家的南部发行国家纸币。另一个事件是比利时的独立，这使得布鲁塞尔的政治权力得到了加强，而对于安特卫普来说却是个灾难。[69]

除此之外，这个时期很多国外实力雄厚的私人银行家（其中多数是来 34
自德国的犹太人）的到来使得布鲁塞尔金融中心的地位得到了强化。这些银行家中最著名的无疑是 Jonathan-Raphael Bischoffsheim，他来自法兰克福。当他于 19 世纪 30 年代末在布鲁塞尔定居时，他已经和阿姆斯特丹（他的兄弟 1820 年在那里定居）以及安特卫普（他从 1827 年起就生活在那里）有很密切的联系了。他的兄弟 Louis 于 1840 年在伦敦开设了一家分支机构，并最终于 1848 年迁到了巴黎。Bischoffsheim 这个名字总是和比利时银行（Banque de Belgique）的命运联系在一起的。比利时银行是成立于 1835 年的法国兴业银行的竞争对手。Louis 和 Jonathan-Raphael 展示了来自法兰克福和美因兹的杰出银行家的创业史。[70]他们在布鲁塞尔开展自己的生意，并始终和德国保持着联系；同时他们也和罗斯切尔德家族有着密切的关系。在 1843 年，Samuel Lambert（他出生在一个来自于阿尔萨斯并在里昂扎根的商人家庭）在安特卫普开设了一家罗斯切尔德银行的分支机构。他的岳父 Lazare Richtenberger 从 1830 年开始就作为罗斯切尔德家族的代表定居在布鲁塞尔。自从他的岳父 1853 年去世后，Lambert 以 Lambert 银行的名义重组了布鲁塞尔和安特卫普的分支机构。在这些来自德国的新教徒银行家中，不得不提的是来自多特蒙德的 Frederic Brugmann（他后来成为 J. Engler 的合伙人），他在 1795 年左右首先开设了一家羊毛公司，然后又在布鲁塞尔开设了一家银行。而 1831 年至 1839 年间，J. Engler 一直担任兴业银行的经理直到退休。[71]

兴业银行的建立为布鲁塞尔的大型私人银行的发展贡献不小。在 1830 年到 1835 年里，兴业银行最大的股东中有 51%～54%是布鲁塞尔的居民。到 1837 年，这个比例达到了 92%～98%，这使得兴业银行成为了一家纯粹的布鲁塞尔银行。比利时银行的成立和这两个大银行联合控股成立的工业企业进一步加强了这个趋势。它们所融资的企业的股票几乎只在布鲁塞尔证券交易所交易，这使得安特卫普被永远地边缘化了。[72]即使如此，布鲁塞尔的影响仍然仅仅局限于国内。从 1830 年到 1850 年，比利时的资本主要投资于大型的工业有限公司，而投资于外国债券的越来越少。同时，国外资
35 本也开始在比利时投资。实际上，在比利时独立之初的十几年，它欠了不少外债。这个国家的信用度还不高，但它对于资金的需求又很大（特别是建造铁路需要资金）。当时，比利时发行的债券多数在巴黎和伦敦发行。[73]

法国影响之下的日内瓦

日内瓦大概是所谓的二流金融中心中最小的一个。然而，从 18 世纪初开始，它就表现出了自己作为国际角色的潜质。日内瓦利用了自己作为中立国家的优势，以及地处“胡根诺国际”心脏地带而在为路易十八的战争融资中发挥了关键作用。当时，日内瓦是国际化的城市，Herbert Luthy 把这样的城市描述为“一个没有特定国籍的社会”[74]。这不仅仅是因为它的交易者和银行家，也因为它这里所交易的证券品种的组合（可以说这里证券品种的组合在欧洲是独一无二的）。这里不但有法国和英国的证券，后来又有丹麦、意大利、斯堪的纳维亚的证券以及各种皇家证券、年金证券。从 18 世纪中期开始，日内瓦日益成为一个重要的发放外国贷款的中心。这里曾向撒丁人（Sardinian）发放了 8 笔贷款（1742 年到 1752 年），并发放了一笔丹麦贷款（1760 年）和一笔奥地利贷款（1765 年）。

同样地，日内瓦并没有变为一个真正的国际金融中心。1770 年后，这里的银行家们的注意力基本就只限于为法国债务融资。在整个 18 世纪，日内瓦和巴黎保持了密切的联系，因为巴黎是这里的银行家的立足点。但真

正的突破是从 Necker 在 1776 年掌管金融事务时开始。他出生于日内瓦，在巴黎开始了自己的职业生涯。他的银行很快变成了那里最重要的银行之一。在他任职的五年中，他借入了 5.3 亿英镑的资金，其中的 3.86 亿英镑是以年金形式发行的债券。日内瓦的银行家们把这种老式的债券变为了一种可以议价和高度投机性的金融工具。他们的创新和那些来自于中产阶级家庭、有着较长寿命预期的年轻女性不谋而合。她们偏好于这种有保证的年金债券。在 18 世纪，对于年金债券的需求近乎狂热。在日内瓦，单单对于这一种债券的投资就超过了 1 亿英镑。它通过"胡根诺国际"网络传递到了其他的城市，并且在大革命带来的金融紊乱产生的投机泡沫的背景下失去了控制。 36

因而，日内瓦金融中心感受到了来自于法国大革命的冲击。一些小银行在 1789 年 11 月和 12 月陷入困境后，三家大型银行在 1792 年破产。[75]就如在法国一样，复苏开始于恐怖时期的末期，开始很缓慢，后来逐渐稳定，并在日内瓦于 1798 年 4 月 26 日被法国合并之后仍在继续。直到 1813 年 12 月 31 日，日内瓦成为法国莱曼系的总部。当商业活动复苏时，日内瓦的银行业纷纷更换了新的名字，并进行了改革。Ferrier，Darier & Cie 银行在 1795 年成立，Henri Hentsch & Cie 银行在 1796 年成立，J. G. Lombard & J. J. Lullin 银行在 1798 年成立，以及 de Candolle，Mallet & Cie 银行（现在叫做 Pictet & Cie 银行）在 1805 年成立。[76]同时，这些银行如它们的欧洲同行一样也加入了各种交易活动的行列。Ferrier，Darier 银行还经营运输的生意；Henry Hentsch 银行开始作为 Picot，Fazy & Cie（这个公司最早开展布料生意）在里昂印花布生意的交易代表，后来成为一家丝绸货物代理公司。[77]

如我们所见，这种复苏也意味着日内瓦的银行家又回到了巴黎。作为一个金融中心，日内瓦在法国的影响之下依然发展良好，并且在其 1814 年并入瑞士后情况依然如此。但有一件事是肯定的，那就是法国大革命是日内瓦作为一个金融中心缓慢衰落的开始。就如里昂，这里由于巴黎重新表现出的吸引力而受到损害。更进一步地，19 世纪初在巴黎成立的新银行很快就在规模上超过了来自于里昂和日内瓦的建立了这些银行的母银行。[78]最为重要的是，日内瓦对于自己曾经主导的法国公债融资这项业务不再扮演关键的角色了。当法国需要为战争融资时，那些曾经"一流的"[79]的日内瓦银行家不再有足够的资本来回应这种需要了。

然而，日内瓦在后来又经历了一段时间的复苏。新银行在这里开设，私有银行则在两个方面加强它们的业务。[80]首先，它们逐渐把自己从货物贸易中解脱出来。例如，De Candolle，Mallet & Cie 很快从贸易转向银行业，并且专注于外汇交易、贴现贸易票据和买卖证券。在 1821 年（当时公司更
37 名为 de Candolle，Turrettini & Cie)，它是第一批涉及保险业的银行之一。它成为了地处巴黎的法国安盛保险公司（Compagnie Generale d' Assurances sur la Vie）在瑞士的代表。[81]其次，就如它们巴黎的同行们一样，它们开始吸引有钱的客户，并对自己的业务进行组合管理。

关系网络和互动

国际金融中心之间存在的优次等级在同时代人的意识中是很清晰的，特别是在英国（当这里在世纪之初获得了欧洲中心甚至是世界贸易中心的地位后)。这个地位的优势不会因为政客们的行为而被改变，即使他们不采取旨在战胜竞争对手的政策。英镑在 1821 年回到了金本位制度，英国向贸易自由的改革也在 19 世纪 20 年代迈出了步伐。以上的两个措施是英国在 19 世纪的经济政策的两块基石，被认为对伦敦的裨益良多。这两个政策是在伦敦的竞争对手——其他的金融中心清楚显现出自己的局限性的背景下实施的。对于这些政策的出台，政府表现出了比这个城市的商人们更大的激情。[82]

金本位的回归是非常有启示作用的事件，并带有不寻常的政治意图：为了防止政府被货币市场所主导，并终止在 1797 年引入非挂钩货币体系后进入货币市场的暴利时代。其后，出于对金融管制的恐惧，这个城市有一点儿抵制这项政策。但是 William Huskisson（保守党的领袖之一并且是这次政策的真正煽动者）显然更有远见，他认为回到金本位可以强化这个城市的地位。他向当时的宰相 Liverpool 勋爵解释道：

> 我不怀疑随着我们商品交易和外汇交易（这使得我们国家不仅仅成为了欧洲的中心，也同时成为了北美和南美的中心）的扩展，英格兰银行将会使伦敦成为世界最大的黄金交易市场……这将使得我们可以矫正对于任何国家汇率的波动，特别是对于那些输出黄金的国家的货币。伦敦必将成为世界货币交易的结算地。[83]

38 这样的政策选择给伦敦作为世界金融中心所带来的影响是明显的，但

是我们不能说这是保护它的地位或者是促进它的发展，我们也不能说这是金融中心竞争的结果。阿姆斯特丹已经尽了自己最大的努力来挽回颓势，而巴黎还未到可以和伦敦平起平坐的时候。

应当看到的是，金融中心之间的竞争和合作作为这个时代的特征存在于这些中心的关系网络之中。在前面我们已经提到了这些错综复杂的关系。当贸易公司和银行还几乎是由家族垄断的时代，绝大多数的国际银行活动，特别是为国际贸易融资和为外国发行债券，很多还是通过高度个人化的渠道进行的。当然，很多网络是由新教徒和犹太教徒这样宗教上的少数派建立的。新教的银行网络在 18 世纪处于主导地位，但在随后的一个世纪逐渐衰弱，即便如此，它在巴黎仍然有很强的根基，并且和日内瓦的私有银行保持了很密切的家族上或者是生意上的联系。犹太人的银行网络则更多地在 19 世纪前半段留下了自己的印记。

这些网络（特别是那些属于犹太银行的网络）在密度上各不相同。最近的关系是父子关系和兄弟关系，这种关系可以勉强维持到第二代。当然，罗斯切尔德家族是个很好的例子。家族的五个兄弟同时出现在五个国际金融中心（分别是法兰克福、维也纳、伦敦、那不勒斯和巴黎）。其他的成功的家族中，例如 Bischoffsheim 家族、Oppenheim 家族和 Stern 家族，他们在伦敦、巴黎、法兰克福和布鲁塞尔都有分支。但在确保家族成员之间的紧密联系方面罗斯切尔德家族非常突出：在第二代中，18 桩婚姻中有 14 桩是在家族内部进行的；而在第三代中，30 桩婚姻中的 13 桩是家族内进行。

“关系网延伸得越远，则血缘关系就越远”，这个法则对于我们这里讨论的情况来说不再适用。单单谈 18 世纪某个新教徒家族银行的关系网络或者某个犹太家族银行的关系网络也是不对的。家族之间经常会有各种联系。它们常常会由一个或几个核心家族联系在一起。例如，Oppenheim 家族和 39
Fould 家族[84]，或者是 Bischoffsheim 家族和 Goldshmidt 家族。[85]在他们周围产生了一系列由婚姻和友谊联系在一起的银行。

当某个家族的成员不在时，和这个家族有联系的家族就将负责这个家族银行的经营或者是作为他们的代表。罗斯切尔德家族的例子同样很有代表性。当他们不愿意或者是不能直接向某些金融中心（比如纽约、柏林或者布鲁塞尔，以及其他很多更小的中心）派出家族中的代表时，他们会派出一个家族外的代表或者在当地寻找代理人以及合伙银行。比如 Auguste Belmont，原先是罗斯切尔德家族在法兰克福的银行的一个雇员，在 1937

年被派到美国。公司的合伙人原先并没有想让其成为罗斯切尔德家族在纽约的代表，但是 Belmont 决定在那里开设一个分支并取得了成功。罗斯切尔德家族（家族没能成功地说服某个家庭成员在美国设立分支）虽然还是抱有不信任的态度，但是还是允许了 Belmont 的行为。[86]在柏林，他们和 Mendelssohn 有着特殊的关系。后者是 Samuel Bleichroder 要排挤的对象。[87]一些代理人则成为了家族成员，比如 Leon Lambert（他是罗斯切尔德家族在比利时的代理人，于 1882 年和 James 的孙女 Baroness Lucie de 罗斯切尔德结婚）。[88]所以，在家族代表和代理人之间通常没有明确的区分，在家族的血缘联系越来越弱的情况下尤其如此。

由家庭关系和职业关系交织而成的特殊关系网络远远不是限制这些宗教少数派的因素。举个例子，伦敦的巴林家族和阿姆斯特丹的 Hope 家族之间的联盟就是建立在婚姻纽带上的生意关系。后来，这种关系又延伸到巴黎的 Hottinguer 家族和日内瓦的 Pictet 家族。Schroder 家族遍布欧洲和美洲正是犹太银行业活力的写照。当这个公司的创始人于 1821 年在汉堡去世后，他的儿子和侄子在不来梅、阿姆斯特丹、伦敦、里加和圣彼得堡又创立了新的公司。接下来的几年，他们又把业务扩展到了利物浦、的里雅斯特、里约热内卢、利马、纽约、新奥尔良、雅加达和新加坡。[89]

我们在这里没有必要去描述所有这些在 19 世纪上半段与世界贸易和金融有关的网络。这些植根于主要贸易城市的独立的生意人形成了真正的跨国资产阶级。他们富含自由主义、改革主义和个人主义的意识形态超越了
40 国籍。这种国际主义部分表现在不同国籍的个人和家庭的结合（这种结合开始于中心伦敦，后来延伸到外围，例如阿根廷）。[90]随着资本在 19 世纪中期开始聚集且这种趋势在第一次世界大战前的三四十年被加强，这个世界逐渐走向分离。

第2章　资本的聚集（1840—1875年）

1840年前后，伦敦作为主导性的世界金融中心，其重要性超过了巴黎。它的后边还跟了一群重要但只能说是二流的金融中心，包括阿姆斯特丹、布鲁塞尔、法兰克福和日内瓦。在所有这些中心，那些最杰出的商人和银行家在高度个人化和家庭化的框架下进行着他们全球性的生意（比如私营企业）。而罗斯切尔德银行在国际金融领域的全球性扩张要归功于这个家族巨大的资源和它在为国外政府发行债券的领域中的关键地位。到了1875年，这些并没有发生大的改变：伦敦依然处于世界之巅，巴黎紧随其后；银行家们控制着大的国际金融交易，而罗斯切尔德银行仍然是欧洲最大的银行。这并不意味着在这35年中，大家都有所懈怠（真实情况正好相反）。两个重大的改变在这段时间 *41*

发生：一个是资本的加速积聚；另一个是资本输出的强劲增长。

资本的聚集是一个根本性的改变，其影响足以改变金融中心的命运。这种影响在19世纪30年代就已经相当显著，即使表面上看来旧有的秩序并没多大改变。这个工业时代最大的买卖双方是铁路公司和联合控股银行。前者要求大量的投资，而后者有大量的可用资源（主要是客户的储蓄）。然而，早先的合股银行（joint stock bank）并没有积极地为铁路的建造融资。但进步多多少少是以一种平行的方式进行的——铁路行业的进步稍早——在技术创新的同时伴随着金融创新。不论是在哪个领域，利益都是主要的驱动力。这部分解释了为什么直到19世纪70年代，主要的私有银行仍保持
42 着对大型国际金融中心的控制。同时，19世纪中期[1]颁布的公司法放松了对有限公司的管制，不再要求有限公司的设立需要政府授权，并且为大公司的兼并进而主导工业和服务业扫清了障碍。对于金融中心而言，建造铁路导致了资本市场（包括从事发行的一级市场和挂牌买卖的二级市场）极大的发展。此外，大银行的合并开始了系统性的放贷和现有财政资源集中的过程。

资本输出的影响更加立竿见影，而且也巩固了现有的国际金融中心的等级关系。从19世纪50年代中期开始，国外投资开始显著地增长。在其来源国以外进行股权投资的资本数额从1855年的略低于10亿美元跃升至1870年的77亿美元。[2]这些资本主要来自于伦敦和巴黎的市场。伦敦依然保有自己最重要的国际金融中心的地位，但是受到了来自巴黎的强有力的威胁。这两个城市之间的竞争在法国第二王朝时代之后的1850年到1860年之间走向白热化。此时的巴黎正在为取代伦敦而从金融业和政府政策两方面进行着努力。无论如何，从两国经济在世界中的地位来看，巴黎成功的机会微乎其微。最终，所有的尝试都失败了。在1871年法国被德国击败后，巴黎人彻底失去了他们的野心。另外，由于德国的统一，柏林成为帝国新的政治和金融资本中心。柏林在国际金融中心阶梯中的地位上升，并超过了法兰克福这个历史悠久的金融中心。在大西洋的另一边，纽约成为了美国的金融中心并在国际资本市场上扮演越来越重要的角色（不过主要是作为债务人市场而不是债权人市场）。

银行业革命

“革命”这个词有被滥用的嫌疑，这里的“银行业革命”也不例外。改

变一般都是一个缓慢渐进的过程，在传统主义和现代主义共存的经济领域尤其如此。尽管如此，确实有一种“全新的银行”于 19 世纪四五十年代在欧洲出现，并随后占有了一席之地。而在美国，情况有所不同。那里“全新的银行”出现的时间更早，但是巩固自己地位的时间却很迟。这个新现 43
象的主要特征是什么？它是怎样对国际金融中心产生影响的？

这种银行在三个方面是全新的：第一，它是联合控股银行；第二，它是储蓄银行，或者更确切地说，它通过自己的分支网络来积聚储蓄；第三，它是投资银行。这三点特征并不一定总是和起源于这次银行业革命的此类机构的特点相一致。三点中的第一点是它们的共性，不论它们所处的国家和领域。第二点也同样如此，不过这点或多或少还和银行体系有关。这一点的典型代表是英国和法国的银行，通常长期债务被排除在它们的资产之外，负债则大部分由现金账户中的储蓄构成。常常和第二个特点相伴而生的第三个特点，在欧洲中部（德国、瑞士和奥地利）以及 20 世纪 30 年代之前的比利时和意大利的银行体系中比较常见。同时拥有后两种特点的银行一般被称为“全能银行”或者“混业银行”。

英国银行体系的专业化

带有自己宗教或者国籍网络的联合控股储蓄银行的模板通常被认为在 18 世纪后半期起源于苏格兰，并在半个世纪后传入英格兰。当然，严格来说苏格兰的联合控股银行和英格兰的联合控股银行还是有细微差别的，它们的股东数量不一样（前者的股东数量比较少）。在英格兰，除了英格兰银行以外，联合控股银行在 1826 年前是被禁止的。1826 年之后，法律解除了这个禁令，但是规定银行必须设立在距离伦敦城 65 英里以外。1833 年，这条规定也被取消，但是条件是在伦敦设立的银行既不能发行银行券，也不能转让这一权利。伦敦杰出的联合控股银行[3]成立的时间都可以追溯到这个时期。但是很多相似的银行也在英国的其他地方建立。在 1844 年，伦敦的联合控股银行达到了 100 家，其中的一些从 20 世纪初开始就在这个城市扮演了重要的角色。[4]

这些银行由伦敦城的商人创建，他们洞察到这个城市中的传统银行业务（特别是贴现业务）带来的潜在优势。而且，这些银行感觉到自己既不受英格兰银行的支持，也不受私有银行的欢迎。前者在开始时拒绝为它们开设账户以及对票据进行再贴现，而后者则拒绝它们进入伦敦清算所。它

们不是一夜之间改变了伦敦的商业生活，而是逐渐显现其影响力的。它们
44 刚刚得到法律上的地位而远没有主导银行业。作为联合控股公司，它们手边可以使用的资本远远多于那些私有银行。举个例子，伦敦联合控股银行有 300 万英镑的名义资本，其中的 30 万英镑是股东们投入的初始资本。而当时主要的私有银行中资本很少有超过 50 万英镑的。但是，要这些银行取得领导权还需要假以时日。1844 年，伦敦的五个联合控股银行的储蓄总额近 800 万英镑，而同城的 63 个私有银行的储蓄总额则超过了 2 700 万英镑。[5]从一开始，它们就非常明确地区分了所有权和经营权，后者被委托为职业经理人。

另一方面，联合控股银行保持了储蓄银行的那些传统业务。这些业务也是私有银行的业务。从很大程度上说，银行的资源由客户的存款组成，这些储蓄主要被用于短期贷款和票据贴现。它们在这个领域和那些私有银行的不同主要是因为其网络不仅仅限于伦敦城内，往往还遍布其他地方。这使得它们能够吸引大量的资源进入伦敦。这不是联合控股银行的创新，而只是它们对业已在苏格兰建立的体系的模仿。这一进程在 19 世纪四五十年代才刚刚起步，但到了 60 年代就成了攸关私有银行命运的事，著名的 Jones 银行、Lloyd & Co. 银行被 London & Westminster 银行在 1864 年全部买下后尤其如此。后者的首席执行官（Overstone 爵士，最有影响力和最富有的银行家）在当初却是第一家联合控股银行最坚决的反对者。在他看来，委托—代理关系（套用现代的术语）在银行的经营中是非常不适用的。[6]

同时在英国出现的还有另一种形式的联合控股银行——海外银行。从其资本和管理上来说它们是英国银行，注册地一般在伦敦，但是它们活动的区域是在英国的属地或者外国。所以，它们也被叫做“殖民地和外国银行”。第一批海外银行成立于 19 世纪 30 年代，经营地点在英国属地，其中有汇丰银行。[7]到了 60 年代，它们还继续向拉丁美洲和欧洲的东部扩张。[8]在 1860 年，英国共有 15 家海外银行，它们共有 132 个分支机构。至 1890 年，这两个数字分别为 33 家和 739 个分支机构。[9]

海外银行由伦敦城的商人建立，特别是和那些国家或者区域有生意往来的商人。当然，私营银行家也常常是合伙人。[10]它们是独立的公司而不是
45 大型商业银行的分支。它们的目标是对它们运营区域的贸易进行融资，并且获得外汇便利，从而主导自己的商业活动。它们也为缺乏银行业基础设

施的地区提供金融服务，这吸引了当地很多有大量财富的客户。从这个意义上来说，它们是储蓄银行，对那些在英国老家的储蓄银行适用的经营原则在它们身上同样适用。

所以，在英格兰出现的新型银行并没有威胁到成型于 19 世纪之初的英国银行体系的专业化。“银行”这个词最初是指储蓄银行，而不是清算银行或者联合控股银行。联合控股银行在日后完全取代了原先的合伙人银行，但这是 19 世纪 70 年代以后的事了。在当时，伦敦的私有银行由于在 18 世纪后半期的杰出表现而享受着很高的声誉。商业银行通过它的两个主要业务（贴现票据和发行国外债券）提供着国际信贷。在这些传统市场上，罗斯切尔德家族和巴林家族仍然占据着主导地位，直到 1865 年美国南北战争结束。那些海外银行是专注于某个地区的储蓄银行，对商业银行的债券业务发行没有多大的威胁。票据经纪人继续充当贴现市场中间人的角色，但是更多的以赚取佣金为主的票据经纪人则转行成为商业银行贷款的日常管理者。

在银行业金字塔的顶部，英格兰银行更加接近现代的中央银行（换句话说，更接近于现在的最后贷款人角色）。1844 年的《银行法》尝试控制了在 1825—1836 年危机之后的基于信托的债券发行。这些危机主要是由于小型地方银行过度地发行银行券使得借债过多造成的。《银行法》清晰地区分了“银行业”和“发行业”。前者属于商业银行的最主要的任务；后者是指发行银行券，当发行的数额超过 1 400 万英镑时必须有足额的黄金作保证。这些限制条件往往是难以实施的，因为商业银行可以创造货币。在每一次严重的危机时，《银行法》都不得不暂停实施，而由英格兰银行在国会的授权和监督下发行应付危机所需要的所有银行券。

比利时银行业的创新

虽然以英国的储蓄银行为模板的银行在欧洲大陆（特别是法国）取得 46
了一定的成功，上述的新型银行还是较晚才在欧洲大陆出现。在这里，它们通常具有投资银行或者全能银行的特性。这类机构的原型是比利时通用银行（Societe Generale de Belgique），它成立于 1822 年，并在 1830 年成为一家包含储蓄业务和投资业务的混业银行。这激励了无数法国乃至其他欧洲大陆国家的投资者。从 1832 年起，比利时通用银行的主要策略是投资于制造业的企业，特别是在 Hainaut 地区的采矿业和金属冶炼业企业，它们由于铁路制造而兴旺起来。它们的营业额由 1835 年的 380 万法郎增加到 1850

年的 5 480 万法郎。[11]而且，比利时通用银行系统性地吸纳了更多的储蓄，在 1838 年储蓄额达到了 4 440 万法郎。[12]比利时通用银行在 1850 年比利时国家银行成立之后失去了发行钞票的特权，于是它对投资银行业务更加投入。但是到了 19 世纪 60 年代，以建立一套储蓄银行网络为标志（模仿英国的储蓄银行），它又回到了全能银行或者混业银行的轨道上。[13]

比利时通用银行选择混业银行这种形式的决定并非事先计划好的，而是出于其对 Hainaut 区域的企业的短期权利被冻结后的决定。正如 Ginette Kurgan 所写的："在权衡利弊之后，决定不再要求清偿债务，而是转而持有这些公司并要求它们转型为有限责任公司。由此这家银行开始了一个新的战略，这也预示了 19 世纪后半段法国和德国的全能银行的创立。"[14]当然，最初的模仿发生在比利时境内。1835 年创立的比利时银行正是以比利时通用银行为模板并与其竞争的。

法国的储蓄银行和银行业务

法国的新型银行之父大概要算 Jacques Laffitte[15]了。他无疑是他那个时代最杰出的巴黎银行家。当然，他为人们所知更多的是他为工业和大规模基础设施项目融资的计划而非他具体的成就，后者在达成的过程中很少
47 遇到困难。从 1821 年起，Laffitte 就建议设立一个金融公司来购买运河。这个公司的资本将会达到 2.4 亿法郎，这些资本可以由国家来处置而回报是公司享有某些特权。这个动议遭到了强烈的反对，最后只能不了了之。1825 年他又以一个工业股份制银行的计划卷土重来。这个公司的总资本达到 1 亿法郎，其目的是成为那些犹豫是否投资的资本家和那些寻找资金的实业家的中间人。对那些新成立且又有创新技术的工业企业的融资是以持有股份的形式进行的。虽然这个计划引起了政府很大的热情，但他还是没能说服政府。政府认为计划的资本太高了[16]，并且要强加很多的限制，比如不让外国人持股。这些阻碍使他没法完成自己的设想。[17]不过，这个计划最终于 1837 年成型，最终的版本已经和最初的大相径庭。Laffitte 把银行的名字改为工商实业银行，这样叫的目的是为了避免表现出要和法兰西银行竞争的意思。这家银行其实和普通的银行没有什么区别，除了它的资本金非常可观：5 500 万法郎。它主要的业务是贴现和发行信用券（这些信用券的到期时间从三天到三个月不等，有的有利息收益而有的没有）。但是，法兰西银行依然保持了发行银行券的垄断权。Laffittee 原先想成立一家投资银行的动

议再度被迫放弃了。

尽管如此，Caisse 弥补了法国银行体系中的空白，并且标志着大型银行时代的到来。为了避开政府部门的监管，它开始是以联合控股有限责任合伙人制的形式成立的。作为一家贴现银行，“七月革命”期间无数的银行家模仿它的形式。正如 Bertrand Gille 所说，路易・菲利普统治末期的巴黎有很多重要的银行，它们提供的无可争议的服务使票据流通便利并且降低了利率，即使它们的实收资本远远低于最初的预期。[18]但是，这些模仿者和它们的英格兰的同类机构不同的是：后者在 19 世纪逐渐发展壮大，前者却在 1847—1848 年之间的经济危机中消失了。

在 1848—1852 年，大型银行确实在法国出现了。两个机构的建立标志着“银行业革命”：Comptoir d'escopte de Paris 和 Credit Mobilier。其中，前者更多的是模仿储蓄银行，而后者则是模仿投资银行。尽管如此，它们仍有一些共同特征并共有几名董事。它们不但对法国银行体系而且对巴黎 48
的国际金融中心的地位产生了非常大的影响。首先成立的是 Comptoir d'escopte de Paris，它成立于 1848 年 3 月 7 日。同时，在其他城市成立了 68 家贴现银行。它的创始人是 Louis-Antoine Garnier-Pages（当时的财政部部长），成立的目的是为了恢复被经济危机和“二月革命”完全摧毁的信用机制。它的资本被设定为 2 000 万法郎，其中三分之二由巴黎的城市债券和国库券组成，剩下的三分之一由股票持有人出资，所以，它是一个公私合营的公司。它的经营者也是由财政部指派。但同时，它的业务一般是针对私有部门。1854 年，这个公司被完全转交给私人，并很快成为法国最好的银行。[19]它还有一点特殊之处使其和英国的联合控股银行不同。它设立国外分支办事处（目的是为国际贸易融资）的速度超过了那些英国银行[20]，当然设立伦敦办事处（它试图在国际性的大生意中分一杯羹）是个例外。[21]这些发展无疑为巴黎作为国际金融中心所发挥的影响力增添了一个亮点。

第二个银行是 Credit Mobilier，由 Emile Pereire 和 Isaac Pereire 兄弟在 1852 年创立[22]，总资本达到 6 000 万法郎。这些总资本使它成为这个国家的第二大银行，仅次于法兰西银行。它超过 Comptoir d'escopte 以及法国的其他大型银行，在当时的法国获得了极高的地位。通过为经济发展服务，它的名字在法国以及整个欧洲引发了带有浪漫色彩的“企业家”银行这个概念，并已经做好准备和银行业建立的传统（以罗斯切尔德家族为代表）斗争，以改进银行业务的实践。时至今日，虽然 Pererire 兄弟建立这个银行的初衷被历史研究强烈质疑，人们仍然把投资银行、商业银行和混业银行的杂烩叫做 Credit Mobilier 式的银行。[23]

Pereire 兄弟野心勃勃地建立 Credit Mobilier 的目的，是要重新分配工业、运输业以及公用事业的资源。说到底，他们计划发行银行债券，并把所获得的资金投资于这些企业。最终，他们的目标是创造工业垄断。他们
49 希望通过购买主要的制造业和铁路企业的证券，使 Credit Mobilier 的股票成为代表了它所控制的大型企业的资本的超级证券。他们最后所达成的和他们的目标相去甚远，但是已经算是浓墨重彩了。除了在法国创立了很多的企业外[24]，Credit Mobilier 也积极地涉入了国外的投资，特别是铁路业（它在奥地利和西班牙获得了许可）。它最值得一提的成就是在德国的达姆施塔特创建了 fur Handel und Industrie 银行，也叫做 Darmstadter 银行。在德国，它是第一家这种类型的银行。

Credit Mobilier 英雄般的形象在很大程度上得益于 Emile Pereire 和 Isaac Pereire 兄弟在 19 世纪 50 年代中期到 60 年代初期与 James de 罗斯切尔德的竞争。这段历史的戏剧性可能被夸大了。James de 罗斯切尔德由于坚持联合控股银行的原则而遭到反对，他认为 Pereire 兄弟的计划，特别是几乎无限制地发行债券，会破坏经济的稳定。即使 Credit Mobilier 的其他一些在铁路业和银行业的发起者也和罗斯切尔德有利益冲突，他们站到了 Pereire 兄弟的这一方，但这仍不是一场势均力敌的较量。罗斯切尔德银行[25]五个分支的总资本在 1862 年超过了 5.5 亿法郎，光是在法国的分支就有 2 亿多法郎的资本。在很大程度上，罗斯切尔德并没有和 Pereire 兄弟正面冲突，而是采取了等待和观望的态度。但是，他还是成功地阻止了那不勒斯和布鲁塞尔的银行模仿 Credit Mobilier。而且，当 Pereire 兄弟表现出将要达到目标的迹象时，罗斯切尔德甚至毫不犹豫地转向鼓励这类银行的创立，比如都灵的 Caisse du Commerce et de l'Industrie 和维也纳的 Credit-Anstalt。面对 Pereire 兄弟试图控制整个奥地利—匈牙利的铁路网络，罗斯切尔德也获得了伦巴第、威尼斯、匈牙利和塞尔维亚铁路行业的准入许可。在法国，罗斯切尔德家族和他的盟友成功地阻止了 Pereire 家族涉入大型铁路企业的创立，并在法国南部切断了其铁路，使其巴黎—地中海线路泡汤。

然而，Pereire 家族最终的失败并不是由于和罗斯切尔德家族的竞争，而是由于他们生意的扩张失控带来的资金流动性不足的问题。从最开始，Credit Mobilier 就由于控制的企业太多而存在资金问题。在 1854 年它不再

被授权发行债券之后，它一方面要面对来自法兰西银行的竞争，另一方面又不得不在经营方面承担更多的风险。[26] 1867 年，Pereire 家族在马赛的一家公司 L'Immobiliere 倒闭，大量资金的流动性出现问题。这使得 Credit Mobilier 的股票大受影响，一路下跌。Emile Pereire 和 Isaac Pereire 被迫离开董事会。1870 年，Credit Mobilier 破产。一个同名的企业延续经营到了 1902 年，但是它在这个国家的金融事务中只是扮演二流角色。 50

另一些在这个时期出现的其他的大型银行则表现得更加平稳，且主要模仿对象是英国的储蓄银行。成立于 1859 年的 CIC 尤其如此。它成立时的资本金为 6 000 万法郎，由法国银行家 Armand Donon 发起，然后有一些英国金融家加入。[27] Credit Lyonnais 成立于 1863 年，发起人是 Henri Germain（他的支持来自里昂的工商界，特别是丝绸行业，以及日内瓦的相关人士）。它也是模仿英国的联合控股银行，资本达到 2 000 万法郎，这是有限公司的法定上限。成立者的目标是摆脱巴黎银行家的控制，但是成立于 1865 年的巴黎支行很快成为了这家银行真正的中心。Credit Lyonnais 在 19 世纪 80 年代成为法国最大的银行。[28]

Societe Generale 也试图成为一家储蓄银行。它于 1864 年由来自 Reunion Financiere 银行的几个银行家（Alphonse Pinard、Louis Bischoffsheim 和 Edouard Hentsch）创立（Reunion Financiere 最初是罗斯切尔德家族为了和 Pereire 家族竞争而建立的）。[29] 这几个银行家也是 1863 年成立的 Banque de Credit et de Depots des Pays-Bas 背后的支持者。后者在 1872 年和巴黎银行合并为 Banque de Paris et des Pays-Bas，资本达到 1.25 亿法郎，其中有一半是实收资本。从一开始，这家银行的定位就是传统银行业的主导性银行，它主要以自有资本运营，并拥有很多企业的股份。[30]

和在伦敦一样，新型银行的出现并没有打乱巴黎的金融布局。大型私人银行仍然控制着局面（特别是控制着政府债券），这种现象一直持续到 19 世纪 70 年代初期。但在 1872 年出现了转折点。当时政府计划通过借债来向 51 德国支付战争赔款。大型私人银行仍然主导的局面主要是由于新型银行刚刚出现不久，还没有时间在国际性的大买卖中（特别是联合发行债券）证明自己。[31] 这种状况也可以被解释为大型私人银行在创立这种新型的联合控股银行中所扮演的角色，无论是作为幕后的支持者还是实际的执行者。即便是 Credit Mobilier 银行也依赖大型私人银行作为它的股东。当然，罗斯切尔德银行除外。

德国的全能银行

说到底，Credit Mobilier 银行对于法国的大型联合控股银行的发展而言所扮演的只是一个边缘角色。但是，它对巴黎在法国第二帝国时期作为金融中心的地位的上升有着很大的贡献。同时，它的影响在德国延续的时间更长，19 世纪 50 年代在那里出现的大型银行都是以它为模板的。比如，1853 年 Pereire 家族和一组来自科隆的私人银行家创立了德国第一家全能银行（universal bank）：Darmstadter 银行。虽然当时 Schaaffhausenscher Bankverein（在 1848 年的危机之后它变为一家联合控股公司，但在那之前它是一家来自科隆的私有银行）[32] 已经非常强势，Darmstadter 银行仍然走在了它的前面。Darmstadter 被批准可以持有其他企业的股票，参加辛迪加发行以及发起并购和重组，换句话说，它可以同时经营投资银行业务和储蓄银行业务。当时，它主要参与的是铁路建造融资、工业投资和政府债券。

另一个主要的全能银行是 Disconto-Gesellschaft。它由普鲁士银行的前经理 David Hansemann 建立于 1851 年。它最初的形式是迪撒公国的一个信用联合会，1856 年，为了规避普鲁士立法对于新的有限责任公司的限制，它的形式改为联合控股有限责任合伙制（那时它的总资本为 1 000 万泰勒元，总部在柏林）。同年，一组银行家[33] 在同样的法律形式下建立了 Berliner Handels-Gesellschaft 银行。这之后，一些同类的银行也在德国的其他城市相继出现。[34] 但是 1857 年的金融危机中止了这种趋势，直到 1870—1873 年才再次出
52 现。1870 年，Deutsche 银行由一群受 Adelbert Delbruck 和 Ludwig Bamberger[35] 领导的银行家创立于柏林。而在同一年，Commerz-und Disconto 银行由一群当地的银行家和船主创立于汉堡。[36] 两年后，德累斯顿银行由 Eugen Guttmann（来自于德累斯顿的一个小银行家之子）创立，他说服了 Karl 男爵和 Felix von Kaskel，把他们的银行变为联合控股银行。[37]

大型德国全能银行的出现一般都远离这个国家的主要金融中心，至少在开始时是这样。小城市达姆施塔特成为首选，原因大概是它靠近法兰克福。在 Schaaffhausen 的公共危机之后，科隆不再允许联合控股银行在当地设立。1854 年，法兰克福银行在法兰克福建立，其建立的诱因是为了和 Darmstadter 竞争。但是它只是一家经营储蓄和发行业务的银行，并且在 1856 年，由于当地银行家强有力的游说，它想要成为一家 Credit Mobilier 银行的动议被参议院拒绝了。至于汉堡银行，它仍然只是专注于为贸易活

动进行融资。说到底，还是柏林在这场竞争中表现得最为出色。这不仅仅是因为在 19 世纪 50 年代中期的第一波热潮中有两家极其重要的银行[38]在这里成立，还因为志在成为德国最大银行的德意志银行也在这里成立。柏林，德意志帝国的新首都，很快成为了这个国家的金融之都。

瑞士大型银行的出现

瑞士的情形和其他的地方也很相似。模仿 Credit Mobilier 而非英国储蓄银行的新型银行在这个国家主要的金融中心和大型的工业密集地被创立。第一家是 Banque Generale Suisse de Credit International Mobilier et Foncier。它在 1853 年被创建于日内瓦（瑞士最大的金融中心），总资本 2 500 万法郎，其中的 500 万法郎是立即付清的。它计划参与各种银行业务：贴现、借贷、背书政府债券、投资工业股票和发行银行券。和它国际性的名声相符的是，它的董事会的领导者中包括了来自伦敦、柏林和都灵的金融家。这家命运多舛的银行，最终在 1869 年被清算。[39]第二家则存续了更长时间并有光鲜的命运，它是由 Alfred Escher（当时瑞士最有影响力的商人和政 53
客之一）于 1856 年在苏黎世成立的瑞士信贷。它的主要目的是为瑞士的铁路建设提供融资，并使它们摆脱来自国外（特别是法国）的控制。瑞士信贷很快就变成这个国家最大的银行，并把这种状态保持到了 19 世纪末。1862 年，一组私人银行家在巴赛尔创立了 Basler Handels 银行；在温特图尔也成立了 Winterthur 银行，它是瑞士联合银行的前身。Eidgenossiche 银行于一年后在伯尔尼成立，它的成立主要得益于 CIC 和来自法国的资本的支持。虽然瑞士掀起了创立大型银行的浪潮，但是大型银行依然只是瑞士银行体系中较小的一部分：在 1870 年，它们仅仅占到了瑞士的银行（不包括私人所有的银行）总资产的 14%，而地方银行占 26%，州立银行占 19%，抵押银行占 22%，以及储蓄银行占 19%。[40]

美国银行体系

美国银行体系的发展和欧洲银行体系的发展并没有同步进行。在某些方面，这里的现代化来得更早。借用 Richard Sylla 所言[41]，发生在 18 世纪 90 年代的“联邦主义者的金融革命”大概相当于 18 世纪发生在英国的金融革命和 19 世纪发生在欧洲大陆的银行业革命。一方面，美国的第一个财政部长 Alexander Hamilton 使得公共基金的管理稳定化和现代化。[42]他创建了一个中央银行：美国银行，它在1791年没有任何保留地获得了联邦的授权，并很快在全国开设分支机构；他还建立了国家造币厂，使得美元在1792年成为这个国家的通用货币单位。另一方面，改革所采用的这些措施大大促进了金融市场（在这里政府债券和中央银行券被交易）和银行体系的发展。虽然在1790年美国只有三家银行且没有一家有三年以上的历史，但这个数字增长迅猛：1800年有35家，1810年大约有100家，1820年大约300家，1835年左右达到约700家。而且，这些银行中的多数由有限责任联合控股公司组成，在这一点上美国远远走在了欧洲前面。

然而，这次的金融改革及其影响还是很有限的。首先，中央银行的实验只持续到了19世纪30年代。从一开始，美国银行（它的授权在1812年
54 到期）就必须面对来自地主阶级和其他特权阶级的反对。1816年，它被美国第二银行取代。但是到1835年，Andrew Jackson总统否决了它的继续经营。这个国家没有中央银行的状况一直延续到了第一次世界大战前夕。当时美国的全能银行远远赶不上大西洋彼岸的欧洲对手的发展（至少直到19世纪末都是如此），这部分是因为美国银行不幸的经历：它在失去了联邦授权之后在宾夕法尼亚州注册成为了一家普通的银行，并在1841年破产。由于法律禁止银行在其他州设立分支机构，银行只能在本州发展。发展较好的银行是那些发行票据的商业银行，它们没有分支，主要盈利只来自它们所在的州。这样的体系培育了大量的银行。1860年，这样的银行达到了1 500家，它们发行了9 000多种不同的银行券。当时伪造尚未盛行，这个体系多多少少还是令人满意的，且货币流通也在国家的掌控之中。但是由于没有国家级别的银行券，交易成本非常高。

1863年和1864年出台的有关银行的法律（正值南北战争中期）试图通过引入一类新的银行——国家银行（它们由联邦而非各个州授权）——来统一银行券的发行。这些国家银行必须把它们三分之一的资本投资于联邦政府债券（主要被联邦政府用于对战争融资）[43]，并可以用这些债券作为担保来发行自己的价值不超过这些债券市场价格90%的银行券。这些法律对于准备金也有限制。这些国家银行可以把准备金全部放在自己的金库里，也可以把一半的数额放在所在地是17个所谓的储备城市之一的国家银行（这些国家银行又有机会把它们一半的储备金放在纽约的国家银行）。这样就加强了国家对于金融资本的控制。这些新的法律并没有排斥原来的州立银行，它们如果不愿意受联邦的管制可以继续保持自己原来的状态。但是

它们的银行券必须缴纳 10%的税，这导致很多州立银行破产。19 世纪 90 年代以后出现的这类银行则不再发行银行券。

铁路投机

铁路投机是在 1840 年以后才开始的。英国的第一条铁道线路完成于 1825 年，连接了英格兰北部的斯托克顿和达林顿。其他的几条在 19 世纪 30 年代被相继建成。[44]但是真正的铁路行业的兴起是从 40 年代开始的。在英 55
国，30 年代末期涌现了投资热潮，年平均额约 600 万英镑；在 40 年代中期这个数字增加到了 2 500 万英镑以上，并保持到了 60 年代。时至 1875 年，英国超过 70%的铁路线路被建成，前后历时五十多年，总投入超过 6.3 亿英镑（其中的 60%以上是在 1850 年之后投入的）。[45]在法国，第一次投机热潮出现在 40 年代中期，其中铁路所获得的投资从 1852 年的略高于 10 亿法郎到 1869 年的 70 多亿法郎。在德国，建造铁路的总花费平均到每公里铁轨要少于英国。德国的净投资在 19 世纪 50 年代到 70 年代中期稳步上升[46]，从开始的年均 8 800 万马克到后来的略高于 5 亿马克。在美国，铁路总长从 1840 年的 3 300英里增加到 1860 年的 30 600 英里，总造价超过 12 亿美元。[47]

在这以前，还从未有私人企业能从公众手中得到这么多的投资。它们的成功一部分是因为国家的干预（除了在英国，这里的融资完全是私人行为）。例如在法国，国家买下了土地并承担了开凿工作，而私人企业则提供铁轨、枕木等并获得该条线路 99 年的运营权。而且，国家保证这些资本投资的最低回报，至少在大多数国家是这样。在美国，这些企业还获得了由于修建铁路而开放的这些地区捐赠的大量土地。尽管如此，资本市场为了满足需求仍然必须重新组织自己，这无形中导致了重要金融中心地位的加强。实际上，资金的转移和证券的交易只能在金融中心进行，因为只有这里才有足够的关系网络和可用的信息。这些投资被用于建造一个全国的铁路网络，在 19 世纪 30 年代到 70 年代的第一段投资热潮中尤其如此。尽管如此，国内资本还往往不能满足需求，从而必须召集海外资本。而作为回报，这些国家尤其是英国和法国在其他国家进行融资时又提供了很多的帮助和便利。从这个方面来说，由于大型银行的出现，工业化大国的金融中心在国内外事务中联系得更加紧密。

伦敦金融城的储备

56 然而，事情的发展也不总是如上面所描述的，特别是在铁路起源的国家。在英国，第一轮的建造是由当地的资本融资的，而不是依靠伦敦的市场。[48]同样地，第一批的这些企业的证券主要是在地方级别的证券交易所（这些交易所开始于1836年出现在利物浦和曼彻斯特，后来遍及全国）交易。总的来说，伦敦城的银行家和金融家是抵制这个趋势的。当时两个最主要的商业银行罗斯切尔德银行和巴林银行，虽然常常经手大的债券发行，却不参与这些企业的资金筹集。这个惯例仅有一个例外，那便是私有银行Glyn，Hallifax，Mills & Co.[49]的合伙人George Carr Glyn涉入了对铁路企业的融资。[50]而这家银行很快因铁路银行而闻名，它注定成为仅次于罗斯切尔德银行的伦敦第二大银行。其他也有一些私人银行涉及铁路投资，但只是偶尔为之。

然而，在投资英国铁路建设热潮的最后十年，伦敦城的角色加强了。首先，伦敦的资本更多地流向了那些地方性的企业（有时纯粹是出于投机的目的）。例如，经纪公司Foster & Braithwaite对铁路债券进行投机，它的年收入从1839年的4 200英镑一路上涨到1845年的50 650英镑。同时，伦敦证券交易所逐渐奠定了自己在主要企业债券交易方面的主导地位，这种地位在投机热潮过后尤其明显。1853年，在伦敦证券交易所挂牌上市的股票所代表的名义资本达到了1.94亿英镑（换句话说，达到了铁路企业所发行证券的70%），而且由伦敦的交易者定的价格被强加给地方市场。[51]由此可见，伦敦城作为二级市场角色的重要性甚至超过了其作为一级市场的重要性。1853年，在伦敦证券交易所交易的铁路债券的总额占到了在这里挂牌交易证券的总额的16%，仅次于占到70%的英国政府债券。公众已经认为投资那些主要企业的债券和投资国家公债一样安全了。从1853年到1873年的20年间，英国铁路在伦敦证券交易所挂牌交易的债券的名义价值从1.94亿英镑上升到3.74亿英镑；那些国外和英属地的铁路债券则从3 100万英镑上升到3.54亿英镑。两个增幅都非常可观。

57 伦敦城在铁路建设的第二波热潮中（多是国外的铁路，特别是美国的铁路）的表现则要积极得多。这一次，那些著名的商业银行（特别是罗斯切尔德银行和巴林银行）在刚开始的时候依然很少涉入这些铁路证券的首次发行。当然也有例外，巴林家族曾和Glyn Mill家族一起于1853年为来自加拿大的 Grand Trunk 铁路公司发行过债券，这是一次很不成功的发行。这次投资热潮缘于一个来自美国但在伦敦发展的银行家 George Peabody，他在 1852 年引入了 Illinois Central 的债券。Illinois Central 也成为了第一家在英国媒体上做广告的美国铁路公司。[52]整个 50 年代，为了偿付英国卖给美国的铁轨，数不清的美国铁路公司的债券在英国其他地方或者欧洲大陆发行之前就已经先行在英格兰发行。在美国南北战争末期，伦敦城的所有主要的银行都加入了对美国铁路的投资热潮，其中的领导者便是巴林兄弟和 J. S. Morgan（他是 George Peabody 的继承者）。[53]在 19 世纪 70 年代早期，为美国铁路发行的债券达到了在这里发行的所有铁路债券的近 70%，以及所有私人企业债券的大约 45%。[54]

巴黎大型私人银行的使命

另一方面，巴黎的银行一直热衷于投资铁路。在设立全国铁路网络的各个阶段，就像国家对这个问题的方式一样，法国比英国能更敏锐地感觉到其存在。在初期的发展阶段，巴黎的银行对达到了一定规模的企业的发展起到了非常积极的作用。换句话说，从 19 世纪 30 年代末开始[55]，以及后来 1844 年到 1846 年之间（这是法国铁路的第一波真正的热潮），这些银行在投资的分配方面扮演了关键的角色。它们一方面扮演了投标人的角色，另一方面又扮演了担保人的角色。后者的职责是保证建造铁路所需要的资金可以被筹集，这是这条线路接受竞标的不可缺少的条件。

巴黎的大型私人银行的主要成员都是这一市场趋势的参与者，它们之间既存在相互竞争又不乏合作。在 Credit Mobilier 银行建立之前，它们是这个时期形成的四个大型集团中三个的中心。[56] James de Rothschild[57]的集团控制了 Nord 铁路公司。由英国资本支持的 Charles Laffitte 集团和 Edward Blount 集团[58]也控制了几家公司，包括 Paris-Rouen 和 Rouen-Le Havre。 58
最后，由 Francois Bartholony 领导的集团[59]控制了 Paris-Orleans 和 Centre。由工程师 Paulin Talabot 领导的第四个集团不包括任何巴黎的大型私人银行，从金融方面来看是较弱的一个集团，但是这个弱点由于罗斯切尔德家族的支持而得以弥补。它在欧洲东部的势力较为强大，并致力于争夺对巴黎到地中海铁路的控制权。

巴黎银行家的金融使命绝不是无关紧要的。[60]在 1845 年到 1846 年投资热潮高峰期间，由铁路公司发行的债券总额达到了 9.19 亿法郎[61]，达到了自1833年铁路债券被允许发行以来总发行额的近四分之三。当时，那九家主要的银行所购买的债券数额达到了2.25亿法郎[62]，约占总数的25%。有一些投入是作为长期投资的，比如罗斯切尔德家族对于Nord的2亿法郎总投资中的5 100万法郎。然而，在很多情况下，这些银行家扮演的是中间人的角色，不论只是简单的经纪人还是在他们的客户中重新分配这些债券（前者收取佣金，而后者通常可以赚取差价）。这些投入往往可以影响这些公司的发展以及这些公司董事会的行为。[63]

到了法国的第二帝国时期，Pereire兄弟的动议和Credit Mobilier银行的出现威胁到了原有的秩序，主要参与集团的组成也变化不少。但即使是这样，巴黎的银行家仍然热衷于投资铁路的发展。在18世纪50年代，两个集团发生了激烈的斗争：一边是Pereire兄弟和他们的同盟（包括几个大型私人银行的成员），另一边是Reunion Financiere。这场斗争以Pereire的失败告终。[64]从1857年开始，在国家鼓励之下形成的并购趋势使得法国的铁路网络开始向好的方向发展。在这期间出现了6个大型公司：Nord，Est，PLM，Ouest，Paris-Orleans和Midi。虽然大型私人银行的代表仍然在这些公司的董事会中列席，但是他们很快就不再扮演决定性的角色，权利被转交给了职业经理人。

巴黎是所有金融中心中参与铁路投机最直接的一个，无论是在法国的投机还是在国外的投机，特别是在地中海地区的国家（西班牙、葡萄牙和意大利）、俄国和奥匈帝国。这些都是罗斯切尔德家族和Pereires家族[65]主要交锋的地区。巴黎的角色不仅仅取决于大型私人银行，也取决于那些在这里积聚的辅助服务机构，比如工程办公室（它们在工程设计中扮演决定
59 性的角色）。当然，政治力量也是非常重要的。在巴黎交易所，铁路证券（其中80%是债券的形式）的总价值在1869年超过了100亿法郎。也就是说，在政府债券占有挂牌证券总额50%的情况下，铁路证券约占总额的三分之一。就像在英格兰一样，它们在投资者眼中和政府债券一样安全。

德国和美国的地方分权

在德国和美国，在金融中心没有真正占据关键地位的情况下（至少开始时是如此），私有银行家从一开始就参与了有关铁路的生意。柏林和纽约只是逐渐建立了它们的主导地位。

在德国，最早开启对铁路投资风潮的是科隆的私有银行家。[66]1835年，

Abraham Oppenheim 成立了一家负责建造连接科隆和亚琛以及安特卫普的铁路的公司[67]，他的银行和其他几家来自科隆的银行为这家公司提供了融资。[68] Abraham Oppenheim 在始于 1833 年的、关于建造连接科隆和麦登铁路的谈判中也扮演了重要的角色，这条铁路对于威斯特伐利亚的工业发展至关重要。由于罗斯切尔德银行遍布各地以及当地私人银行家的富有和证券交易所所处的重要地位，法兰克福也赶上了这股投机风潮。[69] 在柏林的银行[70] 也有涉及，其中比较突出的是 Mendelssohn & Co.。[71] 除了参与证券的初次发行（包括 1836 年的柏林至斯德丁的铁路），它还在 1870 年与一个名叫 Plessner 的工程师以合伙的形式创建了一个铁路制造公司，并获得了好几条线路的建造权（这些线路大多在德国的中部）。该公司在 1875 年破产，这使得 Mendelssohn 不再从事重工业融资。在柏林的另外一些银行也参与了辛迪加发行，并且在形势需要时更加直接地参与了铁路企业的金融管理。例如，Bleichroder 既是银行家又是科隆-麦登公司的执行官。除此之外，德国对铁路的融资和英国、法国或者美国的不同之处还有国家所扮演的角色。当然，有不少线路的建造和国家无关，但是其他的线路（比如从科隆到麦登的铁路）多由国家通过购买股份和保证收益来扶持，而主要线路则直接由国家建造和运营。此外，大多数的线路在 19 世纪 80 年代被俾斯麦国有化。

在美国，伴随着投资银行的出现，银行家在推动铁路公司发展的进程中扮演了重要的角色。投资银行是一种专注于通过发行和交易证券筹集资金来进行长期投资的银行，这些业务在 1850 年以前是由商人、股票经纪 60 人甚至是商业银行从事的。这种过渡在美国的南北战争期间无疑加快了速度，原因是政府的财政需要和召集国内存款的需要。但是这里的关系是：铁路企业的融资，然后是大型工业企业的融资，在 19 世纪最后四分之一的时间里给了投资银行（特别是 J. P. Morgan & Co. 和 Kuhn，Loeb & Co.）以信用保证。

在美国，投机热潮开始于 19 世纪 40 年代。成立于 1849 年的 Winslow，Lanier & Co. 银行的主要目的就是交易铁路证券。在短短几年中，它就成为这个领域最主要的企业，并帮助纽约成为美国铁路融资的主要中心。在美国南北战争之后的几年间，行业的领袖是 Jay Cooke，他于 1861 年在费城创立了自己的银行 Cooke & Co.。在政府债券发行中扮演了非常积极的角色之后，他于 1870 年转向铁路证券，为 Northern Pacific 融资并在这里拥有了可观的权益。[72]但是到了1873年8月中旬，Northem Pacific欠了Cooke & Co. 银行超过500万美元。焦虑的存款人开始挤兑银行。1873年9月18日，这家“美国第一银行”不得不停止营业，这不但在华尔街上引发了巨大的恐慌，也改变了它在投资银行的世界领导地位。[73]美国铁路融资最与众不同的特点是来自国外的资本占了相当大的比例。有证据表明，从投机热潮一开始，这个比例就相当大，并一直持续到了19世纪末期。

在投机的早期，主要的欧洲国家建造铁路需要这些主要的金融中心的服务，但范围一般还是限于国内。然而，很快地，这些商业活动扩大到国际舞台，特别是伦敦和巴黎。抛开政府债券不提，这些铁路公司证券在当时成为了这些金融中心的资本的主要目标。对于这些资本，企业的反应有时是竞争性的，但更多的时候则是互不相干，各自在自己的区域发挥着影响力。

伦敦和巴黎的竞争

国际金融中心之间的竞争和合作是不变的主题，后者越来越占据主导
61 地位。两个甚至几个金融中心争夺世界或者欧洲金融霸权的场面是非常少见的。19世纪50年代到60年代的伦敦和巴黎，20世纪20年代的伦敦和纽约，以及在欧洲地域的20世纪90年代的伦敦和法兰克福，有关文献对这些冲突的描述很多方面是不真实的，其中在19世纪中期巴黎和伦敦之间的竞争既有被误传的一面，因为巴黎只有一次真正拥有可以超过伦敦的机会；又有真实的一面，因为以赶超伦敦为目标的充满活力的企业家和富于野心的政治家确实影响到了巴黎所参与的所有国际金融活动。

国际贸易及其融资

在19世纪中叶，一个金融中心的金融资本数量依然在很大程度上依赖于当地贸易活动的规模。银行业和金融业是贸易的支流，从这个意义上来说伦敦有着巴黎无可比拟的优势：英国在国际贸易中占有主导地位。1850年，它的国际贸易额占到世界国际贸易总额的20%以上；到了19世纪60年代，这个比例上升到约25%。英国所占份额大约相当于法国的两倍（法国1850年为11%，1860年为13%）。[74]最为重要的是，英国的国际贸易基

本上都是由伦敦城经手的。在整个 19 世纪，伦敦城仍然更多地是作为一个国际贸易中心而非国际金融中心。作为世界最大的港口，伦敦港对于伦敦的贸易中心地位以及当地伟大的贸易商们所承担的无论是数量上还是名誉上的重任都有极大的裨益。1934 年的《金融新闻》写道：“最能代表这个城市的正是那些贸易商的办公室，而不是什么其他的事物”，“银行在伦巴第大街存在是因为贸易商们需要它们；海运公司兴旺是因为贸易商们的货物需要运送。劳合社保险市场是这些贸易货物和船只的保证。而证券交易所在那些因为贸易商而存在的银行家的光顾下才得以壮大。所以，这样说一点也不过分：正是这些贸易商们成就了伦敦。”[75]

19 世纪 70 年代以前，实物贸易一直都是这个城市最重要的商业活动。
这涉及商品的进口、出口和再出口，这些都要借道伦敦，并且有时还要在 62
这里的货仓暂存。从 19 世纪 50 年代起，第二种形式的商业活动开始发展。这种形式的活动涉及组织和协调贸易货物的运转，而这些货物的实物并不途经伦敦，这些货物在英国的其他城市进出口，或者与第三个国家之间进行商业贸易。最后，又发展出了第三种商业活动：商品交易市场。在这些市场上，商品进行竞拍，远期合约被交易。其中比较重要的商品市场有 Mincing 港（主要是殖民地产品[76]）和波罗的海航运交易所（主要交易谷物和船只）。日益衰落的皇家交易所把它的位置让给这些专门化的市场，这些市场将在 19 世纪的末期呈现出更加正式的组织结构。[77]

扮演贸易中心这个角色对于整个城市的兴盛的重要性同样可以在巴黎得到证明。巴黎的地理位置显然不如伦敦，但是铁路的出现使得这种差距有了些许变化。发达的铁路线缩短了货物从主要的港口城市（特别是马赛和勒阿弗尔）运送到巴黎的时间。[78]这意味着在巴黎建造仓库来与伦敦的码头竞争这件原本不现实的事现在可以考虑了。在第二帝国时期由于政策主要由公众制定，大量主要城市的发展计划上马，包括建设铁路网络和实现港口城市的现代化。特别是马赛，它在 1869 年苏伊士运河开通后看上去相当有发展前景。[79]这些使得上述的可能性变为现实。从 19 世纪 50 年代初期开始，很多试图在巴黎建立自己的货物仓储和交易基地的企业在巴黎以及巴黎附近（包括位于直接有铁路和勒阿弗尔相连的 de l'Europe 的 Docks Napoléon）成立，不过这些公司的成立所带来的影响只是小范围的。Pereire 家族试图为巴黎的赶超计划带来新的欧洲力量，但是他们最后失败了。[80]虽然这里的铁路网络四通八达，虽然这里在 1855 年和 1867 年举办了两次世界博览会，虽然 Haussmann 保证这个城市的现代化将会令人叹为观止，但是巴黎依然无法超越伦敦在国际贸易之中所扮演的杰出的角色。[81]

外国债券

另一方面，巴黎和伦敦在金融领域（除了对国际贸易的融资，这项业务是伦敦的“自留地”）也进行着竞争。在为政府发行债券和为国外企业融资方面，伦敦更多地感受到了来自巴黎的竞争压力。对于一个距现在如此远的时代，要比较两个金融中心的金融实力确实不是一件容易的事。当时的主要银行仍然是私有银行，它们并不公开自己的资产负债表，这也使得对它们的规模的比较变得几乎不可能。在法国的第二帝国时期，巴黎的罗斯切尔德银行比伦敦的罗斯切尔德银行更大，然而，它们是属于同一个利
63 益集团的。同时，巴林兄弟银行的重要性又远远超过了其他的巴黎大型私人银行。[82]相反的是，联合控股银行在伦敦的发展远远胜过它们在巴黎的发展，并且还颠覆了伦敦金融行业的平衡，虽然它们在这里还没有扮演领导者的角色。伦敦证券交易所的规模也超过了巴黎交易所：在伦敦挂牌上市交易的证券的名义价值在 1863 年达到了 17 亿英镑，在 1873 年又增至 23 亿英镑。相比之下，巴黎在 1869 年只有 10 亿英镑[83]（如果算上 coulisse 年金的话，是 13 亿英镑）。不过，伦敦和巴黎对外输出的资本对于国际事务的影响力是基本相当的。

从纯粹的数量水平上来说，伦敦和巴黎的差别是非常小的。从 1840 年到 1870 年，英国和法国每年的出口额都相仿。在 19 世纪 40 年代，它们的年均出口额在 200 万英镑到 600 万英镑之间；50 年代大约是 1 500 万英镑；60 年代大约是 3 000 万英镑到 3 500 万英镑之间。[84]如果非要从这些数据中比出一个高低的话，那么法国略占优势。当然在 30 年代到 40 年代之间（特别是 1848 年之前），英国是处于领先地位的，它的年均净出口额达到 600 万英镑，而法国则是略微的逆差。但是，在 50 年代早期以及整个 60 年代，法国无疑获得了先机，那段时间它的净出口额达到了英国的两倍以上。

但是，这两个城市的竞争力是难以用这些数据来证明的。因为它们二者的资本投向是不同的：法国的资金主要流向欧洲[85]，而英国的资金则主要流向公海*。[86]从 1852 年到 1881 年，欧洲吸收了超过三分之二（67.4%）

* 这里的公海意指除欧洲以外的世界其他地区。——译者注

的法国投资；而从 1865 年[87]到 1881 年[88]，英国的投资中只有不到三分之一（29%）流向了欧洲。

在这两个欧洲最大的中心各自所发挥影响的区域之间形成了一个对劳动力的国际划分。这并不等于说摩擦不存在[89]，而是意味着竞争不一定是针锋相对的。同时，在几个金融中心也可能存在着不同银行家和金融集团之间的竞争，这些竞争也许还带有政治性。例如，1851 年由 C.J. Hambro & Sons 为美国的皮德蒙特高原在伦敦发行了 400 万英镑的债券，而罗斯切尔德银行（特别是在巴黎的分支）却和伦敦与巴黎的竞争毫无关系，巴林兄弟公司则降低了发行债券的总额。这些变化要归因于皮德蒙特高原的财政大臣 Cavour 试图摆脱罗斯切尔德家族的控制。[90]

法国政府想挑战的不仅仅是伦敦在一两个金融业务领域的优势，而是伦敦的金融霸权。"长期以来，伦敦的金融中心垄断着外国债券的发行"，1865 年的一份法国财政部的备忘录写道： 64

> 这里有无可比拟的优势吸引着那些想通过发行债券融资的国家或者个人，即使英格兰的资本要求的利息要高于其他地方。另一方面，它每年的收入又进一步确保了它的地位……并同时控制了全世界的商业活动。它提供过融资的国家很快成为它的客户，其中一些国家（比如葡萄牙）的商业则完全被它控制。[91]

这些正是巴黎寻求的利益。虽然法国输出的资本至少和英国一样多，虽然自从 1823 年以后在巴黎交易所挂牌出售的债券超过了在伦敦出售的债券，又即便是 1859 年之后法国的政府对于私有企业债券的发行放松了监管采取放任的态度[92]，商业活动仍然存在着从巴黎向伦敦转移的趋势。

直到 19 世纪 60 年代，这些努力看起来有了结果。"今天的法国和英国共享向世界工业提供资本的荣誉。"另一份 1865 年的法国财政部备忘录写道。从 1861 年到 1865 年，伦敦一共发行了 42 笔债券，总额为 21.27 亿法郎；而同一时期，巴黎发行了 14 笔，总额达到 21.06 亿法郎（不过其中的 4.47 亿法郎的债券是为法国政府发行的[93]）。从这些数字我们还能注意到另外一点，那就是无论是从笔数（73 笔中的 56 笔）上来说还是从数额（56 亿法郎中的 42 亿法郎）上来说，那个时期四分之三的欧洲公共债券是在这两个金融中心的其中之一发行的。

巴黎也成为了欧洲大陆主要的外汇交易中心。这是因为那些在巴黎市场上举债的国家倾向于把自己国家的货币和法郎挂钩，以此增加本国证券对法国投资者的吸引力。最好的例子是奥匈帝国，它于 1866 年在萨多瓦战败并被排除出关税联盟之后，由于要购买法国产品而采取了和法郎挂钩的货币政策。1868 年，西班牙采用了同样的方法。从那时起，巴黎承担起了法国和它的债务国之间[94]以及这些国家和英国之间[95]的清算所的角色。巴黎的另一个竞争优势是法兰西银行的稳定地位。它的贵重金属储备在 19 世
65 纪 60 年代后半段不断增长，这要归功于这个中央银行以特定价格买进或者卖出黄金的政策。[96] Walter Bagehot 的研究表明，在 1870 年之前，欧洲有两处巨额储备：英格兰银行和法兰西银行。[97]

引入通用货币的尝试

1866 年 12 月，法国提议引入一种基于法郎的通用货币，这是巴黎显示其野心的引人注目的标志性事件之一。这个提议被提交给了所有的欧洲国家以及美国，它的基础是法国、意大利、比利时和瑞士（这几个国家很快形成了拉丁货币联盟）在前一年召开货币会议后签署的协议。这一次会议的真实目的是非常有限的：为了就这四个国家的低面值硬币中的银含量达成共识。[98]因为银含量最高的货币会不可避免地从货币流通中消失。最后，会议接受了埃居（面值 5 法郎的银币）。[99]代表们还达成了以下协议：金币可以随意打造，并在所有成员国之间被同等接受。另一方面，由于法国方面的要求，会议没有讨论关于从复本位制向金本位制转变的更加根本的问题。

这些和金属通货而非银行券有关的技术细节只是这个协议的面具，更重要的部分隐藏其下。正如 Marc Flandreau 所说的，拉丁货币联盟更多的是法国对于欧洲大陆商业贸易和金融的影响的反映，是这种影响的结果，而非法国君主试图获得领导地位的外交手段。[100]在 19 世纪 60 年代，通用货币的建议突然在同一个主线上“全面开花”。[101]法国一方面邀请其他国家加入拉丁货币联盟[102]，另一方面又积极参加各种相关的国际会议来讨论引入法郎和其他货币之间的固定黄金汇率的可能性。这个计划是基于铸造一种可以在拉丁货币联盟中的四个国家流通的新的面值 25 法郎的金币（作为对英国的 1 英镑银币[103]、美国的 5 美元银币和奥地利的 10 弗罗林银币的回应）之上的。然而，这种金币要得到认可必须有一些利益团体之间的协调。

实际上，1 英镑银币价值 25.221 8 法郎，1 美元价值5.182 4 法郎，1 弗罗林价值 2.469 3 法郎。总的来说，法国的建议还是得到了很多支持，特别是那些比较弱小的国家，而美国也对这个提议表示了兴趣。另一方面，和德国的协议还取决于德国内部各州的货币联盟的讨论结果。出于自身利益，英国的表现远不只是沉默。它不能正视现有的货币体系的任何改变，并且只以一个观察者的身份参加关于这个计划的讨论。1867 年 6 月 17 日到 7 月 6 日，在巴黎的 d'Orsay 码头召开了一次国际会议，共有 20 个国家参加。拉丁货币联盟的提议在原则上被接受，但必须和现有的货币体系协调并且采取黄金本位制。[104]这个会议还计划铸造前述的面值 25 法郎的金币的相关事宜，这种金币可以被认为是国际货币，这样就可以在法国、英国和美国之间建立明显的联系。 66

在伦敦和巴黎相互竞争的背景下，法国这一动议的重要性和巴黎金融中心由于这个动议被采纳而获得的优势更多只是象征性的而非实际性的。通用货币的提议得到了一位空想家的支持，他就是 Felix Esquirou de Parieu。[105]他是一个极端的自由主义者，而他支持这个计划的理由是他对于国际金本位的支持和希望提升法国的国际地位。他得到了法国外交部的支持，同时又不得不对抗来自财政部以及法兰西银行的阻力。后两者都对现行的货币体系感到满意，并且都相信金本位制将损害自身的利益。同样地，贸易商们支持这个计划，而金融界则反对它。因为这个计划的实施意味着对货币的套利机会的消失。

在围绕巴黎建立国际金融中心而掀起的热潮中，货币联盟的这个计划看起来像法国提高自己的声誉并且影响世界的一种方式。这足以解释为什么英国对于这个计划自始至终都缺乏激情。由于伦敦城是当时世界最重要的金融中心，英国的公众理所当然地认为英镑应该成为国际货币体系的基准（即使贸易商们承认他们可能由于竞争而获利，即使英国在新联盟中的会员地位可以更加方便英国阻止法国获得支配地位）。除此之外，1868 年一份由 Disraeli 起草的国会报告承认引入国际货币符合英国的利益，但是同时也指出英国的银币是更加合适的基准货币。这种主流观点体现了一种爱国主义情结，那是对英镑的悠久历史、稳定表现和国际支付中的地位的自豪感。[106]最后，由于担心被其他国家孤立，英国开始考虑向国际共识妥协。 67
但是伦敦通过 Goschen 以及其他的声音[107]表示了自己的怀疑，并强调单一的货币对国际贸易只有很小的影响。理由是主要的交易是以金条而非现金结算的，因而单一的货币并不能避免由贸易失衡所引起的汇率波动。由于英国和德国的反对，这个计划最终搁浅。

在第二帝国时期，巴黎显示出了极强的生命力（有人会说这是挑战者的活力）。当伦敦挤满了企业家时，巴黎则拥有各形各色不同的人物：James de 罗斯切尔德（他在 1836 年 Nathan 死后成为了这个家族拥有的跨国银行团体的真正领导者）、Emile Pereire 和 Isaac Pereire 兄弟（圣西盟理想主义者），甚至那些以英国银行业为模板开创自己生意的银行家，比如 Armand Donon 或者 Henri Germain。被拿破仑三世的野心加强的这种活力在 Hausmann 所进行的巴黎的现代化中显露无遗。1871 年，法国被普鲁士战败，巴黎的野心也终结了。首先，由于官方在 1878 年之前都坚持法郎的不可兑换性，使得英国银币无可争议地成为国际清算的手段；其次，由于法兰西银行终止纸币和贵金属的自由兑换，使得伦敦成为贵金属唯一的世界市场；最后，法国还要支付德国战争赔款，俾斯麦要求的数额达到了 50 亿法郎之巨。虽然法国在动用国家储备（这些储备要归功于法国在 1871 年到 1872 年之间成功地发行了国家债券）之后，付清这些款项没有多大的困难，但是也失去了出口资本的机会。即使不算对德国的战争赔款，法国的收支仍然出现了赤字，1871 年是 4.68 亿法郎，1873 年是 7.41 亿法郎，只有在 1872 年略有顺差，为 1.29 亿法郎。[108]整个 70 年代，法国的资本输出不断地走下坡路，并且远远落后于英国的资本输出。[109]

即便如此，巴黎的狂热仍然延续。证券发行业务涉及巨额资本并吸引着法国以及外国的银行家。1871 年，Credit Lyonnais 的巴黎总部的经理写道："所有的利益集团都提高了警惕，每一个都试图和其他集团的发展保持同步，但是主动权仍然在 Bleichroder、罗斯切尔德以及有影响力的英国人手中……"[110]在巴黎，罗斯切尔德家族和大型私人银行[111]仍然保持了对两个最大的政府的债券的控制权（虽然由于 1872 年 de Paris et des Pays-Bas 领导了一次辛迪加贷款，这使得罗斯切尔德家族和大型私人银行不得不收
68 缩了它们三分之一的交易）。在伦敦，罗斯切尔德家族和巴林家族负责了一次 5 亿法郎的债券发行，而德国的银行则被排除在这个生意以外。

较小金融中心的兴衰

在伦敦和巴黎之后，规模小一些的金融中心各有不同的命运。阿姆斯

特丹没有什么变化，日内瓦和布鲁塞尔则日益活跃且国际影响力不断增强。另一方面，法兰克福在柏林的阴影之下，开始了持续将近一个世纪之久的衰落。而柏林，这个德国统一后的新首都，不久将跻身于主要的国际金融中心之列。纽约也在这些年中稳固了自己在美国的金融支配地位，并越来越多地参与国际金融活动。

阿姆斯特丹、布鲁塞尔和日内瓦

作为这一档次的国际金融中心，阿姆斯特丹的国际角色仍然主要是二级市场而非初级市场。[112]正如在前面一章所讨论的，得益于自己的经营体系，阿姆斯特丹证券交易所大概是除了伦敦和巴黎交易所以外欧洲最大的交易所了。而且它对外国证券的限制很少。美国证券（特别是和铁路相关的证券）在这些年里增长迅速，交易额在总交易额（包括国内的和国外的证券）中的比例从 1855 年的 8%上涨到 1875 年的 33%。[113]

布鲁塞尔的国际化进程从 1850 年以后变得更加显著了。这要得益于资本输出的恢复和新的私有银行家（多数是因为家庭在布鲁塞尔）在这里开始自己事业的双重影响。更多的国外投资要部分归因于投资者们寻求更高的回报，特别是在 1852 年和 1856 年比利时政府举行了两次会议并把政府债券的息票率从 5.5%降至 4%之后。更为重要的是比利时的金属冶炼业和建筑业的融资方式吸引了大量的外国投资。就像在英国的例子一样，那些国外的铁路公司成立的资金实际上有一部分是靠发行公司股票和债券筹集来的，这些证券被一家银行或一组银行买入并在国内市场卖出。[114]而这些银行也可能直接在国外建立企业。比如，Societe Generale 就支持了几家铁路公司的成立，而这些公司又进一步创立了几家金属冶炼企业和采矿企 69
业。[115]由于不断有银行家和金融家来到这里（包括 Maurice de Hirsch，Jacques Errera 和 Franz Philippson[116]，因为家族的原因他们都拥有广泛的关系网络），银行家的国际关系网从 19 世纪 50 年代初到 70 年代中期不断扩张。1850 年以后，这里银行家的影响力甚至延伸到了更加重要的欧洲金融中心，特别是伦敦、巴黎和法兰克福。[117]

布鲁塞尔的国际地位在 1870—1871 年的法国和普鲁士战争后上了一个新台阶。由于比利时采取了中立的态度而免受战争，布鲁塞尔成为了国外资本的避难天堂，这里的业务也在这两年中迅速增长。新的银行被创立，其中就有创立于 1871 年的 Bruxelles 银行。这个银行的创立是由 Oppenheim

集团发起的，背后的支持者是几个在德国的银行家亲戚和朋友以及几家在比利时的重要银行团体。大量的银行相关产业和外汇交易所也开始兴旺发达。德国的银行原先设在巴黎的代表处现在都迁至布鲁塞尔，同时法国的银行也在这里积极开展业务。在 1870 年的战争之后，比利时的工业也经历了一段繁荣时期。国际商业活动的扩张为布鲁塞尔在第一次世界大战前四十年的飞速发展奠定了基础。

虽然只是一个小型的国际金融中心，日内瓦的人均银行数量欧洲第一。这里的银行主要是私有银行，当然也有不少联合控股银行，比如 Generale 银行（第一家瑞士大型银行）和其他一些主要在国内开展业务的银行（其中较为突出的是 Banque du Commerce，Banque de Geneve 和 Comptoir d'escompte，它们均在 1846—1855 年这 10 年间成立）。但是真正赋予日内瓦国际金融中心地位的还是它的私有银行。从 1840 年开始，这些银行之间的协作日益密切，特别是承担了一些单个银行无法经营的业务之后。大概也是在这个时期，Quatuor 成立了。它是由当地四个最主要的银行[118]组成的非正式团体，并且对从欧伊斯特到瑞士的铁路、卢瓦尔河的矿藏以及皮德蒙特高原的借款等非常感兴趣。1849 年，一个组织更加良好的银行集团 Omnium 成立了，它的初始资金为 200 万法郎[119]，目标是在任何国家买卖政府债券、公司债券和公司股票，以及对新创立的企业进行融资。它所融
70 资的企业有 Rio Tinto 矿业公司、Corinth 运河公司和其他几个瓦斯公司（包括那些位于马赛、那不勒斯和维也纳的公司）。[120]瓦斯买卖也是当时日内瓦银行业领域的一个主要生意。Quatuor 和 Omnium 自然地走向了合作。它们的合作关系于 1872 年正式确定，形式是日内瓦金融行业联合会。这个联合会实际上是一个投资银行，它就像同时在欧洲设立的其他投资银行一样，私有银行家们可以加入其中以获得利益却又不用牺牲自治权。

由于和法国保持了密切的联系，日内瓦的银行家在 1863 年积极参与了 Credit Lyonnais 银行的创立。这个银行有超过 70 位来自瑞士的股东，其中大多数是日内瓦的银行家和股票经纪人（他们是 353 位股票持有人的代表），还有 3 位日内瓦人位列董事。[121]然而，由于不明的原因，这三位董事关系恶化且在 1868 年 11 月辞职，这使得 Credit Lyonnais 银行的瑞士持股人的数量锐减。[122]在普法战争期间，Credit Lyonnais 银行于 1870 年秋天在日内瓦开设了一个代表处。当时，因为里昂被德国占领，日内瓦建立了一个避难的基地，但是这个基地后来因为对抗活动停止而被取消。尽管如此，这个

基地作为一个中间的媒介，还是为很多想在法国进行商业活动的外国人提供了帮助；同时它还成为受到战争威胁的里昂的家庭和中产阶级的股票的避难所；而且还购买了由 J. S. Morgan & Co. 银行（这家银行后来于 1876 年在日内瓦开设了分支办事处）于 1872 年 10 月在伦敦发行的战争债券。在战争期间，日内瓦开始吸引外国银行进入。其中第一家是 Banque de Paris et des Pays-Bas[123]，1872 年它开始从总部抽调人员到日内瓦，并且把这里的业务交给代表它的私有银行管理。而瑞士本国的大型银行却直到很久以后才来到这里，除了 Eidegenossische[124]银行这个例外。

另外一个影响日内瓦金融中心发展的是 1850 年创建的日内瓦证券交易所。这是瑞士的第一家也是 19 世纪 70 年代中期以前唯一的一家。从 18 世纪起，外汇经纪人就开始独立经营，在市场上买卖外汇以及交易股票。这个市场的原型是由股票经纪人 Jacques Revedin 于 1849 提出的，主要功能是每周三次发布汇率价格和其他一些政府债券的清单。Societe des Agents de Change 于次年建立，主要目的有两个：发布报价单和每日定时（从 12：00 71
至 12：30）定点召开股票经纪人会议。起先会议只能由私人参加，后来由于受到 1852 年私有银行和 1857 年州政府的压力，也开始对公共部门开放。日内瓦证券交易所很快同意一些国外债券挂牌交易，开始是意大利、奥地利、德国和法国的债券，后来又有美国和墨西哥的。虽然日内瓦证券交易所比阿姆斯特丹的交易所小，但它仍然是当时欧洲主要的交易所之一。[125]

从法兰克福到柏林

德国不断走向统一（这种趋势在 1870 年的战争中达到顶点），巴黎受到了一定的影响，但真正遭受严重打击的是法兰克福。这个德国最重要的金融中心走向衰落的命运实际上早在 1866 年奥地利战败、法兰克福在次年并入普鲁士时就已经注定了。法兰克福无疑是一个重要的中心，但是在国际水平上算不上一流。只能和阿姆斯特丹、布鲁塞尔以及其他一些城市归于同一档次。虽然有着光辉的历史，但它无法与德国新的政治经济中心柏林竞争，更不用提伦敦和巴黎了，它正逐渐倒退为区域性的金融中心。

法兰克福的衰落意味着这个城市失去了政治上的自治。[126]法兰克福被黑森-拿骚地区的普鲁士省强有力地控制了。[127]而该省又被普鲁士牢牢控制。而德国的货币联盟（在 1871 年建立，是 1876 年 1 月 1 日建立的德国皇家银行的基础）进一步剥夺了法兰克福的货币自治权，虽然法兰克福银行保留了一定的发行份额直到它于 1901 年并入国家中央银行。法兰克福和它的政治盟友（特别是奥地利）之间也开始出现分歧。在货币方面，私有银行（特别是那些与奥地利及其他欧洲南部国家有联系的私有银行）对法国的复本位主义货币体系表现出了强烈的偏好，并且由于它们和跨国贸易的关系，它们以极大的热情支持 1867 年在巴黎的货币会议上所通过的关于通用货币的建议。另一方面，普鲁士则非常沉默，特别在德国统一后，它决定和英国结盟并采取金本位制。

72 法兰克福衰落的原因明显地应该归于政治因素：它和柏林的竞争并不是公平的，后者从自己的首都身份上获得了巨大的优势。然而，这一解释只能说部分准确。柏林的政治地位无疑加强了它作为金融中心的地位。新的德国虽然是一个联邦国家，但普鲁士无疑是主导者。它的官僚网络控制了整个帝国，而这个权力网络的顶端是德国皇帝（他同时也是普鲁士的国王）。政治权力的显著性在德国皇家银行身上得到了生动的体现，它的监管者是这个帝国的宰相，而董事会的领导者们的决策有义务和宰相的指令保持一致。[128]但是，事实依然表明柏林在 19 世纪 60 年代以前还不能算是一个国际的金融中心，而法兰克福在被普鲁士吞并以前就已经表现出了某种程度上的衰落。从 19 世纪中期开始，法兰克福看起来就像一个怀旧的中心，而柏林则总是向前看；法兰克福依然依赖政府债券的发行，但是柏林已经开始把注意力放在工业股票上了；法兰克福依然是私有银行的大本营，而柏林则成为大型银行的天下。从 19 世纪中期开始，这些因素极大地影响了这两个中心的命运。

以一种挑衅者的姿态，法兰克福的私人银行家们于 1871 年 1 月建立了法兰克福银行联盟，总资本为 3 600 万马克（当时年轻的德国银行也只有 1 500 万马克的资本），并以此来证明法兰克福作为金融中心的地位是无法撼动的。1886 年这个联盟被德国银行接管，当然这是后话。当法国支付了战争赔款之后，法兰克福由于买卖政府债券确实赢得了短暂的兴盛。但这只是昙花一现。1870 年以后，所有大额的国外政府债券的发行都在柏林进行，由当地的大型银行经手。两个城市的金融实力对比从它们这个行业（包括银行、股票交易和保险公司）的雇员数量就可见一斑：1882 年，柏林达到了 7 000 人，而法兰克福只有 2 100 人。法兰克福衰落最明显的标志毫无疑问是 M. A. Rothschild 和 Sohne 银行的撤离。[129]像罗斯切尔德家族一样，法兰克福最有活力的银行家们都离开了这里，转向了其他的国际金融中心。

纽约，美国的金融之都

1840 年，纽约挤掉了主要的竞争对手——波士顿、巴尔的摩和费城，成为美国的金融之都。然而，从商业角度上来讲，这几个竞争者的命运在 19 世纪 20 年代就已经被决定了。纽约有自己无可比拟的优势：靠近公海的大型天然港口和一条内河——哈德逊河，这使得纽约可以轻易地向广大的内陆地区扩展。纽约充分利用了自己的港口和内陆河的优势，加强了和国内其他地方的联系。[130]同时，纽约也奠定了自己作为美国的欧洲商品进口港的地位。由于第一条铁路的建成，纽约巩固了自己的地位，在美国已经没有其他城市再可以与之竞争。到 19 世纪 50 年代，美国三分之二的进口和三分之一的出口都要经过纽约港。波士顿、费城和巴尔的摩被远远地甩在后面，经过它们的贸易商品加在一起也只有经过纽约的四分之一。[131] 73

金融行业的发展就如工业的发展一样，也是和贸易扩张同步进行的。在 19 世纪的 20 年代和 30 年代，纽约成为银行业和保险业的一个重要中心。纽约证券交易所于 1817 年成立，十年以后有 19 家保险公司和 12 家银行的股票在这里交易。即便如此，纽约还未成为美国的金融之都，它的证券交易和东海岸的其他交易所一样只是地方性的。它的支配地位始于 40 年代的电讯业革命。在银行业领域，它走向巅峰的道路在 1836 年被扫清。Andrew Jackson 总统[132]没有同意总部在费城的美国第二银行的国家授权的更新申请。这个国家不再拥有中央银行，但是由于纽约的经济地位日益提升，其他州的银行纷纷把它们的储备囤积在纽约（后来，这一行为又得到了 1863 年和 1864 年颁布的银行法令的认可）。而投资银行的出现更进一步加强了纽约金融中心的地位。在 19 世纪 60 年代初期，纽约已然是世界上最富有的城市之一，在它之上的只有伦敦和巴黎。[133]抛开纽约强烈的政治倾向不谈，它将成为世界经济的中流砥柱。

第3章　一个全球化的世界（1875—1914年）

74 这个时期是经济全球化时代还是帝国主义时代呢？本章一开始就提出这个问题是为了强调，在第一次世界大战之前的三四十年里，世界经济全球化的性质是不明确的。在此期间，交通工具和通讯技术的变革、人口的流动以及资本的自由流通带来了世界的开放，但同时也伴随着殖民帝国的建立与帝国主义权力空前规模的扩张。它们以直接或间接的方式控制了大半个地球。到1914年，英国已经扩张成为领土面积超过3 000万平方公里、拥有4.5亿人口的庞大殖民帝国，而法兰西殖民帝国也控制着超过1 000万平方公里的土地和5 000万居民。它们控制的地区几乎与中国、奥斯曼（土耳其）帝国和拉丁美洲一样辽阔。尽管全球化和殖民地扩张之间联系不大，然而也并非全无关联——正如历代历史学家所认为的那样，政治和经济在 19 世纪末帝国主义的扩张中起到了首要的作用。但是无论从哪个角度来看，世界开放对国际金融中心的影响远比殖民帝国的扩张更大。

不管大家持什么样的观点，1914 年之前的政治和经济环境非常有利于国际金融中心的快速发展，这是一个共识。从很多方面来看，这一时期的确是国际金融中心发展的黄金时期，此后直至 20 世纪末再也没有如此有利的时期。由于国际贸易的金融服务需求，国际金融中心的主要业务围绕着对外投资进行，换句话说，基本上是发行海外政府和公司的证券，并在二级市场进行交易。

这一时期所发生的变化，以及全球化的概念非常适合描述这种变化的原因可以归结为三个方面：首先是数量方面——资本输出总额达到了前所未有、难以想象的高度。而且，这些资金被投资到了世界各地，为大量的 75
公共或私人活动提供融资。第二个重要的变化就是国际金融中心之间的联系更加紧密，这很可能是信息传输更迅速和资本的自由流动导致的。能够说明这个现象的证据就是几个金融中心的股票市场交易价格几乎同时同趋势变动，并且世界范围内的利率水平明显趋于一致。[1]第三个变化就是国际金融中心数量的增加。1870 年之前，伦敦和巴黎一直是仅有的金融中心，之后柏林、纽约加入进来，但是并未对伦敦和巴黎的地位构成实质的威胁。而一些更小的金融中心，如阿姆斯特丹、布鲁塞尔、苏黎世和日内瓦，则通过进入一些有竞争优势的特殊领域而找到了适合它们自己的“角色”。然而，在这些金融中心之间也有着清晰的层次——伦敦作为真正全球化的跨国家金融中心，是所有金融中心之首。从这个角度来讲，第一次世界大战之前的 40 年，可以认为是伦敦城作为世界金融中心的典型代表时期。

世界经济的全球化

全球化可以用很多种不同的方式来定义，不仅仅可以用经济术语，还可以用社会、政治和文化术语来定义。这里，以我们最感兴趣的角度来看全球化，有五个现象值得我们关注：人口流动、交通便利、通讯加速、贸易扩张和资本转移。

贸易、交通和通讯

人们不再需要护照就可以自由流动，这是世界开放的最显著的标志。从1850年开始，国际移民以前所未有的速度增长。从1870年到1915年，有3 600万欧洲人离开了他们土生土长的地方。他们中的大多数人（大约70%）去了美国，其他人则是去了阿根廷、澳大利亚、加拿大和巴西，换句话说，去了一些气候舒适的地方。这些地方至今仍是欧洲移民的向往地。至于那些移居到欧洲的人，尽管人数要少一些，但是规模仍然惊人。在欧洲，外国居民所占的比例从1860年的不到0.7%（大约150万）增长到1910年的1.8%（大约560万）。[2]基本上，这一时期世界上其他地区——也就是非洲、亚洲和一部分拉丁美洲地区——仍然没有受这些趋势的影响。

76 如果没有交通工具的进步，如此大规模的移民几乎是不可能的。正因为交通工具进步了，世界才变得更小了，国家之间和大陆之间也更紧密地联系在了一起。从19世纪30年代开始，铁路网开始持续大规模地扩张，世界铁路里程从1870年的205 000公里增加到1906年的925 000公里。铁路扩展到了每一个大陆，跨过经纬度，将沿海地区与内陆地区连接起来，不仅便利了人员的流动，也便利了货物的流通，而且使那些（铁路）建设者、正式或非正式的帝国受益匪浅。由于蒸汽机船的发展，海上交通也有了显著的进步；海上交通在19世纪末期才算真正开始，因为到这一时期蒸汽机船的排水量才最终超过了帆船。纽约与利物浦之间的海上航程从19世纪初期的三个星期（顺风情况）、五个星期（逆风情况）缩短到19世纪80年代的少于一个星期。[3]

电讯达到了即时性的程度，最开始是电报，接着是电话，最后是无线电通讯。最早的电报要追溯到19世纪40年代，自1832年莫尔斯电码发明之后，电报在英国和美国得到了飞速的发展。在英吉利海峡海底，早在1851年就有一条电缆将英国与欧洲大陆联系起来，经过10年的努力之后，第一条跨大西洋的电缆于1866年在伦敦与纽约之间铺设成功。欧洲与亚洲之间的陆路线路也很快建设完成，而且，电报线路在殖民帝国内部也建立起来了。[4]这样，整个世界都被连接起来了。[5]电话使得远距离通讯更加个人化，并快速地扩展到更远的地区。[6]从19世纪80年代初开始，美国逐渐建成了城市间的电话系统；10年之后，一个国际电话系统也建立起来了，即1891年的巴黎—伦敦的电话线路；跨大西洋的电话线路直到20世纪20年代才建立起来。从 1901 年开始，无线电通讯就可以跨大西洋传输消息[7]，到泰坦尼克号沉没的 1912 年，无线电通讯在海上导航中已经发挥着重要的作用。

世界经济的全球化与贸易壁垒的消除并不同步。从 1880 年到 1914 年，作为全球化第一阶段的黄金时期，相对于自 1860 年英国和法国之间的协议开启的自由贸易时期，这一时期的全球化以回归贸易保护主义为特征。在大国之中，德国充当了先行者（实行贸易保护主义）：1879 年，俾斯麦对农业和工业产品都实行了保护性关税。法国于 1892 年紧随其后，实施了 Méline 关税法案，这一关税方案极大地提高了制造业产品的关税，而农产品关税增长的幅度比制造品还要高。至于美国，它在整个 19 世纪都实行高 77
度的贸易保护主义。在美国，制造业产品的平均关税高达 40%～50%，而到 19 世纪末，除了俄国之外，欧洲国家的平均关税还不到 20%。只有英国直至 1932 年还一直奉行自由贸易政策。然而，保护主义的回归并没有导致贸易的下滑。相反，19 世纪国际贸易出现了戏剧性的增长。以欧洲为例，用占 GDP 的百分比来衡量，出口所占比例从 1860 年的 9%增长到 1913 年的 14%。Paul Bairoch 的研究发现：国际贸易在贸易保护时期的增长比在自由贸易时期更快。对于这种矛盾的现象，他解释为：在贸易保护时期，经济的增长非常强劲，从而带动了国际贸易的增长。[8]

经济全球化的以上特征极大地促进了国际金融中心业务的发展。除了经济全球化带来的对经济和社会文化方面的影响，移民为金融中心注入了“人力资本”，使得这些金融中心的人力资源大为丰富。贸易的增长带来了国际金融方面业务的发展，这些针对国际贸易的金融服务越来越多地集中到了大的金融中心——首先是伦敦。交通工具的革命性进步不仅支持了国际贸易的增长，同时也带来了只有大的金融中心才有能力满足的巨额资金需求。

资金流

尽管如此，在最新的研究中发现，资本的流动才是全球化进程的核心，也是金融中心所承担的最重要的国际业务。对外投资在 19 世纪 80 年代尤其是从 19 世纪末开始经历了强劲的增长。1913 年，投资于国外的股权资本高达 440 亿美元，其中，英国当仁不让，位居最大资本输出国的位置，紧随其后的依次为法国、德国和美国（见表 3.1）。同时荷兰、比利时、瑞士也是传统的重要的资本提供国，而从人均来看，它们则是最重要的资本输出国。三者对外投资的总额与德国相当。显而易见，这种资本输出的等级与主要的国际金融中心的层次相互对应。伦敦雄踞这个金字塔的顶端；接着是巴黎，尽管完全无力挑战伦敦的全球金融霸主地位，但是稳居第二；柏林，作为第三阶层，地位比以前的法兰克福和汉堡要高；接着是纽约、布鲁塞尔、阿姆斯特丹；瑞士的苏黎世和日内瓦则位居末席。

78 **表 3.1　　1913 年的外国股票投资**

在外国的资产	数额（10 亿美元）	占比（%）
英国	18.3	42
法国	8.7	20
德国	5.6	13
美国	3.5	8
比利时、荷兰、瑞士	5.5	12
其他	2.4	5
总计	44.0	100
对外国的负债		
欧洲	12.0	27
北美洲	10.5	24
拉丁美洲	8.5	19
亚洲	6.0	14
非洲	4.7	11
大洋洲	2.3	5
总计	44.0	100

资料来源：United Nations，*International Capital Movements during the Interwar Period*，New York，1949.

如果把俄国考虑在内，那么欧洲就是最主要的对外投资的接收地，紧接着是北美洲和中南美洲，亚洲、非洲和大洋洲则远远落后。因此，一般而言，在金融中心的发展过程中，相对于资金需求，资金的供应是更重要的决定性因素。不过，纽约的贡献则更多地集中于需求方面。尽管有一些金融中心（如维也纳、圣彼得堡、伊斯坦布尔）的作用也不可低估，但是它们的影响力仍然只是地区性的——就像悉尼或布宜诺斯艾利斯一样。

世界主要资本输出国的资产总体分布见表 3.2，这种分布既是主要金融中心专业化和运作方式不同的原因，也是其结果。英国的对外投资遍布全球，其中明显偏爱南北美洲，剩下的部分几乎平均分配在欧洲、亚洲、非洲和大洋洲。在印度和白人区殖民地（加拿大、南美洲、澳大利亚和新西兰）[9]的投资来源国中，英国占据了总体的 40%，是最大的投资国。另一方面，法国投资者则对欧洲更加偏爱，投资地区包括俄国以及中东、土耳其帝国和埃及——这些地区占据了法国对外投资总额的 60%，其中，俄国占据了最大的部分，大约为总体的 25%。英国和法国虽然在拉丁美洲的投资从百分比来看相近，但是对北美洲的投资却差距较大，英国的投资比法国要高得 79 多。同样地，法国在殖民地的投资比英国在殖民地的投资少——经济影响力也较小。但是，来自大城市的投资无疑是非常显著的。根据 Jacques Marseille 的估计，在 1913 年，来自大城市的投资占法国对外投资总额的 13%以上，这个比例仅次于俄国和拉丁美洲，居于第三位。[10]从比例上看，德国的海外资产基本上平均分配在欧洲和世界其他地区。另外，土耳其和巴尔干半岛（约占总体的 15%）、奥地利和匈牙利（占 13%）的重要性也值得注意。至于美国的对外投资，基本上停留在美洲大陆，主要是其两个邻国——加拿大（24.7%）和墨西哥（24.3%）——其次是南美洲（10.4%）、古巴和加勒比地区（9.6%）。当然，它对欧洲的投资也不容忽视。

表 3.2　　世界主要国家对外资产的分布，1913 年

	英国（%）	法国（%）	德国（%）	美国（%）
欧洲	13	55	53	20
北美洲	34	4	16	25
拉丁美洲	17	12	16	46
亚洲	14	—	—	—
非洲	11	9*	9	—
大洋洲	11	—	—	—
中东	—	12	—	—
世界其他地区	—	8	6	9
总计	100	100	100	100

资料来源：M. Simon，“The pattern of new British portfolio investment，1865—1914”，pp. 15—44；R. Cameron，France and the Economic Development of Europe 1800—1914，Princeton，1961，p. 486；H. Feis，Europe the World's Banker，1870—1914，New York，1961；L. E. Davis and R. J. Cull，International Capital Markets and American Economic Growth 1820—1914，Cambridge，1994，p. 82.

在这种资本输出的背后究竟隐藏着什么样的经济事实呢？首先，资本输出总额相较于19世纪70年代中期，在股价大体保持稳定的情况下，有了快速的上涨。英国投资于海外的股权资本从1875年到1913年增长了约4倍，与此同时，法国的对外投资也增长了约3倍。[11]另一方面，这种流动的
80 资本占据了储蓄的很大一部分：从1880年到1914年，大约占英国储蓄的40%，占法国的20%～25%。1913年，这一年的对外投资达到了其最高水平（11亿美元，相比较而言，1906年到1910年年平均为7亿美元，1901年到1905年年平均为2.25亿美元），英国的资本输出额大约占到英国储蓄的67%。那时，英国人在海外的投资比在他们自己国家的投资还要多。

这些海外资产大部分是组合投资（大约占三分之二）——主要是外国政府证券和铁路公司股票，尤其是美国政府债券，以及其他大型公用事业公司（电力、供水和供气）、矿产企业和制造业的证券。从比例来看，在1914年，直接投资占了资本输出的大约三分之一。[12]尽管如此，这两种投资在不同国家的分布并不完全相同。美国就是一个特例，直接投资占了它在海外投资的四分之三，尤其是对欧洲和拉丁美洲的直接投资甚至超过了80%。[13]然而，在1914年之前，美国的资本输出在总体上仍然是非常适中的，几大工业企业——从部门上看，比如石油、汽车制造和机械——已经成功地建立起来了。其对外直接投资的比例比德国（大约45%）还要高，德国的直接投资差不多基于同样的原因，但是是不同的部门——首要的是化学工业。平均来看，这种分布与英国的海外投资情况大致相同。但是从全球规模来看，1914年英国的对外直接投资占据了对外直接投资总额的45%，相比较而言，美国和德国则只分别占14%，而法国仅占11%。[14]

与组合投资不同（组合投资更多地是通过在主要的金融中心发行证券或在二级市场上买卖证券来实现），直接投资通常采用在跨国公司内部交易的形式。在1914年之前，英国直接投资的很大一部分投资于被Mira Wilkins称为“自立公司”（free-standing company）[15]的一类特殊公司。这些公司并非那些扎根于其国内市场的大型公司，而是一些在海外有着特殊商业目标的公司。这种公司的业务性质是不断变化的，但是对第一产业（种植业和采掘业）和服务业（包括金融服务）的投资总是占主导地位。据估计，在第一次世界大战之前的30～40年里，这类公司的数目多达几千家。其中一些公司很快夭折，但是其他的则生存下来了，并且成为了重要的企
81 业。[16]这其中包括一些跨国银行、大的矿产公司——比如南非的戴比尔斯钻

石公司或西班牙的力拓矿业——以及一些石油公司，比如伯马石油公司（Burmah Oil）。这些公司很少在伦敦进行经营（因此被称为“自立公司”），只是它们的注册地在伦敦，但这已足以保持对整个公司的控制（所以它们的特征更像跨国公司）。它们的伦敦总部的主要职责之一就是为公司提供各种融资上的便利，因为总部更容易进入伦敦城的资本市场。

处于主导地位的经济体：英国

尽管从定义上来讲，全球化是一个全球现象，但是它是发生在处于主导地位的以经济体为中心的全球经济秩序框架下的。今天是美国，但是在 1914 年之前是英国。[17]然而，间隔了一个世纪，这两个盎格鲁-撒克逊人（英国血统的人）国家的经济地位是基于不同基础的。从这一时期（1875—1914 年）开始，英国就不再是世界经济的全能领导者。1870 年，英国在总体国民收入项目上就被美国赶超；1914 年之前的几年[18]，它在单位资本收入项目上也被美国赶超。英国也不再是世界上最重要的工业国家，因为它在 1880 年就被美国赶超，在 1905 年又被德国赶超。尽管如此，从单位资本的工业产值来看，这一时期英国的工业化水平仍然是世界上最高的。

但是，直至 1914 年之前，英国仍然是世界经济的主导者——这样一个事实部分归功于它保持了在很多领域的主导地位，比如在对外贸易、金融服务等领域，以及在多边贸易体系中的核心地位。它可观的资本输出份额也值得关注。不同于在 20 世纪末处于主导地位的美国，英国在当时是一个债权人而不是债务人。在 1913 年，尽管面临来自竞争对手的压力，英国的对外贸易仍然占世界贸易的大约 14%，并且英国的商业船队是世界上实力最强的船队，排水量占世界的三分之一，同时运营着大多数非英国的港口贸易。

最重要的是，英国是国际结算和贸易体系的中心。这可以用它同世界上其他主要的工业国家之间的贸易赤字来解释。英国从这些国家购买主要的工业品，而它与其殖民地之间的贸易盈余占了其出口的三分之一还多，尤其是与印度——英国棉花产业的主要出口地，并且印度每年还要向英国皇室进贡。在 19 世纪末期，工业化国家从印度和其他第三世界国家进口的 82
初级产品显著增加，但是对这些国家的出口则没有同比例增长，这导致了多边结算体系的建立。英国对印度的贸易盈余部分被用于弥补它对其他国家的赤字。[19]

简而言之，英国在世界经济中的地位归功于英国货币在国际贸易中的作用。作为主要的国际贸易和储备货币，英镑成为那个时期国际货币体系——金本位制——的基石。这一标准在19世纪最后二十多年里被广泛采纳。并且，伴随着世界经济的第一次全球化，货币体系在这一时期保持了高度的稳定。主要货币之间的汇率在黄金点（黄金输入和输出点）内波动，这比直接输出和输入黄金更具优势。在1868年之前，金本位制只被英国以及一些处于英国影响力范围内的国家（欧洲的葡萄牙，澳大利亚和加拿大，拉丁美洲的巴西和智利，埃及和土耳其）所采纳。世界其他地区主要采用银本位制［德国、奥地利、斯堪的纳维亚人（包括挪威、瑞典、丹麦、冰岛等）、印度、中国和日本］和双本位制（包括美国、法国，以及其他拉丁美洲经济体系的国家）。40年之后，所有这些国家（除了危地马拉、洪都拉斯、萨尔瓦多、中国和波斯）都转向了金本位制。[20]

金本位制流行的原因是多方面的和复杂的。首要的是，19世纪70年代白银价格暴跌[21]，而同样作为贵金属的黄金的价格则比较稳定，可以用于国际贸易的支付。另外，一般也认为金本位制度比双本位制度更有利于货币的稳定。但是，当时世界的首要经济体——英国——在西方国家采纳金本位制的决定中功不可没（这将在下文进行讨论），世界各国追随英国的意图非常明显。19世纪70年代，德国在实现统一之后率先转为了金本位制。德国的转变无疑改变了各本位制间的力量对比，这更多的是由新德意志的经济在欧洲的份额决定的，而不是已经被边缘化的白银的进一步贬值所引起的。斯堪的纳维亚人（包括挪威、瑞典、丹麦、冰岛等）和荷兰最先跟随它们强大的邻国（德国）采纳金本位制，不久之后拉丁美洲国家也加入了这一行列。

除了英国在世界经济规则制定中的作用之外，国际货币体系在第一次世界大战之前的二十多年间能够保持如此稳定的原因之一，是各国中央银
83 行之间日益密切的合作。[22]用凯恩斯的话来讲，英格兰银行是“列车长”，其他的中央银行愿意在它的领导下实现利率的协调，以及在危急时刻向它提供援助，尤其是在黄金储备面临威胁的时候。

世界金融之都：伦敦金融城

“毫无疑问，我们是世界的金融中心。这绝不是夸大其词，而是铁一般

的事实。我们的地位的确受到了挑战，但是迄今为止我们的地位仍然很稳固。”[23]这是伦敦的一家大型银行——伦敦联合银行的董事长 Felix Cshuster，在 1903 年 12 月银行家协会的一次货币会议上对他的同行们所讲的话。这种观点在当时非常普遍。伦敦从 19 世纪初期开始就处于世界金融中心之首的位置。伦敦的地位从 1870 年开始得到加强，此后 40 年它一直处于国际金融体系的中心。这种地位的加强是数量上的——伦敦的金融从业者人数翻了一倍多，从 1871 年的 17 万人增至 1911 年的 36.4 万人。[24]同时，也是质的加强——伦敦是世界上第一个现代化的金融中心，那些迄今为止都很难获得的（至少是很难找到的）服务在伦敦都有提供，这一点是其他金融中心难以企及的。

运作机制

伦敦在金融上的优势地位是通过一系列精心设计的运作机制和金融机构的强强联合才得以保证的。这种机制的关键是银行，英国银行体系的专业化带来了多样性。其他重要的金融中介比如保险公司，自 19 世纪 80 年代以来就在资本市场中发挥了日益重要的作用。另外，金融公司尤其是信托投资公司，分流了大部分的海外储蓄。伦敦证券交易所、黄金市场（金本位制时代伦敦的特权代表）、波罗的海交易所（专门的海运市场）和伦敦金属交易所（铜、锌、铅、锡和白银的商品期货市场），就是这座城市跳动的脉搏。伦敦也是很多大型企业的总部所在地：船务公司，主要是因为英国的贸易地位和伦敦港口的重要性；铁路公司；大型的酒业公司，比如吉利斯和怀特布莱德啤酒公司，在当时属于欧洲最大公司的行列；石油企业，84
比如壳牌石油公司；更别提那些虽然建立在海外但是主要在伦敦融资的企业，比如南美洲铁路公司和南非黄金钻石矿业公司。

与此同时，伦敦金融城还涌现出了大量的私人企业，有大型企业也有小型企业。银行家、商人、金融家、股票经纪人、保险业者、各种商品市场上的套利交易者和经纪商、注册会计师和律师，所有这些人全部集中在仅有一平方英里的区域内。这种地理上的高度集中成为伦敦这个金融中心的主要特征之一。这里自成体系，人们在这里不断进行会谈，商人们口头达成合同，他们的办公室彼此相隔仅百米之遥。伦敦金融城有自己的行业准则，也有它不成文的规则。但是，总体上来讲，它独立于政府的监管。这种独立性适用于所有的金融机构，包括那些履行公共职责的机构（比如伦敦证券交易所或英格兰银行），以其行政上的自治为象征，由伦敦金融城的市长领导，独立于首都其他地区。

正如我们所见，不同于第一次世界大战之前三四十年间的情况，从 19 世纪初期起，伦敦的运作机制更多地来源于国际金融需求而不是英国国内的金融需求。就像 1911 年《经济学家》所指出的：“伦敦通常更加关心墨西哥发生的事情而不是英国内部的事情，更加关心发生在加拿大的罢工而不是威尔士的罢工。”[25] 大型储蓄银行——清算银行，它的业务一直被限定在短期借贷和回购上——严重依靠国内经济，而国际信贷业务由专业的银行机构——商业银行提供。正是这些银行承兑或开立的一般为 3 个月期的汇票，作为国际贸易的主要融资工具。这些有着良好声誉的银行将汇票转换成可转让的金融产品。在这些产品到期之前，也有专门的回购机构赎回，再将这些产品卖给在伦敦的英国或外国银行。这些汇票是伦敦回购市场的核心所在，全世界的银行直接或间接参与其中。

因此，正是运作系统的专业化以及完整性和统一性才是伦敦维持自身
85 增长的原因。通过从全国获得存款，清算银行为回购机构提供现金，通常是逐日贷款，这些现金被用来回购商业银行手中的汇票。但是为了满足各种各样的需求，这些汇票的收款人——批发经纪商、商人以及实业家——通过向储蓄银行贴现来获得流动性资产。正是储蓄银行推动着整个国际贸易融资活动的前进。英格兰银行为其处于整个系统的顶端而备感自豪，它确保了整个国家的黄金储备的稳定，以及整个系统的平稳运行。

商业银行还专门从事向外国的公司和政府发放贷款的业务。这些基于贷款证券化的证券一般向公众（主要是个人储蓄者）以及机构投资者（尤其是保险公司和信托投资公司）发行。不管专业领域是什么，英国和外国的银行，以及股票经纪商、财务公司甚至企业大亨都参与进来，组成稳定或不很稳定的银团贷款。由此发行的证券随后在伦敦证券交易所上市交易，这些证券的价值占交易所所有证券的名义价值的一半多。这个巨大市场的维系也依靠储蓄银行向股票经纪人提供的资金，与贴现市场一样，储蓄银行为短期融资提供了无与伦比的机会。

商业银行

伦敦金融城的每个金融机构都有它自身的作用，但是商业银行才是伦敦能够成为世界金融中心的关键。的确，与其他业务相比，为国际贸易提供融资是整个金融城的核心业务。伦敦市场上的承兑汇票交易量从 1875 年

的 5 000 万～6 000 万英镑增长到 1913 年的大约 1.4 亿英镑，换句话说，大约增长了 120%。汇票承兑业务也是商业银行的重要业务，在第一次世界大战前夕，商业银行的交易量占整个承兑市场的 70%。[26]巴林兄弟银行毫无疑问是其中的“领头羊”。到 1890 年，它在承兑汇票上的负债高达 1 500 万英镑。就在当年，这家银行经历了一场危及经营的重大危机，使得整个市场出现了短暂的衰退。[27]从那时开始，主要银行之间的排名出现了变化，那些更加积极和进取的商业银行变得更有名气。克莱沃特（Kleinwort）银行和亨利·施罗德（J. Henry-Schröder）银行无疑是其中的佼佼者。1913 年， 86
它们在承兑汇票上的负债分别高达 1 360 万英镑和 1 170 万英镑，而当时巴林银行只有 660 万英镑。大银行之间的竞争更加激烈，尤其是那些设立在伦敦的外国银行以及英国清算银行。然而，各银行的承兑汇票中大部分是金融票据——纯粹的金融汇票，用于进一步的融资转换，而不是用于商业交易活动。此外，很多金融汇票是由外国银行发行的，这些汇票不能在英格兰银行进行再贴现，因此，风险是非常大的。[28]

商业银行还成功地控制了伦敦的另一项最重要的业务——对外贷款的发放。这些业务在当时也处于蓬勃发展阶段。从 1870 年到 1914 年，商业银行的对外贷款业务占伦敦对外贷款市场的 37%，比海外银行的 15%和英国商业银行（commercial bank）的 10%要多得多。而且，很多贷款是通过银行家直接或间接针对市场上的外国政府的官方或半官方机构和大公司发放的。[29]这种贷款需求的增长很自然地带来了商业银行的蓬勃发展。但由于这些机构业务的多样性和业务领域的模糊，它们对规模增长幅度的估计也各有不同。据说，参与伦敦金融城国际业务的私人银行（包括那些已经开展了一些商业业务的银行）的数目从 1885 年的 45 家增长到 1914 年的 105 家。另外一项保守估计则是，从 1890 年的 39 家增长到 1910 年的 63 家。[30]至于那些顶尖的承兑行——那些被邀请参加 1914 年 8 月第一次承兑行委员会会议的银行——大约有 21 家。[31]

与以前一样，商业银行的兴旺在很大程度上可以归功于那些受伦敦市场的巨大商业机会吸引而来的人才。很多人甚至在不到一代人的时间里就声名鹊起。[32]与 19 世纪前 60 多年相比，虽然市场的规模更大、竞争更激烈，但是从 1875 年到 1914 年，主要银行的排名顺序却变化不大。大多数信誉卓著的银行成功地保持了它们的竞争优势。其中最负盛名的“五大”银行是：罗斯切尔德银行、巴林兄弟银行、摩根银行、施罗德银行（Schröders）和克莱沃特银行（成立相对晚一些，于19世纪中期成立于伦敦）。

在19世纪70年代初，罗斯切尔德银行毫无疑问是伦敦最重要的商业银行，它的资本在1873年为650万英镑，比排名第二的巴林兄弟银行高出近三倍。它可能直到第一次世界大战前夕都一直是伦敦的顶级商业银行，但后来却有些后劲不足了。这期间，它的资本增长很少（780万英镑），但是
87 仍然比银行业新贵——克莱沃特银行（440万英镑）要高出许多。有很多书籍讨论了罗斯切尔德银行从19世纪末期开始衰退的原因。但是，事实上，它的衰退只是相对而言的。相比其竞争对手，罗斯切尔德银行的确增长得较慢，显得比较保守，但考虑到这家银行无人能及的声誉和罗斯切尔德家族巨大的财富，这种状况也就不难理解了。然而，它的合伙人却想获得更加丰厚的财富：在19世纪八九十年代，伦敦的罗斯切尔德家族和他们在巴黎的堂兄弟们一起，同戴比尔斯珠宝公司、力拓矿业公司合作建立了他们的矿业帝国（黄金、钻石、有色金属和石油）。但是，最重要的是，罗斯切尔德银行仍然控制着政府债款的发放。从1865年到1914年，它们（单独或与人合作）占据了在伦敦市场上发放的政府贷款的将近四分之三的份额。[33]

在19世纪，巴林兄弟银行是罗斯切尔德银行的主要竞争对手。在19世纪70年代，巴林兄弟银行稳定地占据第二位。到1914年，它的地位有所下降。在此期间，这家银行刚开始时增长得很快，接着在1890年12月差点破产，之后又有所复苏。到1890年时，巴林兄弟银行还是伦敦最大的承兑银行。但是，在政府贷款市场上，它无法与罗斯切尔德银行相比；另一方面，它在美国铁路投资方面却占据优势，当时正值美国铁路蓬勃发展的时期（19世纪七八十年代）。[34]尽管如此，巴林兄弟银行的主要业务是在阿根廷。它在那里赚了非常多的钱，但是大量的缺乏流动性的资产使它在1890年差点破产。巴林兄弟银行举足轻重，声名卓著，如果它破产，则不仅是伦敦的灾难，也是全世界的灾难，因此，在英格兰银行的牵头下，银行委员会立即组织了相关的营救活动。[35]在这些机构的帮助下，巴林兄弟银行重组为有限责任公司，得以重获新生。事实上，巴林兄弟银行在这次危机中并没有从根本上破产——它的资产仍足以清偿负债——这在重组过程中起了一定的作用。公司年青一代的管理者也遵循着这种维持企业偿债能力的经营理念，例如John Baring和Revelstoke勋爵。从20世纪初期开始，巴林兄弟银行重新成为了国际金融中的重要力量，尤其是在阿根廷和俄罗斯[36]，在这两个国家它得到了政府的信任——这成为第一次世界大战中巴林兄弟

银行的一张无价的“王牌”。[37]

以其创立者 George Peabody 和其继任者 Junius Spenser Morgan[38] 命名的摩根银行的增长则更为平稳。比较而言，摩根银行更像一家发行承销机构，而不是承兑机构。在19世纪七八十年代，它参与了美国铁路证券的发行——当然规模远不及它发放的政府贷款。尽管如此，它仍积极参与了1871年和1879年美国联邦政府在伦敦市场上价值14亿美元的债券的发行，这笔融资主要用于偿付美国在内战中的债务。从19世纪80年代开始，摩根银行将其影响力扩展到了世界其他地方，尤其是阿根廷，在那里，1884年它第一次成功地组织了银团贷款。尽管摩根银行与巴林兄弟银行是同盟关系，但在接下来的几十年里，它们的竞争非常激烈。摩根银行的一个主要的竞争优势就是：它可以为阿根廷提供同时进入伦敦和纽约资本市场的机会。在伦敦金融城的所有商业银行中，摩根银行是与美国联系最密切的一家银行，John Pierpont Morgan（Junius Spencer 的儿子）后来成为了美国最伟大的投资银行家。1900年，布尔战争期间，英国财政大臣 Michael Hicks-Beach 拒绝罗斯切尔德银行而通过摩根在纽约发放了1 000万英镑的贷款，这在伦敦引起了广泛的争议。那时候，摩根银行是伦敦金融城最知名的银行之一，很可能仅次于罗斯切尔德银行和巴林兄弟银行。1910年，纽约的J. P. 摩根公司成为伦敦摩根银行的股东，持有后者50%的股权，从那时开始伦敦摩根银行被重新命名为摩根·格伦菲尔公司。[39] 88

施罗德银行和克莱沃特银行的崛起则主要基于承兑信用证，1914年这两家银行占据了承兑信用证市场份额的前两位。尽管如此，施罗德银行于20世纪初在海外发行市场上也取得了突破，尤其是在拉丁美洲，并于1908年向巴西发放了一笔价值1 500万英镑的贷款，以此稳定巴西咖啡市场价格，此举使其在发行承销方面一鸣惊人，但后来它被罗斯切尔德银行超越。这两家公司能够成功的原因主要是它们的激进性，尤其是它们愿意承担其他银行不愿意承担的巨大风险。[40]

贸易和金融

与商业银行家密切相关的是一些大型的贸易商，他们同时从事着商业和金融业务。从规模上看，这些贸易商是伦敦金融城最大的商业群体。在1911年，商业活动提供了49%的工作岗位，比较而言，金融（包括银行）业提供了17%，其他各种各样的专业领域（保险、会计、法律和其他）也提供了 17%。[41]这些贸易商在伦敦金融城的名声和地位从他们在英格兰银行董事会中的强大势力就可见一斑。[42]尽管如此，随着时间的推移，它们的业务活动越来越像纯粹的金融机构。的确，通讯技术的进步沉重地打击了它们作为外国出口商和国内零售商之间的中介商地位。生产商和批发商之间的联系变得更直接了，不再需要或者显著减少了对进出口贸易中介的依赖。由此，对那些坚守中介业务的贸易商而言，它们的利润大幅减少。为了生存，贸易商们不得不正视这些不利的变化。通常，一家公司同时采纳多种对策。一些贸易商（尤其是起源于外国的新设机构）选择与他们的服务或产品相关的特定领域，一般是全新的或高附加值的业务，在这些业务方面他们具有明显的竞争优势——比如，马库斯·塞缪尔（Marcus Samuel）公司专门从事石油贸易（与壳牌公司合作），哈里森和克罗斯菲尔德（Harrison & Crosfield）公司专门从事橡胶生意，Chalmers & Guthrie 公司专门从事咖啡业务，Czarnikow 专门从事糖业，Vestey 专门从事肉类贸易。[43]

其他一些贸易商则从商业活动转向服务行业——换句话说，从具体的商品贸易转到了作为第三方来组织这种贸易——尤其是负责在伦敦租借船只，装载和卸载货物，帮助办理海关手续，提供保险，以及办理其他的事务。[44]另外一些贸易商则转而增加其金融业务份额，从而越来越像商业银行了，但并没有失去自己的身份。这种变化使得大多数贸易商开始承担商业活动的组织和融资，通过他们的分支机构和相应的合作机构，在国内外进行金融活动和运作。这些就是斯坦利·查普曼（Stanley Chapman）所讲的投资集团——这是一个非常有用的概念，有利于定义那些处于传统贸易商和商业银行之间的各种公司。[45]但是，对于其中主要的公司来讲，它们的资本金可以与商业银行相媲美，也就是大约有 100 万英镑。到 20 世纪初，这些公司控制的整个集团的规模更大了——通常超过 400 万英镑[46]，这在当时可以轻而易举地进入欧洲前 50 大公司的行列了。[47]而且，很明显，就像那些商业银行一样，这些投资集团同时履行着伦敦金融城的两大主要的国际金融职能：它们的业务中或大或小有一部分是承兑信用证，同时它们在资本输出方面也起着重要作用，主要通过直接投资的方式。

国际市场的开放也为那些专门从事大型融资业务的金融家提供了机会：
90 建立、购买和出售公司，组织国际性财团，直接投资和股票交易。从事这些事业的主要是那些“新人”，他们愿意为了在伦敦出人头地而冒险。他们中的一些是中规中矩的商人，其他的是一些肆无忌惮的冒险家，但正是这些集团才算得上是真正的金融企业——在每一代人中，只有少数人在他们的时代留下了印记。其中有一个人尤其应该被记住——欧内斯特·卡塞尔（Ernest Cassel），他很可能是 1890 年以来伦敦最杰出的人，并且是他那个时代最伟大的国际金融家之一。作为德国科隆的一位小银行家之子，卡塞尔于 1870 年来到伦敦，当时他只有 18 岁。当他去世的时候，他留下了庞大的财产，超过了 700 万英镑——这些财富是他为一些国外风险项目提供融资赚来的，并且，他通常是单独进行这些活动，在任何公司里都没有合伙人。他最初于 1874 年担任 Bischoffsheim & Goldschmidt 公司的经理[48]，接着在 19 世纪八九十年代，他和朋友雅各布·斯奇夫（纽约 Kuhn & Loeb 投资银行的合伙人）一起负责组织美国与墨西哥的铁路项目融资。[49] 1897 年，在埃及，他第一个同意为阿斯旺水坝提供融资——这个项目曾经被罗斯切尔德拒绝。在接下来的一年中，他建立了埃及国民银行，以吸引英国资本投资到尼罗河地区并且为新的项目融资。在 1902 年，他又建立了埃及农业银行，为农民提供贷款。他的事迹不胜枚举。1909 年，在（英国）外交部的牵头下，他与巴林兄弟银行的领导者 Revelstoke 勋爵一起合作建立了土耳其国民银行，以加强英国在奥斯曼帝国中的影响力。[50]在与大型军火和船舶企业 Vickers & Sons 公司的长期合作中，卡塞尔还参与了为英国工业的融资。他在社会与政治领域的成功达到了顶峰，他不仅是威尔士亲王（也就是之后的爱德华七世）跟前的红人之一，而且是财政部最受欢迎的顾问之一，在某种程度上，他还是外交部的使节。作为一位热心于英国与德国之间长期友好关系的人士，他在 1912 年被派遣到柏林向德国总理贝特曼·霍尔维格（Bethmann Hollweg）呈交外交照会，以试探德国在缓和军备竞赛方面的立场。[51]

大型银行

私人家族企业和独立商人控制着国际融资中的主要业务，这些业务是伦敦能够成为世界金融中心的基础。这种现象在大型股份制银行快速发展的时期非常明显。这主要是银行合并导致的结果——从 1890 年到 1914 年，银行合并活动不仅使得几乎所有的私人储蓄银行消失，而且使得大量的地区或全国性银行涌现，这些银行控制了全国存款的将近三分之二。 91

到 1890 年，那些自 18 世纪末起就是伦敦金融城的“贵族阶层”的主要私人储蓄银行尽最大努力与股份制银行竞争，但是它们还是在巴林兄弟银行危机之后陆续“消失”了。与股份制银行的对抗的主要障碍就是它们在各省没有分支机构。如果有很多分支机构，那么就能够从各省筹集资金，并将这些资金转移到伦敦用于更赚钱的活动。这些私人银行的主要业务之一就是作为那些省级私人银行在首都（伦敦）的业务代表，不过它们仍然随着后者被大型的储蓄银行吸收合并而消失。当然它们也收到了诱人的收购出价。[52]因此，在 1890 年时它们中有 10 家是伦敦清算所的成员，但在接下来的一年中就只剩下 5 家了，到 1900 年就只有 2 家了，到第一次世界大战前夕仅剩 1 家——Glyn，Mills，Currie 银行。

大型的股份制银行在各省设立它们自己的分支机构。国民银行和伦敦城市银行是这方面的先行者。它们和当时活动仍然局限在首都的伦敦西敏寺银行（Westminster）一起，构成了 19 世纪 80 年代末英国三家最大的银行。在 19 世纪八九十年代，省级股份制银行扩展到伦敦金融城，并且在这里运用了激进的并购策略。劳埃德银行（Lloyds）起源于 1750 年伯明翰的一家私人银行，于 1884 年进入伦敦。伯明翰与米德兰银行在 1891 年将其总部迁到伦敦之后，改名为伦敦和米德兰银行。[53]在 20 世纪初，劳埃德银行和米德兰银行成为了英国最大的两家银行。从 1890 年到 1914 年，它们分别接管了 33 家和 23 家银行。另外一个令人瞩目的变化就是巴克莱银行成为了英国第六大银行，这家银行是在 1896 年通过 20 家伦敦和省级私人银行同时合并而来，这些参与合并的银行全都有着家族关系，并同属于贵格会（基督教的一个教派）成员。因为不断被超越和接管，伦敦老的商业银行纷纷
92 寻求合并。在 1909 年，伦敦最古老的两家银行，伦敦城市银行和伦敦西敏寺银行合并了——也就是之后的西敏寺银行——从而恢复了它们主导者的地位。

最大的那些银行的规模也在增长。1891 年，国民银行的存款——当时最大的银行——达到 0.41 亿英镑；1914 年，米德兰银行的存款——在当时，成为第一——达到 1.26 亿英镑。它们分支机构的数目也同样呈现增长的趋势：劳埃德银行的分支机构从 1897 年的 248 家增长到 1913 年的 639 家；1913 年，米德兰银行以 725 家分行超过了劳埃德银行。在第一次世界大战前夕，从总资本的角度来看，这两家银行是世界前五大银行（见表 3.3）。可是，就银行业务而言，这些银行与之前的私人储蓄银行所起的作用没有多大区别。它们是伦敦短期信贷的主要提供者，并且正是它们巨大的财力维持着伦敦市场全部金融活动的运作。这些银行向其他银行[54]、汇票贴现经纪人、

股票经纪人和伦敦证券交易所场内经纪人提供短期贷款。它们还提供巨额 93
的贷款，尤其是给英国政府当局和殖民地政府。但是，它们的两大主要业务还是为私人和企业提供贴现业务和贷款业务——承兑汇票和投资在它们的资产负债表中资产栏的作用要小得多。[55]

表 3.3　　1913 年 20 家最大的商业银行

银行	总资本（百万英镑）
1. 里昂信贷银行（法国）	113
2. 德意志银行（德国）	112
3. 米德兰银行（英国）	109
4. 劳埃德银行（英国）	107
5. 西敏寺银行（英国）	104
6. 兴业银行（法国）	95
7. 巴黎国家贴现银行（法国）	75
8. 国民银行（英国）	74
9. 德累斯顿银行（德国）	72
10. 通用银行（比利时）	72
11. 巴克莱银行（英国）	66
12. 德国贴现银行（德国）	58
13. 国民城市银行（美国）	57
14. 帕氏银行（英国）	52
15. 奥地利贴现银行（奥地利）	50
16. 伦敦史密斯联合银行（英国）	49
17. 纽约信托银行（美国）	47
18. 工贸银行（德国）	44
19. 京郡银行（英国）	43
20. 伦敦股份制银行（英国）	41

资料来源：P. L. Cottrell，"Aspects of commercial banking in northern and central Europe，1880 - 1931"，S. Kinsey and L. Newton，*International Banking in an Age of Transition*，Aldershot，1998，p. 109；*Banking Almanal*，1914.

然而，这些"巨人"中最大的那些银行由于对市场反应迟钝而从 20 世纪早期开始逐渐跌出了榜单。由于英国银行系统专业化的限制，那些大型的商业银行在伦敦国际业务中的作用更大。它们设立了外汇交易部门，在此之前，这些业务是专门的私人银行的特权业务。在爱德华·贺顿（Edward Holden，米德兰银行野心勃勃的领导者以及促使米德兰银行取得惊人发展的设计师）的领导之下，米德兰银行在1905年率先尝试冒险。这些大型银行显著地增加了它们承兑汇票的业务量，并且越来越多地参与了大型的国际银团贷款。它们中有一些甚至承担了以下这些高风险的贷款：帕氏银行在1899年对日本的贷款，米德兰银行在1909年对俄国铁路的贷款，以及劳埃德银行在接下来的一年中对布达佩斯（匈牙利首都）的贷款。[56]但是，在这一时期，拥有最惊人增长的国际业务则是伦敦为外国银行做的代理业务——这是与伦敦作为国际金融中心地位的不断增强相一致的。[57]这些大型的英国银行吸收外国银行在伦敦的存款，并且为这些外国银行代理各种各样的业务，尤其是货币市场业务。[58]

尽管如此，海外银行（主要业务在海外的英国银行）的增长就没有这么惊人了，不过还是比较稳定。从整体上来看，海外银行的数目从1890年到1913年比较稳定——大约30家——在这些地区的机构之间的并购仍然比较少。另一方面，它们在海外的分支机构的数目从739家增长到1 387家[59]，而其中前十大银行的存款从1873年到1913年增长了将近十倍。[60]从单个银行来讲，它们在规模上比大型的英国商业银行要小得多。1913年，汇丰银行的存款只有3 000万英镑，而其他主要的海外银行的存款也只在1 700万～2 200万英镑之间。[61]虽然专注于海外运营，但是这些海外银行在伦敦有能力站稳脚跟，并且在伦敦货币和金融市场上都非常活跃。尽管与参
94 与伦敦资本市场上的一些国家有着特殊关系[62]，可是，就像英国储蓄银行一样，这些海外银行在国际业务（尤其是外国承销发行业务）上的影响力仍然很有限。尤其，它们遭遇了来自其他商业银行的激烈竞争，如阿根廷巴林银行和巴西罗斯切尔德银行，由于这些海外银行有杰出的专业人才和广泛的关系网络，才能成功地完成业务。这里有一个例外——香港和上海的汇丰银行，它们在中国政府贷款（1895年到1914年总计至少有6 000万英镑）和日本政府贷款方面处于领先地位。由于其对远东地区的了解，与伦敦的联系（尤其是与罗斯切尔德家族的关系），以及来自英国外交部的支持，香港和上海的汇丰银行在很多具有政治性质的贷款方面有着独一无二的竞争优势。[63]

伦敦在金融上的优势地位带来的一个结果就是：吸引了大型外国银行

来到这里寻求赚取利润的机会。1870 年，里昂信贷银行在伦敦设立了一家分支机构。对这家分行，里昂信贷银行寄予了厚望："它能够给我们带来那些我们希望的业务，比如政府贷款，买卖土耳其和埃及的政府债券等。我们不得不弄明白各种贷款方式，不管是定期还是临时贷款。"[64] 德意志银行也于 1873 年来到伦敦。在接下来的几十年时间里，大批大型外国银行纷纷在伦敦设立分支机构。1913 年，在伦敦设立分支机构的大型外国银行的数目达到 30 家，它们分别属于 12 个不同的国家，其中包括法国 4 家主要的储蓄银行以及德国 4 家主要的储蓄银行中的 3 家。[65] 这些大型的外国银行给英国银行业带来了激烈的竞争，尤其是在贴现和承兑业务方面，但是这更多地被认为是伦敦金融健康的表现，而不是威胁。《银行家》杂志在 1905 年写道："很可能，在这个世界上，没有哪个城市像伦敦这样聚集着全世界的银行机构，而这有利于伦敦在国际事务中优势地位的确立。"[66]

在第一次世界大战之前，英国的银行在所有市场上都处于稳固的领导地位。从这个角度来看，外国银行在伦敦市场中的地位部分依赖于其在本国市场中的地位，里昂信贷银行花了 20 多年的时间才成为伦敦领导性的外国银行，而它还不得不满足伦敦对银行资产流动性的要求。[67] 而且，虽然外国银行在承兑市场扎根很深，但是它们的国际贷款市场实力仍然很弱小，而对外贷款是伦敦城最具利润的业务。法国和德国的大型银行在一些市场上也联合发行浮动债券，但是它们仍然无法与本土的英国银行竞争，也很少参与伦敦的银团贷款。

保险公司与信托投资公司

保险公司是伦敦另外一种重要的专业化机构。除了对英国国际收支平衡起着重要作用之外[68]，保险公司还能筹集到巨额资金，它在金融市场上的作用越来越重要。保险公司的业务从 19 世纪 70 年代开始经历了惊人的繁荣阶段。如果将主要由劳埃德银行控制的海上保险除外，伦敦保险公司的火灾保险费总额从 1870 年到 1914 年就从 400 英镑增长到 2 900 万英镑。这种增长可以被解释为主要是由于英国公司在海外的扩张，其中仅在美国的扩张就贡献了总保费的 40%。在同一时期，人寿保险费总额也从 1 000 万英镑增长到 2 900 万英镑，这主要归功于国内市场的扩大，以及各国将人寿保险的投保范围看做是衡量社会福利好坏的标准。[69] 就像储蓄银行一样，保险公司的这种增长同时表现出不断集中化的趋势。20 世纪初期，前十大保险 95

公司（包括皇家商业协会）占据了火灾保险费收入的70%以上，以及人寿保险费收入的43%，控制了生命保险市场（人寿、健康、安全等）超过50%的份额。[70]

这种发展也伴随着它们资金的增长和多样化。从1870年到1914年，这些保险公司的资产增长了近4倍，从1.1亿英镑增长到5亿英镑，而英国国内和国外资产同期增长还不到两倍。它们投资组合的分散化主要体现在三个方面：第一，尽管在绝对数额上仍然增长，但在抵押贷款上的相对份额显著地减少了，1870年到1914年，从占总资产的近50%降低到不足四分之一。第二，在对外投资方面也有着惊人的增长，从1870年的7%增长到1914年的大约40%（可能更多）。第三，投资于私人公司股票的份额有了强劲的增长，在同样的时期里从占总投资额的13%增长到约40%。与这种分散化相对应的是保险公司传统投资份额的下降——政府债券，对地方政府的贷款和英国铁路公司债券的投资——这些传统业务的收益在19世纪末期急剧下降。海外投资，最初局限于殖民地政府，到20世纪初期开始进入到私人公司领域。首选的是铁路公司，然后是公共事业企业、采矿和其他领
96 域。[71]同时，这些新型的、风险更大的投资业务使得发展一套投资组合分散化的方案变得非常必要。为了成功地运营这些投资，保险公司不再将投资任务分派给保险精算师，而是聘请专门的投资专家。

另外，资产的分散化在19世纪70年代开始催生了一种新的金融机构——信托投资公司。在英格兰，海外和殖民地政府信托投资公司[72]（创建于1868年，专门投资于外国和殖民地政府债券）是最先应用信托投资原则的机构——也就是说，信托公司投资并不控制其他公司的股份，而是通过购买大量公司的股票来分散风险，并且使用部分盈利来建立赎回基金，用于应对初始投资的赎回。[73]

尽管如此，在接下来的20年里，英格兰的信托投资公司的业绩却微不足道。到1886年，它们中间仅有12家公司在伦敦证券交易所上市。然而在苏格兰，信托投资公司却取得了非凡的成就，尤其是创建于1873年的苏格兰美国信托投资公司，其负责人罗伯特·弗莱明（Robert Fleming）被誉为“信托投资之父”。在苏格兰功成名就之后，他于1888年来到伦敦城，他的到来引发了一波信托投资公司创立潮。从1887年到1890年，在伦敦证券交易所上市的信托投资公司的总名义资本从不到500万英镑增长到5 000万英镑。然而，它们在很大程度上被怀疑是否有利于伦敦金融市场的

稳定。19 世纪末期，在巴林兄弟银行危机之后发生的强烈“震动”中，有限责任的信托投资公司被认为要为所有欺诈性交易负责。对它们最主要的直接批评是信托投资公司是其创建者致富的工具，它们从中分得了一半的利润，因为之前就确定了分配给它们的红利和优先股。而且，信托投资公司还毫不犹豫地将股东们的资金投资到那些令人怀疑的、还处于麻烦中的公司股票上。[74] 不过，最终，信托投资公司还是获得了人们的认可，1905 年之后它们重新走上了“前台”——这得益于这一时期伦敦的上层社会。信托投资公司的资产在 1913 年达到 9 000 万英镑，主要投资于外国股票，尤其是美国的股票。就像保险公司一样，通过董事会的联系，它们成为了伦敦关系网络中的核心——三个银行家中就至少有一个是信托投资公司的董事，两个银行家中就至少有一个是保险公司的董事——并且，信托投资公司通常还是重大的对外银团贷款的成员。[75] 97

专业服务

很难从数量上来度量 1914 年之前 40 年里伦敦所提供的专业服务的增长情况，但是有些数据值得关注：1891 年，在伦敦大约有 700 家会计师事务所和 2 000 家律师事务所提供服务。这是非常大的数字，但是它们中的大多数公司都是小公司，并且在伦敦市场上不提供任何国际业务方面的服务。从这个角度来讲，这些服务对伦敦业务的重要性更多是质量上而不是数量上的，并且这些专业服务更趋向于集中在少数几家重要的公司手中。[76] 在这些专业服务机构中，律师事务所是历史最悠久的，比如 Freshfield & Sons 律师事务所，从 18 世纪初期起就是英格兰银行的法律顾问。[77] 其他重要的法律公司发展于 19 世纪晚期，比如 Ashurst，Morris & Crisp 律师事务所和 Slaughter & May 律师事务所，这两家法律事务所都专门从事承销发行方面的法律业务。

由于这一时期有限责任公司的显著增长和对审计的极大需求，注册会计师很可能是这一新兴时期的典型代表性团体。主要的会计师事务所出现于 19 世纪四五十年代，如德勤会计师事务所，创建于 1845 年；普华永道，创建于 1849 年；库珀兄弟会计师事务所，创建于 1854 年。它们大都有着光明的国际发展前景。但是，当时注册会计师的作用还不是很大，他们仅仅从事清算工作。但到 19 世纪末期，审计业务在会计师事务所收入中的份额已经超过了清算业务。在审计业务中，会计师事务所的主要客户是伦敦城的大型公司。比如，普华永道同时是国民银行和伦敦西敏寺银行的审计人。会计师事务所通过两种途径参与伦敦城的国际业务。一方面，为那些注册地在伦敦而主营业务在海外或殖民地的公司提供财务审计，比如，从1871年开始，库珀兄弟会计师事务所为印度国民银行和英国南非公司提供会计账户的审计。另一方面，通过跟随客户在海外建立分支机构或新设会计师事务所。在这方面，普华永道首开先河。1890年，它在纽约开设了一家分支机构，紧接着1892年在美国第二大金融中心芝加哥开设了另一家分支机构。在那里，普华永道的业务经历了快速的飞跃。另外一家创建于1895年、在海外非常活跃的McAuliffe，Davis Hope事务所，于1903年在巴库（阿塞拜疆共和国首都）开设了它的事务所，为石油公司提供会计账户的审计，并于1908年在里约热内卢（巴西港口城市）设立了它的分支机构。[78]尽管
98 有这些进步，但是较之于银行家和商人，注册会计师在1914年之前没能获得什么社会地位。那些已经存在很长时间的专业职位，比如律师，也是如此。

伦敦证券交易所

伦敦作为世界金融中心，另一个最重要的机构就是伦敦证券交易所。从1873年到1913年，在伦敦证券交易所上市的证券的名义价值从23亿英镑增长到113亿英镑，换句话说，比纽约证券交易所和巴黎证券交易所的市值之和还要多。[79]作为高度国际化的市场，在伦敦证券交易所上市的外国公司股票在1873年占总体的30%～40%，到1893年就超过了50%。到1914年，全世界的可转让金融产品中有三分之一在伦敦证券交易所上市。[80]

从一开始，伦敦证券交易所的管理与运营就采用双重原则。管理部门被分为两个委员会：一个是日常事务委员会，代表使用者，也就是作为伦敦证券交易所会员的股票经纪商和场内经纪人；另一个通常被称为理事委员会——由9位管理人员组成，代表伦敦证券交易所的股东，这些股东是伦敦证券交易所的实际拥有者。前者由交易所的会员选举产生，并且实际控制着那里的商业运作，可以决定是否允许某个证券在伦敦证券交易所上市，处理与会员有关的任何事务，尤其是会员之间的争论，并且通过匿名投票选举新的会员。后者则由交易所的股东任命，并且像企业一样对交易所进行管理。它的收入来自会员支付的年费，以及向新会员收取的入会费。就市场功能而言，它基于经纪中介人（jobber，经纪的经纪，类似场内做市

商）和股票经纪人（broker）职能的分离。像其他任何交易商（trader，自营）一样，经纪中介人（jobber）是证券交易商，他们通过买卖价差来赚取利润。但是他们不能够与公众直接进行交易，因为公众不能直接进入交易所。公众的所有股票交易，不管是个人还是公司，都必须通过股票经纪人（broker）来进行。股票经纪人通过佣金来获得收入，他们可以与经纪中介人进行交易。当然，股票经纪人也能够在他自己的账户上进行投机，但是当他为客户服务时，证券交易所的规则是不允许他卖出的某一证券比他买入的同一证券多。

这种组织和运营的模式正是伦敦证券交易所的竞争力和问题所在。[81]这
种安排很容易带来问题，尤其是会员与所有者之间的利益冲突。显然，所 99
有者会趋向于接受尽可能多的会员，从而收取更多的会费，以及收取更高的年费，而这与会员的利益不符。然而，这种冲突还只是小事一桩。虽然从 1870 年到 1914 年会费增长了很多[82]，但是会员数量仍然有较大的增长，从 1870 年的 1 046 人增长到 1913 年的 4 855 人，其中股票经纪人和经纪中介人增长的比例基本相当。他们中的一些人也独自工作，而更多的人则有一个或一个以上的合伙人。公司的数量（证券公司）从 1882 年的 529 家增长到 1914 年的 910 家。

尽管如此，从 19 世纪 90 年代开始，这种两种职能分离的模式遭到了挑战。一些股票经纪人直接充当证券交易所外的银行机构和客户之间的中间人，从而有效地避开了经纪中介人，具备了经纪人和中介人两种职能。而且，这些银行通常是新进入伦敦的外国银行。至于某些经纪中介人，他们则绕开股票经纪人直接与公众交易。虽然这种角色的重叠是伦敦证券交易所运作规则下的自然发展，但是，在 1908 年，伦敦证券交易所的管理层强制实施了一系列的措施来禁止股票经纪人限定价格和同时承担两种职能，以及禁止经纪中介人直接与非会员进行交易。这些规则的实施毫无疑问是小股票经纪人和小经纪中介人的胜利，因为如果职能没有明确分离，那么他们将无法在竞争中立足。在 1912 年实施固定佣金之后，他们的地位得到了进一步的加强。[83]

伦敦证券交易所的这些特征使得其在开放性和成本方面也具有优势。伦敦证券交易所的会员数目比起纽约证券交易所和巴黎证券交易所要多得多，从而带来了上市公司数量的增长和多样性，形成了更具竞争性的环境。股票经纪人和经纪中介人职能的分离确保了公众交易的安全，因为股票经

纪人在交易中并不从买卖价差中获利（仅仅是代理买卖），而经纪中介人之间的竞争又确保了买卖价差只能是在较小的范围内——至少在连续交易的股票市场上如此。[84]

除了交易可转让证券的职能和提供股票投机的职能之外，伦敦证券交
100 易所还是短期资金的重要出路，这些短期资金从世界各地来到伦敦寻求利润。伦敦的各种各样的金融机构利用伦敦证券交易所的短期投资机会，通过买卖短期证券获得比货币市场贴现率稍高一些的收益率。不过，这些交易是有风险的，而且银行通常乐于将这些短期资金借给股票经纪人和经纪中介人，由这些人去使用，这些经纪人和中介人根据自身的情况承担相应的风险。[85]1914 年，在以证券为抵押的情况下，由伦敦的外国银行和本土银行发放的短期信贷中有一半被提供给了伦敦证券交易所的会员。[86]

尽管如此，短期资金还是主要流向了伦敦贴现市场——这一市场是真正的全球性市场，因为在这一市场上交易的票据被认为是为国际贸易融资的首选金融工具。从那时候开始，伦巴第大街属于整个世界。[87]在第一次世界大战前夕，大约有接近价值 3.5 亿英镑的票据在伦敦市场上流通，其中大部分是以汇票的形式存在，但是风险更大的金融票据所占的比例也在增长。这种增长和伦敦贴现市场的国际化决定了英格兰银行的特殊职责。

英格兰银行

自从 1844 年《银行法》颁布以来，英格兰银行就是市场的组织者，但是现在，它发现自己越来越难以控制货币市场了。出现这种情况的部分原因是整个市场发展得太大了，还有一部分原因是大型储蓄银行的扩张。从 19 世纪末起，这些储蓄银行通过不断地并购，已经成长为市场上绝对的“巨人”。市场利率——也就是商业银行之间使用的利率——越来越多地成为基准利率，它甚至还决定了黄金的流入流出，从而直接影响着英国的外汇储备。就像当时著名的金融专栏作家 Hartley Withers 所写道的：

> 全世界经济发达国家普遍采用金本位制，而伦敦则是仅有的能够立即将各种汇票和信用证兑换成黄金的市场，这些事实强化了英格兰银行作为黄金储备管理者的责任，它有义务为那些在伦敦市场上交易的承兑汇票兑换黄金。[88]

仅仅靠调整贴现率已经不再能够控制市场了，英格兰银行不得不用其他的方法来实施它的利率政策，尤其是，它通过从市场上借入资金来提高 101
资金价格，以此吸引黄金流入伦敦。[89]在危急时刻，它还得到了其他中央银行的支持，尤其是法兰西银行。另外它还能得到很多大银行的协助。在这一时期，英格兰银行是伦敦金融城的监管者。当巴林兄弟银行因无法支付1890 年 11 月 15 日到期的、价值 1 600 万英镑的承兑汇票而处于破产边缘的时候，英格兰银行采取了果断的措施予以干预，发挥了市场管理者的作用。英格兰银行行长 William Lidderdale 通过与银行业同行们的一致行动，组织了对这家投资银行的救援。他通过罗斯切尔德银行，从俄国政府借入了价值 100 万英镑的黄金，从法兰西银行借入了价值 300 万英镑的黄金，从而巩固了英格兰银行的地位。他还获得了英国内阁的支持，后者拒绝亲自出面干预，但是承诺为英格兰银行提供足够的资金支持。最后，他还成立了一家保障基金来弥补巴林兄弟银行在债务清偿方面引发的任何损失，所有的主要银行都投资了这一保障基金。

然而，问题仍然在延续。从对巴林兄弟银行的救助到第一次世界大战前夕，这个国家的黄金储备制度在银行业和政治圈中备受争议。银行界对黄金的充足性充满疑问。黄金储备是否足够？单纯依靠伦敦的能力是否能够吸引到足够的黄金？利率波动是否会对黄金储备不利？并且，要安全地保管这么多的黄金也是个问题。或者就像 20 世纪初伦敦重要的金融专家——伦敦联合银行的董事长 Felix Schuster 所建议的那样，是否应该将所有银行的黄金都储备在英格兰银行，进行统一保管？或者，像米德兰银行激进的主席 Edward Holden 所建议的那样，由每个银行管理它们自己的金条和金币，并且在它们的资产负债表中披露相应的黄金储备价值？这也意味着外汇储备的管理不再单独由英格兰银行承担，而是由各大储蓄银行组成的委员会来管理。争论仍在继续，直到 1914 年，英格兰银行同时作为中央银行和商业银行的双重角色的冲突才得到彻底解决。

闪耀的第二名：巴黎

“落后”是一个相对的概念，尤其是对于 1870 年到 1914 年的巴黎而
言。虽然巴黎放弃了与伦敦城争夺世界金融中心的最高地位，但是毫无疑 102

问，巴黎是欧洲大陆重要的金融中心，其领导地位仅次于伦敦。这种杰出的第二的地位是英国和法国在世界经济中的相对地位的生动写照。在这一时期末，这两个国家的资本输出额的对比十分清晰地反映了这一点。在第一次世界大战之前的 40 年里，巴黎非但没有因为“第二”而衰退，反而经历了它最美好的时光，尤其是 19 世纪末 20 世纪初的“美好时光”。巴黎能够成为世界金融中心主要归功于它的长期资本市场。与伦敦不同，巴黎在国际贸易融资方面作用很小，并且一直缺乏足够的承兑汇票来支持它的贴现市场发展壮大。继英国伦敦之后，巴黎也是发放海外贷款并在它的二级市场进行交易的重要场所，这些贷款通常发放给政府而不是私人企业。

大型银行

巴黎的主要竞争优势之一就是它的主要金融机构的规模、多样性和影响力。三家大型银行排名首位，它们吸收的存款超过全国存款的一半。[90] 与早 15 年建立的巴黎贴现公司一样，自从 19 世纪 60 年代建立以来，法国里昂信贷银行和法国兴业银行经历了飞速的发展。法国里昂信贷银行很快就奠定了它在法国银行业中的领导地位，并且在世纪之交（19 世纪末 20 世纪初）成为了世界顶尖的银行。到 1913 年，里昂信贷银行成为世界前五大银行之一（在某些指标上，更是世界第一），其他两家银行也位列前十（参见表 3.3）。尽管因为在铜上面的投机活动失败，巴黎贴现公司于 1889 年遭遇了破产，但是之后它以“巴黎国家贴现银行”的名称重建。虽然这三家银行的规模达到了可以与英国储蓄银行相匹敌的地步，但是它们的增长更多的是靠自身的发展，而不是依靠并购。在 1914 年之前，法国里昂信贷银行仅仅收购了 1 家银行，巴黎贴现公司也只收购了 8 家。

与伦敦的同行不同的另外一点是，这些法国银行较深入地参与了国际商业活动。它们几乎参与了所有的银团贷款活动，并且在成功地发放和再出售贷款方面也起着重要的作用。的确，由于有遍布全国的分支网络，它
103 们具有强大的资金募集能力与证券销售能力，通常不需要公开发行，甚至在交易所上市之前就能顺利出售——这使得它们成为市场上不可或缺的成员。在这一时期，它们还涉及大量海外业务，并且增设了海外分支机构。到 1913 年，不考虑在法国殖民地的分支数目，法国里昂信贷银行拥有 20 家海外分支机构（而在 1878 年仅有 8 家），巴黎贴现公司也拥有 28 家。[91]

法国银行也非常积极地通过海外银行参与海外业务，虽然它们在这方面的发展无法与伦敦的海外银行相比，这部分归因于与英国储蓄银行的竞争，但更多是因为法国在世界上的发言权比英国要小一些。1914年，法国银行在海外的分支机构达到最大数500家——但也仅仅只有英国的三分之一。尽管如此，还是有一些重要的海外银行，比如土耳其帝国银行和东方汇理银行因为拥有发行本地货币的特权而受益。土耳其帝国银行建立于1863年，是一家官方的英法银行，它在伦敦有一个董事会，在巴黎也有一个董事会，它的管理总部在君士坦丁堡（土耳其西北部港口城市，即伊斯坦布尔）。[92]实际上，它后来渐渐变成了一家法国银行，这主要是因为法国在土耳其能获得巨大的经济利益，而英国投资者则对土耳其兴味索然。[93]东方汇理银行是法国在远东地区主要的经济和金融干涉工具——对应于英国的汇丰银行，尽管从总资产上来讲它的规模只有汇丰银行的一半。[94]

因此，银行业最能够反映巴黎金融中心的国际化特征。法国的银行很少单独垄断公开发行业务，即使是最重要的法国荷兰银行（后来的巴黎银行，Paribas）也不能。它在公开发行业务方面扎根很深，尤其是发行银团贷款方面。[95]法国荷兰银行在“美好时光”经历了惊人的增长，它的总资产在1902—1912年之间从2.77亿法郎增长到7.16亿法郎。对外国政府的贷款成为它主要的业务活动，尤其是在俄国、摩洛哥和拉丁美洲。在俄国，它与法国里昂信贷银行一起成为了市场上的领导者。作为一家商业银行，法国荷兰银行也向私人公司发放贷款，其董事会成员通常在其中占有股权。[96]虽然是一家股份联合制银行，它仍然充满贵族气质，因为在它的董事会中有大量的私人银行家，以及天然的业务：上流社会金融服务。这一点
在法国第二大商业银行“巴黎联合银行”身上表现得更明显，这家银行是 104
由主要的大型私人银行（老式的家族银行）和比利时通用银行于1904年共同创立。[97]1913年，它的组合证券价值有8 000万法郎，比巴黎银行要小一些。但是它能够让那些大型私人银行的成员们开展超出它们自己银行业务范围的其他业务。这一策略从19世纪中期开始就被欧洲的私人银行家们使用。

巴黎还吸引了许多大型的外国银行，这些银行主要从事外汇和出口贸易融资业务。在巴黎的外国银行中，最多的是英国的海外银行[98]，英国的这些银行早在清算银行之前就存在于巴黎了，后者直到第一次大战前夕才试探性地进入了巴黎市场。[99]总的来看，在1913年，大约有来自七个不同

国家的共 15 家外国银行在巴黎设立了分支行或办事处，其中包括 3 家俄国的银行和 3 家西班牙的银行。大型的德国银行没有进入巴黎，但是它们有法国代理行——通常是那些它们持有大量股份的私人银行，这种方式比通过单纯的代理行要便利得多。[100]

大型私人银行

股份联合制银行发展兴旺并不意味着私人银行的终结。大型私人银行有一张非正式的成员名单——成为这一团体的成员更多的是地位的象征，而不是功能。在 19 世纪末，它通常指 8 大银行集团：罗斯切尔德（Rothchild）、霍丁格（Hottinguer）、马利特（Mallet）、维尼斯（Vernes）、米拉博（Mirabaud）、德-纳弗利兹（de Neuflize）、海涅（Heine）和德尔马奇-塞埃（Demachy Seilliere）。[101]在这个集团里，法国罗斯切尔德银行居于领导地位。经历 Alphonse de 罗斯切尔德的去世，以及在此之前英国、法国和维也纳罗斯切尔德家族银行内部关系的解散后，当 1905 年进行重整时，法国罗斯切尔德银行的资产大约为 5 000 万法郎。但是，在法国的罗斯切尔德家族有更多的方法配置其资产，其内部会计账户表明，从 1874 年到 1904 年其资产为 5 亿～6 亿法郎。[102]相比之下，大型私人银行中成立时间最长的法国 Mallet 银行的资产在 1913 年只有 710 万法郎，这还包括了其合伙人的储备和存款。

在很多方面，法国的罗斯切尔德家族和他们在英国的表兄弟们的处境相似。他们传奇式的财富和较高的声望不可避免地使他们在那个时代采取
105 更谨慎的态度。同时，他们还不得不勇敢地面对更强大的股份联合银行的竞争，那是他们不能忽视的威胁。在政府贷款方面，他们在 19 世纪 70 年代之前一直控制着最大的份额。即使在 1914 年之前，法国的罗斯切尔德银行也仍然是这一市场的重要力量，这主要是因为他们的声望以及广泛的社会关系，虽然他们有时也与一些大银行合作，从而不得不给这些大银行分一杯羹。从 1888 年起，他们不得不与法国荷兰银行分享俄国的业务。从 1901 年开始，他们逐渐丧失了在俄国的优势。罗斯切尔德银行的权力还在于他们拥有对很多公司的控制权。[103]在 19 世纪八九十年代，他们通过与伦敦的家族银行合作，在有色金属矿产和石油方面获得了大部分股权，据说，在 1900 年其价值达到了 1 亿法郎。[104]因此，在 1914 年之前，罗斯切尔德银行在巴黎的地位不容小觑，它们的地位主要基于它们庞大的金融资源。那时

候，法国罗斯切尔德银行是巴黎金融市场上最大的证券持有人，其投资组合据估计有 5 亿法郎。在这个市场上，即使是 20 世纪初，法国罗斯切尔德银行从中抽出部分资金也会引发市场的剧烈波动。

其他属于大型私人银行的家族银行相对于大型银行的增长则逊色得多，尤其是在发行业务和其他大的金融运作方面。尽管如此，这并不是说它们在衰退。由于有良好的声望和广泛的关系网络，它们在国际金融领域仍然发挥着重要的作用。其中一些仍然作为政府的银行，管理着政府的储蓄并且为政府债券支付息票。比如，霍丁格银行，它管理着俄国和土耳其政府大量的存款。它们还接受一些富有的客户的资金委托，在 20 世纪初，财富管理成为它们主要的业务。同时，它们还为铁路公司、保险公司、商业银行甚至法兰西银行的董事会提供大量的代理服务。在这一时期，它们中的大多数都经历了稳定的增长。比如，在巴林兄弟银行的资产负债表中，资产从 1860 年的 0.17 亿法郎增长到 1913 年的 0.45 亿法郎，这要归功于它在国际业务方面的扩张，尤其是它的承兑汇票业务增长了 10 倍以上，并且其存款中的非居民存款占比从三分之一增长到三分之二[105]，这种增长可以与伦敦的商业银行相媲美。

虽然法国的大型私人银行作为一个整体没有像它们在伦敦的同行那样 106
在资本市场上占据同样的份额，但是包含大量私人银行和金融集团的巴黎金融业为巴黎的国际化和活力贡献了重要的力量。[106]那些老式家族银行的机构主要通过财富管理来获利，而其他金融机构则参与更多金融性质的业务（帮助建立有限公司，购买股权资产，套利和其他业务），这些活动通常与世界的某一地区有关联。传统的银行业务（比如通过有吸引力的利率吸收存款和提供短期信贷）并没有完全消失。一些银行机构专门从事票据贴现业务以及其他承兑汇票业务。这些多样化的业务反映了 1914 年之前巴黎金融中心的活力。而且，一些私人银行发源于国外并且同时在几个金融中心形成了家族的国际网络，尤其是在伦敦和纽约。[107]其他的一些私人银行则与法国或外国大型银行合作。[108]至于那些成立已久的商业集团，尽管在数量上少于伦敦，但也发展了更多金融性质的业务。最著名的就是 Louis Dreyfus & Cie 集团，它是世界上领先的谷物食品交易公司——业务遍及五大洲——也建立了它自己的商业银行。

巴黎证券交易所

巴黎证券交易所的重要性与巴黎作为国际中心的影响力相匹配。就规模而言，1913年在巴黎证券交易所上市的证券的名义价值达到62亿英镑，处于世界第二位——虽然落后于伦敦（113亿英镑）很多，但是领先于纽约（53亿英镑）和柏林（53亿英镑）。就开放性而言，它与伦敦证券交易所有着几乎一样的国际化程度——在巴黎证券交易所正式上市的股票中，大约有一半是外国公司发行的股票。另外，就交易量而言，巴黎证券交易所的交易量要比伦敦或纽约小得多。巴黎证券交易所的市场组织形式，尤其是其官方性质和股票经纪人的垄断，也是交易量扩大的障碍。

的确，在这一时期，巴黎证券交易所保持了从它建立以来的二元特征：一个是“正式市场”，也称“正厅”，这个市场的股票经纪商由政府批准，
107 数量由法律限定（1724年为60家，到1898年增加为80家）；另外一个是“自由市场”，也称“偏厅”，对所有人开放。从上市股票的总量来看，“正式市场”重要得多，并且它还提供了安全保证，因为它的官方性质以及股票经纪商对远期交易的集体责任。“自由市场”则更具活力，它的证券交易额有时甚至超过了“正式市场”，并且它能够自主决定是否接受某一新证券，尤其是那些想进入巴黎市场的外国证券的上市。但是原则上，一旦新证券被接受在“正式市场”上市，就遭到了股票经纪人的垄断，那么“自由市场”就不能再接受其在本市场上市。

在19世纪70年代，这两个市场之间的矛盾被重新点燃，因为“自由市场”在募集全国资金用于向德国进行战争赔款方面变得越来越重要。“正式市场”要求政府解散“自由市场”，而“自由市场”要求废除股票经纪人的垄断专营地位。1892年两个市场达成了一个协议，俄国债券在“正式市场”上市，而土耳其、埃及、西班牙、匈牙利和葡萄牙的股票则在“自由市场”上市。但是，这一协议没能持续多长时间。最后政府不得不在1898年以法律形式作出了规定，强硬限制“自由市场”的股票业务，而没有对“正式市场”作出限制。另外，一份私下的协议仍然允许“自由市场”继续参与法国固定期限年金的交易。这是非常重要的限制，“自由市场”从此无法再威胁“正式市场”了。同时，“自由市场”第一次得到了法律上的承认，但是在某种程度上却丧失了它“自由市场”的特征。从此以后，只有一部分公司能够成为“自由市场”的成员，上市准入标准也变严格了，尤其是有限公司被排除在外，而私人银行机构不得不证明自己资本金的充足性。然而，20世纪初最显著的特征正是这两个市场进行了更紧密的合作。“自由市场”被允许为股票经纪人提交订单，这使它可以

从“正式市场”不断增长的交易量中获利。另一方面，“正式市场”从“自由市场”接受订单，这些交易订单通常是那些认为直接交易有风险的客户委托的。因此，巴黎金融市场能够从“自由市场”的活力和“正式市场”的安全的双重优势中获利。另一方面，那些喜欢在“正式市场”中垄断专营的股票经纪人（非自营经纪人），也不能对巴黎交易所造成任何损害。

法兰西银行的角色

法兰西银行是巴黎作为国际金融中心的最好代表，并且为巴黎的国际金融中心地位的巩固作出了重要的贡献。不同于英格兰银行在需要黄金时 108
依赖进口，法兰西银行拥有大量的黄金储备——在欧洲仅次于俄国。这些储备的目的既是战略性的（作为对抗德国的战争资金），也是经济性的（维持尽可能低和稳定的贴现率，从而确保货币的可兑换性）。同时，这一巨大的黄金储备规模也使得法兰西银行在国际货币体系中起到了重要的作用。然而，英格兰银行仍然是国际货币体系的“领导者”。在很多方面，当英格兰银行遭遇短暂危机时，法兰西银行同意将黄金输入英国以支持英格兰银行。这种中央银行之间的合作，尤其是跨越英吉利海峡的合作，是 1914 年之前确保金本位制平稳运行的关键。

但是，为什么法兰西银行和其他欧洲中央银行愿意向英格兰银行提供合作呢？在 1914 年之前，是否有什么更崇高的追求，而在两次世界大战之间又消失了呢？事实上，中央银行之间的利他主义的合作仅仅是一个概念而不是现实。最近的一些研究也表明，中央银行之间最好的关系就是彼此漠不关心，最坏的情况是相互敌对——它们仅仅在能够直接受益时，才情愿彼此帮助。就像 Marc Flandreau 所解释的，法兰西银行的确采取了反金融危机的政策，这种政策在货币紧张时输出黄金，之后再补回。但是，法兰西银行之所以这么做是基于它自己的利益的。[109]因为这样做使它能够阻止或减缓英国银行利率的增长，无论如何，为了使情况不至于继续恶化，它不得不这样做。[110]就像它在 1907 年所做的那样，通过在伦敦以显著低于伦敦同行的贴现率贴现票据，法兰西银行在英镑上获得了可观的利润，同时也稳定了法国货币体系。当战争逼近时，情况则发生了改变：法兰西银行和德国中央银行更加依赖于它们的黄金储备。

柏林的崛起

柏林成长为顶尖的世界金融中心看起来是德国经济在世界经济中的地位的自然结果。德国统一之后，在第一次世界大战之前的40年里，德国经
109 济经历了惊人的增长。在20世纪之初超越了英国之后，德国成为仅次于美国的世界第二大工业国，自然拥有一个与之经济地位相称的金融中心。

起源与发展

然而，柏林并不是在德意志帝国建立之后从一无所有成长为金融中心的。首先，它曾经是普鲁士的首都，换句话说，早在18世纪末，德意志各个联盟国的金融需求（尤其是为战争融资）就导致了柏林作为地区性资本市场的建立。从19世纪40年代开始，由于在铁路融资方面的作用，这个市场经历了急速的膨胀。从纯粹数量的角度来看，柏林已经是与法兰克福和汉堡地位相当的金融中心。但是，它的业务主要着眼于国内而不是国际，着重于工业——不管是柏林的银行还是它的证券交易所——而不是金融（比如法兰克福）或商业（比如汉堡）。就质量而言，柏林的私人银行家在德国金融界有着响当当的名号：他们是一流的，比如门德尔松银行——首都最负盛名的银行机构，以及布雷克劳德（S. Bleichröder）银行，其主要合伙人 Gerson von Bleichroder 是俾斯麦的银行顾问。[111]他们还积极参与海外贷款。在法国大胜奥地利之后，这些私人银行与柏林两家领导性的股份联合制银行（德累斯顿银行 Handels-Gesellschaft 和德国贴现公司 Disconto-Gesellschaft）于1859年一起组建了“普鲁士财团”，发放了3 000万泰勒元（德国15—19世纪的银币）的贷款以支持普鲁士军队的行动。这个财团在此之后继续为普鲁士政府和后来的德国政府提供贷款——它的这一优势地位令其他金融机构万分垂涎。

柏林还是普鲁士中央银行总部的所在地。作为德国的历史悠久的发行银行，普鲁士银行（普鲁士的中央银行）由腓特烈大帝于1765年创立。[112]它于1846年转变为有限责任公司，普鲁士政府只占其中六分之一的股份。在接下来的多次资本金扩充中，普鲁士政府的份额不断“缩水”，但是这家银行仍然由高级公务员来管理。作为1871年德国统一之前的德国五家发行

银行之一，经它发行流通的钞票数目是当时最大的——超过了法兰克福银行。1876年，德国通过将普鲁士银行转变为德国国家银行（Reichsbank），从而成立了德国中央银行，这也反映了普鲁士在新德国中的优势地位。但是，从19世纪60年代开始，以普鲁士泰勒元为中介，德国的货币统一进程已经在不断地推进。当时，泰勒元流通到德国各联邦，成为日常使用的共 110
同货币。[113]

1876年，在德国国家银行（德国的中央银行）创立的同时，也创立了德国统一的货币：马克——一种可兑换黄金的货币。这是德国政治界和货币当局作出的一个重要决定。对于国际货币体系，对于德国，以及对于作为国际金融中心的柏林，这都是非常重要的决定。尽管遭到了一些人的反对（尤其是Gerson Bleichroder[114]，他担心此举的紧缩效应[115]），大部分德国领导人还是同意以黄金作为德国这样一个具有世界领导性地位的工业和贸易强国的货币储备。[116]对于德国的银行业和金融界而言，金本位制度使其对外贸易融资摆脱了英镑和伦敦汇票的双重束缚。这一决定当然包含了国家的民族自豪感，但是每年从德国与拉丁美洲的贸易中就能赚到诱人的600万马克的利润也是重要的考虑因素。[117]

得益于金本位制度的实施以及德国工业和商业的发展，马克很快就成为了与英镑、法郎一样的世界主要储备货币。柏林在德国的地位也得到了强化——这一点不利于法兰克福和汉堡——柏林作为世界金融中心的两大业务就是国际贸易融资和外国贷款。在这些业务中，柏林那些大型的银行起到了重要的作用。就贸易融资而言，这些银行使柏林从统一的德国货币和马克的国际化地位中的获利远远超过了汉堡，因为商人和城市银行家对此期盼已久。就国际贷款而言，虽然法兰克福的专业银行家长久以来是不可或缺的，但是由于德国银行业的合并趋势，那些控制着国家工业贷款的柏林的大型银行在国际贷款方面成功地确立了自己的重要地位。[118]

大型银行

柏林的商业被大型银行控制着，尤其是四家带“D”的银行：德意志银行（Deutsche Bank）、德累斯顿银行（Dresdner Bank）、德国贴现银行（Disconto-Gesellschaft）和达姆施泰特银行（Darmstadter bank）。在第一次世界大战前夕，这四家银行都位居世界前20位，其中德意志银行名列前茅（见表3.3）。然而，作为一个整体来看，处于前9位的德国银行的资本总额 111

只占德国银行业总资本的很小份额：1913 年仅占 12%。德国还有数百家地方和区域性的股份联合银行，这些银行的财力与大型银行大致相当，同时还至少有 1 000 家私人银行没有包括在德国国家银行的统计中。而且，还有大量的存款存放在其他银行——几乎四分之三的存款掌握在储蓄银行、抵押银行、合作社银行和其他专业的银行手中。

大型银行的重要性主要来源于三个方面：首先，是因为它们的规模和庞大的存款资源。而且，这些因素在德国银行业集中化趋势下显得更加明显，这种集中化更多地依赖于"共同利益"而不是并购，即在大型银行和省级银行之间的成本合并和利润共享。比如，在 1904 年，德意志银行与 14 家银行建立这种关系，从而成为这个总资产高达 7 亿马克的集团的首领。[119] 其次，大型的德国银行都是全能型银行，也就是同时具有商业银行和投资银行的职能。这使得它们一方面可以参与国内工业融资，另一方面能够参与大型国际银行的商业活动和金融交易[120]，尤其是向外国发放贷款。再次，这些大型银行控制着大部分的国际交易。除了少数最优秀的私人银行之外，其他类型的银行几乎完全被排除在外。在某种程度上，其他的中心如汉堡、法兰克福和科隆也遭到排挤。

直到 19 世纪 80 年代，私人银行一直控制着国际金融业务。在柏林，Gerson von Bleichroder 于 1872 年被封为贵族，他是德国统一之后最有名的金融家。作为俾斯麦的私人银行家和顾问，他有着别人无可匹敌的信息优势。他参与了工业融资，在 19 世纪 80 年代铁路网络的全国化中发挥了重要的作用；他还负责了几起海外贷款，这些贷款通常与德国的外交政策相关，尤其是对俄国。尽管如此，他反对著名的《伦巴第法案》(*Lombardverbot*)，这是俾斯麦于 1887 年发布的一项禁止德国国家银行接受以俄国债券为担保的贷款的法令。这一禁令一直持续到 1894 年，致使法国取代德国成为俄国最大的债权国。[121] 对门德尔松银行（Mendelssohn）的活动外界知之甚少，为人所知的是它的声望和作为俄国政府的银行所获得的巨额财富——大量用于支付息票和干预市场的政府存款是非常稳定且合适的利润来源。[122]

112 从 19 世纪 80 年代开始，大型银行的作用越来越大，有时甚至还受到了创立这些银行的私人银行家的反对。从那时开始，银团贷款就被德意志银行和德国贴现银行控制，而不是布雷克劳德银行和门德尔松银行，尤其是对南美洲、中国和土耳其帝国的贷款。私人银行网络之间的个人关系在与美国和俄国的金融交易中仍然发挥了重要的作用。私人银行也有很大的发展，它们有时就是贷款的发起人，但更多的是作为银团贷款的成员或参与由大型银行发起的国际融资活动。

虽然比伦敦要少，甚至还少于巴黎，但是柏林也有一些专门为支持德国对外贸易和鼓励对外投资而成立的海外银行。这些海外银行比英国或法国的同行们出现得晚一些，它们通常由一家或多家大银行发起，有时也有私人银行机构参与设立。[123] 比如，1886 年，德意志银行创立了德国海外银行（Deutsche Uberseeische Bank），这家银行在拉丁美洲非常活跃[124]；1889 年，德意志银行与德国贴现银行和布雷克劳德银行联合创立了德亚银行（Deutsch-Asiatische Bank）。[125] 尽管如此，除了德亚银行之外，这些海外银行的活动仍然局限在柏林，因为它们很少承担面向其目标地区的贷款业务，它们通常将这些业务交给它们的母公司。

大型的德国银行也非常积极地参与对外直接投资，并且为此还设立了新的公司。这与伦敦市场形成了鲜明的对比，在伦敦这些对外直接投资通常由投资银行家或个人金融家来发起。比如，在石油方面，德国石油公司（Deutsche Petroleum）在德意志银行的支持下于 1904 年创立，而英国壳牌运输与贸易公司一直由其创始人 Marcus Samuel 及其合伙人管理。对巴格达铁路的融资也是一个例子，这条铁路由德意志银行管理，而它的英国合作者是巴林兄弟、J. S. 摩根和欧内斯特·卡塞尔，这种合作关系直到 1903 年才宣告终结。

柏林交易所

不同于法兰克福交易所专长于外国政府债券交易，柏林交易所反映了市场的融资传统，也就是说，柏林交易所的金融交易更多地集中在国内经济、铁路和工业股票方面。在这方面，柏林交易所第一只股票在 1804 年上市交易，而法兰克福交易所的第一只股票则于 1816 年上市交易——这是其特征的鲜明表现。并且，在德国经济繁荣时期（1871—1873 年），柏林交易所确立了远超德国其他证券交易所的优势地位。德国从 1871 年统一到 1873 年发生经济危机的两年“美好时光”中，有将近 1 000 家有限公司被创设，总资本近 30 亿马克——几乎是全国性的投资狂热。从那时开始，虽然遭到了省级交易所的挑战，尤其是来自法兰克福交易所和汉堡交易所的威胁，柏林交易所仍然保持了它的领导者地位。到 19 世纪末，它的交易量——以 1882 年到 1893 年支付的税收来衡量——占德国二级市场交易量的 66%，相 113

比之下，法兰克福交易所只占12%，而汉堡交易所只占9%。[126]相较于纽约交易所与美国其他交易所，或巴黎交易所与法国其他交易所之间的地位关系，这是一种坚固的领导地位。

尽管几乎一半（413家中有192家）上市政府债券是外国政府的债券，但就上市的股票数目而言，相比伦敦和巴黎，柏林交易所要少得多，因此柏林交易所的国际化程度也要小一些。当然，这主要是因为德国的资本输出比英国和法国少。另外，其交易规则也是一个羁绊。1896年的法律（交易所制度）为了限制投机活动和反欺诈，对股票市场活动进行了非常严厉的控制。为此，它设立了新的监管机构，包括一个政府专门委员会，一个股票交易管理委员会和一个特别法庭。这些措施极大地限制了远期交易活动，阻碍了矿业公司和制造业公司的证券化，并且交易所只批准股份资本超过2 000万马克的公司上市。结果，代表股票市场交易很大一块的投机交易退出了德国市场，流向了阿姆斯特丹和伦敦证券交易所。[127]

柏林发展的局限性

从严格意义上讲，在国际金融中心方面，柏林从来没有达到过能与伦敦匹敌的地位，甚至没有达到过巴黎的地位。尽管有少数大型的德国银行和私人银行家在海外获得了令人瞩目的成绩，但就向外国提供贷款而言，
114 柏林的地位较低，这是因为德国对海外的投资比英国和法国要少得多。鉴于这一时期德国对外贸易经历了飞速的增长，德国在国际贸易融资方面的情况更复杂。[128]尽管德国的银行承认它们极力使国际贸易摆脱英国银行的控制和对英镑的依赖，但是柏林在这个领域的作用仍然有限。虽然马克在德国与一些欧洲国家甚至美国[129]，以及世界上其他地区（如亚洲和拉丁美洲）的贸易中被广泛使用，从而成为英镑的一种可能的替代物，但是在德国对外贸易融资中，英镑的使用增长得比马克更快。无可否认，德国的银行成功地赢得了市场份额，但是它们是通过加强在伦敦城的参与力度和更多地使用以英镑计价的承兑汇票来达到这种成功的。的确，伦敦货币市场在效率和成本方面比柏林更具有优势，即使是巴黎或纽约也无法与之竞争。但具讽刺意味的是，大型的德国银行在贸易融资业务方面的增长加强了伦敦市场的地位，而不是柏林。

德国首都作为金融中心的地位，更多的是作为统一后的德国的金融中心，而不是国际金融中心。柏林不仅是政治和金融中心，而且还是重要的

工业中心——在德国仅次于鲁尔地区——尤其是在电气工程方面，有像德意志通用电力（AEG）和西门子（Siemens）这样的大型企业。德国的大型银行因对其工业发展的贡献而备受称赞。它们在海外的扩张，很快使得它们的活动范围超出了柏林金融市场狭小的空间，其活力令当时的同行们惊羡不已。[130]

升起的新星：纽约

纽约成长为顶尖的国际金融中心的路径与伦敦、巴黎和柏林都不相同，尽管这四个金融中心有一个方面是一样的：它们都是当时四个最大的经济体的金融中心。纽约与众不同的特征表现在以下两个方面：一方面，它是一个资本输入型而非资本输出型的金融中心；另一方面，它的这种状况一直持续到 1914 年，此时美国已经成为世界上居于领导地位的经济体了。1870 年时，美国的 GDP 赶超英国，但即使如此，后者仍然保持着它在制造业方面的领先地位，并且提供了全世界三分之一的工业品。到 1914 年，美国的 GDP 已经与英国、法国和德国三者之和相当。因此，美国的金融中心成为国际金融中心也就毫不奇怪了。 115

19 世纪末期，纽约作为金融中心的作用与很多大的欧洲金融中心尤其是伦敦的作用正好相反——那就是从大西洋西岸输入资金到大西洋的东岸。美国在对外贸易融资方面仍然主要依靠伦敦。因此，纽约还不是一个功能齐备的国际金融中心，但是它的作用却越来越重要，这有三方面的原因：在美国的外国投资的总量、美国经济的活力，以及纽约作为这个国家的金融中心的地位。在第一次世界大战前夕，美国是海外投资的主要目的地，它积累了大约价值 70 亿美元的债务，其中近三分之二由英国的债权人提供。然而，这些外国投资在庞大的国内资本积累（1799—1900 年，接近 600 亿美元）中所占比例有限（从净值来看，同期少于 5%），虽然其作用会随着时间和地区的不同而产生很大的差异。[131] 在微观经济层面上，美国迅速成为了大型企业的国度，首先从铁路公司开始，紧接着是在 19 世纪末最后几年兴起的并购潮中产生的巨型工业企业。这些公司的融资主要从纽约资本市场上获得。因此，不管是从交易量还是从主要参与者的质量来衡量，纽约资本市场变得越来越重要。当 20 世纪的曙光来临时，John Pierpont Mor-

gan 毫无疑问是世界顶尖的银行家。

投资银行

投资银行是纽约金融中心的基石，其中摩根银行无疑是最杰出的代表。人们可以发现，在这些投资银行中，最重要的恰恰是那些与国外金融中心有着密切关系的（尤其是与伦敦）银行，这也表明了华尔街在国内和国际金融界中扮演了重要的角色。这些投资银行大多数建立于 19 世纪中叶，但是直到 19 世纪 70 年代才开始腾飞。从起源的国家和派别来看，它们可以明显分为两个团体：一个是英—美和新教徒集团，这个集团包括 J. P 摩根公司（J. P. Morgan）、基德尔-皮博迪公司（Kidder Peabody）和希金森公司
116 (Lee Higginson)；另一个是德国和犹太集团，包括库恩-洛布公司（Kuhn-Loeb）、斯派尔公司（Speyer）和 J. W. 赛利格曼公司（J. & W. Seligman）。

J. P. 摩根银行的前身是伦敦一家重要的商业银行 J. S. 摩根银行——这家商业银行以 John Pierpont Morgan 的父亲的名字命名。John Pierpont Morgan 在父亲的银行中当了很短一段时间的学徒，他在积累了几年银行业务经验之后，于 1871 年成为了 Drexel 银行的合伙人[132]。六年之后，他成为了这家银行的领导者，并于 1895 年将公司改名为 J. P. 摩根银行。基德尔-皮博迪银行成立于波士顿，19 世纪 20 年代，这家公司以 John E. Thayer 的名称开始从事各种银行和经纪业务。1865 年，当 Thayer 家族的最后一位成员退休之后，公司内部的 3 位职员决定把公司继续经营下去，从而形成了一个名为基德尔-皮博迪的新的一般合伙人公司。李·希金森公司于 1845 年同样建立于波士顿，在美国内战之后为那些富有的英国客户提供投资服务。而且，这两家银行一直以波士顿为根据地，但是在 19 世纪末加强了它们在纽约的“据点”。

与那些直接发迹于世界贸易和金融的“英—美”投资银行家不同，19 世纪四五十年代来到美国的“德国犹太人”要温和得多。[133]他们中大多数人最初只是小贩，接着进入零售或批发贸易领域，最后才来到纽约进入银行或金融业。以 Joseph Seligman 为例，1837 年，他仅揣着 100 美元离开了他的出生地巴伐利亚（位于德国南部）。他首先在宾夕法尼亚州的一家商店工作了一年，接着开始从事商贩活动。1839 年，他的资产达到了 500 美元，此时他的两个兄弟（威廉和詹姆士）也加入了他的行列，之后另外四个兄弟也加入了。到 1843 年，他们在亚拉巴马州拥有了四家商店。尽管如此，

他们并没有因此而满足，1846 年他们在纽约建立了一家服饰进口商店。1850 年，在淘金热的高潮时期，两个兄弟带着价值 2 万美元的货物来到了旧金山。他们将购入的黄金从旧金山运到纽约，然后输出到伦敦用于支付他们进口的羊毛品和丝绸品。1862 年他们在纽约开设 J. W. 赛利格曼银行的时候，资产已经达到了 100 万美元。这家银行在美国内战时期开始销售政府国债（尤其是德国政府债券），而后于 1864 年在伦敦开设了一家分行，之后又分别在巴黎、阿姆斯特丹和柏林开设了分行。

同样来自德国南部巴伐利亚的 Abraham Kuhn 与他的连襟 Salomon Loeb 大约于 1850 年在印第安纳州开了一家旅行用品商店。几年后，他们搬到了辛辛那提（美国俄亥俄州西南部城市）。直到 1867 年，他们创立了自己的银行库恩-洛布银行，开始销售政府债券和铁路公司债券。1875 年，Ja- 117
cob Schiff 作为合伙人加入公司，在他不遗余力的努力下，公司成为了美国铁路融资方面的顶尖投资银行。[134]而创立于 1845 年的 Speyer 银行，则没有太多这种传奇的创业经历。Philip Speyer 来自法兰克福一个卓越的银行家族，他来到美国是为了帮助其父母的公司在美国开设一家分行——像 Auguste Belmont 一样，作为罗斯切尔德家族的代表，于 1837 年来到纽约。

投资银行在 19 世纪七八十年代为铁路公司进行融资，在 19 世纪 90 年代为大型的有限责任制造公司提供融资，到 20 世纪初，它们又在席卷全球的并购浪潮中充当了重要的角色。这一系列的业绩，使得投资银行的地位不断得到加强。这种趋势在 1901 年美国钢铁公司创立时发展到巅峰状态。作为当时世界上最大的企业，其初始股本就超过了 10 亿美元。投资银行的主要任务是为这些公司提供资金，通常是通过公开发行的方式。它们可以在公司创设之初为公司提供资金；在公司发展过程中提供进一步的融资支持；在公司发生危机时，适时介入帮助公司进行资产重组；最后，它们还可以通过为公司提供成功清算所需的资金，从而对公司进行直接并购。很多时候，由于公司与其银行之间快速发展的紧密而持久的关系，投资银行几乎在公司发展的任何一个阶段都不会缺席。投资银行家不仅是公司的财务顾问，而且通常还进入了公司的董事会，甚至直接掌控公司。投资银行提供的这些服务，以 J. P. 摩根银行为代表，很可能对公司的发展起到了积极正面的作用。[135]

另外，投资银行也积极参与国际业务。它们筹集的资金或多或少来自于欧洲，尤其是英国。最具实力的纽约银行在伦敦也有富有竞争力的分支机构。另外，在其他一个或多个欧洲金融中心也有据点。[136] J. P. 摩根银行特殊的地位则来自于其与伦敦的 J. S. 摩根银行和巴黎的 Morgan & Harjes 银行的联系，这是因为 John Pierpont Morgan 继承了他父亲的财产，同时也成为了后两家银行的合伙人。[137] 同样的家族关系也将 Specyer 和 Seligmans 与伦敦、巴黎和法兰克福联系在一起。[138] 基德尔-皮博迪银行则与巴林兄弟
118 银行关系密切，因此，自从 1886 年开始，它就是后者在美国唯一的代理行。[139] 库恩-洛布银行的负责人 Jacob Schiff 与他的德国同胞 Ernst Cassel 一直保持着私人和商业关系，另外还加强了与 Warburg & Co. 银行的联系。Warburg & Co. 银行来自汉堡，从 19 世纪 90 年代开始，这家银行的业务就蒸蒸日上，尤其是在发行业务方面。[140]

其他金融“玩家”

在纽约市场上，国内资金仍然是最重要的资金来源。就像伦敦的商业银行一样，华尔街的投资银行能够号令有着充裕金融资源的大型美国金融机构，尤其是那些银行和保险公司。它们之所以能够这样，是因为它们彼此之间有着各种千丝万缕的联系，尤其是建立了多方交叉持股的模式。

纽约国民银行受益于美国金融中心（纽约）的中央储备城市的地位。纽约是唯一被赋予这一地位的城市，到 1887 年，芝加哥和圣·路易斯也获得了这一地位。但是，纽约仍然吸引着大部分资金的流入。银行不得不面对存款的提取，但是它们可以将存款投入到纽约利润更高的业务，尤其是短期借贷给证券交易所的经纪人或是参与由投资银行发起的各种银团贷款。[141] 到 1910 年，其他银行机构的存款达到了纽约国民银行 13 亿美元存款的一半。而且，这家最大的国民银行本身也涉及投资银行业务。[142] 以国民城市银行（National City Bank，花旗银行）为例，19 世纪 90 年代，它在董事长 James Stillman 的领导下开始从事发行业务，由于拥有广泛的社会关系网，它获得了大批大型美国企业的青睐。[143] 到 20 世纪之初，国民城市银行成为了美国最大的银行，并且在规模上接近欧洲的那些大型银行（见表 3.3）。

信托公司和保险公司在资本市场上也扎根很深。前者的职能最初是从境况较好的客户那里吸收存款，将吸收的资金投资到股票市场，并不面向大量的“存款又贷款”的客户（美国储蓄银行的主要客户源）。到 19 世纪末，它们变成了事实上的银行，但是在准备金方面却没有受到银行法规的

限制。它们中最大的那些公司——银行家信托公司（Bankers Trust）、纽约担保信托公司（Guaranty Trust Company）和实业信托公司（Manufacturers Trust）——在规模方面超过了这个国家大多数的银行。通过投资活动以及作为银团贷款的牵头行，它们在公司融资方面发挥了主要的作用。[144] 119
至于保险公司，尤其是那些寿险公司，它们的资产在 1875—1900 年从 4.03 亿美元增长到 17 亿美元，它们购买了越来越多的铁路和制造业公司的股份。但是根据 Armstrong Commission 的研究，1906 年通过的一项法律禁止它们参与银团贷款。[145]

纽约证券交易所

纽约证券交易所相对于其他美国证券交易所的优势可以追溯到它几次对先进通讯技术的采用，分别是：19 世纪 40 年代中期对电报的引入、1867 年对自动收报机（记录所有交易的价格，并且将这些价格信息传输给每个订购了这项服务的人）的引入和 1878 年电话的应用。由于纽约证券交易所的价格可以立即得到，因此不可避免地影响了其他证券交易所。由此，纽约证券交易所成长为美国名副其实的金融中心。到 1912 年，纽约证券交易所上市的股票市值占美国所有证券交易所的总市值的 45%。而早在 1910 年，就有 69%（数目）的股票和 91%（价值）的债券在纽约证券交易所上市。[146]

不同于其他三大欧洲交易所，纽约证券交易所有着它自己的组织形式，即自由与监管相互交叉。与伦敦证券交易所一样，纽约证券交易所是自治的，没有受到任何政府当局的控制，不管是纽约市还是纽约州甚至联邦政府。但是与伦敦证券交易所相比，纽约证券交易所的使用者（换句话说，即纽约证券交易所的会员）也是其所有者，并且只设立了一个管理委员会来运作整个交易所的业务。纽约交易所的会员标准不如巴黎交易所严格，但又比伦敦交易所严格一些。其会员数目在 1869 年为 1 060 家，到 1879 年为了凑齐百老汇大街的建筑费用而增加到 1 100 家。在这之后，尽管交易所的业务量有很大的增长，并且上市股票的票面价值从 1879 年到 1909 年增长了近 4 倍，但是会员数目却没有进一步的增长。[147]受到这样的阻碍，不管是因为价格还是席位的有限，大量的经纪人发现他们无法成为会员。而这种会员受限的状况也意味着业务量受到了限制。

因此，纽约证券交易所青睐特定类型的公司——那些有着良好声誉的 120

大公司。管理委员会精心审核那些要求在纽约证券交易所上市的公司，通常，委员会更多地是寻找拒绝其上市的理由而不是接受的理由。这就是它在很长一段时间内都青睐那些大型的铁路公司，而“忽视”保险公司和矿业公司的原因。而到 20 世纪初，它却又青睐那些大型的制造业公司。另外一个对会员数目造成约束的是规定不管每笔交易金额的大小，它对所有交易均收取固定的 0.125％的佣金，这个规定阻碍了会员之间的竞争。尽管纽约交易所试图运用此举确保其在交易所上市的证券的质量，以此获得公众的信任，但是这些限制主要使它自己的会员受益，因为这些会员通常喜欢绝对有保障的收入。所有这些都更有利于纽约证券交易所的竞争对手的发展，不过还好，对其主要业务无甚大碍。

1885 年，纽约各种小的专门市场通过合并组建了统一的石油交易所，这个交易所对铁路公司的股票只收取相当于纽约证券交易所一半的佣金费用。作为反击，后者禁止其会员同时成为两个交易所的成员，并且竭尽全力地切断这两个交易所之间的电报和电话通讯。虽然它没能阻止石油交易所的成立，但是成功地减缓了专业市场的统一步伐，石油交易所的会员个数之后持续下滑。然而，到 1910 年，在石油交易所上市的股票数占全美上市股票总数的 13.4％，这使得它跃居仅次于纽约证券交易所的全国第二位。路边市场则不同，作为名义市值很小的非“正式市场”，这里交易的主要是采矿公司的股票，并且就在街上交易。纽约证券交易所容忍了路边市场的存在，没有对它们进行重组或阻碍。实际上，它利用路边市场的成员（1908 年大约有 150～300 家）来扩大自己的业务范围，并且一直保持着与这个市场的联系，所以路边市场中有 85％的交易是由纽约证券交易所的会员完成的。至于其他城市的证券交易所，它们主要交易那些业务较完整的地区性公司的证券（不一定是小公司）。尽管如此，任何一家能扩张为全国性规模的公司都希望能在纽约证券交易所上市。[148]

纽约证券交易所能够保持优势地位的一个原因是它对会员间的交易收
121 取的费用远低于对外交易收取的 0.125％。这种内部交易很多，主要原因在于纽约证券交易所不像伦敦证券交易所，并不要求同一家经纪行的所有合伙人都是交易所的会员。事实上，一些合伙人简直就是隐名合伙人，它们并不参与具体经营，但却能通过参股经纪商获得会员地位而受益。这样一来，大量的外部资金流入股票经纪行，从而内部交易量很自然地增长了，这也使得纽约的经纪公司的规模远远大于巴黎或伦敦的经纪公司的规模。

纽约证券交易所在短期资金的使用方面扮演了关键的角色，它所起的作用甚至超过了伦敦证券交易所，尤其是对于保险公司和银行。由于缺乏像伦敦那样的贴现市场——直到第一次世界大战前夕，纽约的金融圈才“腾出时间”来做这件事——这些资金只能通过自己的方式进入纽约证券交易所。另外，在纽约的结算是每天进行的——不像在伦敦和巴黎，要两个星期才结算一次——因而，为了推迟出售证券以等到更好的时期，通常意味着要逐日借入资金。而银行通常也更愿意提供超短期的资金，因为这样本金更安全。

有限的国际化

与伦敦相比，纽约资本市场的组织方式更多的是利用外国资金为美国公司融资。尽管如此，自 20 世纪第一家外国公司在纽约上市以来，纽约的国际化程度不断加强。一个在数量方面很重要的事件是，J. P. 摩根银行于 1900 年 8 月在美国为英国布尔战争（Boer War）提供了 1 000 万英镑的融资——这具有非常重要的象征意义。这次融资获得了圆满的成功，之后美国公众又相继参与了四项英国战争贷款的融资。[149]不过大体上，伦敦方面对求助于美国资本市场并不是很高兴，或者说是有些担忧，就像一位著名的股票经纪人所讲：“去年发生的事情已经对伦敦造成了永久性的伤害。我们迟早要面对纽约取代伦敦的事实，纽约取代伦敦的时间已经‘在闹钟上定好了发条’，而且还是由英国的财政大臣设定的。”[150]

尽管如此，对于来自纽约的威胁，伦敦并没有很清晰的认识。暂时来说，伦敦的地位还是安全的，尽管其他很多重要的发行都选择了纽约，比 122
如，1905 年，由 Jacob Schiff 银行牵头的银团发行了价值 7 500 万美元的日本政府债券。从 1900 年到 1913 年，大约有 250 笔外国债券在美国发行，其票面价值超过了 10 亿美元——主要是欧洲市政债券（尤其是德国的）。另外值得一提的是，由库恩-洛布和斯派尔（Speyer）银行组织了对墨西哥铁路的贷款和由伦敦和纽约的 Speyer 银行管理的伦敦电气化地铁的融资。[151]

不过，纽约的国际影响力在当时仍然很有限。一方面，1913 年有一项法律上的障碍减缓了美国银行的海外扩张活动；[152]另一方面，由于纽约州禁止外国银行从事诸如吸收存款、贴现和贷款的银行业务，所以在哈德逊河（Hudson，纽约州东部的河流）两岸很少有外国银行。尽管如此，外国银行仍可以参与外贸融资和外汇交易。正因为如此，在 1914 年有 20 家外国银行扎根于纽约，其中有 11 家英国银行[153]、5 家加拿大银行（其中最重要的是蒙特利尔银行），另外还有 1 家古巴银行、1 家意大利银行、1 家日本银行和 1 家捷克银行。但是，更值得注意的是，它们中没有一家大型的英国、法国或德国的银行，这些国家更多的是通过代理行来进行在美国的业务。[154]

在这一时期末，纽约在很多方面仍然依赖于伦敦城。除了大量流入美国的英国资金之外，美国的对外贸易融资也离不开伦敦。其中，大部分美国外贸融资是通过在伦敦发行票据获得的。当然，伦敦的这种优势也令华尔街的银行家们怨恨和嫉妒，就像巴黎和柏林的银行家们一样。这种现象部分是因为美国的银行法规——在 1914 年以前，美国银行是不允许接受汇票的——另外部分原因是纽约的贴现率比其他主要的货币市场（尤其是伦敦）要高。纽约以及整个美国银行系统都依赖于伦敦来获得流动性资金和黄金。尽管美国已经成为了世界领导性的经济力量，但是它仍然是一个以农产品出口为主的国家，因此其对信用证的需求具有季节性。而美国的银行系统很难应付这种波动。这主要是因为禁止跨州建立分行导致了银行体
123 系的分割，以及银行对农村地区的不熟悉和缺乏一家中央银行。然而，这种对伦敦的依赖是国际货币体系中一个越来越不稳定的因素，在危机时期它可能会破坏国际货币体系的稳定。

最严峻的考验发生在 1907 年 10 月。这个危机起初仅仅是一起普通的美国事件，但是却导致这个国家经历了一场空前的巨大衰退。[155]这场危机缘于企图垄断铜市场的失败，其中涉及一些银行，特别是信托公司。此间重要的事件之一就是纽约人信托公司（Knickerbocker）在当年 10 月 23 日被迫“关门”，这导致了更具危险性的连锁反应。在财政部长 George Cortelyou 和由 John Pierpont Morgan 领导的银行团体的联合干预下，才避免了恐慌的发生，使局势稳定下来。前者在纽约储备银行存入了 2 500 万美元，以应对提款需求；后者则组织了一笔 2 500 万美元的资金，随后又组织了 1 000 万美元，用于阻止股市的崩溃。摩根（Morgan）当时已经 70 岁了，他以半退休的状态参与挽救市场，所充当的角色其实相当于中央银行行长。但是，这场危机还是蔓延到了全世界——这不仅因为各个金融中心之间有着密切的联系，而且因为当时正好是美国谷物出口的高峰时期，对贷款的高额需求导致纽约货币市场资金严重吃紧，这种需求只有通过在伦敦购买大量的黄金才能够得到满足。英格兰银行不得不提高它的贴现率，最初提高到 6%，接着在 11 月初又提高到 7%，这一水平已经是它自 1873 年以来

的最高水平，英格兰银行将这一水平维持到了 1908 年 1 月。虽然英国的中央银行不能阻止黄金流入美国，但是它能够从其他 24 个国家吸收黄金。事实上，法兰西银行就被迫暂时借给英格兰银行价值 300 万英镑的黄金。[156] 但是，这是一场严重的“风暴”，人们对贴现率会增长到 8%或 9%的预期几乎使伦敦陷入瘫痪，这个危机直到美国的局势稳定下来才得以解除。

联邦储备体系

1913 年通过的建立联邦储备体系的法案，某种程度上是受 1907 年的危机的影响，以及国家不希望把它的命运交托到某一个人的手中，不管 Morgan 是多么的令人钦佩。同时，它也受到了银行家们向 Pujo 委员会提供的听证会证词（包括 John Pierpont Morgan 本人的证词）的影响[157]——1912 年政府任命 Pujo 委员会对“货币信托”的存在、银行家对制造业公司董事会的控制程度、发行业务被少数几家投资银行控制的情况，以及华尔街对 124
美国经济的控制程度进行调查。[158] 调查的结论是不确定的，并且这个委员会的建议（对股票交易进行更严格的监管，并且提高对发行的相关信息披露的要求）也没有被采纳。但是，对货币信托的担忧帮助克服了一直以来对建立中央银行的巨大阻力。[159]

建立联邦储备体系的主要目的是为了解决货币供应面对季节性需求波动缺乏弹性的问题，以及解决缺乏一个最后的贷款方的问题。为此，政府建立了一个权力分散的结构——将全国划分成 12 个行政区，在每个行政区的最重要的城市建立一家联邦储备银行[160]，而这家银行的资本金来自于本行政区的国民银行、地方银行以及那些希望从这种新的再融资机构受益的信托公司。联邦储备银行可以对票据进行再贴现，同时可以作为会员银行的清算行，并且对这些银行进行监督。这个体系由联邦储备委员会管理，委员会设在华盛顿，拥有 8 名委员，负责协调 12 家联邦储备银行的政策统一。

这一新的体系对纽约国际地位的确立非常重要。纽约联邦储备银行拥有很大的实权，尤其是有与欧洲中央银行接触的特权和外汇交易市场相关的特权。它的首任主席 Benjamin Strong（前银行家信托公司的董事长）是东海岸储备银行的一位全职人员。出于对联邦储备银行保管储备和最后贷款人角色的信任，纽约的国民银行愿意从事比以往更具风险的业务。这些国民银行被允许在海外开设分行，并且可以承兑汇票——因为联邦储备银行提供的再贴现便利使这项业务得以进行。现在纽约已经具备了发展贴现市场的条件，可以与伦敦一较高下了。而第一次世界大战的爆发也为其发展提供了一个千载难逢的机会。

特殊和专门市场

除了世界四大经济体的金融中心之外，有几个级别低一些的市场在国
125 际金融中也起到了重要的作用。它们是在欧洲资本收益率仅次于英国的三个国家——比利时、荷兰和瑞士（三个较大的资金提供者）——的金融首都。由于无法与前面四个大的金融中心竞争，所以这些金融中心趋向于从事那些它们具有竞争优势的特殊领域。因为其市场中流动的资金规模是世界级的，所以这些市场也成为了国际金融网络中的重要组成部分。

布鲁塞尔

布鲁塞尔很可能在这些专业的金融中心中居于首要的位置，在欧洲排名第四，仅次于伦敦、巴黎和柏林。它在国际金融网络中的重要性主要归功于大型比利时银行参与国际业务。这其中首要的是比利时兴业银行，1913 年，以总资产而论它是欧洲第十大银行，刚好排在德国德累斯顿银行之后，但却排在巴克莱银行和德国贴现银行之前（见表 3.3），并且远远领先于瑞士和荷兰的银行。[161] 比利时兴业银行不仅在规模上是非常大的，并且从 1891 年到 1913 年，它采取激进的国际战略，控股了至少 19 家外国银行和金融机构，持有巴黎联合银行 40%的股权。[162]

布鲁塞尔的国际影响力也与比利时在海外的制造企业相关。在 19 世纪最后的 25 年里，来自有轨电车和其后的电力企业的融资需求代替了铁路的融资需求，它们的资金主要从金融公司获得。这些金融公司通常由银行建立，并且主要采用控股公司的形式。[163] 由于比利时有很高的国内储蓄，金融公司的资金偏向于投资外国政府基金，由于政府对公司的法规尤其是在会计方面的约束不紧，又由于其国家保持中立地位，可以为相关公司吸收外国资金（主要是法国和德国），所以布鲁塞尔成为了这些金融公司理想的总部所在地。这些公司中最重要的一家就是兴业铁路公司，这家公司于 1880 年由一些比利时和法国的银行创建，到 1914 年，它已经成为了最具实

力的控股公司之一，拥有好几个国家的有轨电车公司，包括意大利、埃及和西班牙。[164]而由比利时和德国的银行发起设立的第二铁路公司，则拥有在意大利、德国、澳大利亚和巴西的有轨电车公司。[165]

在电力企业方面，控股公司出现于 19 世纪末期。1895 年，比利时兴业电气公司在比利时银行、巴黎荷兰银行和一家德国金融公司 Gesfurel（电力设备制造商 UEG 的一家子公司）的支持下成立。[166] UEG 公司还拥有一家创立于 1898 年的控股公司的大部分股份，这家公司就是由一群私人银行家创建的兴业交通金融控股公司，后来 Liegeoise 银行也参股了这家公司。在第一次世界大战前夕，比利时兴业电气公司、兴业交通金融控股公司和兴业铁路公司三家公司控制了有轨电车公司和电力企业中价值超过 7 亿法郎的股份。 126

尽管私人银行家的重要性从 19 世纪末期开始不可避免地下降，但是他们在布鲁塞尔这个金融中心的国际业务方面一直起着不容忽视的作用。Lamberts，Bischoffsheims，Goldschmidts 和 Oppenheims 这些家族以及他们在全世界的关系网络都毫无疑问地强化了布鲁塞尔的国际化特征。一个非常值得称道的成功故事就是 lambert 银行[167]，Leon Lambert 极大地推动了这家银行的发展，尤其是通过支持利奥波德二世对刚果的臭名昭著的剥削。[168]虽然新的海外进入者并不多，但是大量新的本土私人银行为这个金融中心带来了勃勃生机，其中最有名的就是 Josse Allard，他参与建立了众多的比利时公司和比利时在海外的公司。当然，还有 Edouard Empain，一个依靠创建运输公司和电力公司白手起家的人，在 1881 年建立了他自己的银行——Empain 银行。

在 19 世纪初就来到布鲁塞尔的私人银行家们之后也参与了大型欧洲银行的分支行的建立。虽然没有完整的名单，但是所有的法国银行在布鲁塞尔都有分支行。[169]德国的银行则很少在布鲁塞尔开设分行，仅有德意志银行继伦敦和伊斯坦布尔之后在这里开设了它的第三家海外分行。其他的德国银行通过与这里的代理行或友好行合作，如果需要的话，它们也会购买一些银行的股份。[170]一个显著的例子就是比利时国际银行，它始建于 1898 年，主要的股东是安特卫普中部银行（由德国资本创建）和一群德国银行。外国银行持有的新发行的比利时公司的股份权重从 1888 年的 6%增加到 1911 年的 37%[171]——这是国际化程度的衡量指标之一，这在 20 世纪末也有使用。

苏黎世、日内瓦和瑞士

127 在瑞士，国际金融活动在地理上的聚集程度没有其他国家（比如德国或美国）的金融中心高。在19世纪70年代初期，瑞士的国际金融活动分散在巴塞尔、苏黎世和日内瓦。到第一次世界大战前夕，与比利时的布鲁塞尔或德国的柏林相比，这些市场中没有一个获得了绝对的优势地位。但是在这之后，苏黎世逐渐超越了两个边境城市（日内瓦和巴塞尔），同时这三个城市之间也形成了某种分工。苏黎世的进步与瑞士经济的增长相伴随，随着瑞士联邦东北部电力的普及，瑞士的经济中心有所转移。作为国家实体工业的心脏地区，苏黎世在自19世纪末期开始的银行业集聚中受益：大型银行持有的存款的比例从1880年的12%增长到1913年的27%。[172]正是这些大型的金融机构与私人银行和金融公司一起承担了大多数的国际业务，并且其中大多数的总部在苏黎世。到1908年，苏黎世四家最大银行的总资产已经占到苏黎世所有银行总资产的51%，相比之下，在巴塞尔是29%，在伯尔尼是20%。[173]而当时，没有一家大型银行的总部在日内瓦，日内瓦的瑞士通用银行在1869年就破产了，而日内瓦贴现银行直到1914年才被认为是大银行。另外两类银行也参与了国际金融业务：财务公司和私人银行。前者深深扎根于苏黎世；而后者虽然缺乏统计数据，但是其作用不容低估，它在巴塞尔尤其是日内瓦更加重要。

使苏黎世获得卓越地位的第三个因素是：在这里的于1905年创建、并于1907年开业的瑞士国民银行（Swiss National Bank），是瑞士的中央银行。瑞士是欧洲最晚建立中央银行的国家，仅仅比美国早几年。整个19世纪下半叶，社会上都充满了对是否应该建立一家中央银行的争论——干预论者对非干预论者，中央制对联邦制——这些争论导致大量的承兑业务和发行业务流失。中央制成为了这些分歧的妥协方案：瑞士国民银行是一家有限责任公司，其股东有公共股东（主要是州市政府）和私人股东，从而
128 享受了独立于政府之外的待遇，但也受干预手段的限制。[174]在这家银行创立之前，关于其总部所在地的内容也是敏感的争论话题，这也是为什么1899年初创时以失败而告终的原因。中央银行地址的选择在伯尔尼（政治首都）和苏黎世（经济中心）之间进行。最终达成了一个妥协方案：法律注册地在伯尔尼，而苏黎世成为其行政和银行业务的管理总部。[175]

在1914年之前，大型的瑞士银行在国际舞台上的影响力是非常有限的。

虽然外国资产在它们的总资产中所占的比重（1906年为55%，1913年为32%）不容忽视，但是它们很少在国外实际存在（开设分行）。[176]1910年，瑞士信贷银行设立了瑞士—阿根廷抵押银行，其资本金为1 000万法郎。阿根廷这个国家急需资金来开发自然资源和提高农业产量，其高达8%的名义利率也为银行提供了一个可观的利润来源。[177]这家银行（瑞士—阿根廷抵押银行）的成功促使瑞士信贷银行在1912年又创立了瑞士南美洲银行，它主要是为了发展欧洲与南美洲之间的银行业务，同时强化瑞士与阿根廷之间的贸易关系。[178]除此之外，瑞士的银行在海外开设分行的案例仅剩一例，那就是瑞士银行于1898年在伦敦设立分行。[179]在伦敦，瑞士银行很快在夹缝中找到了生存之道。它专门参与货币交易、汇率套利、执行股票交易委托单、贴现和承兑汇票，以及银团贷款。1912年，瑞士银行又在伦敦西区开设了一家分行，用于扩大它在外汇业务方面的份额，以及与旅游相关的金融业务。[180]

虽然在规模上要小一些，但是日内瓦在很多方面比苏黎世更加国际化，这主要是因为它一直以来具有与法国联系的特权。首先，日内瓦吸引了比苏黎世更多的外国银行。19世纪70年代，两家大型的法国银行在日内瓦设立了分行：1872年巴黎荷兰银行在这里设立了分行，1876年法国里昂信贷银行也在这里设立了分行。日内瓦成为了巴黎体系的一部分。巴黎的银行业的国际扩张战略就是在以巴黎的总部为圆心的同心圆区域内的三个城市（阿姆斯特丹、布鲁塞尔和日内瓦）分别设立分行，然后，通过复杂的附属
行和代理行网络进入其他主要的外国资本市场。[181]在现存的档案中没有资 129
料能很好地解释为什么1876年Lyonnais信贷银行要在日内瓦开设一家分行，但是可以看出这与日内瓦、里昂和隆河（Rhone）流域的贸易有关。瑞士是拉丁美洲货币同盟的成员，法国、瑞士和比利时的法郎与意大利里拉拥有相同的价值，并且可以在这一联盟中自由流通——这也给出了一种解释。萨瓦（法国东南部地名）和Gex地区（法国）自由贸易区的存在，使得日内瓦可以利用在邻国法国的国内经济贸易区开展业务。[182]日内瓦有着对法国银行的独特吸引力。[183]另外，在日内瓦的分行还为富裕的法国人和瑞士人提供财富管理，它利用其他分支机构和里昂注册地吸收到的资金，在短期投资方面具有压倒性的优势。[184]除了前面讲到的两家法国银行之外，在第一次世界大战之前的20年里，其他的外国银行也在日内瓦开设了分行，不过大都经营不长。[185]

但是，日内瓦的国际金融地位主要还是归功于私人银行，当时十家最重要的私人银行是：Bonna，Cheneviere，Darier，Ferrier Lullin，Galopin Forget，Hentsch，Lenoir Poulin，Lombard Odier，Mirabaud 和 Ernest Pictet。[186]虽然私人银行在规模方面很容易被大银行比下去，但是在瑞士高度分割的银行系统中它们表现很好。基于良好的金融业声誉，它们可以进入那些它们具有独一无二竞争优势的专门市场。它们建立了丰富的国际关系网络，使得瑞士成为了外国资本的港湾。尽管如此，日内瓦的私人银行业务并不局限于财富管理。它们还进入了很多投资银行的业务领域，首要的是发行业务。自从 19 世纪 40 年代开始传统的合作关系之后，科索沃、奥姆尼（omnium）和日内瓦金融协会在 1890 年共同建立了日内瓦金融联合会（Union Financiere de Geneve），注册资本为 1 200 万法郎，它是由日内瓦金融协会与新钢铁银行（banque nouvelle des chemins de fer）合并而来。[187]日内瓦的前十大私人银行也参与了金融联合会的设立，它们的首脑成为这一协会的第一届董事会成员。金融联合会成立的目的是为了“管理所有在瑞士或国外的金融活动或参与其中”，并在超过单个银行能力范围时，帮助它们参与那些贷款发放业务和对公司的融资活动。它首先作为银团贷款的牵头行，然后再将业务在成员之间进行分配。[188]

这一金融联合会还以“控股公司”的形式，积极参与了各地区的一系
130 列合资企业的创设。[189]对于日内瓦来说，较好的投资地除了瑞士其他地区之外，还包括法国、意大利和美国。并且，其优势的投资领域主要是在电力方面。在此，有一个人起到了先锋作用：纪尧姆·皮克泰（Guillaume Pictet），皮克泰银行的高级合伙人。他在两次美国旅行之后很快意识到投资发电和电力输送公司的证券是非常有利可图的，相比铁路公司债券而言风险更小，而当时他的很多瑞士同行们在跨大西洋投资时仍然主要选择铁路公司的债券。[190]

控股公司并不是日内瓦市场的特有形态，它在巴塞尔尤其是苏黎世更明显。在苏黎世，控股公司的数量超过了大型银行甚至私人银行。控股公司本质上是金融公司，并且在第一次世界大战前 25 年里是苏黎世成为国际资本市场的基石。它们的重要性主要是由于通过与大型德国银行和电气工程企业合作，为电力行业的发展作出了杰出的贡献。的确，瑞士的金融公司在德国电力设备制造企业的发展战略中起到了关键的作用。面对摇摆不定的投资者，金融公司与它们的客户公司（有轨电车公司或其他公司）一

起融资设立新的企业，这样可以有效地减轻电气工程企业资产负债表上的债务负担。最常采用的方式是股权置换，因为金融公司在寻找公众投资者方面更为便利。[191]

这些金融公司中最重要的是电气企业银行，通常被称为电力银行（Elektrobank）。这家公司于1895年在苏黎世由德国电气巨头AEG和一些德国和瑞士的银行共同创立，其中以柏林贸易公司（berliner handelsGesellschaft）、德意志银行和瑞士信贷银行为主导。[192]电力银行实际上处于AEG的控制之下，它在德国、意大利、拉丁美洲、西班牙和俄国都开展了业务。在接下来的一年里，AEG的主要竞争对手“西门子公司”在巴塞尔设立了瑞士公共电力公司，其名义资本为1 000万法郎。尽管瑞士公共电力公司在俄国、意大利、德国和法国都开展业务，但是没有电力银行出名，因为与西门子公司合作的银行团体要相对逊色一些。[193]后来，瑞士金融联合会、巴黎的荷兰银行和法国一家名叫施耐德公司的工业企业联合瑞士信贷银行和瑞士银行一起，于1898年在日内瓦共同创立了法国—瑞士电力公司。尽管有施耐德公司的参与，但是这家日内瓦控股公司从一开始 131
就决定不参与电力设备制造方面的投资，虽然它的主要业务领域仍然在法国。[194]

瑞士所具有的竞争优势主要归功于它比同时期的德国具有更自由的公司法律。并且，中立国的地位使德国的财团通过它可以进入那些政治上比较敏感的市场。[195]同时瑞士银行在管理金融控股公司方面具有更好的专业才能，它们在电力企业重组方面也拥有丰富的专业经验。另外，它拥有比德国甚至法国更优越的地理和语言条件。

竞争与合作

对世界全球化的第一个阶段主要金融中心的作用的讨论，让我们看到了它们之间关系的相互矛盾的两个方面——激烈的竞争和各种形式的合作。可以从三个不同的层面对这一现象进行更深入的认识：公司、金融中心和国内经济。

“玩家”之间的关系

金融中心之间的关系主要表现为在这些中心运作的公司形成的商业纽

带的形式。由于资本的自由流动没有限制通讯的发展，这些纽带在19世纪最后25年里得到了加强。这使主要金融中心之间的联系更加紧密，从而开始形成真正意义上的国际资本市场。

就一级市场（发行市场）而言，这种联系的一个典型表现就是同一种证券同时在几个金融中心发行。虽然没有准确的统计数据，但是这在20世纪初已是很平常的事情。例如，阿根廷政府贷款通过巴林兄弟银行在伦敦发行，同时也通过巴黎的荷兰银行在巴黎发行，并且还通过德国贴现公司在柏林发行。一些铁路公司的股票同时在纽约和伦敦上市[196]，比如AT&T公司（美国电话电报公司）。在二级市场（流通市场）上，金融中心之间通过国际套利活动联系得更为紧密。这种套利活动通常涉及在一个金融中心
132 买入股票，再在另一个金融中心卖出，从中获得两个市场的价差。[197]这种套利的成功实施意味着同一种证券至少要在两个金融中心上市，并且必须有非常发达的二级市场以保证迅速的买卖活动，以及信息在两个市场间的传播要足够快。这三个条件从19世纪80年代开始逐渐具备了。

越来越多的证券在至少两个金融中心上市：1873年，美国铁路公司的股票同时在伦敦和阿姆斯特丹上市；1891年，巴西政府债券同时在伦敦和巴黎发行；1892年，阿根廷政府债券同时在伦敦和柏林发行；1914年，全世界的很多电力输送企业同时在伦敦和布鲁塞尔上市——这里举的例子只是伦敦与欧洲其他重要的金融中心之间的联系。但是，伦敦与纽约之间的关系则更为密切。1884年，价值5.71亿英镑的政府债券和铁路公司股票同时在这两个市场发行。到1914年，这个数据增加到20.9亿英镑，这还没有将市政债券和商业及制造业公司股票（如美国钢铁公司）计算在内。大量的证券同时在好几个金融中心进行交易，从而成为真正的国际股票。比如，自从19世纪70年代开始，大量的北美铁路公司同时在纽约、伦敦、柏林、法兰克福、阿姆斯特丹以及巴黎证券交易所上市；随后是那些南美洲的金矿企业，比如兰德矿业（Rand）和中央矿业公司，在欧洲主要的市场上交易；接着是制造业企业，比如诺贝尔炸药公司和美国钢铁公司，这些公司在20世纪初变得非常重要。

同时，不同市场间信息的传播也越来越迅速。尽管如此，这种优势仅仅属于少量拥有国际联系的经纪商。由于套利活动的复杂性，一些公司垄断了这种业务，并且在世界的某些市场或某些领域形成了专业化运作。1909年，在伦敦证券交易所上市的大约1 500家公司中，有262家公司因为

套利活动与其他金融中心的公司发生了联系。它们有着广泛的关系网络：据说，其中有 102 家与欧洲其他金融中心有联系（包括 27 家与巴黎，16 家与阿姆斯特丹和布鲁塞尔，13 家与柏林），有 60 家与北美有联系（包括 39 133
家与纽约）。除了与伦敦的联系之外，很少有人知道它们与其他主要金融中心之间的关系。这可能是因为伦敦是真正的国际金融中心的“中心”，而其他的金融中心就显得小一些或重要性低一些。伦敦是世界四个金融中心信息传播的通道，并且它受益于伦敦证券交易所的规模效应和流动性以及在那里上市的大量外国证券。与巴黎和柏林不同，伦敦证券交易所除了印花税之外很少受政府的干涉，并且其印花税税率也要比纽约或欧洲其他主要金融中心低。它的内部规则，尤其是经纪中介人和经纪人的分离，如果能有效实施的话，将会有效防止跨国套利交易的产生。但是，从实际效果来看，毫无疑问，仅仅由少数公司进行这些套利活动的事实反而使得跨国套利更加方便，而伦敦证券交易所也可以从这种国际交易中获利。

就证券的发行与交易而言，金融中心之间的合作，尤其是在不同的金融中心都有分支机构的银行集团之间的合作，成为了主要的特征。公司之间的竞争主要出现在单个金融市场内部，换句话说，它们相互之间因为在同一市场上谈判或开展业务而形成竞争。就大型的国际业务而言，金融中心之间的竞争，不如由不同的金融中心或国际资本市场上的公司组成的竞争集团和辛迪加之间的竞争激烈。这种竞争在小型银行或新进入者之间更为典型，而大型金融中心的“重要人物”通常尊重彼此在各自地区的地位。

金融中心之间的竞争

尽管金融中心之间的竞争没有法兰西第二帝国时期伦敦与巴黎之间的竞争那么激烈，但是它在一定程度上还是存在的——不过，事实上，更多的是潜在的竞争而不是实打实的竞争。这些竞争主要表现在对某些市场的争夺。一个例子就是，在德国统一之后，柏林试图从伦敦手中夺取一部分票据承兑市场——就像我们已经讲到的，主要是为德国对外贸易融资的票据承兑的市场。同样的企图也出现在纽约，并且在 1913 年联邦储备体系建立之后开始成 134
型。从 20 世纪初开始，伦敦的银行家就开始担心外国证券发行市场会转移到纽约。证券可以在几个市场交易的状态也使得国际金融中心之间的竞争更加激烈：除了套利机会之外，同时在几个市场上市的证券的交易量很有可能主要集中在某一个市场。而且，这种金融中心之间的竞争也没有摆脱民族主义的影响。尽管来自巴黎、柏林和纽约的竞争对伦敦来说不容低估——就像法郎和马克成为了“主要”货币一样——但是，在1914年之前伦敦一直是仅有的真正意义上的全球金融中心。

金融与国际政治

尽管如此，由主要金融中心“导演”的大规模国际金融活动通常并不是单纯的商业活动。在强权竞争时代，这些活动通常受到政治、战略和外交政策的影响。这阻碍了不同金融中心的银行家和金融家之间的合作，或者强化了由国家支持的财团或辛迪加之间的竞争。然而，因为以下两个原因，也出现了一些例外的情形：一个原因是，大的银行家或金融家更趋向于（必须而不是爱好）在联盟或简单的合作框架下工作，尤其是充满外交味道的场合下。另一个原因是，在1914年之前，依赖于经济和金融武器的政治干预很少在一些有摩擦的领域发生。这里主要的例子是土耳其帝国和中国，这两个国家通常被称为“半殖民地”——也就是说，这些国家遭到了各种形式的干涉，并且它们的主权遭到了破坏，但是仍旧保持着形式上的独立。非洲和亚洲其他地区（除日本之外）处于殖民地统治之下。拉丁美洲也受到了各种各样的干涉和控制，但主要是在经济上。

从19世纪90年代开始，资本主义国家对在土耳其和中国的特权的争夺更加激烈了。第一次世界大战前夕，主要资本主义国家通过复杂的谈判，在这两个国家划分了势力范围。同时，它们通过提供大额贷款和获得铁路
135 特权对这些国家进行渗透，并且在这些国家内部建立了各自政府承认的金融机构。在土耳其帝国，巴黎有土耳其帝国银行，柏林有德意志银行，伦敦有土耳其国民银行。

在中国，欧洲列强的利益以印度支那银行、德亚银行和汇丰银行为代表。在这些银行和其他一些银行（如法国的巴黎荷兰银行）的外围是由制造业、商业和金融公司组成的财团。根据具体的商业机会和它们政府采取的政治举措，这些总部在主要金融中心的财团彼此之间相应地保持着竞争与合作关系。

以上这些片断组成了帝国主义时期戏剧性的场景。在思考金融中心之间的关系时，不要忘记了金融利益和政治企图是互相交织在一起的。当然，商人可以被看成是务实的并且热衷于发展自己生意的个人，并不企图操纵政治或意识形态。这里以1889年开始的巴格达铁路建设为例，尽管英国和

法国政府与德国处于敌对状态，但牵头的德意志银行竭力为这项工程进行国际融资，并且吸引了英国和法国资本的共同参与。不管怎么说，法国和德国的合作，尤其是巴黎荷兰银行与德国的合作，以非官方的方式一直持续到了第一次世界大战的爆发。[198]但是同时，金融业的务实主义使它们会尽可能多地利用各自政府的支持，就像 1895 年中国败给日本之后，各帝国主义国家的银行为在中国获得特权所表现出来的复杂的联盟与竞争关系。

银行家的“美好时光”

全球化第一阶段的顶峰时期是在 1900 年至 1914 年——英国的爱德华七世时期和法国的“美好时光”时期——这的确是世界银行和金融业发展的黄金时期。这一部分是由于全球化的经济环境有利于它们的发展，一部分是因为成功地改变了整个 19 世纪社会发展持续的慢节奏。虽然这一时期对每个人来说都是繁荣时期，但是对不同的金融中心的银行家和金融家们来说则有所差别——财富不同、社会地位不同，以及成为国家精英的程度也 *136*
不同。很难相信，这些不同不是由于金融的国际影响，而是由于商业运作的社会文化环境的改变。

财富

这一黄金时期的首要标志就是银行家和金融家拥有的物质财富。在欧洲，他们成为了各自国家最富有的群体。[199]在德国，财富超过 150 万美元（600 万马克）的富人中有 27%是银行家，相比较而言只有 12%是这个国家最具实力的工业家——钢铁制造商，其他类型的商人所占的比例就更少了。[200]不过，德国最富有的银行家们并不都是柏林人。法兰克福尽管已经有所衰退，但它仍然是巨富的港湾，尤其是罗斯切尔德家族的财富的避风港。[201]但是，柏林的银行家最多，而且大银行的职业经理阶层也在柏林——他们中一些人虽然拿着工资，但是却拥有巨额的财富。1913 年，德意志银行的 Arthur Gwinner、柏林贸易银行的 Carl Furstenberg，以及德累斯顿银行的 Eugen Gutmann，每人拥有接近 400 万美元的财富——这些职业经理人的财富超过了柏林很多私人银行家。[202]

在英国，1900 年至 1939 年，去世时财富超过 250 万美元的富人中，银行家和金融家占 20%。[203]虽然很难拿英国与德国做一番比较，但是估计伦敦富有的银行家和金融家要比柏林多得多。[204]伦敦的财富水平也比柏林更高，有 6 位银行家和金融家的财富超过了 1 200 万美元，但是在柏林则一个也没有。这有点奇怪。不过，在伦敦无疑有着更多的商业机会，而柏林则受其他德国金融中心的束缚而发展受限，这一点从法兰克福保留着很高的银行家财富的份额中也可以看出来。

对于法国，没有什么可比较的数据，因为现存的研究文献很少对法国的富人进行清晰地分类。[205]但是，根据 Alain Plessis 的研究，从巴黎聚积的百万富翁和法兰西银行几位董事的巨额财富来看，银行家和金融家在法国百万富翁中也占有重要份额。[206]美国的情况则有所不同，主要是因为其拥
137 有欧洲无法匹敌的财富水平。不管欧洲国家之间的差距如何，富翁们的财富大致在同样的数量级别。但是，在大西洋另一边，20 世纪早期，最富有的人的财富达到了 10 亿美元——这一数据至少是同时期银行最富有的人的财富的 12 倍。虽然与美国最富有的人群相比，美国的银行家的财富要少一些，但财富的绝对额还是很高的。[207]当 Pierpont Morgan 在 1914 年去世的时候，他留下了 8 000 万美元的遗产，以至于 John D. Rochefeller 讲道："想想——他甚至不是一位富有的人。"[208]然而，尽管美国的所有大富豪都产生于工业，甚至比德国还多，但银行家和金融家的精英地位仍然不容忽视——在 1892 年，他们占到了纽约最富有的人的 14%。[209]

社会地位

在所有的金融中心，银行家和金融家都引领了贵族生活方式。他们通常居住在最上流的社区：伦敦的梅费尔区和贝尔塔莱维亚区、巴黎的第八区和第十六区、柏林的泰尔戈登地区、纽约的第五大街。而且，他们中大多数人还在乡下或国外拥有公寓或别墅。成为有声望的俱乐部的成员也是上流社会的标志，尤其是在伦敦、巴黎和纽约。[210]但是在柏林这种情况则要少一些，这里的社会生活不像其他的金融城市那么激烈地划分财富级别。

尽管有这些相似之处，金融精英在他们各自国家的社会地位并不相同。在英国，伦敦的银行家们在整个国家的商业团体中占支配地位；大体上来看，他们比来自英国北部的工业家更富有，并且更接近于政治权力和旧贵

族阶级——与伦敦金融区和工业区的分离相对应的是国家级资产阶级和省级的资产阶级的分离。这种首都与其他地区的分离在法国更加显著，但是不是相应地分成金融区和工业区。工业企业家在巴黎的地位比在伦敦更高——比如，像 Eugene Schneider 或 Francois de Wendel 这些钢铁大王——并且，法国的中上层商业家在巴黎也有一定的地位。

从这个角度来看，纽约与巴黎的共同之处要比柏林与巴黎的共同之处更多。的确，在 19 世纪八九十年代，美国中上层主要集中于纽约，其中银行家和工业家占据优势地位，他们是美国商业精英的主要力量，这一点在纽约尤其具有代表性。而德国的中上层社会在地理上仍然是分隔的。柏林是德意志的金融和政治首都，以及主要的工业中心，尤其是电气工程，但却不是在全国居领先地位的鲁尔商人和工业企业家的首都。柏林除一直受政治的影响外，还受杜塞尔多夫、科隆和埃森（德国城市）等其他金融中 *138*
心的影响。而且，与法国和英国相比，德国的商业精英很少属于上层社会，德国的上层社会受拥有土地的贵族控制。在社会中，德国的商业精英仍旧是一个“孤立”的和“内向”的团体。

主要金融中心的另一个差异是社会文化结构方面的差异，这也部分地解释了伦敦银行家的特权地位：宗教因素。在英国，金融精英们不是宗教上的少数派的成员。大多数英国的银行家是英国国教徒（圣公会信徒）。当然，也有一些是非英国国教徒，主要是贵格会教徒，他们在世界银行家中有很大的影响力。不过，到 20 世纪初，这些人中大部分又转为了英国国教徒。人们通常认为商业银行家主要是外国人和犹太教徒。事实上，在社会或专业领域的最高层并非如此，英格兰银行的董事们很好地说明了这一点。事实上，在 1914 年之前，Alfred de 罗斯切尔德是仅有的进入英格兰银行董事会的犹太人。从小一些的范围来看，日内瓦的私人银行家的地位与他们在伦敦的同行相似——新教徒占大部分，他们与其他宗教少数派没有任何联系，并且，在整个城市的精英阶层中居于领导地位。

在纽约，那些在一流银行中有影响力的人——换句话说，投资银行家——也是新教徒。尽管这些银行中也包括了很多犹太教徒，但是他们通常会被美国佬（Yankee）的圈子排斥。在巴黎的情形则有所不同，从所属宗教派别来看，这里的银行家主要由贵格会教徒和犹太教徒组成。在柏林，银行业高层则主要是犹太教徒，因此在柏林的银行家不可能像英国甚至法国的同行们那样获得精英阶层的支配地位，而传统贵族阶层仍旧是精英的象征。

收益与成本

主要金融中心的国际业务是否仅仅使掌舵的银行家和金融家受益呢？
139 这个问题看起来很老土，但是在本章的结束部分这个问题还是值得探讨一下。对于这个问题，只要考察在“美好时光”时期的银行家的财富情况就可以得出结论。关于这些金融中心的业务产生的利益与成本问题的讨论也是非常重要的。这里主要从两个层面来讨论：国内经济和世界经济。

在现在看来，拥有一个大的国际金融中心对其本国是非常有益的。问题是在1914年之前是否有所不同呢？在当时，一个国家的贸易与金融账户的平衡之间有着密切的联系。就以伦敦为例，英国的政治家和经济领导者非常关心伦敦的金融业务和其他城市（像利物浦或格拉斯哥）的金融业务带来的收益在维护英国收支平衡方面有怎样的重要性。事实上，商业服务、保险和商船运输中取得的收入平衡了传统贸易的赤字，货物和服务收支的平衡在第一次世界大战前夕是很稳定的[211]。英国从海外投资获得了大量的收益和分红，在20世纪初超过了1亿英镑，这使得英国的经常账户表现为盈余，这些收益成为英国对外投资的资金来源。但是也有些人认为，这些资金的外流不利于本国经济的增长。[212]

在法国，同样的忧虑在19世纪初的Lysis和Testis的争论中更加明显。Lysis——新闻记者Eugene Letailleur的假名——批评银行偏爱的对外投资不仅具有风险，而且将资金从国内工业转移了出去；Testis——很可能是Alexis Rostand的假名，他是巴黎国家贴现银行的行长——则为对外投资辩护，强调国外有更高的利润率，资本输出对货物出口有正面效应[213]，以及国家可以从中获得外交利益。[214]

不过，最新的研究表明资本输出基本上没有影响金融中心所在国的经济发展。但是，对外围地区的影响是否也是这样呢？总的来看，作为国际金融中心存在的作用之一，资本的流动毫无疑问地对经济的发展起到了积极作用。当然，在不同的时期，因地区和国家的不同也存在着很大的差异。政府借款通常不仅仅用于生产性领域，还用于军费开支，甚至是偿还以前的债务。主要金融中心的银行家和金融家常常“逼迫”弱小的国家借贷超过其需求的资金。然而，这些国家因此取得了巨大成就也是事实，尤其是
140 在基础设施方面：铁路、公路、码头、机场、发电厂和城市发展。这些成

就使得自然资源得到开采和利用，从而刺激了经济的增长，而只有外国资本才能确保这些事情的成功。

但是，金融中心开展业务的成本如何呢？从严格的金融角度来看，一笔业务的成本是与市场上相关风险联系在一起的——每个金融中心都会尽量估计其面临的风险。银行有它们自己的分析部门，例如，法国里昂信贷银行是最先设立金融研究部门的银行之一，其专门的金融研究部门建立于 1871 年。[215]金融媒体和专业的出版机构（比如，Fenn's Compendium）每年都会在伦敦发布它们的估计报告。不过当时的标准与现在使用的不完全一样：金本位制国家的借款被认为是有着良好保障[216]，英联邦成员也能获得优待。[217]但是，从 19 世纪 90 年代开始，一个国家能够承担的债务水平主要基于其预算来评估——更精确的是通过其每年支付的债务成本与其每年的税收收入的比值来衡量。这个比值越大，风险越高，对其收取的贷款利率也就越高。从长期来看，那些曾经违约过的国家的借款利率要高一些，即使其经济重新调整了之后也还是如此。[218]这看起来明显有些“残忍”，并且趋向于低估了市场的客观评价，但从整体来看这是正确的。土耳其从国际资本市场上借款的成本要比阿根廷和俄国高，甚至比澳大利亚和日本也要高。

尽管如此，负债也可以有另外一个价格——尽管从金融角度很难衡量。那么这在英国和法国两个主要的资本输出国家是否同时存在呢，其他的殖民帝国又是否存在呢？这个问题不仅受到当时人的关注，而且是几代人对帝国主义争论的核心。在 1902 年出版的一本著名的书籍《对帝国主义的研究》中，英国自由主义经济学家 John A. Hobson 第一个试图提出并对帝国主义给出一个深刻的解释，但更多的是对英国帝国主义，从伦敦维护金融利益中的核心地位来研究的。受德国经济学家 Rudolf Hilferding 在金融利益方面的作品的启发，列宁将帝国主义描述为资本主义的最后阶段——在这一阶段，从大的资本主义国家的划分开始，殖民帝国对全世界的划分会持续下去。在过去的 20 年里，这些理论丧失了大部分的意义，到了今天，对积聚到伦敦、巴黎或柏林的金融利益是否是那个时代帝国主义的推动力 141
量已经没有了争论。但是那些鼓吹政治优于经济的人所支持的传统观点——也就是说，在帝国主义国家之间的竞争处于顶峰时期，从 19 世纪 80 年代开始，帝国主义国家获得的殖民地、所吸收的对外投资只占很小的一部分——这种观点也是一些老生常谈。今天的人更多的关注点是在贷款发放的复杂性，尤其是正式帝国与非正式统治之间的性质区别，或政治与金融利益的交织，这很难分离出来或排出一个优先顺序。例如，考虑建立于1880年的土耳其公共债务管理局，它直接管理部分土耳其政府的收入；或1882年英国军队对埃及的占领，对这一行动的首要动机有很多的争论——保护债券持有人还是保护通往印度的通道？另外还有围绕着拉丁美洲地区的经济殖民的争论。就伦敦而言，它在金融圈操纵政治中的作用长期被伦敦或英国的经济、社会、政治和外交低估。P. J. Cain 和 A. G. Hopkins 用“绅士帝国主义”这一概念来概括，金融家成为了英国海外扩张的重要推动力量。[219]

帝国主义是全球化第一阶段的主要特征，主要的金融中心都参与了其中。首先，因为殖民地区的经济在帝国主义经济中的部分作用——正如我们所见，这部分作用的大小随着地区和业务的不同而变动，但是绝非无关紧要。其次，因为金融中心的民族主义性质，从而表现出对其政府扩张性政策的支持，这种支持有时是非常关键的，并且它们的价值体系深深地扎根于那个时代的帝国主义文化。费兰德·罗斯切尔德说：“为英国国旗插上每个岛屿而欢呼，为插上喜马拉雅山的每个峭壁而喝彩，以及为其插上亚洲的每座尖塔而喜悦……”[220]当1899年10月布尔战争爆发时，伦敦证券交易所的每个会员都粗暴地示范了国家主义。[221]

这种当时对主流的国家主义的忠诚的波动状况，并不是说商人推动了战后对国际金融中心运转的“车轮”。相反，是和平时期的贸易、银行和金融服务而不是战争，推动了国际金融中心的进步。金融界人士并没有真正
142 地屈服于国家主义或帝国主义，这不是因为战争的风险或对和平的祈求，而是为了他们业务的繁荣。这很大程度上解释了为什么1910年出版的自由记者 Norman Angell 的书《巨大的错觉》获得了那么大的成功。Angell 认为欧洲国家对经济和金融已经变得如此依赖，以至于战争可能毁掉任何胜利者或征服者。一个征服者伤害了其对手的经济和金融利益，反过来也伤害了它自己。虽然也有一些获利的希望，但是银行家和金融家至少是对战争的风险认识得最清楚的人。“战争仍有可能发生”[222]，伦敦银行家协会的主席弗雷德里克·杰克逊，在1912年1月的一场 Angell 书籍的讨论活动中如此说道。当战争在1914年8月爆发的时候，银行家和金融家总体上是反对的。但是，无能为力！这并不由他们来决定——即使他们反对，他们仍旧会支持他们的政府，并且准备接受它。

第4章　战争与萧条（1914—1945年）

1914年8月4日，英国向德国宣战这天，巴林兄弟银行的合伙人之一，加斯帕德·法雷尔（Gaspard Farrer）在一封信中写道：“没有什么比亲眼看到我们几代人辛苦建立起来的信贷大厦如何在一夜间分崩离析更加让人心痛的事情了。”[1]当时，这种观点在各大国际金融中心获得了共识。然而，很少有人会料到这次宣战将很快演变成后来广为人知的第一次世界大战。从这方面讲，法雷尔的看法虽然充分显示了典型银行家的短视却也不乏难得的预见性。就在伦敦金融城突然间被各种危机笼罩的同时，他预感这次危机的规模可能完全不同于以往——这将是“一个时代的终结”或者“一个经济秩序向另一个经济秩序的转变”。 143

这段被著名的近代历史学家艾瑞克·霍布

斯邦（Eric Hobsbawm）称之为“灾难时代”的时期对国际金融中心的发展过程有着深刻的影响。[2]两次世界大战以及20世纪最严重的经济危机的确给世界的经济和政治秩序带来了巨大的变化，其中最重要的就是世界领导权从英国转移到了美国。这不可避免地对华尔街与金融城之间的权利斗争产生了影响。各个国际金融中心也同样被反复无常的国际货币体系所影响，金本位制在战争期间一度中断，虽然战后艰难地进行了恢复，但在30年代早期又再度崩溃。另一个重要的变化与欧洲大陆有关。德国的崛起暂时得到了遏制，而法国得到了绝好的发展机遇，其强劲的成长势头直到“大萧条”以及1940年法国战败并被占领后才逐渐减缓。从金融中心的角度看，这场战争造成了柏林在20世纪20年代甚至30年代的衰退以及1945年德国战败后的没落。直到30年代早期，巴黎还一直扮演着重要的角色，但随后
144 它也经历了长久的衰落。与此同时，处在像荷兰和瑞士这样的中立小国的金融中心，在这段货币和政治危机频发的时期，正变得越来越重要。

值得注意的是，这些变化是渐进的，花了近三十年的时间才得以最终完成。纽约并不是在一夜间就接替了伦敦成为了世界金融中心。在战争期间，金融城在很多方面仍然保持它第一的位置，英镑作为主要的交易和储备货币直至1945年以后才被美元所取代。大的经济体仍然发挥着重要作用，即使德国那时已成为一个资本输入国，柏林仍然是一个非常活跃的金融中心，直至它的独裁政权被苏联击败。20世纪20年代的阿姆斯特丹和第二次世界大战中的苏黎世的重要性，都可以归功于与德国的经济和金融往来。世界水平的变化非常缓慢，当然不能说没有。某些能在主要工业上与老牌发达国家竞争的国家，尤其是日本，并没有产生新的真正具有国际规模的金融中心。

然而，金融中心的排列顺序尽管重要，却不是当时人们最关注的事情。从政治的角度看，这个时期被极权统治笼罩，金融中心当然也不例外。从经济的角度看，1914年8月全球化进程的第一阶段在世界范围内被叫停，甚至开启了一个全面后退的时代。人们幻想重新建立战前秩序的念头贯穿了整个20世纪20年代，这种想法瞬间便被“大萧条”击倒至完全破灭。象征性的转折点是英镑的贬值和英国在1931年9月宣布放弃金本位制。各个国际金融中心的活动都受到了第一次世界大战的严重影响，国际贸易大幅减少甚至停止，外汇管制以及其他一些遏制资本流动的措施如竞争性贬值、保护主义政策和战争威胁等被使用。而最终，就是发生了第二次世界大战

这样的剧变。

第一次世界大战

国际金融中心在和平年代蓬勃发展，但在战争年代却不会。的确，对多数银行家和金融家来说，战争就意味着业务量的明显减少。这要归因于 145
国家间的商品、服务和资本贸易的中断，以及政府对经济和金融事务越来越多的干预。战争期间政府更喜欢向公司提供预付款或者直接向储蓄者借款，因此，大量传统上由银行提供的服务变得多余，像商业信贷或辛迪加发行等。

危机管理

从1914年7月末至8月初，越来越多的有关战争即将爆发的流言和随后的敌对行动使得所有的金融中心都陷入了深深的危机。证券交易所被关闭，利率疯狂上涨，人们从银行大量提款，而银行要求偿还的贷款却得不到任何回应，这一切不断地预示着将可能发生一系列的银行破产并将最终导致整个信贷体系的瘫痪。在当时已经没有人认为市场还能维持的情况下，金融中心除了采取寻求政府干预这样的特别措施以外，没有任何其他的办法可以重新恢复市场的秩序。

作为世界的金融中心，伦敦金融城受到的影响最大。它所面临的问题简单而凶险，总额为3.5亿英镑的票据在伦敦的贴现市场上流通，而当它们到期时——换句话讲，3个月内——就要兑现。然而由于战争的爆发，超过三分之一的汇款由于其出票人在那时已经处于敌对阵营而不肯支付。这就要求承兑人对持票人持有的票据进行兑现。但是商业银行没有办法做到这一点：它们自身的资金一共只有2 000万英镑，而它们对澳大利亚和德国的公司所承担的义务大约在6 000万～7 000万英镑之间。另外，它们对俄国公司承担的义务也差不多，而此时英国和俄国的正常贸易关系已经被完全切断。对于这部分金额，证券交易所的会员们一共向金融机构借了1亿英镑，其中80%借自银行，另外总计2 500万英镑的银行贷款则用股票进行担保。[3]但随着股票价格的下降，需要卖出更多的股票来偿还贷款，这使得一些银行面临破产的危机，并触发了一系列的连锁反应。作为欧洲当时最后一家仍然开市的证券交易所，伦敦证券交易所在 1914 年 7 月 31 日停止了交易，直到 1915 年 1 月 4 日才重新开张。

146 金融城的信贷体系已经到了崩溃的边缘。作为整个信用大厦的基础，商业银行所拥有的巨额资产面临着被冻结的危险。正如后来凯恩斯所讲的那样，惊慌失措的管理者对如何消除伦敦城的恐慌情绪几乎毫无办法。[4]灾难最终得以避免完全归功于英格兰银行、商业银行体系和英国政府的联合干预。还有一些其他的措施配套使用：1914 年 8 月 2 日颁布允许贷款延期偿还的法令，与此同时，中央银行获得了足以保持整个系统正常运行的流动性资产。

巴黎证券交易所的银行贷款总额达到 6.25 亿法郎，其中 4 亿法郎以结转交易形式存在。面对这样的情况，巴黎采取了与伦敦类似的措施。1914 年 7 月 29 日，巴黎证券交易所推迟了与财政部的例行月度结算。7 月 31 日，政府宣布商业存款的到期日和保护期将被延长。8 月 1 日，它又批准面临挤兑的银行可以限制储蓄账户和存款账户的提款行为。这种支付几近中止的现象直到年末才渐渐好转。[5]同时，柏林也处于一片恐慌之中。直线下落的股价使得证券交易所在 7 月 30 日关闭，银行则减少了大约 20%的存款。另一方面，和伦敦、巴黎有所不同的是，德国国家银行没有采用延缓支付的政策，这一点正是它当时的主席 Rudolf von Havenstein 引以为豪的地方。取而代之的是，这些银行的领导人建立了一个贷款办公室来为有困难的银行提供流动性支持。这种权宜之计最终的效果就是导致了严重的高通胀。[6]

中立国家也不能幸免。除日内瓦的债券交易早在 1914 年 8 月 20 日恢复正常外，瑞士证券交易所直到 1916 年中期才恢复营业。瑞士联邦在 7 月 30 日停止了货币的兑换，并在 8 月 2 日正式实施了延期支付政策。同时中央银行限制储蓄账户和存款账户的提款金额分别为 200 法郎和 50 法郎。和法国一样，美国商业存款的有效期和保护期被延后到 9 月底。华尔街也没能避免恐慌。随着对美国证券潮涌般的抛售以及银行和经纪商面临的日益增加的困难，纽约证券交易所在 1914 年 7 月 31 日停止营业，就在伦敦证券交易所关门大吉的几个小时后。美国的债务也引起了人们对它的偿付能力的焦虑，并导致了美元在战争的第一个月就贬值了约 1%。这在当时是相当引人注目的。

147 在所有的金融中心里，金融交易的参与者不得不面对新的情况。作为 1914 年前国际信用体系的基础，金融城的商业银行受到了这次危机最直接的影响——交易所的承兑票据业务和伦敦的外债发行在战争爆发后几乎完全停止。1914 年 8 月 5 日，21 家最主要的银行[7]集聚一堂商讨当前的形势，并最终得出结论：它们必须和英格兰银行进行合作。这导致了日后金融城最有影响力的机构之一票据承兑商行协会（Accepting Houses Committee）的成立。协议最终在 8 月 13 日达成，英格兰银行承诺它将在财政部的支持下对 8 月 4 日前的所有汇票进行贴现。此外，英格兰银行还将以高于官方贴现率 2%的价格借出一定的资金，用来帮助那些偿付到期票据有困难的银行。

尽管这些措施无可否认地挽救了贴现市场，但各个商业银行从中获得的收益大不相同。如果将巴林兄弟这样一家业务主要在美国和远东地区的公司，和施罗德这样一家与德国和欧洲大陆紧密相连的公司进行比较，结果将出现非常惊人的差异。前者在 1914 年到 1918 年间提供的承兑汇票年均低于 500 万英镑，而它在战争发生的前五年内年平均为约 700 万英镑[8]——总的来说，减少有限；另一方面，对于施罗德公司来说，作为与克莱沃特齐名的世界最大的两家承兑公司之一，战争所带来的后果却是灾难性的。承兑票据的总额从 1913 年的 1 170 万英镑降到了 1918 年的 130 万英镑，在 1917 年甚至一度到达了最低点 63.4 万英镑。平均营业利润也从 1905—1913 年的 31.5 万英镑下降到了战争期间的 9 000 英镑。[9]

资金流

尽管票据承兑市场随后得到了恢复，但外债发行仍然被英国政府禁止或限制。不过，国家间的资本流动在战争期间并没有停止过。1914—1918 年，总额将近 40 亿英镑（或者 194 亿美元）的债务在协约国之间产生。这个金额相当于英国在战前所拥有的所有国外资产的总和。最主要的两个债权国是美国（92 亿美元）和英国（85 亿美元），法国相对要少得多（1 亿美 148
元）。在战争期间，只有美国没有对外债务。英国和法国都不得不分别向美国贷款 42 亿美元和 27 亿美元，法国同时还向英国借了差不多相同数额的贷款，大约 25 亿美元。其他的同盟国只是贷款：意大利向英国和美国借了 51 亿美元；俄国也借了 40 亿美元，其中主要是借自英国，然后是法国，从其他一些小国家借款大约 15 亿美元。小的中立国在这方面作出的贡献非常有限。比如说，瑞士提供的信贷仅仅只有 1.7 亿美元。

不论这些同盟国间的债务是如何产生的，由于它们大部分是政府之间直接签订的，所以对激活国际金融中心间的信贷转移机制所起的作用很小。举例说，法国向美国政府借了 29 亿美元而只向美国的银行借了 3.36 亿美元，向英国政府借了 21 亿美元而只向英国的银行（包括英格兰银行）借了 6.25 亿美元。[10]只有少数中介机构和特许的合伙人才能参与到这些业务中来，其中多数来自纽约和伦敦，在那里他们可以继续运用他们的专业知识和关系网络。从这个角度看，第一次世界大战标志着罗斯切尔德公司在政府贷款上霸权统治地位的终结。这种霸权地位在 20 世纪初就曾引起人们的广泛争议[11]，它的衰落首先是因为它在作为战争原动力的美国的表现非常让人失望。[12]美国迅速成为了同盟国的资助者，除了德国投资银行的几家分行之外，德国在美国的资本市场几乎已经没有任何影响力。华尔街的绝大多数银行家和金融家都偏向于同盟国。1915 年“潜艇战争”发生后，公众的反德情绪更是高涨。1914 年到 1917 年，只有 3 500 万美元的贷款是为了同盟国的利益而在纽约发行的。[13]

有一家银行在这些业务中占据着绝对的优势地位：J. P. 摩根公司。1915 年 10 月，这家当时还是私有的纽约大银行就接手了一笔价值 5 亿美元的英法贷款的辛迪加发行业务。这是它有史以来发行金额最大的一次。当时一部分的民众不愿意购买，而另一部分民众则因为支持德国而公开反对
149 此笔业务，所以销售情况非常不好。尽管由 61 家银行和其他的金融公司组成的辛迪加发行团作出了巨大的努力，但债券还是未能被全部认购。但这并没能阻止 J. P. 摩根公司在 1916 年和 1917 年继续为英国发行四次总额达 9.5 亿美元的贷款。J. P. 摩根公司的另一个可能更为重要的角色是作为英国和法国在美国的代表。1915 年 1 月，英国甚至中止了和“战争办公室”的合作，英国海军部开始和国内及国外的供应商商谈军需品的购买。由于当时对美国产品的需求规模非常大，因此找到一个既具有必要的专业知识又能够及时联系得上的代理人就非常重要。J. P. 摩根公司获得了英国政府的青睐并被委以购买商品的重任。作为回报，它获得了英国政府的最优惠条款——商品价格总额在 1 000 万英镑内的佣金为 2%，超过的部分为 1%。[14]这些交易在协议签署时就有大约上亿美元的规模，最终将达到 30 亿美元。[15]J. P. 摩根公司赚了大约 3 000 万美元。但是随着美国在 1917 年加入了战争并开始直接贷款给伦敦，情况就改变了。另外，从 1917 年 8 月开始，原先的采购权也被英国驻美国战争委员会接管。尽管如此，J. P. 摩根公司仍然是英国政府的金融顾问。

集团在伦敦的代表摩根·格林菲尔公司（Morgan Grenfell & Co.）在金融城扮演着英国政府和纽约银行之间的中介角色。这个角色被证实是非常有利可图的。[16]同样，巴林兄弟公司作为彼得格勒（圣彼得堡的旧称）在伦敦的官方代理甚至获得了更高的利润。[17]在这个位置上，它参与了英国政府为支持俄国继续战争而进行的多次贷款协商。巴林兄弟公司向俄国政府提供了一笔数额相当大的预付款（由英国政府所担保[18]），并在外汇市场上积极配合稳定卢布的干预活动。[19]最让人觉得不可思议的就是，巴林兄弟公司的巨额利润竟然主要来自于同盟国中最弱小的俄国的业务，尽管苏联后来在俄国的战争债务上违约，但这家金融城的老牌公司也没有因此造成什么大的影响。

商业生活的转变

除了放弃金本位制之外（不管是在理论上还是实际上），各个金融中心在战争爆发期间所采取的非常措施都逐渐被取消了。然而正如人们想象的 150
那样，商业生活并没有恢复到正常状态。战争年代最显著的特征莫过于大量的人员奔赴前线以及随后大量的人员伤亡。这不仅仅是影响到了银行的雇员，更是关乎整个银行业继承人的大问题。以米德兰银行（Midland Bank）为例，1914 年其正式职员有 5 000 多名，有 4 000 名男职员曾在战争期间被武装动员，其中 717 人在战争中丧生。[20]由于职员奔赴前线而导致的诸如新员工的招聘和培训上的难题是里昂信贷（Lyonnais Credit）这样的银行亟须解决的——至 1916 年底，里昂信贷银行不得不关闭 400 多家分支机构中的 76 家[21]，其中包括巴黎的 24 家。像其他的经济活动一样，女人们迅速填补了金融部门中因为男人被武装动员而留下的空缺。还是以米德兰银行举例，这家在 1907 年以前从未雇用过任何一名女职员的银行，在 1915 年早期，女职员的人数已经达到了 350 人，三年后更是达到了 3 600 人。[22]

在金融领域最重要的转变就是为国家进行融资。当时德国、法国和英国的大银行所持有的资产主要由国库券和相似的股票所组成。[23]在各大证券交易所，政府债券重新获得了它们在全球化第一阶段过程中获得过的地位。在 1920 年的伦敦证券交易所，政府债券占所有上市证券的比例超过了 30%，而这个比例在 1913 年才仅为 11.5%。[24]股票市场的交易活动完全是被人为破坏的——要么是对市场实施各种限制措施，比如伦敦禁止套利活动；要么就是像柏林那样直接将市场关闭（柏林的证券交易所只在 1917 年营业过）。在此期间，证券只能在银行间私下买卖。[25]

尽管战争对所有的金融中心而言都是一场严酷的考验，但它们所受的影响并不尽相同。商业从整体上讲必然是趋向萧条，但新的机遇还是会在某些领域开始出现，例如外汇交易；一个金融中心也可以以另外一个金融中心为代价赢得市场份额，例如承兑或发行业务。这些变化以及它们的中期和长期影响在战争期间并不是能够完全被察觉的，尤其是直到1918年夏天战争的结果才明朗化。就像柏林的衰落直至德国战败后才真正开始。那些在1914年前曾一度统治市场的大银行，在战争期间通过德国的贷款不断扩张它们的实力以及在中欧和土耳其帝国的国际业务。德意志银行（Deutsch Bank）和贴现公司（Disconto-Gesellschaft）在保加利亚的贷款业务上进行了异常激烈的竞争。而与此同时，德意志银行还参与了非常冒险
151 的巴格达铁路的建设。另一方面，巴黎在战争期间遭受的损失要大得多，直至20世纪20年代才缓过来：不仅是法国的部分领土被德国占领，而且巴黎专长的外债发行业务也遭到了中止。为了给战争融资，它不得不将法兰西银行所持有的部分黄金进行投资并卖掉大量的国外资产。同时，1917年发生的俄国革命更是给法国投资者持有的国外资产带来了巨大的损失。[26]

由于世界经济秩序的混乱，伦敦金融城在所有的金融中心中损失最为惨重。正如大卫·凯纳斯顿（David Kynaston）所写下的，这场战争是“金融城有史以来所遇到的最大的灾难”[27]。而金融城的确在和纽约金融中心的斗争中失去了往日的光辉。英国为了给战争融资卖出了30亿美元的美国股票。同时，外汇管制使英镑的使用变得越来越不方便，金融城将整个国际贸易融资市场拱手让给了纽约。美元标价的汇票逐渐取代了英镑标价的汇票，这种现象不仅在美国的外贸交易中存在，在其他的欧洲国家、拉丁美洲国家和远东国家的贸易中也是如此。从1917年4月开始，总额超过200亿美元的四次“自由贷款”和一次“胜利贷款”的发行增强了华尔街在全国范围内的融资能力。20世纪20年代的成功及随后的失败，华尔街是“成也萧何，败也萧何”。

战争的其他受益者还有那些小的中立国的金融中心，这其中首推瑞士和荷兰。瑞士在战争期间的确也遇到了一些困难，因为它依赖于其他国家，所以它在面对协约国或同盟国的要求时实际上丧失了很大的自主权。不过，瑞士银行在苏黎世和日内瓦的外汇业务中充分显示了由于国家中立而带来的竞争优势。最重要的是，这些外汇交易为日后瑞士金融中心的专长——

服务国外资金奠定了基础，尽管我们难以量化其作用的程度。大的瑞士银行的资产从1914年到1919年几乎翻了一倍，从200万法郎增长到了38亿法郎。但是这种增长几乎完全是由当时国内的通货膨胀引起的。在战后政治和经济发生混乱的时期以及20世纪20年代末的大危机发生前，资本流入的规模并没有开始真正的增长。

腾飞的20年代

大规模的战争极大地影响了各个国际金融中心的命运。和法国战争或者第二次世界大战一样，第一次世界大战也不例外。不过，至少从中期来看，第一次世界大战带来的变化与另外两次战争相比似乎没那么剧烈。1945年以后，直到所谓的“20世纪的‘三十年战争’”结束的时候，国际秩序才开始最根本的改变。[28]事实上，1919年的世界经济形势已经完全不同于四五年前的情况，战争所带来的变化常常是不稳定的根源，尽管当时急于重建战前秩序的人们没有完全意识到这一点。 152

战争的遗产

第一个不同之处是关于各个国家的融资能力以及主要的金融中心的。最大的胜利者是美国。它在短短几年内从一个债务国变成了债权国，从1913年有超过30亿美元的净负债变为1919年拥有45亿美元的净资产。至于欧洲，它已不再是世界的银行。英国、法国和德国损失的国外投资超过了三分之一，大约120亿美元。但三个国家间的差异是很显著的。德国几乎损失了全部的国外资产；法国损失了大部分，约四分之三的欧洲资产，以俄国的为主；英国只损失了很小的一部分，主要是它在战争中被迫卖出的30亿美元的美国股票。[29]此外，重新建立外国股票的投资组合非常困难。德国由于战争赔款的原因变成了一个资本输入大国。直到1926年，法国因为法郎的疲软、资本外逃和战后重建等原因，一蹶不振的经济才有所好转。而随着本国主要的工业失去竞争力，英国也发现重新获得昔日的长期资本输出国的地位变得越来越困难。

第二个主要的区别与国际货币体系有关。19世纪80年代建立起来的金本位制度在战争发生初期就停止了运行。法国和德国开战后就正式宣布中

153 止了本国货币与黄金的兑换，而英国官方没有这样做，因为包括凯恩斯在内的一些人相信，放弃金本位制将有损伦敦作为国际金融中心的威望。美国在加入战争后也仍然保持着美元的可兑换性，尽管这实际操作起来非常困难。从 1914 年到 1918 年，主要货币的汇率在美国贷款的支持下一直保持稳定。从 1915 开始，英镑和美元挂钩，而法郎则和英镑挂钩。这种稳定的状态到 1919 年 3 月终止了。美国贷款的终结开启了浮动汇率的新时代。

然而，恢复金本位制遇到了无数的障碍。美国是自 1919 年来第一个恢复本国货币和黄金可兑换性的国家，但是要重新回到战前的平价关系却非常困难。通货膨胀在所有的交战国和中立国都非常严重，但各个国家的情况并不一样。[30]在努力控制通货膨胀的国家（美国、英国和前中立国）、实现通胀政策的战胜国家（法国和比利时）以及发生恶性通货膨胀的战败国家（德国和奥地利）[31]之间，这种差异变得越来越显著。从 1924 年到 1926 年，金本位制实际上得到了恢复，这要归因于欧洲的主要金融中心在 20 年代前半期所作出的巨大努力。

货币制度的混乱状况因为战争赔款和战争债务（影响程度与前者相比要小得多）的问题变得更加复杂。《凡尔赛条约》将战争的责任归因于德国并对它强加了沉重的战争赔款。赔款委员会在 1921 年 4 月将赔款金额定为 1 320 亿金马克。这相当于德国当时 GDP 的三倍。从 1922 年 1 月开始后的 42 年内，德国每年必须支付 20 亿金马克以及全部出口额的 26%。德国一开始接受了这个安排，虽然很不情愿，但在年末它就宣布没办法支付 1922 年 1 月的款项，并要求缩减赔款的金额。作为对德国延迟付款（尤其是对其以物抵债的煤矿的输送延迟）的回应，西班牙和比利时的军队在 1923 年 1 月占领了鲁尔。但是这次行动引起了民众的强烈抗议，并引起了德国不断上升的通货膨胀，它没有得到任何好的结果。

“道威斯计划”（Dawes Plan）似乎是一个解决办法。[32]这项在 1924 年 9 月生效的计划对赔款的支付过程进行了重新安排：每年支付 10 亿金马克直
154 至 1928 年；之后，每年支付 25 亿金马克。这个计划由一笔价值 8 亿德国马克的国际美元贷款——“道威斯贷款”进行担保，贷款的发行在 J. P. 摩根公司的管理下同时在几个金融中心进行。它使得德国马克开始稳定，并且让德国民众对恢复国内经济重拾了信心。这个计划在随后的几年内看似实施得不错。德国每次都按时支付款项并且到 1930 年为止它已经多支付了超过 100 亿金马克，这是它大量地向海外（主要是美国）贷款的结果。贷款的

总额估计是在 250 亿～300 亿金马克之间。一旦这些流入德国的外国资金发生中断，整个计划将很可能停止运行。

对德国的赔款要求是不正常的，还是符合实际的？这个问题在当代人和历史学家中间引起了激烈的讨论。凯恩斯在他 1919 年出版的名著《和平的经济后果》（*Economic Consequences of the Peace*）一书中，首先反对对德国的赔款要求。他认为过多的赔款对战胜国并没有好处，因为压垮德国将对欧洲其他国家的繁荣造成影响。其他人则认为，从国家收入以及出口能力的角度看，德国完全有能力偿付所要求的赔款，尤其是在资本流入量远远高于资本流出量（包括赔款在内）的情况下。第一种观点完全低估了那些饱尝战争之苦的国家的人民的意见以及他们潜在的希望德国补偿的意愿，而第二种观点又恰恰低估了德国人对战争赔款的反感以及他们内心对为了支付赔款而缴纳更多税收的抵触。不管怎样，战争赔款在 20 世纪 20 年代的资本流动中起着非常关键的作用，并因此对各个国际金融中心的结构和功能产生了直接的影响，首先就是纽约。

纽约的崛起

随着战争接近尾声，纽约看似已准备好从伦敦的手中接过世界金融中心的火炬。不仅美国的外贸融资脱离了伦敦的控制，而且美元的承兑业务也对英镑构成了强大的威胁。另外，在战争期间得到快速扩张的美国商业船队还促使了相应的海洋保险业的发展（到 1920 年大约有一半的美国货物是用本土船只运输的）。最后，1919 年通过的《艾奇法案》（Edge Act）批准了国民银行可以通过建立合资公司来发展它们的国际业务，于是它们开始了疯狂的海外扩张——美国银行在海外的分支机构从 1913 年的 26 个增长 155
到了 1920 年的 181 个。[33]当然，美国在海外发放了很多的贷款。然而友好的表示有时并不会得到好的回应。美国的银行在遭受了一些惨重的损失后开始撤回到自己的国家。到 1925 年时，它们在国外的分支机构降到了 107 个。同时，商业船队的扩张也停了下来。美国因此又要开始依赖国外的运输公司了。[34]

承兑票据与外债发行。承兑票据业务之所以取得持久的成功，一部分要归功于 1913 年建立的联邦储备体系法令。这个法令允许国民银行进行外汇支票的承兑业务。另外，良好的国际环境，在 1919 年成立的美国承兑委员会以及两年后成立的国际承兑银行都大大地促进了承兑票据业务的快速发展。[35]承兑票据的数量从1916年的2.5亿美元增长到了1920年的10亿美元，并在1929年达到了最高点17亿美元——其中75%以上和国际贸易有关。[36]尽管有了很大的发展，但纽约并没有代替伦敦成为外贸交易融资的首选地。实际上，伦敦从1921年开始就收复了大量战争中的“失地”。英国的国际承兑票据业务在1929年达到了18亿美元。[37]看来，纽约和伦敦在这个关键领域正并驾齐驱，实际上这只是数字的误导。纽约的承兑票据很大一部分只是单纯的融资票据（为了弥补美国对中欧国家，尤其是德国的贷款的减少），它们和实际的商业贸易没有任何关系。[38]承兑票据业务的发展也没有在纽约产生一个真正的贴现市场，美国的银行对这些票据的需求仍然很低。在美国，货币市场继续被20世纪后半期迅速扩大的经纪人贷款主宰。

使纽约进入顶级国际金融中心行列的是资本输出。这多亏了美国民众重新燃起的对外国股票的热情、美国国内充足的储蓄存款以及东海岸的投资银行具有的丰富专业知识和关系网络。美国的这种投资能力大大超过了英国，因此在20年代后半期，在纽约发行的外债比伦敦多了50%。[39]这些国外投资主要流向了欧洲（41%），然后是加拿大（25%）、拉丁美洲
156 （22%）和亚洲（12%）。从1920年到1929年发行的外债中，有超过95%是以公债的形式发行的。

金融结构。在华尔街，大规模的国际金融业务仍然是投资银行和大银行的专利。最大的区别是它们现在更多的是作为美国储蓄者和外国债务人的中介，而不再是欧洲投资者和美国公司的中介。毫无疑问，20世纪20年代是J. P. 摩根公司的巅峰。它当时仍然是美国（也可能是全世界）最大的私人银行，在1929年总资产达到6.8亿美元，换句话说，相当于金融城最大的商业银行资产的四倍。当然不可否认的是，它在机构的规模上要远远小于商业银行。从1919年到1933年，这家美国的顶级投资银行通过和其他公司的合作一共向市场发行了价值60多亿美元的股票，包括20亿美元的外国证券。另外，它和伦敦的摩根·格伦菲尔公司以及巴黎的摩根·哈杰斯公司（Morgan Harjes）之间的紧密关系保证了它在国际业务上的一流表现。除了它惊人的交易量之外，J. P. 摩根公司的地位还和它处在世界经济与政治中枢的地理位置有关，尤其是在20年代参与的金融外交领域中。

其他1914年前成立的大型私人银行，像库恩-洛布公司，基德尔·皮博迪公司，李·希金森公司等，在国际发行业务上仍然有很大的影响力。在国内业务上，它们强烈地感受到了来自新进入者的竞争压力，像芝加哥的

Halsey Stuart & Co.，圣弗朗西斯科的 Blyth & Co.，这些公司能够动员全国范围内的中等收入投资者。由于在铁路业务上的突出表现，库恩-洛布公司仍然保持着第二的位置。它在 1929 年时资产超过 1.2 亿美元，相当于伦敦的巴林兄弟公司或者施罗德公司的规模。1921 年成立的 Dillon Read & Co. 在德国公司的发行业务上非常活跃。从 1926 年到 1928 年[40]，它为钢铁巨人联合钢铁公司（Vereinigte Stahlwerke）发行了 1 亿美元的证券。国民银行一方面继续着战争前已有的业务，另一方面更多地参与到国际业务中去。领头羊仍是纽约国民城市银行（National City Bank of New York）。通过子公司国民城市公司，它参与了从 1921 年到 1929 年在美国发行的所有外债业务中的三分之一。在查尔斯·米歇尔（Charles Mitchell）的领导下，它成为了所有国民银行中几乎最"全能"的银行——提供一系列完整的服务，包括大规模证券的发行和承销。[41]作为第一家资产超过 20 亿美元的美国银行（American Bank），它在 1929 年几乎追上了国民城市银行，但国民城市银行仍然是世界上最大的银行。 157

纽约联邦储备银行的职责很好地反映了美国金融资本的新地位。本杰明·斯特朗（Benjamin Strong），纽约联邦储备银行 1914—1918 年的总裁，的确作出了巨大的贡献——不论是在国内（他的影响力覆盖了整个联邦储蓄系统）还是国外。作为一个坚定的国际主义者，他清楚地意识到美国及美国资本在战后经济秩序中的重要性，他和他的好朋友——英格兰银行行长蒙塔古·诺曼（Montagu Norman）有着同样的观点。他们两位在 20 年代通力合作，重新建立并维持了金本位制度。美联储在 1927 年 7 月举行的长岛峰会上发挥了最大的作用。除了斯特朗和诺曼之外，参加会议的还有德意志银行的主席赫尔玛·夏赫特（Hjalmar Schacht）和法兰西银行副主席查尔斯·瑞斯特（Charles Rist）。在峰会结束的时候，美联储同意降低贴现率并实施广泛的公开市场操作，以此来减轻英格兰银行在黄金储备上的压力。[42]

纽约作为国际金融中心最有说服力的证据，可能是所有主要的外国银行在 20 世纪 20 年代都试图在纽约建立一个立足点。根据纽约银行法，所有外国银行分支机构的设立都必须经过批准并且不能吸纳非银行机构的存款。到 1929 年为止，这些机构的数量已经达到了 26 个[43]，其中大部分是英国、加拿大、日本和意大利的银行的分支机构，它们主要是参与国际贸易融资活动。[44]其他的银行则通常是和当地的美国银行合作，成立一个子公司作为其在纽约的代理人。比如说，巴黎国家贴现银行（Comptoir national d 'escompte de Paris）在1919年就和其他两家美国银行合资，成立了一个子公司——法国美国银行公司。[45]另一方面，像多数商业银行一样（除非它们像摩根·格伦菲尔或者拉扎兹公司（Lazards）那样有一个美国母公司），英国的清算银行仍然需要使用美国同行的服务。J·亨利·施罗德公司的行动要更进一步，为了参与当时正蓬勃发展的美元承兑票据的业务，它于
158 1923年在纽约建立了J·亨利·施罗德银行公司。不过很快，它就凭借在伦敦金融城获得的经验、国际网络和在纽约的优秀合伙人参与了证券的发行和承销业务。[46]

新的金融公司。为了充分发掘投资机会，新的金融机构开始出现，并因此掀起了全国范围内的投机狂潮。从金融的角度讲，并不是所有的公司都是新事物。比如说投资信托。当20世纪20年代它们开始在美国蓬勃发展的时候，它们在英国已经存在了很长时间。投资信托的数量在1921年前仅有40个，而到1929年时已经达到了770个（包括1927年后成立的591个）——这不禁让人想起1890年巴林兄弟银行危机发生前两三年的情形。从1926年到1929年，它们的资产从10亿美元增长到了70亿美元，其中美国证券的比例要远远高于外国证券，并且股票的比例也要远远高于债券。它们的发起人主要是金融公司或者银行，从最令人起敬的（比如华尔街主要的投资银行和商业银行）到最臭名昭著的都有。将数个投资基金聚集在一起的集团公司也建立起来，最大的是1921年建立的“创立者组织”。它聚集了10个投资信托，在1929年总资产达到了6.26亿美元。排在第二的是资产接近5亿美元的高盛集团（Goldman Sachs Group），旗下有三个公司，包括全国最大的高盛贸易公司。[47]当时最活跃的投资银行之一的Pillon Read也成立了两个信托公司——“美国和外国证券公司”与“美国和国际证券公司”——首先是用来安排它们自己发行的证券，尤其是外国证券。不过总的来说，投资信托的名声并不好：不胜任、贪婪和不诚实是对它们的三个最主要的批评。它们的操作原则“共同投资和风险分散”基本上是可靠的，这和它们的英国同行使用的原则基本一致。但是这些原则的实际操作
159 常常让人期待，尤其是考虑到它们的资本结构和投资类型的不同。对投资银行和其他的金融机构来说，投资信托就是一种工具——一种便于将它们承销的然而却无人购买的股票直接卖给那些无知民众的工具。当然，问题的根源在于这些证券的质量和价格。在这段时间内，像19世纪80年代的英

国一样，一个公司买入同一个集团下的另一个公司的股票来提高或支撑其价格的做法被广泛使用。1929 年市场崩溃后，美国的投资信托业遭受了最为沉重的打击。

另一个旨在鼓励投资的机构在 20 世纪 20 年代获得了巨大成功，它就是公用事业控股公司。第一个这种类型的机构出现在世纪初，当时设立的目的是为了鼓励电力公司的发展，尤其是在电力的生产和传输方面（这在当时被认为是高风险行业）。当这些鼓励的措施在 20 年代继续出现时，它们很快掀起了一股控股公用事业的狂潮（就和当时投资信托的情形一样）。它们通过集团的内部结构、交叉持股以及运用欺诈性手段为其创立者谋利。甚至享有声望的 J. P. 摩根银行最终也向这种趋势低头。1929 年，它携手邦布莱特公司（Bonbright）以及德雷克赛公司（Drexel）建立了联合公司。该公司在崩溃前的资产超过了 3 亿美元。

美国股票的诱惑。除了扮演新的世界角色外，纽约仍然保持着它作为美国和国际金融中心的地位。在国外发行中只扮演着第二位的角色，这不同于 1914 年前的伦敦[48]——不管它们在美国投资者心中激起了多大的热情，这种热情更多的还是来自于政治和商业领袖为了让美国民众更清楚地意识到美国在世界事务中扮演的新角色而作出的鼓励。[49]纽约的主要变化在战后才渐渐显现。它们主要和美国的股票发行市场令人难以置信的繁荣有关。在 20 世纪 20 年代，人们见证了以下事实：工业的快速发展，现代化的生产和管理方法的应用，大量的收购和兼并，公司融资时更多地想到资本市场而不是银行贷款。为了弥补这些业务的下降，主要的商业银行开始了承销发行证券的业务（通常是通过特别设立的子公司来完成）。从 1921 年到 1929 年，国民城市银行参与的发行业务中几乎有三分之二是为美国公司服务的。[50]

股票所有权的民主化进程和股票市场的不断走强齐头并进。美国民众 *160*
在战争贷款中和国家繁荣的过程中所获得的经验，人们为了快速致富而勇于尝试承担风险的行为，可以部分地解释这种现象的出现。持有股票的人与之前相比有了巨大的增加，并且他们不再仅仅是来自社会的富裕阶层。然而，这并不是说财富的集中程度有所减少。在 1925 年，1 500 万的股票持有人中（按照最高的估计），60 万人（也就是 4%）拥有了所有价值的 75%。但是小投资者的数量在当时起到了中心作用，他们追着认购的都是众多的票面价值很低的股票。那么这些人有多大的意愿去大量认购外国股票从而支撑纽约新的国际角色呢？考虑到美国缺少对外国股票的了解（和伦敦相比这曾经是纽约的弱势之一），答案可能是不太愿意。此外，美国国内证券的投资机会和诱人程度要远远高于欧洲。

与此同时，外国资本继续被投资到美国的经济体中。除了长期投资1918—1929年从30亿美元增长到58亿美元外[51]，纽约成为了外国资金短期存款的理想地，其存款额从1925年的17亿美元增加到1928年的36亿美元。[52]纽约证券交易所反映了这一切。一方面，国外投资者，尤其是欧洲的投资客们，被美国股票所吸引；尤其是他们看到数十年的牛市趋势，所有股票价格几乎上涨为原来的三倍，而那些最受欢迎的公用事业的股票价格从1919年到1929年更是上涨了超过四倍。另一方面，外国银行的流动性资产为股票经纪人提供了短期贷款，这些构成了纽约货币市场的很大一部分。在20年代末的投机狂潮中，资金的价格达到了历史新高。此外，这种国内和国际业务的互动构成了纽约金融中心的主要特征，将其和伦敦区别开来。当这两个国际金融中心的国际发行业务吸引了全世界资金时，纽约在吸引资金投资本国经济方面比伦敦更为成功。纽约金融中心在20年代的惊人活力随着华尔街股票市场在1929年10月的大崩溃而终结了。

金融城的没落？

161 在1927年出版的一本书中，美国经济学家利兰德·金克斯（Leland Jenks）作为一名国际资本流动方面的专家，认为“可以肯定的是，二三十年后，纽约会在金融领导权的争夺上，成为伦敦的强劲对手”。[53]这种权威的观点和那种简单地认为金融城在第一次世界大战后就完全衰退的观点形成了鲜明的对比，后者认为金融城的世界金融中心的位置被纽约取代了。事实上，情况要复杂得多。金融城的影响力在1914年之后就逐渐减弱，这是无可争议的。首先这和英国在海外的资产大幅减少有关，其中减少最多的是美国资产。英国政府为了战争融资卖出了大量的美国股票。另外，政府债务的大量增加也是其中的一个原因。换句话说，英国政府大量的资金需求吸收了大部分的国内存款，而这些存款本来可以用于其他的投资。最后，英国老牌的出口产业，像纺织品、煤、钢铁和造船业，都因为受到来自新兴工业国家的竞争而出现了大幅下降。更为关键的是，这种影响力的减弱和来自纽约的竞争由于1913年的美国金融法的通过变得更加强烈。对金融城的衰落应该这样看待：它完全不同于一个世纪前的阿姆斯特丹的那种突然的衰落。伦敦的手里仍然握着很多的得分牌：无与伦比的专业知识、稳定的关系网络和坚实的客户基础，以及对外的开放程度（尽管这要稍弱于纽约）。不管怎样，它的银行的规模和海外投资的股票仍然是世界第一位的。这些得分牌就是伦敦用来为金融城重新夺回战前第一位置的基础。

英镑向金本位制的回归。为了达到这个目的，人们认为首先要恢复英镑的地位。对于英国的领导者来说，恢复英镑对黄金的可兑换性的目标甚至在战争结束前就已经被设定，并且公布在了 1919 年由英格兰银行行长 Lord Cunliffe 领导下的委员会给出的一份报告中。作为 19 世纪英国经济政策的两大支柱，人们试图通过恢复金本位制和自由贸易来促使英国重新获得它在世界经济中的地位。为了恢复金融城在国际金融中的领导权，首先 162
要做的就是重新激活资本的输出和商品的出口。第一个难题就是：英镑对黄金的比率应该稳定在什么水平？是应该回到战争前的平价关系呢，也就是回到 1 英镑兑 4.86 美元的比率，还是考虑到战争期间英国的通货膨胀比美国要高，所以要对英镑实行贬值？大部分人倾向于恢复战争前的平价关系，他们认为这是唯一可以维持金融城威望、信任度和稳定性的方法。凯恩斯和米德兰银行的前主席雷金纳德·麦克纳（Reginald McKenna）作为少数的反对派，认为英镑应该贬值 10%——这是一个很现实的措施，但是不被采纳。因为如果这样做，就无异于公开宣布英国在和美国的竞争中、金融城在和纽约的竞争中失败了。

然而，恢复到 1914 年前的平价关系并不是一件容易的事。恢复英镑对美元的比价需要采取通货紧缩的措施，而这会对国内的工业活动造成不利的影响。这些措施最终被实施。在 1925 年 4 月，当时的首相温斯顿·丘吉尔（Winston Churchill）宣布以每英镑兑 7.32 克黄金的比价重回金本位制——也因此回到了之前的 1 英镑兑 4.86 美元的比价。这个决定引起了很多的争议，但我们并不打算在这里进行详细的讨论。[54]根据当时多数人的观点，在这样的比价下，英镑的价值实际上是高估了。高估的程度因货币而异，而英镑相对法郎的高估程度可能比英镑相对美元的情况还要严重。这种币值的高估造成了英国在很长时间内负担沉重。而这在多大程度上止住了金融城衰落的脚步呢？正如我们将看到的那样，伦敦保住了它作为世界一流金融中心的地位——尽管它不得不和纽约共同分享这一荣誉。如果英镑贬值的话会不会有更好的结果呢？一些历史学家主张这种观点，他们援引巴黎在 1926 年法郎稳定后的情形来说明这一点。[55]然而，这种解决方案在当时对多数的伦敦人来说是不可能接受的。

金融城的优势和弱势。在20世纪20年代，伦敦和纽约相比更像是一个国际金融中心——它所提供的业务要比纽约多得多，尤其是在商业融资和163 专业服务方面。从这个角度看，情况和1914年前并没有什么不同——除了国外发行业务之外。1919年以前，伦敦的国外贷款业务一直受政府的很大限制，到1925年，它们又受到了来自英格兰银行征收2%印花税的限制。事实上，当纽约成为公共及私人投资者都偏爱的地方时，金融城也并没有被抛弃，它仍然走在欧洲的其他金融中心前面。[56]另外，金融城的国外贷款业务在20年代后期又重新起飞。其中服务的对象既有英联邦的自治国家（像澳大利亚），也有大的德国公司。[57]

金融城保持了它在1914年前拥有的全部或部分优势，尤其是在国际贸易融资方面。到1920年时，伦敦市场上流通的承兑票据的数量已经达到了它在1913年的水平，即票面价值3.5亿英镑（但是实际价值只有一半）。在经历了1920—1921年的大衰退后，承兑市场再次开始了强劲的增长，到1926年时达到了最高点4.15亿英镑。[58]虽然受到了来自纽约的竞争，伦敦市场上的汇票仍然是国际贸易融资的首选工具。伦敦的货币市场也因此恢复了往日的大部分活力，并吸引了大量的资金投资到它的短期业务上来——不仅仅是以汇票的形式，而且包括了短期国库券（这在当时非常流行）。[59]

在战后货币体系非常不稳定的情况下，凭借着高度聚集的各国银行机构，金融城在外汇市场确立了它的领先地位。大部分的货币交易是在银行间通过电话或者电报（在距离比较远的情况下）进行的，市场的多样性并不需要存在一个正式的机构或者一个现货市场。有经验的外汇经纪人，像S. Japhet，Samuel Montagu和R. Raphael都充分利用了这次机会。而其中一家主要的商业银行克莱沃特，通过和纽约的高盛公司以及阿姆斯特丹、柏林、布达佩斯和巴黎的众多公司合作，奠定了它在外汇期货市场上的领导地位。它当时雇用了40到50名员工处理其外汇业务。[60]

尽管对外开放仍然是伦敦在20世纪20年代的特征之一，更为瞩目的还是
164 国内金融业务的发展。伦敦的国外发行的业务量下降到了总数的一半以下，尽管仍然达到了1914年前的三分之二。证券交易所也反映了这种新的形势。随着公共债务的急剧上升（1913—1917年期间从7亿英镑增加到75亿英镑），英国的政府债券又一次取得了领先地位——占所有证券票面价值

的 34.6%，而这个比例在 1913 年仅为 11.5%。相反，由于战争融资的需要而被大量卖出的、在交易所上市的美国股票（首先是铁路股票）有了显著下降。尽管国际化的程度有所降低，但伦敦证券交易所对国内和国外的投资者来说仍然是一个有吸引力的市场。从票面价值看，可转换票据的数量和 1913 年相比有了显著提高，1933 年达到了 185 亿英镑。政府债券和大公司的债券（像多乐士、联合利华、壳牌等）在海外都有很多的买家（尤其是在美国）。更不用说 1914 年以前发行或者 1918 年后重新发行的外国债券了。但正如雷纳德·米切（Ranald Michie）所说，伦敦证券交易所不再具有战争前的国际化程度——不再能够吸引全世界的短期资金进而投资到全世界的股票中去。一方面，伦敦的货币市场和金融市场都有了相当程度的衰落。银行不再能够像以前那样顺利地将短期资金借给股票经纪人。因为经纪人对市场持有谨慎观望的态度，并且整个股票市场受到国库券以及纽约证券交易所的竞争。另一方面，尽管英国投资者在 20 年代部分地重建了他们的海外资产，但美国股票的丧失让伦敦证券市场失去了那些最主要的、可以在多个金融中心同时进行交易的证券，以及相应带来的国际资本流动。[61]

金融结构。伦敦的金融结构在战后有了些微变化。第一个主要的变化是英格兰银行的角色发生了转变。尽管主要任务仍然是管理国家的黄金储备，但它自此似乎成为了金融城的领导者。英格兰银行自主权的不断提升和蒙塔古·诺曼的任期有很大关系。蒙塔古·诺曼在 1920 年被任命为英格兰银行行长，并在这个位置一直工作到 1944 年。这是一段非常长的任期，因为几乎所有行长的任期都是两年——除了巴林兄弟银行危机发生时的威
廉·利德代尔（William Lidderdale）和 1914—1918 年期间任职的沃尔特· 165
坎利夫（Walter Cunliffe）。蒙塔古·诺曼是一个典型的中央银行行长，他性格刚硬，忠于职守并且坚决维护传统的货币制度——可能他还没有准备好去面对一个崭新的货币体系。诺曼通常也和国外的主要中央银行行长有着良好的私人和工作关系，尤其是和美国的本杰明·斯特朗和德国的赫尔玛·夏赫特。不过，他和法国的埃米尔·莫罗（Emile Moreau）以及随后的埃米尔·莫里特（Emile Moret）的关系就没那么好。毫无疑问，这是因为英国和法国争夺欧洲的中心地位以及伦敦和巴黎竞争国际金融中心的结果。[62]

通过国际代表的身份和国内的领导地位，诺曼充分利用他的关系网络

来履行他的职责。国际活动并不是毫无回报的，尤其是在国际货币外交开始建立的时候。英格兰银行的行动有力地提高了金融城在世界上的威望和影响力——这正是诺曼公开宣布的目标之一。英镑重回金本位体系自然是这个过程中不可缺少的一部分。另外，诺曼还积极参与“国际联盟金融委员会”和“欧洲中心国家的金融重建计划”，他鼓励各国中央银行进行合作。英格兰银行的新任务并不是政府授予的，但是诺曼可以用非正式的方法表达他的观点。他使用道德劝说的方式来管理英格兰银行和金融城的其他金融机构之间的关系。像某些事件发生时为了某国利益而发起的禁运活动，伦敦证券交易所对外国股票交易设置的限制措施，以及相应的批准或者不批准的意见，都是以这样的方式进行传达的。

第二个变化是金融集中度的提高，特别是银行部门。这导致了包括纽约在内的其他金融中心所没有的巨无霸企业在伦敦诞生。在 1918 年战争还没结束前，五次合并活动将英国最大的十家银行两两进行组合，并最终产生了五家庞大的清算银行。它们立即被冠以“五大”的称号，分别是：米德兰银行、劳埃德银行、巴克莱银行、国民西敏寺银行和国民地方银行。它们以伦敦为基地，在国内和国外都有众多的分支机构，并且控制了 90% 以上的国内存款。其中最重要的三家——巴克莱银行、米德兰银行和劳埃

166 德银行是当时世界上最大的三家银行，前两位的总资产在 1929 年超过了 5 亿英镑。不仅仅是它们的规模，它们的业务范围也有效地提高了它们的能力——更广泛地说，它们提升了金融城的金融实力。尽管英国的银行体系仍然是分业经营，并且清算银行仍然只能是存款银行，但一定程度的整合活动开始出现，尤其是在国际金融业务上。

首先，大银行在承兑市场上是商业银行一个非常大的威胁——到 20 世纪 20 年代末大约一多半的票据在这些大银行手中；其次，大银行越来越多地参与国外业务，从欧洲大陆直至海外。[63]巴克莱银行是这方面的先驱。在它的主席弗雷得里克·戈德英纳夫（Frederick Goodenough）的领导下，它控制了殖民银行、盎格鲁—埃及银行和南非国民银行，并于 1925 年将它们组成新的巴克莱银行 DCO（Dominion，Colonial and Overseas）——当时最大的跨国银行，在海外拥有 506 家分支机构。[64]劳埃德银行则采取了一个稍有不同的策略：它投资了很多的海外银行，但并不试图控制它们。[65]

总的来说，通过以伦敦为总部的跨国公司对世界实施影响，金融城在 20 世纪 20 年代有了长足的发展，并且远远快于其他的金融中心。1913—

1928 年间，英国银行的海外分支机构的数量从 1 378 家上升到了 2 253 家，而银行的数量则从 31 家下降为 27 家。[66]主要海外银行和大公司的总资产都在5 000 万英镑到 7 500 万英镑之间，它们在各自相关的领域不断地巩固着自己的实力，但在全球扩张上仍很谨慎。[67]类似地，除了德国的银行在 1914 年战争开始时离开伦敦（直到 70 年代才返回），主要的外国银行在伦敦都有据点。另一方面，美国的银行在战争开始前就加入了最主要的信托公司的行列，像国民城市银行、大通国民银行和美国银行等。1930 年，一共有 55 家外国银行在金融城设有代表处，其中美国 14 家，法国 7 家。

尽管有了这些变化，商业银行仍然是金融城的统治精英，不仅仅是在专业水平上，而且更大程度是在业务领域上。[68]领导集团的组成和 1914 年前完全一样：巴林兄弟银行，可能是 20 世纪 20 年代最大的公司；施罗德和 167
克莱沃特银行，仍广泛地参与承兑业务；摩根·格伦菲尔银行，和纽约的 J. P. 摩根关系紧密；汉姆布鲁司银行（Hambros），通过自身努力进入了第一梯队；罗斯切尔德银行，虽然衰弱但仍有很大的影响力。这些银行都仍在各个家族的控制之中，所以当然比“五大”银行要小得多——前者的规模仅仅是后者的十二分之一。但商业银行的发展空间并不是只有毫末之地。在承兑业务上，尽管受到来自大银行的激烈竞争，它们的市场份额仍然可观——大约为 50%，而在战争前这个数字为 70%。它们虽然由于伦敦的国外发行业务的减少而造成了不少损失，但它们对剩余的业务具有绝对的控制权。最后，在金融和国际政治变革的十字路口，金融城的商业银行获得了一个决定性的优势——这归功于它们解决货币问题的专业技能、社会地位、关系网络，以及英格兰银行的存在（尤其是在行长蒙塔古·诺曼的领导下）。

即便伦敦城不再具有 1914 年以前的地位，但在 20 世纪 20 年代，它看起来还不像一个正在走下坡路的金融中心。不得不承认，伦敦城在境外证券发行方面已经将第一的位置让给了纽约，但在其他领域它依然保持领先。伦敦城还是一个充满雄心壮志的、有远见的而不是因循守旧的金融中心。大银行正在建造或重建用作总部的宏伟建筑，就像英格兰银行所努力表现的那样，无不显示出踌躇满志和优越高傲的感觉，就像从未被第一次世界大战动摇过一样。这个国家综合经济实力恰恰与永恒的建筑形成对照，特别是伦敦城金融界精英人士所竭力追求国际地位所必需的国际收支顺差方面，恰恰是不足的。这也和英镑的脆弱地位形成了鲜明的对比，在 1927 年后表现得尤为明显，局面此时开始对法国有利。

巴黎的喜忧参半

巴黎金融中心在第一次世界大战期间看起来相当“虚弱”。它在 1914 年以前的国际影响力的两个核心组成部分——债权国的身份和有公信力的坚挺的货币，在瞬间全部或部分地丧失了。当战争发生时，法国的国外资产减少了 80%。其中一部分是被卖出，而另一部分则是遭到违约——首先是
168 俄国和土耳其，战争前夕，它们在法国一共发行了 150 亿法郎的债券。另外，法国在战争期间还和英国与美国发生了约 50 亿法郎的债务。同时，由于法国不断增加的公共债务（从 1913 年的 330 亿法郎增加到 1921 年的 2 970 亿法郎），法郎在 20 年代初期的货币动荡中被人们抛弃。法国的财政赤字不断上升：一方面，重建被占领区的费用越来越多；而另一方面，收入却毫无增长——因为政客们拒绝或无力增加税收，他们相信无论如何德国会为他们买单。

法郎的危机和稳定。战争赔款的问题和不断恶化的预算困难对法郎造成了极大的压力，当货币在 1919 年 3 月开始浮动时，法郎对美元比价达到了 11∶1，随后在 20 年代早期便一直在 10∶1 和 20∶1 之间波动。1924 年 1 月，一次投机性的攻击使它下跌到了 29∶1，但法兰西银行的反击成功地遏止了下跌的势头。在此过程中，拉扎德兄弟公司（Lazard Frēres）提供了很大的帮助，而 J. P. 摩根公司也提供了 1 亿美元的贷款。但是预算政策的不确定性仍然存在，而资本外逃的情况在 1924 年 5 月左翼联盟上台后变得更加严重。1926 年 7 月 21 日，法郎对美元的比价达到了最低点49∶1，仅仅是战前的十分之一。当时的总统爱德华·赫里欧（Edouard Herriot）在法兰西银行的账务丑闻曝光后被迫辞职——法兰西银行向政府提供的贷款超出了法律允许的范围。随后，右翼的进步共和党的领袖雷蒙·庞加莱（Raymond Poincaré）接替了他的位置，重新取得了公众的信任，法郎再次有了起色。到年底的时候，它对美元的比价达到了 25.5∶1，对英镑的比价达到了 124∶1。它实际上在这个水平稳定了下来，也就是战前价值的五分之一。最终，法国的货币在 1926 年 12 月以一个人们普遍认为过低的水平回到了金平价体系。这和英镑的情形完全不同。[69]

法郎的危机和随后的稳定对巴黎金融中心的影响完全相反，而 1926 年标志着这个转折点的出现。在此之前，法郎的虚弱无疑是巴黎的一个缺陷。

尽管贬值促进了法国的出口并在经常账户上产生了盈余，但法郎不再能够得到国内和国外投资者的信任。相反，这还引起了大量的资本外逃。法国民众疯狂地购买巴黎和其他金融中心的外国股票，导致了“看不见”的“外逃资本”大量外流。然而，这帮助法国的外国资产从 1921 年到 1926 年 169
增加了大约 250 亿庞加莱法郎（相当于 50 亿黄金法郎）。[70]但是极少有债券在巴黎发行，除了一些向欧洲债务国发行的贷款和“道威斯贷款”。[71]巴黎金融中心的威望因此大为减弱，而法兰西银行在面对英格兰银行主导的、旨在通过各国中央银行的合作以重建国际货币体系的计划时也不得不采取守势。[72]在 1926 年币值获得稳定后，法郎又一次获得了人们的信任。“外逃资本”重新流回了法国，国外发行业务也再次有了起色。巴黎市场恢复了战争前的大部分活力，并重新燃起了巴黎的经济和政治领袖决心与伦敦、纽约一决雌雄的野心。根据法兰西银行行长埃米尔·莫里特的说法：“重组巴黎市场使其成为世界的领先市场之一，协调并扩大我们的银行在海外的业务将是法郎稳定后的主要任务。”[73]

承兑和海外发行。最重要的计划是在巴黎建立一个巨大的足以和伦敦相匹敌的国际票据承兑市场。这和 1914 年美国当局试图在纽约发展这种业务时的情形非常相似。然而在 1913 年时，巴黎的承兑票据的数量只有英国的十分之一。从那时起，它便几乎一直下降，到 1926 年时市场价值仅有 2.25 亿法郎，直到 1929 年才有所上升，达到了 13 亿法郎——换句话说，也就是 1 000 万英镑。这比金融城的任何一家主要的商业银行的业务量还要低。另外，建立这样一个市场是为了像伦敦那样为当地的货币市场提供便利，国内和国外的资金可以在那里找到短期投资的机会。而在没有这样的便利的情况下，法国的公司和银行就只能跨过英吉利海峡去寻找这样的机会，这也剥夺了巴黎在这些业务上的收入和它作为国际金融中心的重要支撑因素。

除了广泛的宣传活动外，为了建立这样一个市场，大量的措施被采用，尤其是对税收系统进行简化和引进法兰西银行提供的再贴现便利。但最重要的创举是 1929 年 12 月 20 日由主要的法国银行和两家比利时银行出资、由中央银行提供支持的、总资本为 1 亿法郎的法国承兑公司的成立。虽然所有的法国银行都会使用承兑票据的方式进行融资，但每家的金额都很小。 170
建立新公司的目的就是为了大力扩大承兑业务的市场容量。新公司开了一个鼓舞人心的好头。1930 年底，它的资产负债表上有价值 5.65 亿法郎的承兑票据。但这些票据的数量在随后几年的经济衰退中迅速下降了。尽管经济衰退的确造成了业务量的下滑，但即使在正常时期，巴黎是否已经建成能够和伦敦匹敌的贴现市场也是令人置疑的。毫无疑问，法国的银行缺乏这方面的经验和传统。最重要的是，它们不愿意看到票据经纪人的发展[74]——事实上，伦敦和纽约的票据经纪人使得整个承兑市场具有流动性。不管怎样，巴黎还有很长的路要走：1930 年巴黎的承兑票据总额大约在 48 亿法郎，而伦敦和纽约则为 400 亿法郎。[75]

1928 年以前，巴黎市场上的国际发行业务都没有起色，随后虽然恢复了一些活力，但由于在战争中遭受了巨大损失而导致了法国公众普遍的不信任，所以发展也很有限。[76]它们在 1930 年发展到了 39 亿法郎（相当于 1.52 亿美元），其中 12%的业务是为中欧和东欧的国家而发行的，即奥地利、波兰、匈牙利和罗马尼亚。[77]这也远远少于纽约的 11 亿美元或者伦敦的 5.5 亿美元。[78]20 世纪 20 年代，巴黎证券交易所的外国证券的数量只有国内证券的四分之一，但它们的价格因为法郎的贬值而相对升值了，所以这也部分地夸大了巴黎市场的国际化程度。

金融结构。大银行在 20 世纪 20 年代继续统治着巴黎市场。然而战争和通货膨胀削弱了它们的地位。不仅如此，它们还要面对来自主要的地方银行，像北方银行、南锡信用社等，以及来自国外同行的竞争。它们的资产大幅减少，不仅和它们在 1913 年时的水平相比是如此，而且和它们的国外竞争对手相比也是如此——尤其是英国的“五大”银行。[79]尽管它们在战前和“五大”银行的规模几乎一样大。在国际贷款一度中断和随后缓慢恢复的过程中，这些大银行撤回了国内市场并组成一个“卡特尔”来安排国内的工业发行业务。[80]它们精简了海外的分支机构：取消了在俄国的分支机
171 构，关闭了中东的一些部门，并从拉丁美洲逐渐撤离，但它们在世界的主要金融中心仍然非常活跃。[81]

实业银行也不得不重新思考自己的策略并寻求为国内经济融资以外的出路。举个例子，在巴黎荷兰银行的投资组合中，法国股票的比例从 1913 年的 23%上升到了 1928 年的 41%，而其中的工业股票的比例则从 11%上升到 33%。类似地，和更为专业的融资手段相比，像发行证券等，纯粹的银行活动（包括吸纳存款）在整个银行的业务中变得越来越重要。然而，前者在战前产生了银行总利润的约 70%，从 1928 年到 1930 年它们的贡献只是略微超过 50%。[82]此时，巴黎的外国银行比 1914 年前还要多，1923 年

一共有 35 家，其中一多半是英国和美国的银行。它们充分参与了法兰西银行的再贴现业务，而它们的到来也没让法国的银行少担心。法国的银行在 1920 年希望能够限制外国银行在国内市场上的竞争，但最终没有成功。[83]

而大型私人银行，尤其是其中的新教徒银行，像 Hottinguer，Mallet，de Neuflize 和 Vernes 等，继续着它们在 19 世纪末开创的事业（主要是在财富管理方面）。只要它们仍是法兰西银行理事会的理事和各大银行、保险公司、铁路公司以及其他公司的董事会成员，它们肯定能继续保持权威性和影响力。但从现在起，该由别人掌握主动权了。至于在第一次世界大战之前曾经凌驾于其他公司之上的罗斯切尔德公司，它仍然有着相当的金融影响力。但到了家族的第三代，它开始出现明显的衰败迹象。他们满足于管理铁路、煤矿、电力或石油事业的那些收益。正如简·布维尔（Jean Bouvier）对该公司的领导——E. 罗斯切尔德的描述："他是一个让人畏惧，值得请教和被需要的人。但罗斯切尔德公司真的不再是统治者。"[84] 毫无疑问，最有活力的公司是拉扎兹公司，就是那家曾在 1924 年帮助法兰西银行保卫法郎并获得广泛好评的投资银行。它很早就参与了工业融资的业务，比较有名的像 20 世纪 20 年代末欧洲最大的汽车制造商"雪铁龙"的融资等。[85]

在整个结构的顶端，法兰西银行看似经历了巨大的改变。作为法兰西银行在 1926—1930 年间的行长，埃米尔·莫里特为巴黎金融中心设立了众多的宏伟目标，而这些都是中央银行需要解决的难题，也只有如此它才能 172
实现现代化。他倡议在巴黎建立一个贴现市场正是为了加强巴黎金融中心的国际影响力和法兰西银行的自主权，以及提高它干预市场的能力。实际上，后面的那个目标很难实现。因为法兰西银行无法使用公开的市场操作来对冲由其他的工具（比如说在 1926 年前向财政部直接拨付的预付款）所引起的流动性过剩，或者在法郎回归金平价体系后为了维护法郎的平价关系而不得不卖出法郎。因为大的存款银行在这种情况下持有很多的流动性资产，法兰西银行发现它仅仅通过使用贴现率很难控制市场。而且，存款银行不愿意向中央银行再贴现它们的商业票据。因为它们反感来自中央银行同时为公众提供直接贴现服务的竞争。1928 年，中央银行持有的票据相当于四家大的存款银行总和的 12%。在这种情况下，法国中央银行在国内市场的施展空间非常小而且有限。[86]

另一方面，法兰西银行的国际影响力在"大萧条"前的三四年有了很大的提高，并很好地提升了巴黎金融中心在当时的地位。1926 年末法郎稳定后，法国中央银行积聚了大量的黄金和国外债权，尤其是英镑的，这可以由法国的国际收支账户上的盈余来解释。这些盈余是由于强劲的出口，强劲的出口受益于法郎的汇率被低估、法国资本的回流、国外资本的涌入以及资本输出的疲软。此外，法兰西银行积累大量黄金的行为引来了盎格鲁-撒克逊领袖的指责，他们认为这是导致国际货币体系不稳定的一个主要原因。不过，这也让法国在国际货币体系中处于强势的地位——尤其是在面对英国时。如果法兰西银行要求将它在伦敦的债权全部转换成黄金，将直接导致英镑的汇率被高估，发生兑换危机，导致英国被迫放弃金本位。

法国当局并不打算引起国际货币体系的危机，但他们决定充分利用国家重新获得金融实力这样的优势来达到某些政治或经济目的，比如促进巴黎市场的发展。就这样，法兰西银行开始能够对中欧国家的中央银行施加
173 它的影响力，而在此之前它一直被迫将主动权交给英格兰银行。[87]英镑的脆弱和法郎的坚挺暂时改变了巴黎和伦敦的力量对比，并使得英格兰银行处于守势。虽然国际金融外交增强了巴黎作为国际金融中心的实力，但是说到所能提供的服务、国际关系网络或者是效率，它仍被伦敦远远地甩在后面。它的货币市场和资本市场也不足以与伦敦或者纽约相比。在一段时间内，巴黎市场重新获得了它在“美好时光”的荣耀和取代金融城的希望，但是它的繁荣本质上是建立在短期资本的流入上的，仍然非常脆弱并且在20世纪30年代的震荡中不能幸免。

柏林：战败的代价

马克的危机要比法郎严重得多。德国的通货膨胀导致德国的货币从1914年6月的4.2德国马克比1美元一直贬值到1923年的42 000亿德国马克比1美元，这已经成为货币历史上的“神话”。[88]直到1922年的上半年，货币或多或少还在控制之中，即使当时的马克只有它战前价值的2%。但形势在当年的下半年开始恶化。6月24日发生的刺杀外交部长瓦尔特·拉特瑙（Walther Rathenau）的事件标志着德国从通货膨胀向恶性通货膨胀转变，并且这一局势在1923年初法国—比利时联军占领鲁尔后变得不可控制。在当年的11月15日，当局最终采取了控制措施。他们引进了过渡性的地租马克，其价值设定在10 000亿比1美元的通货膨胀水平。稳定措施在1924年9月开始起效，然后当局使用国家马克取代了地租马克，并且重新以4.2马克比1美元的比率恢复了对黄金的可兑换性。

这次通货膨胀的原因和后果受到了各界的广泛研究。原因既有外生的，像因为战争赔款和资本外逃而导致的国际收支账户赤字；也有内生的，比如因为财政赤字的不断增加，政府越来越难以稳定金融局势，又或者政府不加约束地依赖印刷钞票来解决问题，为了满足某一利益集团的利益，或者更一般地，为了解决由战败和魏玛共和国的建立所激化的德国社会的矛盾和冲突。至于后果，尽管货币的贬值在开始阶段成功地促进了出口，但另一方面，恶性通货膨胀席卷了社会的方方面面，最显著的就是造成了德 174
国中产阶级的破产。

德国通货膨胀的影响。和所有大规模的经济或政治动荡一样，德国的通货膨胀也造就了很多的失败者和成功者——大企业无疑是属于后者。高通货膨胀对提高柏林金融中心的地位毫无益处，因为它更有利于债务者而不是债权者。工业家们毫不犹豫地鼓励这种局势并在最后提高了实力：他们充分利用这次机会来提高生产能力并进行新的兼并收购，同时减少了对银行的依赖。而银行则比较谨慎，并在最后损失惨重：从1913年到1924年，柏林的九家大银行损失了43%的产权资本和50%的存款，而这些都是在战后的两年后发生的。[89]力量的天平在1914年之前更多地倾向于大银行，而现在它转向了工业企业。银行的衰弱不可避免地对柏林金融中心的地位造成了间接的影响。

和它们的法国同行一样，当时的德国银行发现自己在规模上远远落后于英国的那些清算银行。另外，它们在国外的业务范围也由于它们的大量国外资产被征用或被卖出而大幅缩小。举个例子，德意志银行损失了它在摩苏尔和叙利亚的石油以及铁路上的全部投资，但它成功地将其在安纳托利亚铁路上的权益转移给了东方铁路银行。它在1920年还不得不将德国海外电力公司卖给了西班牙银行集团。[90]通货膨胀也导致了资本外逃，并且随着通胀的加剧而越来越严重。1922年，大约有20亿～60亿金马克流到了国外。[91]大银行积极参与了这场资本外流的活动。从1920年到1923年，德国国库券占它的资产的比例从48.3%下降到了2.3%，而它们在国外银行的存款则从7.3%上升到了30.9%。部分存款被直接投资到它们在海外的子公司以用作货币交易，主要是阿姆斯特丹的子公司。[92]尽管通货膨胀削弱了柏林
市场的地位，但是它有利于柏林（以及伦敦和巴黎）的外汇业务的发展。 175
外汇业务也因此在银行的业务中占据了主要位置。从1919年到1924年，德国的867家银行，包括在柏林的293家，主要参与了对市场份额的瓜分。大

银行的业务也快速膨胀。举例说，德意志银行的开户数从 1913 年的 290 000 户上升到了 1923 年的 600 000 户，而正式雇员也从 1913 年的 9 587 人增加到 1923 年的 37 000 人。通货膨胀还促进了银行部门的整合，因为小地区的银行缺少股权资本而不得不将自己卖掉以避免破产。从 1918 年到 1925 年，柏林的 9 家大银行一共兼并了 279 家银行，其中德意志银行兼并了 62 家，贴现公司兼并了 36 家。[93]大银行继续增强着自己在德国银行体系中的地位。在它们的股票中，商业银行的比例在战争前为 39%，在 1925 年为 50%，而到 1930 年已经达到了 70%。此外，它们还参与柏林证券交易所的业务。交易所 1929 年时的会员数量比 1914 年多了 1.5 倍，其中银行的数量比独立股票经纪人要多得多。[94]

德国大型银行的比重。大型银行奠定了柏林金融中心在 20 世纪 20 年代后半段发展的基础。并且，它们在国际资本流动中起到了非常显著的作用。但是这个角色和 1914 年前的并不一样，因为德国从这时起已经是一个资本输入国。到 1938 年时，德国在国外的资产只有可怜的 7 亿美元（这和 1913 年时的 58 亿美元形成了鲜明对比），远远少于英国、美国和法国甚至荷兰、瑞士、比利时这样的小国家。然而它的债务从 1924 年到 1930 年却增加了 42 亿美元。[95]另一个和战争前显著不同的是，德国的国外债务有超过一半是短期贷款并且其中的大部分实际上是用来支付赔款的。

私人银行的影响力和它们的关系网络不应该被低估。然而它们中的佼佼者已经不再在柏林出现。门德尔松（Mendelssohn）毫无疑问仍然是一家领先的银行，尤其是在外汇交易和政府贷款领域。它在阿姆斯特丹的分支机构在其中起到了关键的作用，它当时的领导者弗里茨·曼海门（Fritz Manheimer）被后人称为“20 年代最有才华和最丰富多彩的投机家”。[96]然而柏林的另外一家有名的银行，布雷克劳德却继续着它不可逆转的衰败历
176 程。当时表现最杰出的公司是来自汉堡的 M.M. 沃伯格公司（M. M. Warburg & Co.）。它充分利用了自己在美国的关系，并充当国际承兑银行在欧洲的代理[97]，这些都大大地便利了外国资金流入德国或者从公众和私人机构获取资金。另外，它的国有身份使得它在 1927 年可以在柏林设立一个代表处。[98]

大的商业银行和最著名的投资银行是依靠资本转移才得以完成的机构。但它们并不是简单的被动角色，尤其是考虑到这些资金在国内的使用情况。大银行以短期利差从海外借来资金，再以长期利差贷给德国的公司，而这

在国外资本的流入行将断流的前夕是非常危险的一个策略。另外，它们还得面对外国银行的竞争——首先是美国的银行，它们直接向德国公司发放贷款并且以这些公司的名义在纽约市场发行证券。涌向商业银行的国外资本使德意志银行的工作变得复杂，但它仍然努力地使货币和价格稳定。在 1922 年独立于政府后，赫尔玛·夏赫特在 1924 年到 1930 年间管理了这家银行。他和国外广泛接触（尤其是和英格兰银行行长蒙塔古·诺曼），并有效地提高了德国中央银行和柏林市场在国际上的威望。[99]

中立的收益

在第一次世界大战结束后，中立国家的金融中心的地位获得了很大提升，尤其是荷兰、瑞典和瑞士。这三个国家受益于本国货币的稳定以及它们的货币在 1925 年就恢复了和黄金的联系。这些国家在政治和货币的动荡时期吸引了大量国外的资金，大大增强了它们的金融中心的实力，尤其是阿姆斯特丹和苏黎世这两座城市。

阿姆斯特丹。继伦敦和巴黎之后，阿姆斯特丹可能是战后欧洲的第三大金融中心。它的重要性一开始和莱茵河对岸的邻居有很大关系。的确，阿姆斯特丹被人们认为是德国在通胀和高通胀时期的金融中心。[100]所有的 177
德国大银行在战后都在那里设立了基地。[101]这些银行当然也希望在通胀肆虐的情况下保护自己的资产，并首先积极地参与了外汇市场的活动。据说外汇市场的交易额在 1920 年达到每天 500 万英镑，远远高于伦敦。而且它们在阿姆斯特丹本地的金融活动中也非常活跃。虽然它们在 1922 年被禁止进入股票市场，但最终获得了进入贴现市场的权利——从 1926 年开始，它们承兑的票据或者国外发行的证券可以到荷兰银行（De Nederlandsche Bank），即荷兰的中央银行进行再贴现。

受到荷兰货币当局急于提升阿姆斯特丹作为国际金融中心的地位的鼓励，一个主要由德国汇票组成的承兑市场经历了快速的扩张过程并迅速奠定了自己在欧洲大陆第一的位置。它的负债从 1922—1923 年大约 3 600 万荷兰盾（或者 2 400 万美元）升至 1929—1930 年的 7.99 亿荷兰盾（或者 5.35 亿美元）[102]，换句话说，超过了巴黎市场的两倍，但只有伦敦市场的四分之一。然而它是一个相当具有地方性的市场，从那些不是建立在荷兰的银行对这些票据的微弱需求可以看出这一点。[103]至于资本市场，外国政府或公司在 1924 年到 1929 年一共发放了总计 14 亿荷兰盾（或者 9.36 亿美元）的贷款[104]，也就是说，占了荷兰所有发放量的 42%，这个比例虽然略低于伦敦但肯定比巴黎或者纽约高。另外，主要的国际金融中心进行的贷款发放几乎都会有阿姆斯特丹的参与（即使是象征性的），并且，它在和瑞士以及瑞典一起发行的小规模贷款中还经常担任主承销商的角色。[105]

瑞士金融中心。瑞士在国外发行和贴现市场上的作为要比阿姆斯特丹小得多，因为瑞士国家银行只为瑞士的票据提供再贴现服务。这个国家的主要金融中心的外国银行的情形和其他国家完全一样，只有劳埃德银行直到 1919 年才入驻日内瓦，而美国运通（American Express）到 1921 年才入驻苏黎世。巴塞尔作为一个金融中心的重要性是因为国际清算银行（BIS）建在那里，这是各种权力相互妥协的结果，英国拒绝巴黎的偏好（巴黎或
178 者布鲁塞尔）而法国也不同意英国的选择（伦敦或者阿姆斯特丹）。[106]同样，瑞士金融中心表现出了极强的生命力。在资本市场上，瑞士从 1924 年到 1931 年一共进行了 56 次证券发行（通常是和其他的金融中心一起）[107]，总计 110 亿法郎（2.1 亿美元）。换句话说，大约是荷兰的四分之一。而且，大银行和城市银行甚至在没有再贴现便利的情况下就进行外国票据的交易。另外，一个外汇市场（尤其是中欧和东欧国家的货币）在 20 世纪 20 年代初被建立起来了。[108]

瑞士的专长主要是吸引国外资本并将它们重新投资到其他的金融中心，比如通过银行贷款或者进行财富管理活动。不过，准确地估计流入这个国家的资本非常困难。在 1929 年末，瑞士国家银行的主席哥多里布·巴哈曼（Gottlieb Bachmann）认为，瑞士国外账户的价值在 10 亿瑞士法郎到 13 亿瑞士法郎之间（即 2 亿美元到 2.5 亿美元）[109]，也就是说，占了银行总存款额的 6%。但对那些吸引大量资金的大银行来说，这个比例达到了 15%。这些资金中相当一部分，尤其是来自法国的资金，被重新输出到其他国家，通常是以短期投资和向德国贷款的方式。但它们的数额很难进行准确的估计。正是这些交易很好地说明了 8 家瑞士银行在 20 年代的快速发展[110]，它们的总资产从 1918 年到 1928 年增加了 71%，从 42 亿瑞士法郎增加到了 72 亿瑞士法郎。而贴现公司（Comptoir d'escompte）、联邦银行（Eidgenossische Bank）、瑞士联合银行（Union Bank of switzerland）的资产更是翻了一倍以上。[111]

大银行的宏伟崛起不可避免地对瑞士的银行系统造成了影响。[112]到 1930 年，它们第一次超过了城市银行，因为后者参与的国际业务相对较少。

它们的总资产占瑞士的银行总资产的 41%，而城市银行为 36%，其他的像地方银行、存款银行和抵押银行则占了 23%。在国际水平上，两家最大的银行——瑞士银行公司（Swiss Bank Corporation）和瑞士信贷（Credit Suisse）银行在规模上和法国或德国的大银行很接近，但它们仍然远远小于英国的银行。[113]另一方面，它们在海外的表现仍很糟糕，瑞士银行公司在伦敦的两家分支机构是瑞士的银行在海外仅有的外国分支机构。在战争结束后，没有任何其他的分支机构设立。

不过，大银行参与了国际辛迪加的发行，有时甚至还是主承销商。
1927 年，瑞士信贷银行负责了一个向法国的国家铁路提供 1.5 亿瑞士法郎 179
的分期贷款业务[114]，这是它处理过的最大的一笔国外贷款，当然这也相应地提升了它的国际威望。不过，跨过莱茵河的贷款却是瑞士的大银行的国际信贷业务中的大部分。到 1930 年，瑞士已经是德国的第四大债权国，所占贷款的比例为 13%，排在美国（30%）、荷兰（18%）和英国（15%）的后面。更具风险的是，德国的债务人占据了大银行国外信贷的很大比例。到 1929 年，他们在瑞士银行公司的债务中占了 24%，远远高于美国的 8%，以及英国和法国的 6%。相同或更高的比例也在其他银行出现，在 1933 年，德国吸收了瑞士信贷银行和巴塞尔商业银行在海外的一半投资。[115]从这方面看，瑞士金融中心更像是一个将资金转移到明确目的地的狭窄通道，而不是所谓的国际投资的中转站。

瑞士金融中心的另一个传统业务——财富管理，在 20 世纪 20 年代后有了非常显著的发展。同样，这里也缺少相关的数据，尤其是关于私人银行业务和国外资金的比例方面的数据。可能正是在这一时期，大银行在资产负债表外的资金数额超过了私人银行。瑞士银行公司的表外资产从 1910 年的 4.36 亿瑞士法郎，相当于总资产的 85%，上升至 1930 年时的 33 亿瑞士法郎，即总资产的两倍多。而瑞士信贷银行在 1930 年为客户管理的资金则超过了 50 亿瑞士法郎，也就是说，几乎是这家银行总资产的 3 倍。在私人银行家那里，管理的资金与自身资产的比例甚至还要高得多。这里没有 20 年代的数据，但是在 1935 年，以日内瓦的 MM. Picter & Cie 公司为例，它为第三方管理的资金大约是 3 亿瑞士法郎，并在 1945 年达到了 4.7 亿瑞士法郎——这比它当时的资产高出 10 倍以上。日内瓦的财富管理业务并不仅限于私人银行家。到 1929 年为止，瑞士银行公司管理的资金有 20%来自日内瓦，而来自它的总部所在地巴塞尔的则占 39%。另外，来自苏黎世的占 31%。[116]

瑞士的另外一个特征——金融公司[117]，不应该被我们忽略。它们中的很多规模很小，但吸引了大量在战争动荡岁月中寻求避风港的资金。[118]外国公司持有一家这样的金融公司就可以在瑞士开展部分金融活动，像德国
180 的化学巨头 IG 法本公司一样[119]，也可以继续将它作为海外新工业的融资中介。[120]

面对由于国际资本流动而产生的难题，年轻的瑞士国家银行跨出了艰难的第一步，试图限制资金的涌入以及它们对瑞士物价的影响。从理论层面上看，它宣布对黄金的承诺和它在 20 年代末用金币代替流通中的银行券的行为甚至让正统货币论的拥趸者——英格兰银行行长蒙塔古·诺曼都大为吃惊。[121]从实践层面上看，它从伦敦的例子中汲取了灵感并在 1927 年和各大银行签订了一个“君子协定”，协定规定在发行新的国外贷款时需要咨询瑞士国家银行的意见。[122]这种模式并不是非常成功，但它在随后的几十年内被广泛采用。

危机年代

腾飞的 20 年代随着华尔街在 1929 年 10 月的大崩盘而结束，这个著名的金融事件和当时最有活力的金融中心——纽约有着直接联系。可是不管它在金融领域是多么重要，我们都不应该忘记：就其持续的时间及影响来说，30 年代的“大萧条”的规模要远比标志着那个时代的股票市场、银行业和货币的危机大得多。在工业国家，危机的第一个征兆——工业产量和就业指数的下降在 1928 年就出现了。因此，经济环境的逆转要早于股票市场的崩溃，而后者事实上部分是由于投资者对美国经济的担忧造成的。但是如此猛烈的冲击不可避免地使情况变得更糟——哪怕只是导致了信贷体系的暂时瘫痪。

华尔街的崩溃

人们一直在思考华尔街崩溃的原因，它是 20 世纪历史上的一个传奇性事件。它是否应该被看做 20 年代纽约市场的实质，以欢快的成长、投机热潮、缺乏经验还有时不时的疯狂为特征？约翰·肯尼斯（John Kenneth）在

一本出版 50 年后仍大受欢迎的书中普及了这种观点。[123]根据他的观点，从 1928 年早期开始的不寻常的牛市是以公众坚信市场将持续上涨的信念为条件的，这种信念归因于政治和经济领袖乐观的言论、投资信托和控股公司的形成，以及由保证金购买而导致的不断放大的杠杆效应。 181

尽管这种解释包含了大量的事实，但我们并不能认为当时的华尔街就是一个投机分子们狂欢的娱乐场。总的来说，纽约很好地完成了它作为“世界银行家”的工作。其发行成本肯定要比伦敦高，但这是因为需要支付更高的利息以吸引那些仍然对外国证券持有怀疑态度的美国民众。正因为如此，随着上市股票的突然增多，资金从外国债券大量离开又以短期贷款的方式流向了股票经纪人。外国债券的发行量在 1927 年至 1929 年间从 13.38 亿美元下降到了 6.73 亿美元。[124]不管国际环境怎样，即使外国银行贷款给了股票经纪人，甚至大量的国外投资者（尤其是英国的）在纽约证券交易所公开进行投机，市场崩溃都主要是美国的事情。另外，最近的研究表示，“黑色星期四”不能够归咎于外部冲击——比如欧洲股市的下跌，尤其是伦敦和柏林的股市。它们在很大程度上都是独立于纽约市场的，而且它们在 1928 年末和 1929 年初的衰退更应该被看成是纽约快速崛起的结果，而不是导致 1929 年 10 月大崩盘的原因。[125]

那么这次崩盘的原因是什么呢？市场在 1925—1929 年的快速发展可以主要由美国公司的繁荣来解释，它们当时使用了生产合理化和新的管理方法。当时的“领头羊”，像美国广播公司或者通用汽车公司，很好地说明了利润的存在和这些公司的发展前景。然而尤金·怀特（Eugene White）的分析认为泡沫从 1928 年开始就形成了，主要是由于对基础资产的估值存在困难——换句话说，是对股票价格和公司能够长时间保持相应红利水平的能力之间的正确关系的把握存在困难。这种估值总是对新技术公司比较偏爱，甚至在公司还没有获得足够的利润前就可能被认为前景非常光明。的确，正是这些公共事业的股票在当时被高估得最多，而且过高的股价在当时就已经受到人们的注意。股票经纪人向客户发放的证券抵押贷款的利息 182
在 1929 年大幅上涨，抵押品的价值看来越来越不确定了。[126]

由于衰退的迹象越来越明显，公众的信心在 1929 年夏天开始动摇，而股票的价格则在 10 月初开始下跌。经纪人迅速被狂潮般的卖单淹没，催缴保证金的电话越来越频繁，而自动收报机的纸条也拖得越来越长。在没有进一步的股票价格的信息下，投资者不知道自己所处的位置。10 月 24 日，星期四，恐慌第一次笼罩了证券交易所；第二次则是在 10 月 29 日，星期二，在市场的主要参与者试图稳定市场价格而未能成功之后。[127]在纽约联邦储备银行的支持下，纽约的银行迅速地增加了它们的贷款以力图避免发生普遍的流动性丧失和一系列的银行破产。在和 8 月份的最高点相比已经损失了 30%的情况下，纽约证券交易所在 1930 年的第一个月稳定了市场。同时稳定下来的还有生产和就业指数。类似地，国外贷款的发行也重新开始：在美国国内，1930 年的发行量是 10 亿美元多一点，而在 1929 年时只有 7.5 亿美元。[128]从世界水平看，则多亏了 1930 年 6 月发行的价值 3 亿美元的"扬贷款"（Young loan）[129]——它是德国赔款再安排计划的一部分以及国际清算银行的基础。但是在联邦储备委员会越来越紧迫的限制政策下，经济危机使得这个国家陷入衰退，并对纽约市场在 30 年代的发展产生了极为不利的影响。

危机的影响

值得注意的是，30 年代早期的"大萧条"是 20 世纪最严重的经济危机。产量的大幅下降、世界贸易的衰退和失业率的急剧上升是它最显著的特征。从 1929 年到 1932 年，世界工业产值下降了 36%，世界贸易量和贸易值分别下降了 25%和 48%，工业品价格下跌了 26%，原材料价格则下跌了 56%。[130]1930—1933 年，德国的平均失业率达到了 34.2%，而美国也达到了 28.4%，它们是受萧条影响最大的两个国家。[131]

柏林和银行危机。证券市场崩溃的影响很快波及了各大金融机构。意
183 大利的大银行[132]在 1930 年经历了异常严重的困难，而维也纳的安斯塔特信用社（Credit-Anstalt）也于 1931 年 5 月破产。在主要的金融中心中，柏林受到危机的影响最为严重。[133] 1931 年 7 月 13 日，达纳特银行（Danat Bank）由于受纺织业巨头北方羊毛公司（Nordwolle）倒闭的影响而关门。这极大地刺激了其他银行的存款者的神经，他们纷纷挤兑，并导致当局决定只支付要求提款的 20%，换句话说，暂停了银行的支付。在危机发生后，德国的银行首先受到的是流入德国的国外资本中断的"惩罚"，而整个信贷体系都要以这些资金为转移。然后，随着危机的持续——首先是总理布吕宁（Bruning）的通胀政策和国际上的紧张局势，它们不得不和国外资金的大量抽离作斗争。最终，在 1931 年 7 月，它们已经不能从德国国家银行获得任何再融资。德国国家银行的黄金和外汇储备持续萎缩，它曾试图获得

国外贷款但没有成功，并使银行券跌到了法定价值的最低值。

德国政府的干预最终结束了恐慌。政府命令所有的银行立即关闭两天——而在此期间，德累斯顿银行宣布破产并且政府于 7 月 15 日开始了外汇管制。因此，德国实际上是第一个离开金本位体系的国家。德国马克的平价关系被继续维持，但它由于限制资本、黄金和外汇的自由流动而受到了保护。然而国家干预更进一步加强。在政府的支持下，德国国家银行建立了承兑和担保银行来为商业银行和存款银行提供信贷。另外，政府实施了主要的重组工作——几乎国有化了所有的大银行。它将德累斯顿银行和达纳特银行合并为一家新的机构，而 91%的股份由国家和德国国家银行持有。同时，当局最终还持有了超过 50%的商业银行（Commerzbank）的股票和大约 35%的德意志银行和贴现公司的股票——两年前，这两家公司进行了德国银行史上最大的一次合并。[134]在柏林的所有大银行中，只有柏林商业银行安然地渡过了危机。所有这一切都大大地削弱了柏林金融中心的地位，并使其在大的国际金融中心的行列中的位置不复存在。而这种状况在“第三帝国”的独裁政策和它紧密控制信贷体系的情况下很难获得改善，尽管大银行此时重新进行了私有化。

伦敦和金本位制度的结束。危机从柏林转移到了伦敦，不过这次陷入
危险的并不是大银行。和其他金融中心不同的是，金融城的大银行维持得 184
不错。在此期间，英国没有一家主要的银行被迫关门。相比之下，商业银行受到的打击则要大得多。随着国际贸易的减少，从 1929 年到 1933 年，伦敦贴现市场上的外汇票据的价值从 3.65 亿英镑下跌到了 1.34 亿英镑。德国实施的外汇管制则给了它们更为严重的打击。和“魏玛政权”的谈判在 1931 年 9 月达成协议：德国的商业债务的利息将使用可兑换货币进行支付，而本金可以暂不支付。其他的一些协议在 1939 年 8 月之前陆续完成，但这些款项直到 50 年代才被还清。在 1914 年，首当其冲的是那些为德国的贸易进行融资并且最后持有大量无法兑换的承兑票据的银行。到 1936 年，克莱沃特银行持有的这样的票据有 9 300 万英镑（是公司资产的 3 倍），施罗德也有 4 900 万英镑。[135]当这两家大公司依靠自身的资源和来自西敏寺银行的贷款从危机中解脱出来时，那些还没能完全从第一次世界大战的影响中恢复过来的小公司，像 Fedk. Huth 和 Goschen & Cunliffe 等，就在这次事件后销声匿迹了。

但金融城的真正危机是英镑贬值。它从根本上破坏了金融城一个多世

纪以来获得的领先地位。[136]英镑贬值的压力从它在1925年回归金本位制后就一直存在，但在1929年情况变得更加严重。当时人们因为广泛认为英镑被过于高估而对它失去信心，英格兰银行不得不面对越来越频繁的黄金兑换。1931年夏天，三重原因导致了整个局势恶化：首先，德国的危机使人们认为参与德国业务的英国银行失去了价值；其次，根据7月13日公布的麦克米兰委员会（Macmillan Committee）的报告显示，伦敦的短期债务和英国的黄金储备存在大量的缺口；最后也是最重要的一个原因，根据7月31日梅委员会（May Committee）对政府公共财政的调查结果显示，当时的预算赤字的规模已经达到了令人担心的程度（尽管在今天看来并不惊人）。危机随后延续到了政治领域。面对英格兰银行提出的实施强制措施的要求——正如梅委员会报告所建议的那样：减少失业率将有利于顺利地得
185 到美国和法国提供的总计8 000万英镑的两笔贷款，工党政府在8月24日遭到解散，取而代之的是国民联合政府，而首相仍然由工党总理拉姆齐·麦克唐纳（Ramsay MacDonald）出任。9月10日公布的新的预算报告并没能缓解人们的忧虑，相反，皇家海军发生叛乱的消息使得情况更加恶化。民众继续排队提款，尤其是在阿姆斯特丹的银行发生破产之后。1931年9月21日，英国政府停止了英镑对黄金的兑换并从此和主要的货币保持着浮动的关系。此外，25个国家跟随了这一趋势，主要是原属英联邦（除了加拿大和南非）、斯堪的纳维亚和东欧的国家，以及英国的主要贸易伙伴——阿根廷和葡萄牙。

放弃金本位制是伦敦金融中心历史上的一个关键转折点。人们对“永远坚挺”的英镑的信任大大地动摇了。尽管金融城并没有受到很大的影响，或者说并没有在国际贸易的崩溃中遭受巨大的损失，但是它的威望和影响力再也不能回到以前的地位了。首先，和纽约或者巴黎相比，它的地位已经被动摇。虽然巴黎对英镑的衰落并没有起到直接的作用，但巴黎的黄金储备和国外资产的规模有力地提高了巴黎的地位，这使得伦敦相对逊色。对于许多法国评论家而言，巴黎的时代已经来临。正如皮尔·考斯特（Pierre Coste）在1932年2月出版的一本关于三大金融中心的书中所写道的那样：“现在，巴黎看似在金融霸权的争夺中赢得了胜利。”但他也清楚地意识到，“这种局面，更多地应该归因于特殊的国际环境，而不是法国的实力或者威望。如果随后的发展不利于我们的国家，情况将会很快改变”。[137]

混乱中的巴黎和纽约。事实的确是这样。英镑的贬值使危机对法国的

影响从1931年开始不断加深。银行业也不能幸免于难。从1929年10月到1937年9月间，法国一共有670家银行破产，其中大部分是小的地方银行或区域银行。[138]在巴黎，法国的第四大存款银行——国家信贷银行（BNC）在1931年破产（在政府的帮助下，次年它以国家工商银行（BNCI）的名字重新开始营业）。[139]作为一家受危机严重影响的主要银行，巴黎联合银行经受了非常大的困难并在1932年濒临破产的边缘。但法兰西银行和巴黎的其他主要银行的联合干预挽救了它。[140]另一方面，在巴黎建立货币市场的努 *186*
力从1931年开始便徒劳无功，法国贴现银行的承兑票据从1930年的5.65亿法郎下降到了1934年的5 300万法郎。至于国外发行，它在20年代从未真正起飞，到30年代则几乎完全停止。[141]从1933年开始，法郎的压力便越来越大。货币当局决定和其他国家（像比利时、荷兰和瑞士）一样不采取贬值，并决定实施货币紧缩政策——这导致法国陷入了更深的经济萧条。在一个对国际金融中心非常不利的经济和政治环境下，贬值的决定最终由“人民阵线”政府在1936年9月26日作出。[142]

英镑的贬值同样对美国造成了影响。美元面临的压力和美联储有记录以来最大的黄金流失导致了美国于1931年10月相应地提高了它的贴现率，并开始着手实施紧缩政策——而这进一步加剧了萧条的程度。银行破产在全国范围内不断发生，有超过10 000家银行在1933年前关闭了大门。[143]资本市场也受到了撼动：发行量从1929年的80亿美元减少到了1933年的1.6亿美元。[144]新总统富兰克林·罗斯福（Franklin Roosevelt）在1933年4月19日作出了美元贬值的决定，这对美国经济而言无疑是一剂强心针。但纽约发现自己在20世纪20年代获得的国际金融中心的地位丧失了。作为它的专长，外国贷款在1931年的业务量下降到了不足3亿美元，比伦敦还要低。而到1932年和1933年更是低于1亿美元。

苏黎世和日内瓦的30年代。危机并没有放过处于第二梯队的金融中心，瑞士就是其中之一。在1932年，德国欠瑞士的债务估计有27亿德国马克，其中包括11亿德国马克的短期银行贷款和2.96亿德国马克的长期贷款。[145]至于德国的其他债权国——首先是美国和英国，它们的短期债务则多亏了一系列的清算协议而可以延迟到1945年。所以瑞士在短期债务中所占的比例要大得多。[146]从国外业务来看，八家大银行受到的打击最大。从1930年到1935年，它们的资产锐减了一半，而利润也下降了三分之二。[147]除了最大的两家公司——瑞士银行公司和瑞士信贷银行外，其他的银行都不得不

同意减少其股权资本。总部设在伯尔尼的瑞士人民银行（Schweizerische
187 Volksbank）因为20年代扩张过快（尤其是对德国的贷款业务）而面临破产，但它最后被政府挽救了过来。[148]银行的境遇由于瑞士法郎的压力变得更为糟糕，尤其是在1931年的英镑贬值和1933年的美元贬值之后。市场预期“金块本位”（Gold block currencies）货币即将贬值，包括瑞士法郎。资本从30年代开始流入瑞士，尤其是在德国发生政治和经济困难以及国际环境发生动荡以后。到了1933年，资金开始大量撤离。而到1936年9月26日，瑞士法郎贬值了30%后，它们又重新流回了瑞士。

银行危机在日内瓦尤为严重，并且最终导致了这个城市最主要的商业银行破产。第一个受到冲击的是日内瓦银行。它是一家半公有性质的银行，由“激进派”政府在1848年建立并于1899年放弃了证券发行权。[149]从那时开始，它便一直开展它的商业银行业务（尤其是在海外）并且尝试进行风险交易。从1931年早期开始，它面临困难的消息被公开，随即引起了社会党及其领导利昂·尼科尔（Leon Nicole）的反对。最终，日内瓦银行在紧张的政治环境下不得不在1931年7月11日破产。它的破产并没有引起贴现公司较多的关注。贴现公司是日内瓦的主要商业银行，从1914年开始就位列瑞士的八大银行之列。因为广泛参与德国的业务，它在德国的银行危机中遭受重创。政府为了支持它采取了大量的措施，并在1931年8月将它和日内瓦联合银行合并；另外，瑞士银行公司和瑞士信贷银行联合提供了3 000万法郎的捐助。尽管有了这些帮助，它在1933年初期仍然处境困难并向政府要求新的援助。最后，它不得不在5月前和日内瓦存款与信贷银行再次合并为瑞士贴现银行。随后情况有了一些好转。但是由于社会党在1933年12月的州县选举中获得了多数席位，由此引起的信任危机导致了新一轮的银行危机。由于州政府拒绝注入新的资金，瑞士贴现银行不得不于1934年4月30日关闭大门。[150]从那时起，和专长于财富管理的私人银行、外国银行和地方特色银行一起，大的瑞士银行在日内瓦市场站稳了脚跟。

管理与衰退

188 在这段经济停滞、大量银行破产以及“孤立主义”盛行的时期，政府越来越多地干预经济事务。主要的金融中心被迫撤回国内以期重新获得昔日的生命力。银行破产和金融机构引发信任危机是政府干预银行和证券交易所的主要原因，也是确保经济和金融体系稳定的必然要求。不过我们不能低估当时盛行的意识形态以及人们对工业国家的市场机制不断增加的不信任。在 20 世纪 30 年代，人们讨论的焦点是这样两个问题：商业银行和投资银行的关系、金融市场的监管原则。

“新政”改革。美国是第一个进行相关立法并持续深入的国家。在 1932 年夏天危机达到最高峰的时候，总统赫伯特·胡佛（Herbert Hoover）发起了一项历时两年的、关于证券市场运行情况的调查。[151]调查结果显示，一些著名的金融家的不胜任和弄虚作假的行为以及无能很难给华尔街带来任何荣耀，只会留给公众强烈的负面印象。国民城市银行的主席查尔斯·米歇尔（Charles Mitchell），由于被指责违反了道德准则而不得不在听证期间递交辞呈。另外还发生了一些轰动的案件，比如理查德·惠特尼（Richard Whitney），纽约证券交易所前主席，他因大量挪用客户资金而被判入狱；财政部前部长安德鲁·梅隆（Andrew Mellon）则被指控逃税，但法院最终宣判他无罪。

正是在这样的情况下，“新政”框架下的美国金融市场的剧烈变革才得以实施。[152]两个法案在 1933 年被通过：一个是关于资本市场的《证券法》，另一个则是和银行密切相关的《银行法》（更广为人知的名称或许是以两位发起人的名字命名的《格拉斯-斯蒂格尔法案》）。《证券法》包含了大量旨在提高交易所上市交易的证券的信息质量的条款；《银行法》则要求商业银行业务（吸纳存款和发放贷款）和投资银行业务（证券的发行、销售和交易）完全分离——母公司和子公司之间的业务交叉，或者存在于这两类业务中的公司之间的交叉持股、交叉控制都在限制范围之内。在实践中，商业银 189
行将参与证券交易的子公司分离了出去，而大量的私人银行则选择了投资银行业务。最大的例外是 J. P. 摩根公司，作为华尔街最著名的银行，它选择成为一家商业银行。这个决定导致了一些合伙人退出，他们成立了一家新的投资银行——摩根士丹利（Morgan Stanley）。《格拉斯-斯蒂格尔法案》还引进了联邦存款保险制度，它对于联邦储蓄系统内的银行是强制的，但对于其他银行是可以选择的或者是有条件的。投保的机构根据它的总资产的数目支付一定比例的保险费，用作银行破产时存款者的保证资金。在该法案通过后的 6 个月内，有 14 000 家银行决定为它们的客户进行保险，每笔存款的最大保额为 5 000 美元。另外一个联邦法规——“Q 条例”，对银行为储蓄存款支付的利率设定了最高限额。正如金融史学家理查德·塞拉（Richard Sylla）指出的那样，《格拉斯-斯蒂格尔法案》的诞生更多的是和人们的观念有关，而不是和它的实际作用有关。人们不应该简单地将它看成是金融投机的矫正方法或者是商业银行与投资银行间利益冲突的解决手段。它根源于美国民众内心对金融集中和金融权利潜在的不信任，这一点从世纪初的普约调查委员会的报告中就可以看出来。[153]随后，其他的一些法律完成了整个“新政”的立法过程。尤其是1934年成立的证券交易委员会（SEC），深刻地影响了纽约市场在1945年后的运行情况。

欧洲大陆的银行立法。欧洲的很多国家也采取了类似的政策。拿比利时来说，它在1934年8月22日颁布了第一法规，要求混业银行将它们的存款银行业务和投资银行业务进行分离。从那时起，比利时通用公司就将它的商业银行业务集中到了一家新的公司——通用银行公司——也就是后来著名的通用银行（Generale de Banque）。1935年7月9日公布的第二部法规再次重申了废除混业银行的规定，并宣布所有具有银行特征的机构将由一家新的机构“银行业委员会”进行管理。诚然，这些措施很大一部分是由银行家们自己提出的，他们焦虑地希望恢复对市场的信心。[154]

然而，全能银行在德国存活了下来。虽然如此，但由于银行业与工业之间的紧密联系，是否废除全能银行却引起了反资本主义者、反犹太主义者和惧怕银行权力的政客们的激烈争论。另外，就在1931年7月，总理布
190 吕宁“清洗”了所有大银行的管理层，并在同一年设立了一家新的监管机构。在纳粹政府的授意下，1934年12月颁布的银行法将危机的原因归结为某些个人的过失，而不是银行体系的缺陷。它加强了银行监管的力度，并对长期存款和银行控股其他公司的行为进行了限制。尽管全能银行存活了下来，但是政府相应地增加了对它的控制。所有的这些措施都使得大银行边缘化，在纳粹统治下，它们无论如何都是不受欢迎的。[155]

其他一些更为严厉的法律也加快了德国银行业环境的改变。这些法律的目的就是将犹太人从商业活动中驱逐出去。犹太人的离开并不是同步进行的，多数大银行的犹太人经理在1933年和1934年时离开了自己的岗位，像德意志银行的奥斯卡·瓦塞尔曼（Oscar Wassermann）、西奥多·法兰克（Theodor Franker）和乔格·索姆森（Georg Solmssen）（虽然他只是基督徒），以及另外一些人一直待到1938年才离开，如柏林商业银行的汉斯·冯斯滕伯格（Hans Furstenberg）。[156]在夏赫特担任财政部部长期间，也就是说，直到1937年9月，最杰出的私人银行没有受到任何威胁，他认为这些银行在海外的关系网络非常重要。没收犹太人公司的行动在1938年重新开

始，并在经历了 11 月 9 日和 10 日的“水晶之夜”后强制执行。一些银行决定将自己出售出去，像门德尔松公司就在 1938 年 8 月将自己卖给了德意志银行。其他的银行则选择将资产和管理权转移出去，像 M. M. 沃伯格公司就将名字换成了以它的两位新管理者命名的布林克曼和魏兹公司（Brinkmann，Wirz & Co.），沃伯格家族在其中拥有 25%的股权。[157]

在瑞士，1934 年颁发的联邦银行法并没有禁止全能银行的存在，它唯一的作用就是允许政府对银行业务进行轻微的干预。[158]不同的是，它设定了批准机构开展业务的一般准则（包括成立国外银行），强调了高级管理层的职责，包含了流动性资产的条款，规定了股权资本和存款的最低比例，并将整个系统的监管权赋予了一个独立的委员会——联邦银行业委员会。1934 年的银行法首先是因为它的第 47 条银行业保密条款而闻名。这条条款 191
的作用很难具体量化但肯定非常重要，它在瑞士金融中心随后的发展中起到了非常关键的作用。[159]该条款规定，如果相关人——银行职员、经理、主管、审计人员和监管者泄露了商业信息（首先是客户的名字），将会被处以罚款或者最多 6 个月的监禁。[160]银行业务保密规定从 19 世纪开始就已经是瑞士银行业的一部分，但只在某些州县被明文规定。它在 1934 年的银行法中被引入，它的适用范围覆盖了全国，并且赋予了泄密者犯罪的特征。这种变化主要可以由制定银行法时的历史环境来解释。“条款 47”的通过并没有经过很长时间的讨论，但它对整个瑞士银行业非常重要。一方面，它禁止任何向监管部门报告的信息被泄露，而这是瑞士的银行当时最害怕的。另一方面，它加强了对国外存款者的保护力度——保证他们是匿名的，因此增强了吸引国外资本的能力。这是瑞士金融中心进行竞争的一个主要优势。当时，德国和法国当局正采取外汇管制来控制资本外逃并加强对逃税的惩罚力度，另外它们还暗中调查并报复瑞士银行。

瑞士银行业盛行的不成文的规定通常和“盖世太保”的特务有着紧密联系——当时他们声称引诱银行的职员泄露了部分德国客户的名字，而这些人随后在莱茵河的对岸被判了重刑。银行因此开始使用编号账户，而账户拥有者的真正身份只有银行的管理层才能知道。最近的研究倾向于认为这并不是银行业务保密的主要原因。然而，这种传统毫无疑问是当时瑞士银行业和它们的外国客户普遍惧怕的准确反映。

至于英国，它避免了对银行业加大监管力度的做法。这可能是因为英国在 30 年代没有发生任何银行破产，也可能是因为它的整个金融体系比其他国家更为专业，并且英格兰银行的监管非常有效。法国也一直维持着原样，直到 1941 年“维希政府”引进了一项新的法规并在 1944 年实施。这个
192 法规控制和监管了银行业的所有活动，因此银行不得不根据它们的业务类型进行注册。这项法规对投资银行和存款银行进行了明确的区分，并且根据业务和客户来源的不同分别定义了很多的专业机构，如金融公司和贴现公司等。[161]

资本流的重新定向。银行法并不是 30 年代国际金融业务崩溃的真正原因。经济的衰退首先是因为萧条的持续、国际贸易的减少、政府主义的盛行（采取竞争性贬值和保护性关税）和恢复国际合作的尝试失败。在这样的国际环境下，主要金融中心中的活动自然会更多地呈现出国内化、本土化的特征。这种改变并没有对纽约造成真正的影响，因为它作为国际金融中心的时间相对较短，并且，在整个 20 年代它的首要任务是为美国经济进行融资。柏林也是一样，经济领域的金融资本完全在独裁政府的掌控之下。

伦敦的情况则不同。它的繁荣在很大程度上一直依赖于它的国际业务——这引发了关于它是否应该对国内的工业问题负责的激烈讨论。在 30 年代，金融城的衰退首先是由于大英帝国在经济领域的衰退引起的。虽然它在英镑区仍然起着很大的作用，但它的作用再也不是世界水平上的了。英镑区实际上是由众多的和英国有着政治或经济联系的经济体组成，它们的政府决定将自己的货币和英镑维持在一个固定的汇率上，即使采用外汇控制的手段。在一开始，它包括了英联邦国家（加拿大除外），1933 年又加入了斯堪的纳维亚地区的国家和泰国，准会员还包括阿根廷、玻利维亚、希腊、日本和南斯拉夫。英国在 1931 年末转向贸易保护主义并在 1932 年实施帝国特惠关税，此后，英镑区实际形成了一个贸易集团。它对金融城的重要性在发行领域表现得非常显著。尽管在 1931 年后大英帝国之外的国外贷款发行几乎完全停止[162]，但英国发行的贷款却贯穿了整个 30 年代，一共达到了 1.867 亿英镑，也就是伦敦在 1931—1938 年的发行总量的 17%。[163]
193 事实上，国外发行业务作为一个整体在 30 年代下滑了很多，这迫使那些主要依赖于此的商业银行更多地关注国内的经济。

短期资本流动在“大萧条”及随后的若干年内并没有停止。不过它们采取了不一样的方式和流动方向。不同于 1914 年前的正常情况，甚至和 1920—1931 年间的情况也不相同。它们不再是从传统的资本输出国开始，然后在欠发达国家结束。它们走了一条完全相反的道路。一部分原因是由

于经济的状况导致债权国收回了投资在外的资产，另一部分原因则是因为政治因素导致大量的资本外逃。这些资本首先是被转移到了美国，从 1934 年到 1937 年有 55 亿美元的资金流入了美国；然后是英国，从 1931 年到 1937 年英国接受了 40 亿美元资本；而后是其他小的中立国，像瑞士和荷兰，在此期间则分别接受了大约 3.4 亿美元和 2.9 亿美元。这些资金大部分是来自德国和法国（1926 年法郎稳定后引来的资本流入在经历了英镑贬值、黄金禁运和“人民阵线”政府掌握政权之后变成了资本流出），还有少部分是来自比利时。[164]

第二次世界大战

对于国际金融中心来说，第二次世界大战和第一次世界大战既有相似之处，又有不同之处。相似之处在于，两次战争都意味着经济的衰落，金融资源在支持战争中的运用，以及重新出现国家对经济的干预。当然，它们还意味着奔赴前线、死亡、受伤和物资损耗。不过，它们也有不同之处。首先，第二次世界大战处于人们的预料之中，并且战争的爆发并没有伴随 1914 年夏天在主要金融中心出现的危机和恐慌。其次，国家对经济的控制和第一次世界大战时相比更为有力。而且，对于发动一场现代战争而言，银行家和金融家能够参与其中的融资机会更少。最后，无论是德国对巴黎、阿姆斯特丹或布鲁塞尔的占领，还是处在不断轰炸中的伦敦和柏林，大多数主要的金融中心在战争中都饱尝了战火的滋味。

资本转移

资本转移的活动在战争中从未停止过。不过，它们主要是发生在两大 194
阵营中的某一个阵营内部。在同盟国这一边，美国是最大的资助者，没有任何一家银行或者银行集团可以与 1914—1917 年间的 J.P. 摩根公司相比。美国的援助并不是采用贷款或信贷的方式，它向与德国、意大利交战的国家，以及后来向日本开战的国家直接提供军事物资和服务，并且这一切都是无偿的。这个在 1941 年被采用的、旨在保护美国国家安全的项目就是后来广为人知的“租借法案”。到战争结束前，这种转移累计达到了近 500 亿美元，包括苏联在内的 38 个国家从中获益，但其中三分之二流向了英国。

英国还从其他的国家获得了信贷支持，主要是英镑区的国家。事实上，它将大量的输入资本以英镑的方式支付到这些国家在伦敦的账户上，并予以冻结。这就是英镑的收支平衡情况。在 1945 年这些资金超过了 30 亿英镑，其中有 10 亿多英镑来自印度，3 亿英镑来自澳大利亚、新西兰和南非，大约 1 亿英镑来自阿根廷。这使得英国可以运用远远超过自身的资源来为战争进行融资，而不用担心破产或者危及英镑的国际地位。然而，这也造成了英国在战后很长一段时间内负担沉重。[165]

在轴心国内部，第三帝国（指希特勒统治下的德国）充分利用了占领国的资源。在这里我们只讨论资本转移的话题。最显著的是被占领国支付给德国的占领费，这部分资金达到了德国战争期间税收总和的 40%。支付最多的是法国，大约每天要支付 2 000 万德国马克。在 1 马克兑 20 法郎的高估汇率下，这笔金额超过了占领这个国家的德国军队的维持费用。从 1940 年到 1944 年，法国支付的占领费一共超过了 6 000 万法郎。[166]以当时的汇率计算，大约 125 亿美元左右，相当于美国在战争期间租借款项总额的四分之一！

最后，资本转移是通过中立国进行的，尤其是通过瑞士——由于它的
195 货币在战争期间是唯一可以和黄金自由兑换的欧洲货币。同样地，瑞士法郎在国际贸易中的需求非常大。在这中间，最重要的是德国为了获取瑞士法郎而在瑞士进行的黄金出售。它需要用瑞士法郎向其他的中立国——西班牙、葡萄牙、罗马尼亚和土耳其等购买军需品，比如石油和钨锰铁矿。这些国家不愿意持有过多的瑞士法郎储备，最终它们会要求瑞士用黄金支付它们在经常账户上的盈余。瑞士法郎因此成为了一种非常便捷的支付方式，尤其是在当时人们对德意志银行的黄金来源持有怀疑态度的情况下——其中一部分黄金被怀疑是从被占领国的中央银行抢劫来的，首先是比利时和荷兰的中央银行。很多人认为这是对纳粹偷来的黄金进行清洗的行为。在战争初期，德国在瑞士公开市场上直接出售金条或者金币。但从 1941 年 10 月开始，瑞士国家银行集中了所有的黄金交易。德意志银行从那时起不能再和瑞士的商业银行做交易了[167]，因此从 1940 年到 1944 年它只通过瑞士国家银行卖出了价值 1.12 亿法郎的黄金。不过同时，瑞士国家银行也聚集了 12.31 亿瑞士法郎（相当于 2.86 亿美元）的资金。这笔金额和被占领国家强制转移的资金相比少得可怜，但这种交易策略对德国的重要性不应该被低估。另外，它还从同盟国那里购买了价值 29.77 亿法郎（接近

7 亿美元）的黄金，比德国购买的还要多。这些黄金部分是来自瑞士和其他经济体之间的贸易顺差，但首先是来自瑞士在美国投资的收益盈余。[168]

适应战争经济

这些资金的流动对恢复主要金融中心的活力并没有起到多大的作用。它们的国际活动从 20 年代末就开始放缓，尤其是国外发行，而国内业务则占据了中心地位。

对于华尔街来说，战争的发生和国际活动的减少意味着美联储和它的主席的影响力相对减弱了，而设在华盛顿的董事会的力量则有了很大提升。后者继续实施着它从 1937 年以来一直执行的货币政策。在战争期间，它将贴现率维持在 1%，从而允许联邦政府以一个非常低的资金成本为公共债务融资。美国的公共债务在 1941—1945 年从 480 亿美元上升到了2 600 亿美元。投资银行在财政部发行的七次战争贷款中承担了部分的证券销售工作，但是它们并没有从中获利，甚至连成本都没能收回。与此同时，为了私人公司的利益而发行的证券从 1941 年到 1943 年下降了一半。[169]而商业银行的活动则集中在战争融资这一块，它们的新债务中有 90% 是美国的政府债券。[170] 196

还未从“大萧条”冲击的影响中完全恢复的证券交易所也遭受了重创，尤其是在战争的初期。在纽约证券交易所，上市公司数量的下降和美联储对保证金购买的限制使得股票交易量直线下滑，甚至比大萧条时期还低。至于股票价格，它们则随着消息而不断波动。[171]股价在 1939 年 9 月上升了 10%，当时投机商们希望看到美国公司的利润因为法国和英国军队的订单而大幅增加；随后，它们在 1940 年 5 月到 6 月又下跌了 20%；下跌的势头一直持续到 1942 年 4 月中旬，当时它们和战争前的水平相比下降了 40%。罗斯福在 1942 年 4 月 28 日的一次非正式谈话中，宣布将采取配给措施并广泛实行限价政策，这使得股票价格重新上扬，因为投资者将通货膨胀和第一次世界大战的衰退视为同等的威胁。纽约证券交易所随即恢复强势，股票价格到 1945 年 9 月时已经翻了一倍。

在伦敦，战争强化了财政部的政治威信和决策权力，而英格兰银行主要是扮演政策实施者与金融城之间的中介。[172]和第一次世界大战期间的情形一样，在商业活动（国际贸易和外汇交易）急剧萎缩和政府干预（政府直接购买，租借法案和公共债务[173]）不断增加的情况下，商业银行损失惨重，不论是承兑票据、外汇还是发行业务。如果不是政府的干预，商业银行应该恢复得更好一些，但政府在监管的同时也是商业银行的最大客户。商业银行受到明确的指示将资源用于为战争融资。举例说，1945 年 8 月，政府票据占据了米德兰银行存款总额的 82%。[174] 在伦敦证券交易所，交易量在战争的前两年下跌了 80%，直到 1942 年才重新开始上升。尽管公共债务增长很快，在 1939—1945 年从 71 亿英镑上升到了 211 亿英镑，但政府债券
197 并不是证券交易所最活跃的交易品种。英国政府试图绕过证券交易所直接向公众发行债券。股票价格在 1940 年触到了底部，当时“闪电战”将金融城的三分之一变成了废墟，然后它们从 1941 年 6 月开始平稳地上升。《金融时报》工业指数在 1941 年末是 79.7 点，12 个月后上升到了 93.7 点，到 1943 年 12 月时更是达到了 103.1 点。到战争结束时，它已经从最低水平上升了 60%。[175]

在巴黎，法兰西银行负责将占领费通过为“帝国信贷基金”专门设立的账户转移给德国，而财政部每十天需要向这个账户支付 40 亿法郎。它的领导伊夫·博埃萨格（Yves de Boisanger）试图通过和德国的协商来减少支付的金额，但最终没有成功。另外，在 1942 年拉瓦尔（Laval）回来后，协商的事情已经不属于他的职责范围了。[176] 尽管法兰西银行希望控制通货膨胀，但它还是根据政府的要求支付了所有的预付款。在证券交易所，远期交易被禁止。大量的流动性资产使得现货的交易量在 1941 年后不断上升，股票价格在当年就翻了将近两倍。不论是从票面价值还是佣金的角度，它都已经恢复到了 1936 年时的水平。[177] 至于大银行，它们的业务仍然非常萧条。外汇交易直线下挫，海外贸易融资没有任何增长，而现金支付的流行更是对它们的贴现业务造成了致命的打击。和其他国家一样，它们的资产中包含了越来越多的政府债券——举例说，在 1945 年，政府债券在里昂信贷资产中所占的比例将近 90%。[178] 尽管大银行在公共和私人发行业务上的佣金收入不断增加[179]，但利润经过通胀折算后还是大幅下降了。[180] 就私人银行而言，犹太人的公司是德军占领法国和“维希政府”后实施的反犹太政策最大的受害者。1940 年，542 家银行中有 30 家被银行业管理委员会认定为犹太人银行。它们中的多数都遭受了重创，包括拉扎兹公司。其他的则被“雅利安化”，罗斯切尔德公司的资产就遭到了法国政府的没收。不过
198 它们中有 23 家银行设法度过了这段黑暗的岁月——通常这都多亏了它们临时的非犹太伙伴。[181]

在柏林，政府的力量完全凌驾于银行之上，这种地位在希特勒的独裁统治开始时就得以建立，并在战争期间得到了加强。银行退化成为只是将私人存款转移到政府保险库的行政单位。从 1942 年开始，人们发起了一场限制政府权力的运动。在这场运动中，银行被迫裁减它们在国内的分支机构，并在控制其他公司上受到限制。事实上，大银行参与了德国的经济侵略，但它们在欧洲占领区的快速扩张通常是由于政治上的指示而不是出于经济上的考虑。正如哈奥德·詹姆士（Harold James）所写的那样：银行家们发现自己在政权中越来越被边缘化，于是他们舒适地躲在自己执著的经济理性中并忘记了自己的业务。因此，他们在随后德国的道德灾难中也起了不小的作用。[182]

瑞士的情况也差不多。在战争年代，政府对金融事务的干预越来越多。在黄金的自由兑换受到限制的同时，银行家们发现他们的贸易融资业务也萎缩了。瑞士的大多数海外贸易都受到了“瑞士临时办公室”的管制。[183]和其他国家一样，它们当时的主要业务就是为国家的需要进行融资。政府债券很快在它们的资产中占据了主导地位。业务的萧条无疑导致了利润的大幅下滑[184]，尽管它们和德国的企业有很多业务往来——在银行方面，瑞士信贷银行和德意志银行之间有着很紧密的联系，而瑞士银行公司和德累斯顿银行的来往也很频繁。在制造业方面，它们和 IG 法布公司的联系也很紧密。[185]此外，银行由于在英国和美国的资产被冻结而受到不小的打击。瑞士证券交易所的交易也受到了影响。和 1938 年相比，它在 1940 年的水平下跌了 50%。尽管在随后的几年内有所上升，但直到 1946 年才回到战前的水平。

正是第二次世界大战终结了 19 世纪以来以英国为中心的世界经济秩序。在此之前，第一次世界大战和 1931 年的英镑贬值已经给伦敦金融城带来了巨大的打击。第二次世界大战巩固了美国的经济和金融霸权，并且将纽约推到了国际金融中心的最前端。但是危机和战争留下了很深的印记。对于政治家们而言，经济发展和充分就业现在比市场自由化和资本流动更重要。而需要很长的一段时间，各大金融中心才能从国家的紧密控制和管制中解脱出来。 199

第5章　发展与监管

(1945—1980年)

200 第二次世界大战后的30年是欧洲的“黄金年代”，法国人称其为“30年的黄金发展岁月”。在这段时间里，西欧的国家经历了它们历史上最快速的发展。从1950年到1973年，它们的人均GDP以平均每年3.8%的速度增长，这和1913年到1950年的1%以及整个20世纪的2%形成了鲜明对比。增长最快的是德国（5%），然后是法国（4%），之后才是英国（2.5%）（不过这已经比同时期的其他主要欧洲国家要高很多）。[1]欧洲人希望通过一代人的努力至少能够拉近和美国之间的差距，即使还无法赶超美国。1950年，欧洲人的平均收入仅为美国人的50%，但到1973年时，这个数字已接近四分之三。[2]毫无疑问，欧洲进入了大量消费的时代。日本的经济发展则更为惊人。由于年平均增长率达到了 8%，它到 1973 年时已经成为世界第二大经济体。在那时，它的 GDP 达到了德国的 1.5 倍。而在 1950 年时，它还只是第六位，排在意大利的后面。[3]

是什么原因导致了战后的这种显著增长呢？国际环境在其中起到了很积极的作用：首先是国际政治的稳定，尽管中间出现了“冷战”；其次是国家间的合作，包括 1945 年的联合国以及其他众多多边组织的成立；最后是各国在 1947 年的关贸总协定（GATT）成立后，纷纷打开国门，尤其是在国际贸易方面。另外，对欧洲而言，1951 年成立的“欧洲煤钢共同体”（ECSC）和 1958 年成立的“共同市场组织”在这个过程中也起到了显著的作用。不过，从最终的分析来看，这种长期的快速增长要归因于欧洲以及日本在 1945 年战争结束时随处可见的残垣断壁，这激发了人们赶超世界领袖美国的巨大潜能。而潜能的减弱更好地解释了这种增长为什么在 1973 年以后减慢了。此时激发潜能的是其他因素，比如两次石油危机。 201

银行或者更宽泛地说是金融部门，有力地促进了战后经济的增长并从中获得了好处。但是直到 60 年代，或者 70 年代的某段时间，国际金融中心的业务更多的还是限于国内。欧洲和日本经济发展的黄金时代并没有伴随大量的私人资本的国际流动。从 1955 年到 1962 年，纽约进行的国外发行业务只有 42 亿美元，这和国内发行业务的 1 265 亿美元以及美国在 1945—1952 年间向国外转移的 980 亿美元的经济和军事援助形成了鲜明对比。[4]和 20 年代不同的是，重建战前的秩序已经不为人们所接受。此时最大的资本转移活动不再是通过私人公司来完成，而更多的是由政府和国际货币基金组织（IMF）、世界银行这样的多边机构来承担。

事实上，政府干预成为这个时期的主要特征。自由主义政策在解决失业问题时的无能为力和战争期间政府干预所获得的实践经验使得所有的工业国家都一致采取了凯恩斯的经济政策，它们希望通过反周期的政策操作达到更快的经济增长和充分就业。当然，政府的权力和职责在各个国家有所不同：高度干预的像法国、意大利和日本；干预少一点的像英国和斯堪的纳维亚半岛的国家；更为自由的则是美国、德国和瑞士。然而，政府干预在所有的市场经济国家都存在，并且这种趋势一直持续到 70 年代后期。

政府干预的形式非常多样化。在金融领域，这可能意味着政府直接参与之前由私人公司承担的业务，比如贷款的发放和资金转移。这也可能意味着政府会设置大量的规章制度来改善资本市场的运行状况，确保资本市场的透明度和保护资金不被挪用。这些都是战争期间所采用的银行法的目的，并且它们的影响一直持续到五六十年代。另外，这还可能意味着政府对私人机构的接管（通常是将它们国有化）。在获得解放后，法国的中央银行和其他的主要银行、保险公司一道被国有化了，而前者在 1936 年“人民
202 阵线”政府的改革下已经非常民主了。[5]在英国，英格兰银行在 1946 年面临了同样的命运，但它的管理结构并没有发生根本的改变[6]，而商业银行虽然保持了私有性质却丧失了大量的自主权。总的来说，政府可以通过使用各种控制手段、限制措施和临时性质的直接管制来达到干预的目的。对国际金融中心最直接的业务影响就是外汇管制。除了美国和瑞士之外，其他的主要国家直到 1958 年 12 月才恢复了经常账户的自由兑换，尽管在此之前，这方面的控制已经有所放松，尤其是英国和德国。而对资本转移而言，完全的自由兑换只有到 70 年代后期才实现——在随后的数十年内，各个国家的情况有所不同。

最后，金融中心的繁荣依赖于适当的国际货币体系。1944 年建立的汇率体系试图恢复金本位制所具有的稳定性并同时避免它的刚性，而后者正是造成金本位制在战争期间停止运转的原因。《布雷顿森林协定》规定，按 1 盎司黄金兑 35 美元的官价和黄金进行兑换，而其他各国货币则与美元挂钩。汇率都是固定的（在 ±1%的范围内浮动），但在出现了根本的支付不平衡时可以进行改变。国际货币基金组织被建立起来，为了让整个系统运行得更好，它将向那些因为暂时性的支付困难而无法维持平价关系的货币提供支持。

即使遇到了前所未有的经济发展时代，布雷顿森林体系的运行状况并不尽如人意。直到 1959 年欧洲的货币恢复可兑换性后，它才开始正式实施，换句话说，是在预先设定的最后期限的十年后。而很快，它又遇到了美国的国际收支逆差不断增加的情况，这导致欧洲银行拥有的美元储备越来越多并对整个系统构成了威胁。面对这些危机，在美国的主导下，各国金融中心在 60 年代早期出现了广泛的货币合作。尤其是像为了稳定 35 美元兑 1 盎司的黄金价格而成立的“黄金总库”，一旦某个中央银行发生货币储备的短缺，其他的中央银行将迅速形成予以帮助的“交换网络”；以及在十个国
203 家之间签订的“借款总安排”（也就是后来的“十国集团”，瑞士也将加入其中），它在紧急情况下能为国际货币基金组织提供额外的中期资源。在 1967 年，国际货币基金组织创立了一种新的国际储备单位——特别提款权

（SDR），以此作为美元的替代物。[7]

尽管这些努力起到了很好的支撑作用，但并不能挽救整个系统。英镑作为货币体系内处于第二位的储备货币（由于它在英镑区的作用）受到了持续的压力，并最终不得不在 1967 年 12 月宣布贬值。这使得它在很长时间内丧失了作为国际货币的地位。不稳定中的平衡终于在 70 年代早期被打破了。美元对黄金的兑换在 1971 年 8 月 15 日被停止。在 12 月的重新估值后，“绿背钞票”实际上贬值了。试图维持固定汇率的努力终止于 1973 年 3 月。随后各国的货币开始浮动，一个国际货币和金融关系的新时代开始了。

货币体系的失败导致了主要的金融革新。在 50 年代后期和 60 年代早期，过多的美元以及美国的货币制度导致了欧洲美元市场和欧洲债券市场的建立。它们最自然的“栖息地”当然是伦敦。伴随着管制的逐渐放松，浮动汇率体系的确立和国际资本流动的不断增加，在来自石油出口国的资金的支持下，它们在 70 年代获得了显著的发展，并为世界经济的全球化开辟了一条道路。

国际金融中心在 1945—1980 年的发展与通常的经济和政治进程并不一致。比如说，纽约的地位并不完全是因为美国的强大国力和美元的霸权。金融城在英镑衰落后大伤元气，但是它最后超越了这个障碍并重新恢复了活力，这和同时期英国经济的糟糕表现完全不一致。另一方面，得益于本国货币的强劲，瑞士金融中心成为了国际资本流动的中转站，而这与瑞士的实际经济规模完全没有关系。代替柏林成为德国金融中心的法兰克福和东京的崛起分别与德国和日本的经济实力快速增长有关，但从国际水平来看，它们的实力还很有限。后退最多的是巴黎，尤其是考虑到法国资本在 204
20 年代早期曾获得过的国际地位；尽管它的经济在这段时期表现得非常出色。

向可兑换性的艰难回归（1945—1958 年）

主要国际金融中心的历史不应该和国际货币体系的历史相混淆，但货币体系在很大程度上影响了金融世界的活动类型、业务数量和主要参与者的策略选择。这种影响有好有坏。从 1945 年到 1958 年，欧洲货币的不可兑换严重限制了国际金融活动的开展。这并不是说这些活动不存在。然而主要金融中心所发生的变化，包括它们之间的竞争与合作、国内业务与国外业务的关系，以及国际机构的发展，都和国际支付体系有着很大的联系。

纽约的突出地位

在第二次世界大战后，纽约毫无争议地成为了世界第一金融中心，这是它在第一次世界大战后还无法达到的位置——国际水平上的力量对比在30年内发生了根本性的改变。和历史上的任何时期相比，纽约的地位更好地反映了美国强大的经济实力。它在1946年占据了世界工业出口额的约50%，它的GDP在1950年比英国、法国和联邦德国的总和的两倍还要多。由于对欧洲重建所做的援助，它在金融领域的霸权地位更引人注意。大西洋彼岸各国因为需要进口原材料和资本输入造成的美元短缺，多亏了纽约的价值130亿美元的无偿捐助——主要是1948年到1952年向欧洲转移的“马歇尔计划”中的款项。[8]

纽约金融中心在50年代达到了成熟。[9]它的地位首先依赖于美元作为国际储备货币和经济体间的支付工具这一角色，这和1914年之前的伦敦如出
205 一辙。由于美元是当时唯一完全可兑换的主要货币——使用瑞士法郎不可避免地会有更多的局限性，纽约的这种地位因此更加稳固。纽约的地位同样依赖于它的金融机构在国内和国际上的影响力。首先，纽约联邦储备银行在国际金融业务上起着关键的作用，它是外国的主要中央银行和政府在美国的代理行。它从它们那里吸纳存款，也向它们发放贷款，而且还替它们进行大量的证券买卖操作。它同时还为美国财政部和其他的联邦储备银行进行外汇和转账业务。

作为一个整体，纽约的商业银行[10]在世界上是最大的。在1954年，它们的总资产达到了323亿美元（它们伦敦的同行为198亿美元），而其中权益资本为21亿美元。[11]所有的大银行都有着完善的国际业务部门来处理它们的国际业务，比如外汇买卖、贸易融资和向外国银行发放贷款。它们中的大多数在海外都有代表处。在1955年，七家美国银行（主要来自纽约）一共拥有106个海外分支机构。[12]相应地，在1954年[13]，来自12个不同国家的21个外国银行在纽约拥有“代理执照”（不包括代理银行），而最多的是外国银行在纽约注册的银行和信托子公司。除了将母公司委托的资金投资到美国的货币市场中之外，它们还主要参与商业融资和其他的金融业务，尤其是货币交易。

作为大的国际金融中心的象征，纽约也有大量的专业公司：众多的经纪人和外汇交易商、保理公司（尤其是管理和外贸交易相联系的账户）、客户代理人、航运及进出口代表以及贴现和承兑公司（尽管没有伦敦发达）。当然，还有投资银行。[14]在第一次世界大战前夕投资银行成为纽约金融中心的核心后，它在20年代继续主宰着市场。这种主导地位随着来自商业银行的竞争越来越激烈，直到经济危机发生和罗斯福新政实施后才结束。[15]最后，除了投资银行之外，纽约还有着大量和投资银行业务相关的擅长证券交易的经纪人。

纽约证券交易所在50年代的经济大发展中重新恢复了活力。道琼斯指数从1953年9月的260点上升至1954年12月的386点，一举超过了1929 206
年8月的前期高点，到1960年时甚至达到了650点，也就是说实现了240%的增长率。交易量也有了很大的提高，从40年代的平均每年3.12亿美元上升到了1959年的6.67亿美元。纽约证券交易所设定的最低佣金制度避免了经纪人在价格上的竞争。而另一方面，他们的服务也开始多元化。最著名的公司，像美林（Merrill Lynch）、潘恩·韦伯（Paine Webber）和丁恩·维特尔（Dean Witter），开始为它们的客户进行复杂的证券和市场研究——以此作为提升它们专业地位的信号。[16]随着股价的升高，证券交易所继续着从第一次世界大战就开始的民主化进程。在50年代，个人投资者的数量翻了两倍，尽管他们持有的比例只占纽约证券交易所交易总额的约55%，但是在机构投资者增加时，他们保持着相对稳定的上升。虽然幅度不大，仅从20%增加到25%。[17]

和之前的时代完全一样（包括20年代），纽约证券交易所仍然是一个几乎完全交易美国股票的市场，但是参与的交易者却来自世界各地。国外发行的成本实际上非常高，因此也相对较少。一方面，从1941年到1958年，美国向海外进行的大量资本转移都是由政府和国际机构完成的。另一方面，大部分的私人资本输出采取的是直接投资的方式——从1950年到1954年大约为54亿美元。50年代实际上是美国跨国公司大发展的时期，其中像通用电气、新泽西州标准石油公司（也就是后来的埃克森公司）以及IBM公司都是纽约金融中心的组成部分。为了国外的大企业、政府[18]和跨国机构（像欧洲煤钢共同体）的利益，以美元为面值的国外贷款在华尔街大量发行。由此，纽约在国外发行的业务上排到了第一的位置，远远排在伦敦、苏黎世、布鲁塞尔和阿姆斯特丹的前面（见表5.1）。

表 5.1　　主要金融中心的外国证券发行（1955—1962 年）　　单位：百万美元

金融中心	外国证券发行额
纽约	4 171
伦敦	1 064
苏黎世	882
布鲁塞尔	393
阿姆斯特丹	298
法兰克福	163

资料来源：J. Mensbrugghe，Foreign Issues in Europe，*International Monetary Fund Staff Papers*，11，1964，pp. 327 - 335.

即使是在作为世界第一金融中心的巅峰时期，纽约的影响力仍然远远赶不上半个世纪前的伦敦。首先，纽约所对应的这个时期内的国际资本流动要远远小于 1931 年前或者 1960 年后的规模，尤其是小于 1980 年的规模。其次，银行和金融活动上的大量监管制度限制了市场的活力。在 50 年代，商业银行发现，尽管美国经济的发展提供了大量的信贷机遇，但是要吸引
207 到足够的资金却越来越困难。它们面临的问题既简单又复杂。贷款的需求在数十年内翻了一倍，这要远远快于存款的增长速度，后者在此期间只增加了 50%。造成这种缺口的原因之一是“Q 条例”的实施。它禁止商业银行在利率上升阶段为存款支付足够高的利息——美联储在 1956 年对贴现率进行了大幅提高。这种非银行货币市场的利率上升使公司纷纷减少它们在活期账户上的存款余额，并用多余的流动资金来购买可转让证券或国库券。正是出于这样的原因，纽约的商业银行才迫切地几乎不计成本地增加它们的存款，并最终引发了 50 年代中期大规模的合并浪潮。批发银行需要增加它们的资金以满足客户的资金需求，而零售银行则有众多的分支机构和大量找不到投资机会的存款，于是两者的合并就在情理之中。这就是大通国民银行（Chase National Bank）与曼哈顿银行（Bank of Manhattan）在 1955 年进行合并的原因。在同一年合并的还有国民城市银行和第一国民银行，而 J. P. 摩根银行和担保信托银行（Guarantee Trust）的合并则是在 1959 年。另外，汉诺威中央银行（Hanover Central Bank）和制造商信托（Manufacturers Trust）的合并是在 1961 年。[19]

美国最大的银行因此成为世界上最大的银行（见表 5.2），但它们缺乏资金的问题并没能完全解决。[20]纽约可供它们继续发展的机会变得越来越有

限，而美国的法律又禁止它们向其他的州进行扩张，因此它们需要寻找其他的解决方法：一是充分利用现存的便利条件，比如银行间的市场允许它们和其他银行共享暂时多余的流动资金。二是自己到货币市场中寻找资金，这多亏了新的金融工具的出现。这里主要的革新是“存款票据”，它由第一 208
国民银行于 1961 年第一次发行，并对随后的银行业务产生了巨大的影响。其创新之处在于这种存款单可以在二级市场上进行转让。通过支付和市场固定存款利率相近的利息率并让这些存款单流通起来，银行就可以更加灵 209
活地扩大它们的资金来源。由此，除了管理自己的资产外，它们还可以对自己的负债进行管理。[21]解决美国银行融资困难的第三个方法就是进行国际化——从欧洲获取额外的资金。

表 5.2　　各大金融中心的主要商业银行

	总资产（百万美元）	
	1953 年	1960 年
美国		
美国银行	7 022①	11 200
第一国民银行	6 026	8 160
大通曼哈顿银行	5 574	8 420
英国		
巴克莱银行②	6 064	7 463
米德兰银行	4 264	5 103
劳埃德银行	3 745	5 033
法国		
里昂信贷	1 243	2 616
兴业银行	1 068	2 285
BNCI	1 041	1 730
德国		
德意志银行	1 295	2 690
德累斯顿银行	—	1 905
德国商业银行	381	1 640

续前表

	总资产（百万美元）	
	1953 年	1960 年
瑞士		
瑞士银行集团	690	1 192
瑞士信贷	634	1 138
比利时		
通用银行	678	990
布鲁塞尔银行	456	813
荷兰		
荷兰贸易公司	539③	605
阿姆斯特丹银行	446③	658

①为 1951 年的数据。

②包括巴克莱银行 DCO。

③为 1955 年的数据。

资料来源：*Bankers' Almanac*.

金融城的坚持

作为排在纽约之后的第二号金融中心，伦敦金融城在很多市场上仍然保持着世界领先地位。它并没有放弃它的国际野心，尽管此时的国际环境要远远差于第一次世界大战后的情形。它在发展中碰到了两个难题，并且这两个难题是互相关联的。首先，为了支撑伦敦金融中心的国际业务，英国的经济越来越多地需要依赖资本输出和英镑的国际地位。经常账户的收支平衡对英国来说已经非常困难，更不用说获得足够的外部盈余了。英镑的大幅下跌，像 1949 年和 1967 年英镑的两次大贬值都是这些困难存在的证据。其次，金融城的金融业务受到了当时制度的很大限制，不仅仅是外汇管制和资本流动上的限制，还包括财政部政策的高度干预——它通过英格兰银行向各清算银行转发指导性文件从而对信贷的分配实施直接的控制。正是因为这样，凯恩斯认为已经没有必要将这些银行国有化，事实上它们已经被国有化了。对于从 1954 年到 1962 年担任劳埃德银行主席的弗兰克斯（Franks）来说，“这就像驾驶着一部全马力的跑车却只开着 20 公里/小时的速度”。[22]

不管德国的轰炸对金融城造成了多大的物理破坏，它的金融机构、运行机制和专业知识都还保留着。当战争结束的时候，米德兰银行仍然是世界上最大的银行，排在美国银行的前面。尽管在 50 年代，英国银行占据的世界前三的位置被美国的银行取代了，但是它们仍然远远走在欧洲大陆的竞争对手前面（见表 5.2）。诚然，银行的规模并不能完全代表它的竞争力，但是规模还是部分地显示出了“五大”银行的金融实力和比重，即使这主要是对英国的经济而言。

无论如何，金融城有着独一无二的国际银行网络。银行的海外分支机 210
构的数量持续增长，并从 1938 年的 2 315 家增加到了 1955 年的 3 612 家。[23]它们中有超过四分之三是在澳大利亚、新西兰和南非，其他的则多数是在亚洲、拉丁美洲和非洲。英国的顶级跨国银行巴克莱银行 DCO 在 1955 年时有 997 家海外分支，远远多于城市国民银行的 55 家。在 1955 年，伦敦有 69 个外国银行的分支或代表处，在 1960 年则达到了 80 家——远远多于其他的国际金融中心。[24]商业银行在萧条的战争期间必然要参与国内的融资活动，但它们的主要任务仍然是为国际贸易融资。票据承兑业务仍然是施罗德公司的主要收入来源：从 1946 年到 1953 年达到了 30%，而从 1954 年到 1958 年也达到了 25%。[25]从商业银行的整体来看，票据承兑业务随着世界贸易的发展重新起飞了，从 1954 年的 9 500 万英镑增长到了 1956 年的 1.37 亿英镑。和 1914 年前或者 20 年代的情形不同的是，它们和英国的国外贸易融资越来越紧密，这个比例在 20 年代末超过了 70%，到了 50 年代早期却下降到了 37%。[26]

因此，尽管有了明显的下降，伦敦在国际贸易融资领域仍然保持着领先地位。这种成功一部分可以归因于金融城的传统，而另外一部分则是因为有一半的国际贸易是以英镑标价的。金融城的其他市场也是一样，它们在战争期间被迫关闭，然后在战后又迅速地重新开张。橡胶在 1946 年恢复交易，而锡恢复交易则是在 1949 年，可可是在 1951 年，铅是在 1952 年，锌、铜和羊毛是在 1953 年，最后，咖啡在 1958 年恢复交易。这些市场都不同程度地恢复了国际影响力，其原因主要是由于相应外汇管制的豁免。然而很多国家认为原材料非常关键，并对它们的自由贸易进行限制，直至绕过市场的“垂直一体化”的集团也开始成立，这些都对它们的业务产生了很大的阻碍。来自生产国和其他金融中心的压力也使得竞争更为激烈。伦敦金属交易所很好地抵抗住了来自纽约的竞争，但羊毛市场最终转移到了悉尼，橡胶市场转移到了远东，而波罗的海交易所则选择放弃谷物交易并集中主攻海运业务——它在这个领域很轻松地就获得了主导地位。[27]黄金市
211 场在 1954 年重新开张并且很快就超越纽约和苏黎世占据了第一的位置，这可能是金融城持久的国际影响力最好的标志。

在国际水平上，伦敦在保险领域也保持着很强的实力，尤其是和纽约相比。英国有一半以上的保费是来自国外——其中大约 10%是人寿保险，但 60%～70%都是火险、事故险和海洋险。[28]劳合社，这里指的是一个市场而不是一家保险公司[29]，继续保持着领先地位。为美国的保险进行再保险是它最大的海外业务。在所有这些或多或少和国际贸易相关的业务中，金融城努力地保持着自己领先于其他金融中心的地位，比如纽约和苏黎世甚至巴黎。而它们表现欠佳的是在国外的发行（见表 5.1）。尽管外国贷款在第一次世界大战前达到了每年约 2 亿英镑的业务量，在 20 年代末也超过 1.05 亿英镑，但它在 30 年代却经历了暴跌的过程，在 1933—1938 年平均每年只有 3 100 万英镑的交易量。从 1945 年开始，市场有了些微的恢复，在 1950—1958 年达到了平均每年 6 100 万英镑的交易量。这些业务量只有 1961 年英国的发行业务总量的 6%[30]，这很好地说明了金融城在第二次世界大战后的衰落情况——这和英国当时的信用级别有着很大的关系。然而，这期间直接投资的不断上升和政府在国际资本转移中的作用不容忽视。

衰退在伦敦证券交易所也有所反映。[31]在 40 年代初期，英国的政府证券占据了伦敦证券交易所上市股票的价值总额的一半以上，以及交易量的 85%。很多英国公司的股票，尤其是铁路和公用事业方面，在它们被国有化后便从证券交易所的上市名单中消失了。另外，外国股票的交易（包括替非居民进行的交易）在外汇管制的情况下也遇到了很大的阻碍。证券交易所不仅受到了当局的紧密监管，而且它们的交易方式也受到人们的质疑，并被认为对国家的经济繁荣毫无作用。期货市场直到 1946 年 12 月才重新开张，但不能进行结转额交易——直到 1949 年 3 月才被批准。期权市场因为
212 被认为投机性太高，在中断了九年后直到 1958 年 5 月才重新开始营业。另外，50 年代恢复的国际资本流动对股票经纪人和交易商来说并没有产生多大的利润，因为金融城的银行（首先是商业银行）倾向于绕过他们而直接和国外的证券交易所进行交易。造成这种局面的根源是证券交易所自己的规定，尤其是因为它设定了一成不变的佣金，而不是因为英格兰银行或者

财政部的政策。事实上，伦敦证券交易所将自己视为证券市场的管理者，而将谨小慎微作为这个角色的应有之意。然而伦敦证券交易所并不完全是一个被边缘化的市场，它在国际业务上的下降被国内业务部分地弥补了。的确，它变成了一个主要交易英国商业和工业股票的市场。[32]并且，股票的价格因为人们的需求而大幅上涨——人们认为股票可以更好地抵抗通货膨胀。《金融时报》30工业指数在1951年时大约在120点，但到1959年的时候已经超过了300点，清晰地反映出了这种变化。[33]

在撤回国内后，金融城事实上重新开始了对英联邦国家的关注，尤其是英镑区的国家。此时，这里面包括了英国的直属殖民地以及12个独立的国家[34]，它们依照以下原则进行工作：区域内的各种货币维持固定汇率；对区域外的国家实行普遍的外汇管制；在区域内的国家间资本可以自由流动，以及外汇储备共同使用。英国处于这个系统的中心位置，它通过向其他国家输出长期资本并无限制地吸收它们的出口，来保证整个系统正常运行。[35]因此，当我们发现伦敦在50年代进行的外债发行只限于它的成员国时，就不应该那么惊讶了。英镑区的业务肯定不能充分发挥商业银行的发行能力，并且其他的机构也参与了这些业务，这些业务在此期间对金融城商业的作用不能低估。关于这个系统成本和收益的问题在50年代和60年代引起了广泛的争议。最近的研究清晰地表明，这种区域合作并没有阻碍英国经济的发展。[36]从金融城的角度看，由于它的国际贸易和英镑作为锚货币的作用，这是保持它作为领先金融中心的机会。和19世纪上半叶阿姆斯特 213
丹的情形很像，共同体和英镑区使得英国货币有限地重新恢复了它在1914年前的世界地位。也就是说，金融城提供广泛的金融服务，而英镑实现国际储备货币和交易货币的功能。

然而，撤回英镑区对于英国当局来说并不是长久之计，对它而言，恢复英镑对黄金的完全兑换仍然是第一位的。在1962年，当时的英格兰银行行长克罗默（Cromer）并没有立即排除伦敦市场向英镑标价的国外发行业务进行开放的可能。[37]到了这个时候，英国正越来越快地转向欧洲，而金融城也将很快恢复它的世界影响力——充分利用欧洲市场的时代来临了。[38]

巴黎的衰退

巴黎和伦敦在20世纪后半叶的发展有着很多相似之处。在某种程度上，它们都不得不放弃自己的国际野心而退回到国内，并且，此时的监管环境也相对更为严厉。然而这种趋势在巴黎身上显得更为显著。它在1945年后的国际影响力只有它在30年代早期的一部分。法国在危机和战争结束后比英国还要虚弱，1945年时的GDP只有1938年GDP的近一半，而英国要比它高15%。对于法国来说，首先要做的是重建家园和恢复工业，而不是提高巴黎的国际影响力，因为后者对法国经济的贡献远远没有金融城对英国经济那么重要。政府干预在这个过程中起到了关键的作用——更少地使用国有化的手段，而更多地由政治精英直接参与经济事务的管理，尤其是通过财政部和它在银行的网络，以及被国有化的工业企业来实现。

法国的多数金融部门在解放后都受到了政府的控制，除了实业银行和私人银行。实业银行的典型是法国巴黎银行（the Banque de Paris et des Pays-Bas），而私人银行则因为它们的国际作用仍然被私人控制。不过，四家大的储蓄银行[39]、34家保险公司[40]、法兰西银行和阿尔及利亚银行最终都被国有化
214 了。这些机构成为了笨拙的公共或半公共部门[41]，政府也因此控制了58%的银行部门（直接或间接）以及1945—1970年一半以上的法国融资活动。

政府的管制最终导致了巴黎资本市场的萧条，这比伦敦的情况还要糟糕。不仅仅是国外发行业务（在此期间实际为零），国内发行业务在50年代也只达到GDP的3.5%，这和1900年的5%和1913年的11%形成了鲜明对比。[42]说到国外发行，法郎区比英镑区要小得多。法国殖民地的投资非常少并且绝大多数是公共性质的。至于公司，除了自融资之外，它们一开始是向财政部寻求中期和长期信贷；后来转向了银行，因为银行可以通过向中央银行再贴现公司的债券，甚至是再贴现出口企业发行的中期债券。[43]

因此，巴黎证券交易所变得非常冷清。在国有化的过程中，它损失了三分之二的证券票面价值并经历了一段非常长的萧条期，直到20世纪80年代才开始复苏。[44]发行业务的下降首先导致了机构投资者和传统贸易组织的衰退。在国际业务上，尽管巴黎市场上的外国证券从1913年到1950年下降了一半，但它们的数量到1957年时又达到了266种，也就是说，比纽约证券交易所多出10倍。但是由于这些证券多数是在1914年前发行的，所以它们从整体上看非常不活跃。并且，多数的交易只涉及其中的一部分股票，像南非的金矿公司、美国的电话电报公司（AT&T）、杜邦公司（Du Pont de Nemours）、石油公司中的皇家壳牌石油（Royal Dutch Shell）——法国通过罗斯切尔德公司控制了它大约四分之一的股票。在20世纪60年代，外国票据仅占巴黎市场的票面价值的10%。

然而，巴黎还是保留了国际金融中心的一些特征，主要是金融机构的特征。如果以国内银行在海外的扩张情况和国外银行在巴黎的数量来衡量，巴黎仍然非常接近顶级的国际金融中心。尽管巴黎的金融业务向国内进行了撤退，但法国的银行在海外分支的数量在世界上仍然是第二位的，紧跟在英国的后面，但是排在美国的前面。它们的银行网络不仅继承了过去已有的部分，而且在 50 年代又有了很大的扩张。举例说，1963 年，里昂信贷直接控制的海外分支机构有 85 家，通过其子公司和业务银行控制的则有 215
113 家，其范围覆盖了非洲、拉丁美洲、中东和西欧。[45]另一方面，1961 年，巴黎也驻扎了外国银行的 32 家分支机构和 41 个代表处，比伦敦和纽约还要多。[46]这些机构的任务就是和法国的经济界和金融界建立良好的关系，并负责巴黎和原属国之间的信息传递。

其他的两个因素促成了巴黎的对外开放。第一个因素是实业银行。[47]在国有大银行控制了国内市场的情况下，它们可以施展的空间非常小，只能在夹缝中寻求生机或者寄希望于创新。巴黎荷兰银行的情况就是这样。它专长于法国的政府债券在国外的发行以及众多的国外业务——这个领域国有银行参与得很少——并且在战后美元紧缺的那段时期，它还以出口信贷的方式发起了一个中期融资的计划。[48]第二个因素则是 1958 年共同市场的成立。当时正值欧洲的主要货币恢复了相互间的自由兑换，而且资本的自由流动也进入了议程。然而，事情的进展非常缓慢，花了数十年的时间最后还只是一个框架。不过巴黎在欧洲呼风唤雨的时代已经来临了，它将传承其历史传统并将和金融城形成鲜明对比。

从柏林到法兰克福

当伦敦和巴黎在 1945 年后经历衰落的时候，柏林也因为显而易见的原因从国际金融中心的地图中被抹去了。德国的战败和苏联对柏林的控制彻底地剥夺了德国的前首都继续成为德国金融中心的希望。[49]苏联当局在西方军队进驻柏林之前所采取的政策已经停止了这个城市的银行活动。最后，这种短暂的中断变成了永久性的停止，最高长官尼科莱·波萨宁（Nikolai Bersarin）将军在 1945 年 4 月 28 日宣布了这样的命令。德意志银行的总部摇身一变，成了柏林城市银行——其他的银行需要向它注入自己的流动性资产。在西方势力的授意下，各大银行的总部不得不在 1946 年 1 月关闭了大门，尽管它们当时还提供着众多的服务。美国和英国对德国的银行体系

有着其他的计划。对这些德国银行来说，它们不得不进行转移并开始将高
216 级管理人员和资金转移到西方国家。1945 年 4 月初，德意志银行在汉堡设立了一个执行委员会，而商业银行也同样将它的总部转移到了这里。看来，汉堡同盟城市注定要取代柏林成为德国的金融中心。

正如事实显示的那样，汉堡对于这个任务准备得尤为充分，它的表现绝对要好于德国的其他城市。在战争开始前，它就已经是德国的第二金融中心，在 1945 年后，它毫无疑问地成为了第一。汉堡有着最多的银行，不论是德国的大银行或者主要的私人银行[50]，还是外国银行在德国的分支机构。股票市场的交易量比其他城市要高出很多，和国外的资金往来也是排在第一。这座城市传统上就在保险业上有着很强的地位，有 80%的联邦德国的保险公司的总部设在这里。它拥有一个很大的港口，并且是德国对外贸易的枢纽。与它相比，法兰克福只能被归入地方性金融中心的行列，国际声望只能回溯到罗斯切尔德时代。与它相比，科隆甚至都看似有着更好的银行体系和金融传统，而且科隆还是鲁尔地区的主要商业中心和德国人口最密集的区域。

不过，法兰克福也有它自己的优势。首先，它是德国的金融首都；同时，它也是欧洲和世界最大的金融中心之一。人们很容易将这种成功归因于它的金融传统。实际上，它的成功更多地是由于政治上的原因——最重要的是，英美联军当局在 1948 年决定将中央银行“德国国家银行”设立在这里（该银行在 1958 年被重新命名为德国联邦银行）。法兰克福当时最大的优势是它作为英美占领区的行政中心，并且很有希望成为联邦德国的首都。从根本上讲，法兰克福是美国的选择，从一开始，英国就希望用汉堡来取代它。一切都和计划中的一样，德国的集中制银行系统最终被分解。中央银行和大银行都被分解成一个个地区银行，德国国家银行成为了权力中心——和美联储设在华盛顿的总部一样。在英国的影响下，德国国家银行根据欧洲的模式[51]转变成了一个集中的机构。由于康拉德·阿登纳（Kon-
217 rad Adenauer）的坚持，波恩成为了政治首都。但法兰克福保留了中央银行，也因此保留了相应的优势，比如说，欧洲大陆的银行在德国的业务都集中在了这里。

然而，这种集中的过程是渐进的，并且程度要低于伦敦、巴黎或者纽约。如果将金融机构雇员的数量作为一项指标，汉堡在 80 年代前一直是处于第一位。事实上，这多亏了它在保险业领域的超强地位。慕尼黑和科隆

在这方面与它进行了很激烈的竞争，而黑森州的城市（包括法兰克福）表现得则要弱一些。法兰克福在 50 年代真正有起色的是银行业，并且这种强势在随后的几十年内越来越明显。[52]银行活动在法兰克福的集中首先是三大德国银行重新统一的结果——德意志银行、德累斯顿银行和德国商业银行在纳粹战败后被立即分割成了众多的地区银行。比如说，德意志银行就是由十个不同的机构成功合并而成的，其中最大的一个是德意志联邦共和国的莱茵—威斯特法伦银行（Rheinisch-Westphälische），在 1950 年的资产达到了 8.91 亿德国马克。排在它后面的是西南银行，资产也达到了 3.27 亿德国马克，总部由斯图加特和曼海姆共同承担。对银行进行分解的拆除方式很大程度上是受到了美国的启发，它和欧洲的银行的传统运行方式完全相反，并且大大阻碍了德国的国际业务。从 1949 年开始，德国各家银行的负责人提议在更大的区域范围内重组银行系统，这导致了英国和美国之间非常大的分歧。以德意志银行为例，在 1952 年，十家区域银行被重组为三家，它们分别是德国北方银行、莱茵—威斯特法伦银行和德国南方银行。德意志银行和德累斯顿银行的完全统一是在 1957 年，它们都将总部设在了法兰克福。而商业银行则是在 1958 年，它一开始选择了杜塞尔多夫，但几年后也转移到了法兰克福。[53]

德国金融部门的这些变化在 50 年代并没有形成很大的国际影响力。在此期间，法兰克福主要是在联邦德国的范围内发展自己的银行业务，重点关注金融重建工作，并聚集了之前柏林的最好业务。随着联邦德国和它的货币变得越来越重要，法兰克福的国际影响力也增加了。

瑞士金融中心的崛起

第二次世界大战后的几年对瑞士金融中心而言是非常重要的时期，首 218
先是苏黎世。和纽约一起，作为当时仅有的几个金融中心之一，它大大增强了自己的国际地位。在战争结束后，瑞士的经济状况非常有优势。贸易存在很大的顺差（尤其是和美国），公共债务和通货膨胀都在可控制范围之内。这些使得瑞士法郎成为了唯一可以和美元进行自由兑换的货币，同时也是世界上最强势的货币之一。所有这些都有利于金融中心的崛起，尤其是在欧洲国家普遍存在外汇管制的情况下。瑞士迅速崛起并成为了吸纳和投资国外资金的中转站。1946 年 5 月 25 日，由美国、英国和法国共同签署的“华盛顿协议”使得瑞士在美国的资产得以解冻。并且从 1947 年春天开始，瑞士在美国的资产的收益可以自由地进行转移。国外发行业务在 1947 年 5 月重新起飞，当时它以 4%的利率为布鲁塞尔电话电报公司发行了 5 000 万瑞士法郎的贷款。[54]

这些发行业务在 50 年代继续开展着，在 1950—1959 年总额达到了 24 亿法郎（5.5 亿美元）。[55]金融机构将苏黎世变成了国外发行业务的第二中心。它虽然被纽约远远地甩在后面——纽约仍然是世界资本的主管，但和伦敦几乎打成了平手。它们相应的排名根据参考的年代而有所不同（见表 5.1）。当各国银行成为瑞士的国外资本的输出通道时，这些发行业务仍然部分地受限于瑞士国家银行和本国银行签订的“君子协定”[56]。当国家银行认为资本流入过剩时会要求本国银行进行相应的约束。这导致了发行业务从 1956 年 7 月到 1958 年 6 月几乎完全停止。

因此，和其他业务一样，比如外汇交易、贵金属交易和财富管理，外国债券发行也成为了 50 年代瑞士金融中心的专长，并且达到了相应的世界级水平。财富管理仍然专属于私人银行家（尤其是日内瓦的）和大银行[57]，像瑞士联合银行、瑞士银行公司和瑞士信贷银行，在瑞士的外国银行到 60 年代才开始参与这些业务。在另一方面，苏黎世在第二次世界大战后建成了主要的黄金市场。这得益于伦敦黄金市场在 1954 年前一直关闭，同时也得益于没有外汇管制和瑞士银行有富裕的、来自全球各地的客户。当伦敦
219 黄金市场迅速地恢复了往日的雄风时，苏黎世仍然在这个领域起着关键作用。在交付给伦敦的黄金中，超过三分之二又重新流回了利马河边的银行。虽然规模有所缩小，日内瓦在很多方面仍然比苏黎世更像是一个世界性的中心，尤其是日内瓦驻扎着大量的外国银行。巴黎法国银行、里昂信贷和劳埃德银行很早就进入了日内瓦，后来又加入了美国运通公司、第一国民城市银行和东方汇理银行。而其他的外国机构，特别是中东国家的机构，则根据瑞士的法律在那里设立了联合银行。[58]无数的国际贸易公司也在日内瓦设立了办事处。另外，在贵金属、石油、粮食和棉花的交易方面，日内瓦成为了欧洲的第二中心，仅排在伦敦后面。

然而，瑞士金融中心新的国际形象还是反映了当时国际环境和瑞士银行业传统的缺陷。瑞士的银行在国外的表现仍然很糟糕：在 1962 年时只有 12 家国外分支机构，并且，瑞士的国外银行也很少，大约只有 15 家（不包括代表处）。在 1960 年前，州立银行在瑞士的银行体系中一直占据着主导地位[59]，但大银行因为它们的国际业务增强了自己的地位，比如银行间存款、

国外的公司和个人的贷款业务。到 1962 年时，它们的国外资产已经达到了 71 亿瑞士法郎，占资产总额的 29%。而整个银行系统作为一个整体的比例则是 16%。[60] 就在这一年，大银行的总资产从 1930 年以来第一次超过了州立银行。这是国际化发展的结果，而这种趋势在接下来的几十年内将会有更为惊人的发展。

欧洲市场的产生与发展（1958—1973 年）

在 20 世纪 50 年代末和 60 年代初，欧洲市场的出现——首先是欧洲美元，然后是欧洲债券和欧洲信贷，标志了国际金融历史上的一个重要转折点。当传统的国际资本市场被各个国家的规章制度束缚时，欧洲市场赋予了资本流动以新的动力并引起了国际金融中心的重新排列，其中最大的受益者就是伦敦金融城。

欧洲美元的出现

欧洲美元就是存放在美国境外的美元，它们不受美国规章制度的约束。 220
它们的起源可以追溯到 20 世纪 50 年代，当时由于众多的原因，欧洲银行的美元存款开始不断上升，而这种情况在伦敦尤为显著。冷战在这个过程中起到了很大的作用，当时苏联和东欧的国家更愿意将它们的美元资产存放在欧洲，因为它们害怕如果国际局势紧张它们在美国的资产将会被冻结。第一笔这种类型的存款据说是在巴黎的欧洲北部商业银行进行的，由于这家苏联银行的电报地址是“Eurobank”，于是便有了欧洲美元的说法。另外，还有很多其他的原因：首先是美国的投资，主要是跨国企业在海外的投资；其次是美国对其他国家的援助和它在海外的驻军；当然，最后还有美国在经常账户上不断上升的赤字。但美元流入欧洲也是“Q 条例”的一个自然结果，因为它限制了美国银行为存款支付的利率。而英国的银行能够支付更高的利息，尤其是因为当时英国的利率普遍很高，所以它们成功地吸引了很多的资金流入伦敦（主要是来自美国在海外的跨国公司），这样它们就可以很方便地在广泛的国内和国际业务中使用这些资金。

第一个充分利用这种机遇，也是引进这种创新的银行是米德兰银行。1955 年 6 月，米德兰银行为 30 天美元存款提供的利率是 1.875%，而在美国最高才只有1%。米德兰银行实际上需要的是英镑存款，于是它卖出美元得到英镑，然后再对这些美元进行回购，而所有这些买卖的利率都要比英格兰银行的贴现率低。[61]正如凯瑟琳·辛克（Catherine Schenk）指出的，米德兰银行的这种创新一开始只是一种套利的行为，但很快这种方式就被用到了其他方面。[62]为了抵抗英镑所受的越来越大的压力，英国政府在1957年采取了禁止使用英镑工具为第三世界国家的贸易进行融资的政策。这导致了金融城的银行开始使用美元来代替英镑，因为它们并不想失去客户。最先行动的是商业银行，包括克莱沃特、塞缪尔·蒙太古和沃伯格，以及海外的银行，首先是“伦敦和南美洲银行”——它的主席乔治·波顿（George Bolton）极力鼓吹金融城的国际业务应该使用美元来代替英镑。[63]

221 随着1958年12月欧洲的主要货币恢复了相互间的兑换以及60年代早期资本流动的限制被逐渐放松，欧洲美元市场进行了快速的扩张。欧洲美元市场主要是由美国的跨国公司和欧洲的中央银行支撑，它们或者直接参与其中或者间接地通过国际清算银行来实现这一点。欧洲美元市场在世界范围内提供了前所未有的信贷规模。这些信贷资金主要被用于银行间存款、国际贸易融资和其他短期贷款。当这个市场在1958年开始的时候，市场规模大约在15亿美元，十年后，它达到了250亿美元，而到1973年时，它已经超过了1 300亿美元（见表5.3）。

表5.3　　欧洲市场的发展（1958—1973年）　　单位：百万美元

	1958	1963	1968	1973
欧洲美元*	1 500	9 000	25 000	132 000
欧洲债券	—	258	3 942	4 209
辛迪加欧洲信贷	—	—	—	20 826

*为市场净额，除去了银行间存款的重复计算。

资料来源：*International Capital Markets Statistics*，*1950—1995*，Paris，OCDE，1996，BIS；*Annual Reports*.

欧洲债券发行

欧洲美元市场的出现很快就引出了欧洲债券市场。对于伦敦城的金融家来说，这些美元资金既然可以采取银行存款的形式，那么也可以用于发行以美元为面值的债券——在伦敦而不是纽约。这种想法的形成并没有耗费很长的时间。在美国进行的国外发行业务很少能引起美国民众的兴趣，而且美国的银行最后获得的收益要比欧洲的银行高，即使欧洲的银行主要承担了为客户存管证券的职责。作为金融城的传统强项，此时看来正是发行这类证券的好时机。而英格兰银行在 1962 年 7 月也表示了同意。第一次欧洲债券的发行通常被归功于西格蒙德·沃伯格，他于 1963 年 1 月和 IRI 的子公司意大利高速公路（Autostrade Italiane）达成了协议，并在 1963 年 7 月 1 日以 5.5%的利率为后者发行了 1 500 万美元的 6 年期贷款。[64]然而，这并不是真正意义上的第一次发行。事实上，就在几个星期前的五月中旬，商业银行塞缪尔·蒙太古就已经成功地为比利时政府发行了一笔利率为 5%、总额 2 000 万美元的贷款。由于这笔贷款是由各个银行财团进行认购，而没有向公众进行销售，因而没有引起公众过多的关注。 222

不管怎样，购买债券的预付款越来越多，而美国在 1963 年 7 月 18 日后实施的利息调节税也起到了推波助澜的作用。这个旨在控制美国资本输出的措施大大增加了在美国发行外国债券的成本，并且使得欧洲债券变得更加有吸引力。在欧洲债券出现五年之后，它的市场规模已经达到了每年 40 亿美元（见表 5.3），赶上了传统的外国债券，并在 80 年代完成了超越。欧洲债券的确也给所有人带来了好处。对于贷款者来说，他们并不需要提供详细的说明书或者信息，因为他们并不受任何国家的管制；对于投资者来说（在 60 年代主要是个人投资者），他们是匿名的并且获得的收入可以免税，这对比利时的传奇牙医或者瑞士银行的客户来说尤为方便[65]；最后，对于负责发行的银行来说，简单而稳定的佣金结构非常有吸引力——2.5%的佣金，其中牵头行 0.5%，担保行 0.5%，而其他负责销售的则为 1.5%——一家银行很容易就能获得这三项收入。[66]

欧洲信贷

第三种形式是 60 年代中期发展起来的欧洲信贷。它是一种中期的工具，期限从 3 年到 10 年不等，介于构成欧洲货币市场的短期存款（主要是银行间的）和长期的欧洲债券之间。这些国际银行贷款的资金完全来自欧洲美元，并通常是以浮动利率的方式贷出。这使得借款人承担了所有和利率波动相关的风险。这对使用短期存款甚至是活期存款来为这些中期贷款提供支持的银行来说是非常关键的。[67]不过，借款者发现，这种融资方式比发行债券更为灵活。中期的欧洲信贷的真正起飞始于 1966 年 3 月第一张欧洲美元存款单的发行，它是由美国的第一国民城市银行在伦敦发行的。[68]到了 60

年代后期，考虑到越来越大的需求和资金规模，银行开始将数个欧洲信贷组合成辛迪加贷款。在第一批辛迪加欧洲信贷中，伦敦和南美洲银行在
223 1968 年 6 月发行了 1 500 万美元的贷款，雷曼兄弟公司和银行家信托也为奥地利发行了 1 亿美元的贷款。[69] 从 1968 年仅有的 20 亿美元的规模，欧洲信贷很快就在 1973 年发展到了超过 200 亿美元——比欧洲债券多出 4 倍（见表 5.3）。从这个方面看，欧洲信贷比欧洲债券更能代表 20 世纪 70 年代的主要金融创新。

金融城的重生

欧洲市场很快就在伦敦找到了归属，这清晰地表明金融城又一次进入了国际顶级金融中心的行列。但是这次和 1914 年前甚至 20 年代的情况有着很大的不同。为什么金融城愿意接纳这些市场，它又是如何做到的？原因主要有三个：伦敦的金融传统、英国和欧洲国家货币当局的态度以及美国的银行管制。

对于伦敦有足够的能力承担这样的角色这一点很少会有人提出质疑。银行家的丰富经验，对国际金融事务的专业知识，金融机构和金融市场的多样性和完善性，以及最关键的物质和人才——所有的这些条件，泰晤士河沿岸的银行都具备。1965 年，大约有 130 000 名员工在金融城工作，其中银行业和保险业各有约 50 000 人，其余的则是在证券交易所和商品市场。[70] 换句话说，遭受疲软英镑压抑的金融城的活力正等待着被重新激活，而欧洲美元的第一笔业务无疑是属于金融城的银行家。正如英格兰银行的执行董事之一，汉弗里斯·迈纳斯（Humphrey Mynors）在 1963 年所写道的："这是一个伦敦应该可以完成并且最终有所获利的业务，这也是我们为什么从来找不到任何理由来阻止伦敦的原因。如果我们阻止了，它们就将转移到其他的金融中心，结果就是伦敦收入的减少。"[71]

英国货币当局的这种积极的态度对欧洲美元市场在伦敦的成功起到了决定性的作用。它清晰地表达了提升金融城国际金融中心地位的意图。这个目标压倒了由新事物引起的所有恐惧，尤其是这些交易的波动风险，资
224 本流入可能引起的通货膨胀，以及它们对货币政策的实施可能形成的障碍。实际上，他们的选择是将以英镑标价的国内金融活动和以外国货币标价的国际活动分离开来。前者受到严格的管制，而后者则享受比较大的自由。这样的选择和欧洲大陆其他国家的货币当局形成了鲜明的对比，那些当局

认为这些资本具有很强的投机性。在 60 年代初期，限制国外存款的措施陆续被法国、瑞士、意大利和德国采用。[72]从那时起，伦敦就占据了绝大部分的欧洲美元市场，并又一次成为了国际银行业务的中心。花旗银行海外部门的主管，也是它后来的主席，沃特·瑞斯顿（Walter Wriston）这样解释："欧洲美元市场之所以出现在伦敦，是因为人们相信英国政府不会很快关闭它。"[73]

金融城重新崛起的第一个标志是它对全世界银行重新具有了吸引力。这并不是什么新鲜事，因为在 1914 年前就有很多外国银行在伦敦设立了分支机构，并且多数一直保留至今。但是这次在规模上有很大的不同。的确，伦敦的外国银行从 1955 年的 69 家增加到了 1970 年的 159 家，到 1975 年时已经达到了 243 家[74]，也就是说，几乎是纽约的两倍。[75]对于这些银行来说，除了传统的国际贸易融资和外汇交易之外，它们还可以参与欧洲美元市场的业务：到 60 年代末为止，80％的欧洲资金都是通过伦敦借出的。

一种新型的银行形式开始出现在伦敦，并大大增加了伦敦的国际化程度，它就是银行财团。[76]这些机构是由不同国家的很多银行出于战略性考虑而联合设立的，和简单的合作有很大的不同。这样的安排并不新鲜。举例说，1914 年前，很多的欧洲银行为了进入海外的新市场就曾成立合资子公司。在 60 年代和 70 年代，银行财团由那些不愿意独自进入欧洲市场的银行设立，当时它们认为欧洲市场存在很大的不确定性和风险。第一个吃螃蟹的是米德兰银行，它在 1964 年和多伦多自治省银行、标准银行和澳大利亚联邦银行一起联合设立了米德兰和国际银行公司。很多银行跟随其后，其中在 1970 年成立的奥里恩银行（Orion Bank）是最重要的一个银行财团。[77]这些银行财团的兴起正好和辛迪加欧洲信贷的发展相一致。作为它们的主要业务，这些银行财团在 1973 年的辛迪加欧洲信贷市场占据了 20％的份额，而它们在一年内的欧洲货币贷款上的份额只有 8％。[78]它们中 225
的多数在 20 世纪 80 年代消失，因为那时它们的母公司有了其他的目标。

然而，金融城的对外开放以及随后获得的收益也是有代价的：英国的银行在欧洲市场上面临的竞争越来越激烈，而外国的银行在伦敦的分支机构则占据了主导地位。虽然英国的银行在 1958 年时控制了三分之二的欧洲美元市场，但这个比例在十年后就下降到了约三分之一，其中清算银行的份额从 22％下降到了低于 2％，而传统上专注于这些业务的商业银行和海外银行在60年代前则仍然分别保持着10%和20%的市场份额。[79]欧洲债券的情形也差不多。在1963—1972年辛迪加发行的前二十家牵头银行中，英国的公司只有三家。[80]它们分别是沃伯格银行、罗斯切尔德银行和汉姆布鲁斯银行。然而，这样的国际竞争所带来的影响是积极的。[81]美国银行的到来迫使英国的银行不断提高它们的业务水平和产品的丰富性。比如说，以英镑为面值的存款票据在1968年出现了，而其有着数百年历史的贴现公司通过相应的二级市场重新恢复了活力。类似的货币市场也发展了起来，尤其是银行间的英镑存款，它在20世纪60年代经历了一轮快速的扩张。最后，英国的资本市场在1961年后的兼并收购的浪潮支撑下呈现了崭新的局面，并且，商业银行在公司金融这块领域占据了主导的地位。

金融城重新崛起了，尽管英镑面临的压力越来越大——这通常会被认为是伦敦金融中心衰落的前兆。英镑在1967年12月的贬值对于金融城来说无疑是非常令人痛心的，这不仅仅是出于国家荣誉的考虑，而且是因为当时的主流观点认为国际金融中心的地位和本国货币的强势是紧密联系的。但时代已经改变了，即使这种联系仍然很重要，金融城的命运正越来越多地和英国的经济和货币分离开来。

美国的挑战

在某种程度上，金融城的重新崛起意味着60年代纽约的国际地位减弱
226 了。美国的银行法和众多的规章制度阻碍了美国资本的输出，并在这种局面的形成中起到了决定性作用。那么它们是否对纽约造成了不利的影响，而对伦敦非常有利呢？它们扭转了这两个竞争对手的地位吗？人们很轻易地会作出肯定的回答，但这是非常肤浅的。首先，纽约的银行或者更普遍地说是美国的银行，它们在国际金融业务上拥有着绝对的控制权——不论是哪个金融中心进行的业务；其次，国际业务传统上只构成华尔街业务很小的一部分，并且美国资本市场的发展是阶段性进行的。纽约是世界上最重要的金融中心，因为它是美国的金融首都。

的确，60年代见证了美国的银行进行的大规模的国际扩张活动。1950年，美国的银行的国外分支的数量还只有131家，而到了1986年，已经达到了899家，并且还有860家国外子公司。[82]此外，它们的分支机构网络比英国的海外银行更有活力，因为它们更多地是集中在工业国家和各个国际金融中心（包括离岸金融中心）。欧洲自然是首选地。到1975年为止，最大

的八家美国银行在欧洲一共设立了 113 家分支机构和 29 个代表处，其中仅伦敦就有 58 个。

尽管伦敦的银行家是欧洲市场的发起人，但美国的银行很快加入进来。从 1959 年 12 月开始，第一国民银行就通过它在伦敦的分支机构吸纳存款，并将这些资金转移到纽约，作为它在美国的贷款的支持。正如理查德·希拉（Richard Sylla）所说，美国银行的扩张并不完全是某些人所认为的对欧洲的入侵，更大程度上只是为了摆脱美国复杂的银行制度的制约。这种情况在 60 年代并没有得到改善，跨国公司的直接投资在 1965 年受到了限制，而官方利率在 1966 年和 1969 年提高了，尽管“Q 条例”此时仍然有效。[83]美国的银行很快就利用了欧洲美元市场，毕竟这些交易是以它们国家的货币进行的。它们在欧洲美元市场上的份额从 1958 年的 17%上升到了 1969 227
年的 54%，这也是它们的最高水平。在 1963 年引进利息调节税和 1965 年实施“自愿限制对外信贷计划”后，纽约的资本市场向国外发行业务关起了大门。[84]于是，美国的银行不断地通过它们在伦敦和欧洲的分支机构实现这样的活动。它们在欧洲债券市场上的表现非常突出，从 1963 年到 1972 年，它们中的 8 家进入了中介机构的前 20 名。它们不仅仅进入了欧洲市场，而且它们给市场带来了巨大的活力。尽管美国的银行法增强了伦敦的国际地位而相应削弱了纽约的作用，但是美国的银行充分利用了这样的机会在欧洲市场上占据了主导地位，并将其纳入了自己的全球策略中。

1962 年到 1973 年，美国的经济经历了一次非常长时期的发展，只在 1969—1970 年之间有一个短暂的衰退，道琼斯指数从 1960 年初期的 650 点一举上升至 1972 年末的 1 020 点。构成华尔街基础结构的资本市场此时极度活跃，这多亏了美国历史上的第三次合并浪潮。前两次分别是发生在 19 世纪 90 年代和 20 世纪 20 年代。[85]

在这波兼并浪潮中，越来越多的美国大型企业宣布采用多样化战略[86]，并在此基础上形成范围广泛的企业联合体。[87]这些联合体往往以多样化经营为特征，其业务往往互不相关，这样做一个基本的想法是，希望通过多样化的策略，使整个集团某些业务部门的业务较少受经济涨落的影响，从而提高盈利能力。同时，企业联合体也可以通过出售旗下部分业务来获利。[88]国际电话电报公司（International Telephone and Telegraph Company，ITT）可能是其中广为人知的案例，通过这种方法，它在 20 世纪五六十年代收购了 163 家公司。通过对企业提供非常大方的建议，华尔街的投资银行，尤其是摩根士丹利、高盛公司和拉扎德公司[89]就直接参与到这些收购和兼并浪潮中。同样的，为了确保能售出买入的公司，到了20世纪70年代初期，参与相关业务的投资银行数量急剧增加。

欧洲的银行和市场

欧洲大陆的主要中心——法兰克福、巴黎和苏黎世，它们也从50年代末的国际金融业务的复苏中获得了收益。然而最大的受益者是金融中介机构，主要是银行。它们的市场并没有得到很大的发展，不论是从国内的水平上看，比如和纽约相比，还是从国际水平上看，比如和伦敦相比。这种局面的形成一部分和当时欧洲盛行的资本管制的传统有关（至少法国是这样），另一部分则是由于欧洲美元在开始的时候引起了很多的质疑。

228 **卢森堡**。唯一的例外是卢森堡，它是1963年以来欧洲债券市场的最大受益者。在发行贷款方面，它排在第二位，紧跟着伦敦；在二级市场上，债券发行后就可以在这里立即进行交易。[90]卢森堡证券交易所上市的债券的数量在1962年为117种，到1970年时已经达到了717种，其中包括了552种欧洲债券。这种成功是因为卢森堡没有交易税，佣金也非常低，并且上市的程序非常简单。控股公司是卢森堡的另一个特色。受益于吸纳国外资本的立法，控股公司的数量在1968年时达到了119个。很多外国银行也在“大公国”设立了它们的机构。第一批是德国的银行，当时它们是为了逃脱德国联邦银行的越来越多的强制性存款准备金的要求。十年后，瑞士的银行加入了进来，它们是为了利用这里的欧洲市场和德国的银行。然后在20世纪70年代，美国银行因为这里没有预扣赋税而被吸引，而斯堪的纳维亚国家的银行则希望绕过本国对外国货币贷款采取的限制。

卢森堡是60年代后发展起来的最重要的离岸金融中心。由于它的税收优势，它和欧洲货币的蓬勃发展紧密相关。十年后，这样的离岸中心出现了20多个，其中最有名的是巴哈马群岛、开曼群岛、巴林群岛和泽西岛。[91]但无论这些离岸金融中心在国际金融活动中多么重要，它们并不是我们最感兴趣的顶级国际金融中心。

法兰克福。在很多方面，法兰克福都比伦敦更适合充当欧洲债券市场。尽管德国的金融中心没有金融城的经验、专业技能和国际网络，但是它有着更多的存款、强有力的机构以及很少的外汇管制。但是外汇上的这种自由也使德国当局害怕国际业务会对它的货币政策造成不利的影响，并导致它也进行严格的监管。而相反的是，英国的外汇管制导致它将国内市场和国际市场进行了分离，并最终完全开放了国际市场。[92]德国因此在 1965 年开始对非居民的债券息票收入征收 25%的预扣所得税，这种防御性的措施是为了控制流入德国的外国资本并减轻马克所面临的压力，但它对德国债 229
券市场的发展造成了很大的障碍。同样，德国联邦银行也坚持要求商业银行保持较高的准备金——活期存款账户的最低要求为近 15%，而伦敦的欧洲货币存款却没有这方面的要求。[93]结果是，德国的大银行决定在其他金融中心开展它们的国际业务，尤其是在伦敦和卢森堡。

从 1960 年到 1980 年，法兰克福因此更像是一个国家金融中心，而不是国际金融中心，尽管德国马克的国际地位不断提高并在 60 年代超过了英镑。德国货币很快获得了强势货币应有的荣耀并且受到了外汇交易者的追捧，但是以德国马克为面值发行的外国债券还很有限。从 1958 年到 1967 年，外国债券发行的总额只有 50 亿德国马克，这和国内发行业务的 1 350 亿德国马克形成了鲜明的对比。面对越来越大的外国债券需求，联邦银行在 1968 年就向非居民发行德国马克贷款的事宜和主要的银行签订了“君子协定”。从此以后，德国的外国债券发行都必须由一家德国银行出任牵头行，而它在考虑市场吸纳资金能力的同时，还必须密切关注代表德国银行体系的委员会制定的发行计划。[94]所有这些活动都在联邦银行的密切关注之下进行。而且，为了阻止以德国马克为面值的债券在国外发行，它还在国际清算银行的框架内和其他的金融中心（尤其是伦敦）达成了非正式的协议，并且它试图通过这种方法阻止德国马克成为国际储备货币。然而，德国马克的国际影响力大大增强了法兰克福的德国大银行的实力，它们将所有希望转换成马克的资金变成它们的存款。这样它们就有足够的能力参与欧洲市场的活动——首先是欧洲债券，然后是辛迪加发行。以德意志银行为首，它们很快占据了外国债券与欧洲债券牵头行的国际前十名，这主要是因为它们在 1968 年后以德国马克为面值的债券发行上的表现非常突出。[95]

巴黎。法国的情况有着很大的不同。由于巴黎国际资本市场的关闭，巴黎金融中心和法国的银行都受到了很大的打击。在巴黎金融中心，外国贷款的发行被禁止，而法国的银行也不能够在伦敦或其他的城市为它们的国内客户发行债券。然而，大银行从一开始就参与了欧洲债券市场的活
动。[96]从 1964 年开始，通过和伦敦的沃伯格、纽约的雷曼兄弟、库恩-洛布 230
进行合作，再加上日内瓦子公司的销售能力，巴黎荷兰银行成功地参与了

多次辛迪加发行并且数次担任牵头行。在60年代，它成功地进入了国际发行业务牵头行的前十名。里昂信贷试图恢复1914年前的雄风，但它发现这越来越困难，尽管它和法国的其他主要银行一样，像私人公司罗斯切尔德和拉扎兹一样，在辛迪加发行中的表现非常突出。至于存款银行，它们的优势主要在销售能力，而法国市场的开放也相应地提高了它们和欧洲同行进行合作时的地位。在银行的倡导下，法国资本市场的自由化在60年代被提上了议程，尽管最后的进展速度要低于银行家们的预期。从1965年开始，法国的每一届财政部长都认真地考虑了自由化的政策。这也说明，法国为了成为国际金融中心开放的市场比德国要大。债权国地位的重新获得和法郎最近的强势地位又一次点燃了巴黎超越伦敦的野心。首先，它要成为欧洲共同体的金融中心，这一点巴黎立即注意到了。现在的时机看来正合适，尤其是英镑正经历着巨大的困难并且英国此时还没有加入“共同市场”。然而，法国财政部非常谨慎。因为开放巴黎市场的好处，例如资本的流入、效率的提高、威望的增加以及金融业务的利润等，都可能被相应的风险抵消，尤其是像对其他国家的依赖越来越大以及本国货币政策自主权的丧失之类的风险。[97]

在1966年11月，对巴黎市场进行开放的某些措施被实施了。国内和国外的债务人都可以在法国发行国际贷款了。银行不仅可以为它们的客户发行外国债券，而且可以在巴黎上市它们的股票。最后，法国的公司可以从国外贷款，这也使法国的银行有更多机会成为这些发行业务的牵头行。但随着1966年12月外汇管制的加强，这些外向型的措施受到阻碍。财政部仍然可以就国外发行的总量和时间进行限定，但相应的开放政策并没有出现。
231 财政部对在巴黎发行外国债券和以法郎为面值的国际发行业务仍然持怀疑态度，但对1968年英国石油公司（British Petroleum）在法国的子公司发行国际贷款，它的态度看似是积极的。然而，1968年5月发生的一系列事件以及随后实施的外汇管制突然间终结了提升巴黎国际金融中心的所有努力。

欧洲的合作。对美国银行的竞争作出回应的是欧洲的金融机构。为了充分利用欧洲市场发展所提供的机遇，欧洲大的银行根据当时盛行的“欧洲精神”实施了联合的策略。事实上，导致欧洲共同体最后产生的《罗马条约》在1957年3月签署时并没有涉及任何有关欧洲货币体系的条款[98]，它只是建议货币政策应该相互协调。而且，作为欧洲最重要的国际金融中心，伦敦和苏黎世都在共同体之外。通过一两个主要金融中心的加入从而实现欧洲金融体系的真正一体化看似不太可能，即使英国最终在 1973 年加入了共同市场。[99]

另外两个金融方面的更为快速的发展使得欧洲的银行更紧密地聚集到了一起。首先是 60 年代末货币联盟开始成为可能；1971 年公开的《沃纳报告》（Werner Report）[100]预期欧洲货币联盟将在十年内形成，而各个银行则试图在货币联盟出现后占据有利的地位。其次，正如之前所提到的银行财团的成立，欧洲的银行为了抵挡来自美国的竞争，开始聚合它们的力量。这种有英国银行参与的策略性联盟采用的是“银行俱乐部”的形式。和注册为公司的银行财团不同，俱乐部是大的商业银行之间形成的一种联盟，各个银行之间保持着完全的独立性。俱乐部的主要目的是让它们的成员可以在欧洲的不同国家提供服务，却不用直接在那里设立机构。[101]它们的合作采取了很多不同的形式，包括建立银行财团参与欧洲市场的业务。20 世纪 60 年代，欧洲建立了四家主要的俱乐部：欧洲联营银行公司（ABECOR）[102]、欧洲银行国际公司（EBIC）[103]、欧洲集团（Europartners）[104]和大公司联盟（Inter Alpha）[105]。它们囊括了绝大多数的欧洲大银行，并且原则上同一个国家的机构不能超过一个。

作为最古老且最有活力的财团之一，欧洲银行国际公司（EBIC）是这 232
些银行俱乐部如何运转的一个很好的例子。[106]它可以追溯到 1959 年由德意志银行、阿姆斯特丹银行和比利时通用银行共同设立的“单身俱乐部”（Club des Celibataires）。这个名称的选择清楚地说明了成员间合作的性质——它们可以分享所有的东西，但它们是独立的。米德兰银行在 1963 年加入了它们，同时俱乐部使用了一个新的名字“欧洲顾问委员会”。这四家银行在欧洲和美国进行了多次风险投资，并为此成立了好几家合资子公司，包括 1967 年建立于布鲁塞尔的欧洲信贷银行[107]和 1968 年建立于纽约的欧洲美国银行公司[108]。1970 年，它们决定加强相互间合作的机构框架，成立了欧洲银行国际公司，总资本为 200 万美元，注册地设在布鲁塞尔。为了发展共同的银行业务和金融产品[109]，欧洲银行国际公司的一些子公司被建立起来了。随着 1971 年兴业银行（Société Générale）和日内瓦联合信贷银行（Creditanstalt Bankverein）的加入，以及两年后意大利商业银行（Banca Commerciale Italiana）的加入，整个集团的力量增强了。另外，1973 年它们在伦敦成立的欧洲银行公司在国际投资银行业务上表现出色，也大大增强了整个俱乐部的实力。

和其他的银行俱乐部一样，欧洲银行国际公司的成就非常显著。然而，从 70 年代中期开始，裂缝开始出现了。这种广泛的合作结构在 80 年代早期发生了崩溃。有几个原因可以解释第一次欧洲银行业一体化的努力为什么会失败。首先，各国货币在布雷顿森林体系瓦解后非常不稳定，并且，欧洲货币联盟的计划被搁置了，成员间也出现了利益冲突，尤其是最初的协议规定了一名成员不能以自己的名义在另外一名成员的国家开展业务；最后一个，也是失败的最主要原因，很多成员希望能够发展自己的国外分支并直接在主要的金融中心开展业务。

瑞士的黄金时代

瑞士在这些年的地位要比欧洲大陆的其他中心高很多。这很大程度上是因为它的金融市场和以大银行为主的金融机构的发展。流入这个国家的
233 国外资金随后又重新流向了国外，瑞士充分扮演了金融中枢的角色。比如说，1975 年流入瑞士的资金为 400 亿瑞士法郎，而流出的资金为 470 亿瑞士法郎，其中 70 亿瑞士法郎的差额是来自瑞士居民的多余存款。流出的资金中有 200 亿瑞士法郎以银行存款的方式被投资到了国外；40 亿瑞士法郎是瑞士的银行向非居民发放的贷款；100 亿瑞士法郎是外国债务人发行的、以瑞士法郎标价的债券[110]；最后 130 亿瑞士法郎是欧洲债券和以其他货币标价的股票。

在 20 世纪 60 年代早期，瑞士在国外发行业务上是世界第二，排在美国的后面。将所有的货币考虑在内，它从 1961 年到 1964 年发行的总额达到了 6.27 亿美元。这比美国的 40 亿美元要少很多，但高于荷兰和德国的 2 亿美元，并把英国、法国和意大利甩在后面。但是 1963 年后欧洲债券的发展使瑞士进入了一个尴尬的境地。由于瑞士当局决定禁止以外国货币标价的债券在瑞士发行并于 1971 年开始对这些业务征收印花税，苏黎世丧失了在这个领域进行竞争的最后一丝机会。类似的是，考虑到瑞士法郎的国际化难以控制和瑞士法郎可能要承受的压力，瑞士国家银行以德国联邦银行为榜样，努力和其他的中央银行达成协议，以阻止瑞士法郎贷款在国外发行。[111]因此，瑞士在欧洲债券的发展过程中一直处于边缘位置。它禁止欧洲债券在本国发行，同时也禁止国外的市场发行以它的货币为面值的债券。另一方面，在瑞士发行的、以瑞士法郎为面值的外国债券取得了持久的成

功。它们的发行量非常大，尽管欧洲债券全面开花，但它们还是在 1974 年的国际贷款总额中占据了 11.3%。[112]值得注意的是，它们还超过了以美元为面值的外国债券的发行。美国在 1963 年实施利息调节税后，美国的外国债券业务就停止了，直到 70 年代中期才重新开始。

至于瑞士的银行（包括那些被瑞士法律定义为外国银行的银行），它们仍然有着很大的优势。在国内市场上，它们垄断了瑞士法郎的债券发行，不论贷款者来自哪个国家（国内或国外），属于哪种类型（政府、国际组织或私人公司）；在瑞士以外的欧洲债券市场上，它们有着很强的分销能力，这增强了它们在国际辛迪加业务中的地位。在 60 年代中期，可能有超过一 234
半的欧洲发行业务是通过瑞士的银行进行的。但直到 60 年代末，瑞士的银行还只是处于被动的角色，它们销售证券只收取相应的 1.5%的佣金。直到 20 世纪 70 年代，瑞士的三大银行——瑞士联合银行、瑞士银行公司和瑞士信贷银行才正式出现在国际发行业务牵头行的前十名的名单中。

从 1950 年到 1970 年，瑞士成为了世界上最重要的金融中心之一——大概是第三位，排在纽约和伦敦之后。除了发行业务外，它在货币市场上也很强势。1965 年，瑞士在国际银行业务中排在第三位，商业银行的国外资产占比达到了 8.3%；而在 1975 年时是第四位，商业银行的国外资产比例为 8.4%。[113]这些国际业务首先是由三大银行进行的，它们在这段时期经历了快速的扩张。从 1963 年到 1973 年，它们的国外资产增加了 6 倍，国外债务也增加了 5 倍，而它们的国内业务才增加了 2.5 倍。[114]

然而，资产负债表只反映了瑞士银行业的一部分，而且不是最重要的一部分。作为瑞士金融中心的另一大专长，它的财富管理的情况只能进行粗略估计，因为无论是管理的资金规模还是这些资金的分布情况，要得到精确的数据都不可能。但指示性的数据是不会骗人的。[115]比如说，信托活动是最基本的表外业务，它们的规模在 1973 年末达到了 410 亿瑞士法郎，是瑞士银行资产总和的 15%——而在 12 年前，这个比例还不到 1%。[116]证券市场也是一样。瑞士的银行为它们的私人客户管理着价值超过 1 000 亿瑞士法郎的证券。由于瑞士市场的容量很小，它们多数是国外的证券。然而，瑞士的主要证券交易所（苏黎世、日内瓦和巴塞尔）都很欢迎外国的股票：比如说，在日内瓦证券交易所上市交易的股票中，外国股票有 123 个，而国内股票只有 109 个。外汇交易也不应该被我们忽略。同样的情况还有贵金属，尤其是苏黎世在 1968 年以后开展的黄金市场，三家大银行建立的黄金池吸收了南非和苏联的大部分黄金产出。

瑞士金融中心的崛起吸引了比以往更多的外国银行。到1973年为止，
235 这里一共成立了99家银行，其中84家银行是依照瑞士法律设立的，另外15家则是外国银行的子公司。这些外国银行的资产是瑞士的银行资产总额的11%以上。它们积极参与的活动主要是国际贷款业务、证券与货币交易及财富管理。至于瑞士的银行，它们加强了在海外的表现：分支机构的数量从1962年的12个增加到1972年的22个，其中大多数设立在各个国际金融中心。[117]

瑞士的金融界清楚地感觉到了瑞士金融中心国际地位的提高。在60年代后期，国家银行前常务董事，马克斯·艾克尔（Max Ikle）不无自豪地估计瑞士的收入为21.4亿法郎，仅仅排在伦敦（27亿瑞士法郎）的后面。其中的差额主要是来自保险业，瑞士在这个领域从未获得过很强的国际地位。[118]不管这些数据是否真实，瑞士金融中心在这个时期的表现的确非常惊人——我们不要忘记了这个国家的规模。战争的遗产、中立的收益和银行业保密措施无疑都为此作出了巨大的贡献，而瑞士法郎的强劲和低于其他城市的利率也在这个过程中起到了很大的作用。虽然它的繁荣在随后的几十年内还会持续，但瑞士想要保持现在的这种地位却是非常困难。

全球化的开端（1973—1980年）

固定汇率体系在1973年的终结赋予了国际资本流动新的动力。尽管此时还没有出现“全球化”这种说法（到20世纪80年代才开始出现），但并不是无迹可循。资本输出的恢复主要可以用罗伯特·蒙代尔（Robert Mundell）的“不可能三角”进行解释，也就是说，不可能同时实现以下的三个经济政策：资本的完全流动性、汇率的稳定性和本国货币政策的独立性。最多只能同时实现两个目标，而必须放弃另外一个目标。[119]因此在不丧失货币政策自主权的情况下，放弃固定汇率就为资本的自由转移开辟了通道。这和1914年前的情况完全不同：那时资本可以在全世界流动，而国家的货币政策受到了金本位制自动调节的约束。这种分析的框架非常有吸引力，尽管它不可避免地有些过于简化。20世纪50年代后期的对外开放和欧洲货
236 币恢复可兑换性都为70年代的加速积攒了能量。欧洲市场，作为这次开放

的象征和工具，再一次发展起来。1974 年到 1980 年，欧洲货币市场从 1 770亿美元发展到了 5 750 亿美元[120]，欧洲债券市场从 34 亿美元发展到了 204 亿美元，而辛迪加欧洲信贷市场则从 285 亿美元发展到了 780 亿美元。[121]新的金融工具加速了其扩张的步伐，尤其是在 1970 年可转换债券和认股权证出现之后。[122]

可回流的石油美元

1973 年发生的另外一个事件对这种发展作出了决定性的贡献：石油输出国组织（OPEC）在 10 月份作出了将油价提高一倍的决定，而在两个月后，再次把油价翻倍。石油出口国的收入因此从危机前的 240 亿美元增加到了危机后的 1 170 亿美元。1974 年到 1980 年，这些国家积累了 3 830 亿美元的流动性资产，其中的一半以短期存款的方式被投资到了美国和欧洲的最大银行。这些存款具有欧洲美元的所有特征：流动性好，不受任何国家的监管，并极大地扩大了现存的欧洲美元的容量。关于货币的流入是否会给国际金融中心的稳定性带来风险的问题在第一次石油危机时就被人们广泛讨论，尤其是在美国。很快，人们找到了一种将这些新的欧洲美元进行“回收”的解决方法。一开始，参与的主要是银行，首先是纽约的花旗银行，在西方货币当局的默许下，设法将这些资金借给那些因为石油冲击而发生公共和贸易赤字的发展中国家。

从此以后直到 80 年代早期，国际资本流动主要是以商业银行向第三世界国家发放信贷的方式进行。在此期间出现的最大银行贷款，从 1975 年的 400 亿美元上升至 1980 年的 1 600 亿美元。[123]至于新兴国家的外债规模，它们从 1975 年的 1 260 亿美元上升至 1982 年的 4 550 亿美元。而其中的私人债务，绝大多数由银行贷款组成，则从占总债务的 43%上升到了 56%。直接向资本市场寻求资金暂时变得没那么重要了[124]，银行贷款，通常是以浮动利率辛迪加欧洲信贷的方式，大大地增加了国际发行业务的规模。[125]这是一种向主权国家转移资本的新方法。在此之前，尤其是在 1914 年前，银行一直只是扮演政府和公众之间的中介，而公众承担了所有可能的违约风险。苏联的贷款就是一个典型的例子，它在一开始被认为是非常安全的投 237
资。现在轮到银行上“前线”了。

到 1982 年时，银行开始后悔了。当时墨西哥单方面宣称它的债务的本金将延迟 3 个月支付，并因此导致了贯穿整个 80 年代的债务危机。糟糕的风险评估？历史知识的缺乏？“强加”给第三世界国家的贷款？银行被指控犯了上述所有的罪行。而就在此之前，它们成功地解决了因为石油价格飙升而引起的国际收支不平衡的问题，并因此受到了本国和国际货币当局的赞许。可以肯定的是，大错已经铸成，尽管程度不同。虽然所有的银行都跟随了这一趋势，但它们所受的影响并不一样。美国大银行持有的问题贷款最多，英国的银行次之，远远跟在它们后面的则是瑞士的银行。

面向市场自由化

不可否认，沉迷于向第三世界国家贷款的原因之一是“羊群效应”，或者是害怕错失良机——这种害怕的情绪被那些聚集在几大金融中心的资金提供者加强了。诚然，这种国家间的银行资金流动并没有打乱主要金融中心的运行机制和上层结构。先前的发展看似得到了加强，尤其是 10～15 年前出现的欧洲市场所带来的巨大转变。这种转变的持续发展很自然地为放松金融市场的管制打开了大门，并将在 20 世纪末留下深深的印记。

伦敦仍然是欧洲市场的中心。为发展中国家安排的辛迪加欧洲信贷和欧洲债券的发行非常相似，而此时欧洲债券的发行正在如火如荼地进行。这两种业务需要同样的银行网络和杰出的具有专业知识的银行家，“一群特殊的四海为家的年轻银行家……（他们）充分享受自己的社交圈：财政部长将他们视为老朋友，而他们也慷慨地款待对方，贷款的最后签字则是以丽兹酒店或者伯克利酒店的豪华晚宴作为庆祝”。[126]金融城的外国银行继续增加着，并在 1979 年达到了 328 家。其中，德意志银行的伦敦分行在 1976 年重新开业——这家分行在 1871 年就已经成立，但在第一次世界大战中被关闭了。也正是通过这家分行，德意志银行在欧洲市场上的份额越来越大。英国的银行很好地抵制住了外国银行的竞争，并或多或少地保持了它们的市场份额。此时，传统上只是偶尔参与国际业务的“四大”银
238 行[127]和跨国银行更多地参与了辛迪加欧洲信贷的活动，甚至超过了专注于这些业务的商业银行。欧洲大陆上，大银行的发展和国际扩张比起金融市场的发展更加令人关注。联邦德国、瑞士、法国、比利时以及荷兰的银行在发行辛迪加的过程中都增强了自己的实力，它们在扩张自己的国际网络的同时，还不断参与银行间的货币合作。在瑞士，财富管理继续保持蓬勃发展的势头[128]，而以瑞士法郎标价的外国债券发行也在 20 世纪 70 年代后期快速起飞。[129]

最显著的变化发生在纽约，它在对金融部门实施了自由化后重新恢复了往日的雄风。在资本市场上，利息平衡税的废除重新激活了外国债券的发行，外国债券从 1974 年的 36 亿美元上升到了 1976 年的 108 亿美元。[130] 在证券交易所，证券交易委员会在 1975 年 5 月取消了固定佣金的规定，并使得这里的竞争变得更加激烈。这个措施有利于机构投资者在股票市场的交易中起到越来越大的作用。无数小的经纪人消失了[131]，而大的经纪人则转变成了合资公司，它们将和投资银行一起主导资本市场。在早些时候，自动报价系统在 1971 年的应用使得整个交易量急剧上升，并为华尔街的真正革命铺平了道路。[132]

东京的崭露头角

20 世纪 70 年代最重要的事件莫过于东京的崛起。它在 20 年内从一个区域金融中心发展为国际顶级的金融中心，其影响力也从仅限于东南亚扩展到了全世界。如果考虑到东京曾在 50 年代一度取代香港成为亚洲的金融中心[133]，它的这种快速成长就更为惊人了。不过，如果和同时期日本经济的增长速度相比，这就不算什么了。东京金融中心的出现首先是因为日本进入了经济超级大国的行列，这和 19 世纪 80 年代的德国或者 20 世纪初纽约的情形完全一样。但比前两个金融中心更为出色的是，东京努力地将日本工业的影响力转化成为它的金融实力。

日本的资本之城成为全球性的金融中心是由于日本货币当局在 70 年代
末实行对外开放。在此之前，财政部和日本银行通过严格控制银行体系， 239
将整个国家的金融资源完全用于战后重建和国家经济的发展。的确，日本的银行系统在第二次世界大战后立即进行了改革，这在很大程度上是受到了分业经营的美国模式的启发。先前的财阀模式，也就是由家族企业控制日本最大的几家银行的模式遭到了废弃。1948 年通过的一部法律禁止商业银行持有工业公司或商业公司的股票，而投资银行是个例外。这对投资银行在 80 年代的发展非常关键。[134] 然而，商业银行的地位在战后非常强势。一方面，很多的公司缺乏资金来进行快速扩张，它们的资金需求非常旺盛；而另一方面，日本的资本市场并不发达，无法提供足够的资金[135]；此外，从 1952 年日本正式重新独立以后，相关的法律改变了，银行可以持有工业公司 10% 的股票（1977 年被减少到 5%），这大大增加了交叉持股的比例。[136]

银行贷款在日本的金融体系中占据了主导地位，它们对日本金融体系的重要程度要远远高于美国、英国或者德国的情况。在这样的体系下，日本银行（Bank of Japan）通过使用贴现率和调整商业银行的授信额度来实施它的货币政策。公开市场操作在实际中起不到任何作用，因为这段时间日本政府实施预算平衡的财政政策，所以政府债券非常稀少。对于商业贷款来说，它们在很大程度上取决于商业银行的授信额度和中央银行的“窗口指导”。通过减少商业银行的贷款额度，日本银行就可以控制它们的贷款规模甚至整个经济活动。另外，资本的流入和流出在日本是受到限制的。几乎所有的交易都需要得到政府的批准，尤其是像非居民股份收购日本公司、在日本发行外国债券和日本的企业从国外借款。银行在欧洲美元市场上的活动和短期银行资金的流入也都受到了管制，因为日本政府限制了日元的兑换。[137]所有的这些措施将日本阻挡在了国际金融体系之外。在 1975 年，以日元为面值的国际债券的比例还不到 1%，这和美元的 51%、瑞士法郎的 17%，以及德国马克的 16%形成了鲜明的对比。[138]

240 20 世纪 70 年代的经济形势——通货膨胀的出现、固定汇率体系的终结以及经济增长的放缓，迫使日本当局将东京向世界开放。这个结果是由东京资本市场的发展和国际金融活动的自由化过程一起造成的。

资本市场的发展主要围绕政府债券展开。为了给由于石油危机和经济衰退造成的急剧上升的财政赤字融资，日本当局从 1975 年开始发行债券。流通的政府债券量增加了 8 倍，从 1975 年占 GDP 的 7%上升到了 1982 年占 GDP 的 32%。[139]随后，业务的重心转向了直接投资，但银行业与工业之间的关系和日本社会体系的特征并没有发生根本性的改变。[140]此外，在 80 年代早期，公司债券在总的流通债券中的比例还不到 10%。

资本市场的扩张还伴随着现存市场的自由化进程，尤其是债券回购市场和新型金融工具市场。1979 年，银行被授权可以发行存款票据，次年，相应的二级市场被建立起来了。资本流动也开始自由起来，但货币当局的态度还是会受外汇市场变化的影响。从 1973 年到 1974 年，日元的疲软使日本政府一方面大力鼓励资本的流入，比如解除对非居民购买日本股票的限制，提高日本企业从国外贷款的上限等，另一方面积极地阻止资本的流出，比如禁止外国债券在日本发行。相反，当日元 1976—1978 年开始走强的时候，资本的流出是受到鼓励的，当局提高了居民购买外国股票的上限并允许银行在海外发放更多的贷款。整体的趋势是朝着更加自由化的方向发展。

1979 年，日本政府批准非居民企业参与债券回购市场和存款票据市场，这为日本货币市场融入世界市场打开了一扇大门。[141]

从国内的交易量来看，东京在 20 世纪 70 年代末无疑是世界第二位的金融中心，这反映了日本的国家实力和经济活力。举例说，日本资本市场上的国内发行在 1980 年达到了 1 610 亿美元——诚然，这要低于美国市场的 2 720 亿美元，但却远远高于德国（790 亿美元）和英国（360 亿美元）。从 241
市场资本化的角度来看，东京证券交易所也是世界第二位的，在 1981 年为 4 180 亿美元——排在纽约的 11 000 亿美元的后面，但还是在伦敦（1 900 亿美元）和法兰克福（560 亿美元）的前面。最重要的是，它的影响力开始达到了国际水平。日本的资本流出从 1973—1977 年的年平均约 51 亿美元增长到了 1978—1982 年的 184 亿美元，而资本流入也相应地从 15 亿美元增长到了 89 亿美元。以日元标价的发行业务在 1980 年的国外发行业务总量中的占比超过了 5%，东京的外国银行的分支机构从 1970 年的 54 家上升到了 1980 年的 76 家，并且，日本的五大商业银行在 1980 年都进入了世界前 20 位的行列。从此，东京和纽约、伦敦一起成为了世界级的三大国际金融中心，并将在 20 世纪末最后 20 年的全球化加速过程中起到关键性的作用。

第6章 全球化、金融创新和危机（1980—2009年）

242 许多评论家将过去25年的形势和一个世纪前的形势作了一个比较。由于经济自身的开放性，21世纪经济的转折和20世纪有着惊人的相似。从资本流动的自由程度和剧烈程度来看，第一次世界大战前的全球化程度直到20世纪90年代才被超越。对我们自身来说，最大的区别当然还是我们不能预知现在这个过程将如何演进。我们不会运用历史来进行一些徒劳的预测性工作，我们会站在历史的角度上来观察过去25年发生的变化。同时这一段时间的历史具有连续性，全球化从20世纪60年代开始，毋庸置疑在80年代有了突飞猛进的发展。这不是一个简单的事件，它包括数量上（交易量）和质量上（金融工具）的一系列变化，正是这些变化启动了一个新的时期，这个时期一直持续了25

年直到现在。虽然如此，20 世纪后期冷战结束和后工业时代社会开始的特征同样不容忽视。

新世界经济

在经济和金融的层面上，三个紧密联系的主要特征描述了这个新时代：全球化、放松管制和创新。自 20 世纪 90 年代以来关于全球化的讨论一直很热。一部分人热情欢迎，一部分人对此持怀疑态度，还有少数人拒绝全球化。全球化现象的本质还是金融性的，虽然其工业和商业性质也不能低估。人们对全球化态度不一的原因在于全球化对社会、政治、文化等多方面的影响已经远远超出了金融本身的范畴。除了对富裕和贫穷国家间资本转移 *243*
的质疑外，还有当今世界国家的民族和文化身份的问题。由于反抗性抵制的结束，即使欧共体再努力，美国这个当今世界的超级大国，好像要一直主宰着这个世界。

全球化

当前的全球化和一个世纪以前的全球化既有相似又有不同。一个世纪以前的全球化有五个特征：人口的自由流动、交通运输工具的发展、通讯技术的进步、贸易增长、大量资本流动。我们发现，除了人口的自由流动之外，其余四点依然以不同形式、不同程度存在着。很明显现在的地球上人口流动远没有一个世纪前自由。国家间旅行不是自由的，向富有国家的迁移面临着种种阻碍。总的来说，尽管交通工具的发展已经取得了惊人的进步，特别是飞机的广泛使用使人们可以在 24 小时内到达地球的任意一个地方，这也使全球化的概念更加具体了。这在 100 年前是无法想象的。但现在人口的转移规模与 1914 年前相比无论是相对量还是绝对量仍然是非常小的。但金融中心仍然从这种全球化中受益匪浅。尽管人口流动缓慢且受到限制，金融中心间的人们却可以很方便地联系，无论他们的距离有多远。银行业和金融业的各种从业人员，组成了最具有流动性的劳动力大军。他们的特长就是在最活跃的金融中心寻找工作机会。

尽管日新月异的通讯技术在当代全球化进程中扮演了重要角色，通讯技术在 19 世纪末并没有取得根本性的突破。事实上 1914 年以前就可以实时通话，这要归功于电报、无线电报和电话的发明，尽管电话的出现是在第一次世界大战之后。通讯技术的质量、多样性和可用性，以及通讯工具的数量在很大程度上决定了这两个时期的不同。如果说突破是存在的，那么就是信息技术。新的远程通讯网络的构建使得无限量的信息可以用一种更
244 复杂的方式处理并且马上传播出去。[1]这些发展是过去二十年金融技术改变和金融工具创新的根本。如果没有通讯的发展，即便全球化会发生，其面貌也将与现在完全不同。

正如1914年以前国际资本流动形成了全球化的核心，根据当前一次测算，2000年海外投资资本达到了约29万亿美元，比20年前增加了近10倍，在5年内翻了近一番（1995年是15.5万亿美元）。更重要的是，国际资本在2000年占全世界GDP的92%，在1995年是62%，1980年是25%，而在1960年只占6%。[2]也许这些数字有点估计过高，但是全球化水平达到了前所未有的程度是事实。20世纪末，美国超过英国、日本和德国成为世界上掌握海外资本数量最多的国家（事实上第二次世界大战后一直如此），日本通过自身独特的发展跻身于领先行列（见表6.1）。在1914年以前也是这些国家掌握了大部分的海外资本。同样值得注意的是，国际上主要的金融中心都在这些国家。对于储蓄资金的借款人或者受益人来说，这一阶段的全球化和早期有明显的区别。早期，殖民地和新成立的国家接受了绝大多数的海外资金；现在，超过80%的海外投资都被欧洲、北美和日本吸收。[3]发生这种巨大变化的原因一部分是全球化，另一部分则是国际金融中心的吸引和相互影响。

表6.1　　2000年外国投资存量

外国资产	数额（10亿美元）	占比（%）
美国	7 350	(26)
英国	4 450	(15)
日本	2 970	(10)
德国	2 600	(9)
法国	2 430	(8)
其他	9 184	(32)
总计	28 984	(100)

续前表

外国负债	数额（10亿美元）	占比（%）
欧洲	14 509	(48)
北美	9 611	(32)
日本	1 810	(6)
大洋洲	494	(2)
发展中国家	3 595	(12)
总计	30 020	(100)

资料来源：M. Obstfeld，A. M. Taylor，*Global Capital Markets. Integration，Crisis and Growth*，Cambridge，2004，p. 53.

放松管制

由于金融市场的逐渐开放，这一时期资本流出达到了高峰。伴随全球化现象，经济和金融管制措施的放松成为一种更广泛的趋势，这也是新自由派的社会和经济理论产生的原因和后果。新自由派理论最新出现在盎格鲁—撒克逊国家，随后传播到世界各地。代表性的事件是1979年玛格丽特·撒切尔开始在英国执政，罗纳德·里根1981年开始在美国执政。从此 245 自由经济开始流行。自由经济当然也遇到了一些阻碍，接下来几十年国家政策和人们的态度随之转变，但是最基本的分配方式至少在金融领域没有真正改变。

市场自由化的第一步是恢复1958年的货币兑换制度，但这并没有消除对资本自由流动的管制。虽然管制的放松以及绕开管制的"聪明"做法渐渐削弱了自1960年以来的限制措施的影响，但是到80年代以前，许多国家还没有放松对汇率制度的控制。至于资本流出，美国虽没有制定出正式的政策，但是在1963—1974年采取了一系列措施来抑制资本的流出。英国在1958年之后对国际资本流入采取了严格的监控，在1979年保守党重新上台后放弃了汇率控制，讽刺性地让整个城市吃了一惊。[4]法国在等了十多年后直到1990年7月1日才按照欧盟的指示放开了资本管制。瑞士从没对资本的流动实行过管制。1958年后德国的资本也是可以自由流动的，汇率管制在1981年被彻底消除。

但是资本流入的阻碍仍然存在，特别是在像德国、日本和瑞士这样存 246 在国际顺差的国家。后来，这些阻碍也渐渐消失了。80年代初期，瑞士开始废除一些措施，例如改变非居民银行存款利率为负的情况，取消对国外资本流入的限制。1984 年德国取消了实行了近 20 年的对非居民持有债券所得征收 25%税收的政策。同一年，日本继续了从 70 年代开始的资本自由化进程，放松了对日元的管制，特别是对国外发行者的发行管制。1990 年后，资本的流入流出不再受任何官方政策限制，至少对机构投资者是这样。

金融市场的开放进展相对缓慢，每个金融中心都走在本地区的前列。1986 年 10 月 27 日发生在伦敦的“金融大改革”比其他任何事件都让人大开眼界。[5]与其说这是一个起点，不如说这是一个高潮。自 20 多年前欧洲市场出现后，一系列的改革就开始了。其中最重要的措施是 1979 年让汇率自由浮动，同时鼓励资本流出和国外投资者发行英镑债券。[6]这导致这个城市国内外的相互作用和影响更加紧密，但这也很快显示出很多不足，特别是伦敦的经纪商和批发商在这个全球市场上严重缺乏竞争力。

这里的“金融大改革”实际上指的是伦敦证券交易所的改革，源于 1983 年政府和交易所的一项协定，这项改革复制了 1975 年纽约的做法，到 1986 年废除了固定佣金制，改变了伦敦交易所特有的经纪商和批发商职能分割的局面。同时决定让交易所对国外开放，允许银行购买股票。这导致了绝大多数领先的经纪公司破产，除了 Cazenove，但是这家公司也面临高速增长的成本，也收到了很多诱人的收购报价。这些经纪公司被国内和国外的商业银行收购。“金融大改革”加快了这个城市的现代化速度，对信息技术的大量投资加强了伦敦金融市场的国际竞争力和在欧洲竞争者中的领导地位。

247 巴黎在国际竞争力方面也面临着同样的问题。自第二次世界大战以来，巴黎的金融市场在整个经济发展中的作用不是很明显。这可以追溯到 60 年代出现的问题，直到 80 年代这些问题才由于全球化的压力开始解决。1984—1985 年采取的金融开放措施——巴黎的大改革——引入了新的短期金融工具，包括允许发行银行大额存款订单和短期国库券，其二级市场马上快速发展起来；取消对债券发行和大额经纪业务收取固定佣金；自 1992 年后废除对股票经纪业务的垄断。[7]

德国还存在金融市场完善的问题。虽然对金融创新仍然不信任，1984—1985 年德国中央银行还是批准了大额存款单和浮动利率债券的发行，这两项业务的发展在随后的十年时间中仍然受到管制。同时，它允许外国银行的子公司在国外债券发行中担任主要承销商。不附息的最低存款保证金制度仍然保持，对欧洲货币没有要求。1992 年，虽然流动性比率大幅下降，但是还是有大量银行业务转移到伦敦和卢森堡。[8]在法兰克福，大银行占主导地位，1991 年交易税被取消（股票交易收取 0.25%，债券收取 0.1%）。

瑞士货币管理局也面临着相似的情况。货币管理局管辖着邮票的发行，这同时影响了所有证券的发行。在以瑞士法郎为面值的外国债券发行上，货币管理局维持着保护性规则，以促使这项业务的发展。[9]利用与国际清算银行签订的一项非正式协定，瑞士货币管理局坚持只有瑞士国内的银行才能参与承销发行瑞士法郎的银团贷款。1992 年邮票发行改革后，中央银行批准了国外银行可以参与承销或主承销证券发行。然而，90 年代初利率也大幅下降，伴随着日本股票市场的崩溃。[10]

美国在 1975 年率先迈出了证券交易所改革的第一步，在此之前美国对银行业务实行了很长时间的管制。虽然 1982 年“Q 条例”被废除，但直到 248
1994 年《里格-尼尔州际银行及分行效率法》通过，银行才能在美国设立分支机构。1999 年废止了 1933 年的《格拉斯-斯蒂格尔法案》，取而代之的是《金融服务业现代化法》。1998 年美国的卡特尔管理局批准了花旗投资银行和拥有所罗门美邦公司的旅行者保险公司合并，世界上最大的金融集团成立了，部分原因是新金融工具的发展使更大规模的合并成为一种趋势。

市场变得越来越自由，新的管理框架被制定出来以保证市场正常运转。[11]对金融活动监管的部分或全部放松使很多参与者了解了一系列规则，同时使市场上新金融工具的投资者了解了相关的保护措施。这些管制主要是针对国家而言的，还有一些管制是根据国际惯例制定的，如《巴塞尔协议》对银行偿债能力的要求[12]，还有欧洲根据 2000 年里斯本峰会制定的金融管制措施。这些新的管理框架，常被视为是增加了管理的限制条件，在提高国际金融中心竞争力中发挥了重要作用。

创新

自 20 世纪 70 年代以来，新金融产品层出不穷，这在金融发展史上是史无前例的。到目前为止，金融实践、金融服务以及金融活动都没有发生根本的更新换代。在这方面，最近的金融创新保留了创造性的一面，特别是在对国际金融中心的影响上。

理论和实践。欧盟市场的出现意味着一个新的转折点到来了。更复杂的协议有机会达成，客户的需求、法律和管制上的限制会得到充分考虑。

但是创新真正成为金融活动的一部分还是从 70 年代中期之后特别是 80 年代开始的。三个主要因素推动了金融创新：首先是因为货币的币值不稳定。
249 由于通货膨胀和浮动汇率，人们需要对利率风险和汇率风险进行套期保值，当然这也为交易商提供了新的盈利机会。其次是计算机技术的惊人发展。如果离开计算机，现在的新金融产品不可能如此复杂。最后一个因素是基础研究在金融上的应用。换言之，是因为五六十年代一批经济学家在理论上取得了重要进展。人们很容易想到马克维茨和夏普在有效资产组合理论方面所做的工作，从此风险和收益联系在一起；莫迪利安尼和米勒关于公司价值与杠杆比率无关的理论；法马的价格完全反映所获信息的有效市场理论；布莱克、斯科尔斯和默顿的期权定价理论。[13]从 80 年代开始，特别是 90 年代，更多地在应用层面上，大量的数学家、物理学家和工程师转到金融业，带来了一种"物理经济学"的新趋势。[14]

金融创新在 20 世纪末对金融市场的影响远比银行业务大，其中一个主要特征是这个时期出现了金融"脱媒"现象。公司借款越来越少去找金融中介了，特别是寻求银行的贷款，它们直接在金融市场上发行证券来获取资金，如存款单、股票或是权证。从此以后，专门从事证券发行和二级市场交易的机构成为了金融系统真正的"指挥者"。这一点可以从华尔街的招聘数据看出来。过去 25 年以来，商业银行雇用的人员数量急剧下降，而从事证券行业的人员数量大幅上升。[15]引起这种变化的原因首先是股票市场的表现，特别是在美国。自 80 年代以来股票市场的曲线都是向上的，虽然路径不是那么平滑，虽然投资股票市场的收益伴随着风险，但是收益比银行存款高多了。还有一个原因是退休基金、保险公司和投资银行等机构投资者的影响力在增强。金融创新和新金融工具的增值也是造成这些变化的原因。

衍生品。衍生品是过去 20 年最重要的金融创新，也是当前金融市场繁
250 荣的标志。衍生品合约的价值取决于一种基础资产。衍生品主要有两类：[16]期货——标准的远期合约，还有期权。远期合约不是什么新产品，早在 19 世纪下半叶就有大宗商品的远期市场，而股票的远期交易自交易所出现时就有了。当今的金融创新与之前不同。一方面期货合约在市场上挂牌连续交易，这降低了做市商的风险[17]；另一方面，期货合约的标的资产也在增加，如货币、利率和金融指数，这些合约被称为金融期货。[18]另一种主要的衍生品合约——期权已在交易所存在很长一段时间了，期权的发展也取得

了很大的进展，首先是在美国出现了单只股票的期权，接着几乎其他的金融资产包括期货在内也都出现了期权合约。

现代衍生品合约最早出现在芝加哥。芝加哥是美国第二大金融中心，拥有芝加哥期货交易所和芝加哥商业交易所，两者构成全球最大的远期市场所在地。1972 年，后者的国际货币市场部推出了世界上第一张期货合约——外汇期货合约，布雷顿森林体系的崩溃为汇率波动的套期保值提供了机会。第二年，它的最主要的竞争对手成立了芝加哥期权交易所，进行期权交易。1975 年国际货币市场部推出了美国国库券期货合约——这是第一张利率期货合约。

纽约立刻作出了反应。70 年代中期，美国证券交易所也推出了金融期货合约，1980 年纽约证券交易所又成立了纽约期货交易所。即便这样，芝加哥还是处在领先地位。同时，来自欧洲金融中心的竞争压力也越来越大。1982 年伦敦国际金融期货交易所成立。与纽约不同，伦敦证券交易所并不干预金融期货交易所的运转，伦敦的商品市场也不介入金融期货业务。[19]巴黎在随后几年也成立了法国期货交易所，1986 年瑞士期权和金融期货交易所在苏黎世成立[20]，1990 年作为法兰克福交易所的分支机构的德国期货交易所成立，1998 年这两家交易所合并成为欧洲期货交易所。 251

虽然衍生品合约不完全相同，但是衍生品市场的竞争却非常激烈。金融市场出现了兼并重组的趋势。在欧洲，伦敦国际金融期货交易所首先被法国期货交易所收购，随后又分离出来，并在 90 年代末成为位居全球第二的交易所（排在芝加哥的两大交易所之间）。[21]欧洲期货交易所受益于效率更高的电子交易系统，伦敦随后也放弃了场内人工喊价的交易制度。随后欧洲期货交易所又在 2003 年被分拆。这些竞争也伴随着合作，如 2000 年伦敦金融期货交易所和芝加哥商业交易所、欧洲期货交易所和芝加哥商业交易所之间的合作，还有交易所之间的并购，如 2002 年泛欧交易所[22]收购了伦敦金融期货交易所，前者随后建立了一个新的电子交易平台。

衍生品的发展伴随着一种新投资工具的出现，即对冲基金。对冲基金最早出现在上世纪 80 年代。虽然没有准确的定义，但是对冲基金有很多特点：常注册在离岸的金融中心，偏向于通过衍生品和远期卖空，经常运用杠杆操作，先行的风险控制。对冲基金常常是不受监管的投资基金或对撤资有限制的封闭基金，管理对冲基金的经理们也获得了很高的奖金[23]，按照规则，这些奖金必须再投资到对冲基金里。90 年代对冲基金经历了前所未有的快速增长：1990 年到 2003 年，对冲基金数目由约 2 000 只增长到近 8 000 只，管理资金规模也由 600 亿美元增长到 7 500 亿美元。这种发展有点像 19 世纪 80 年代的英国信托、20 世纪 20 年代美国信托的发展。早期的信托风险也很高，只是杠杆比率不高。

在对冲基金短暂的发展史中，对冲基金赢得过巨大的成功，也经历过惨痛的失败。前者以乔治·索罗斯为代表，索罗斯因为在 1993 年通过阻击英镑盈利超过 10 亿美元而闻名世界，他的量子基金当年的收益率也超过了
252 100%。其他的通过自己艰苦努力跻身华尔街高收入阶层的故事，在 90 年代也经常占据了金融媒体的头条。[24]对冲基金最引人注目的失败是长期资本管理公司的破产，1994 年，过去曾属所罗门兄弟公司的明星约翰·梅里韦瑟成立了历史上最重要的对冲基金——长期资本管理公司，两位诺贝尔经济学奖获得者默顿和斯科尔斯的加入使长期资本管理公司声名显赫。在经历三年超额盈利之后，1998 年俄罗斯政府的债务违约给了长期资本管理公司沉重的一击，9 月公司陷入了破产的边缘。美联储银行担心其破产将对其他金融机构和金融市场带来灾难性影响，于是联合华尔街主要银行采取挽救措施，投资 36.5 亿美元的资金换取长期资本管理公司 90%的股份。自 2000 年后，对冲基金被越来越多的保守的资产管理经理接管。对冲基金的平均负债率大幅下降——从 1998 年的 10 倍于股本金（长期资本管理公司是 28 倍）下跌到 2005 年的2～4 倍于股本金。基金的回报也从十年前的 20%～30%下降到 8%～10%。

证券化。20 世纪晚期，导致银行业和金融实践转变的金融创新，主要体现在众所周知的证券化上。证券化可以定义为把债务（特别是贷款）转化成市场化的证券。从这个角度来说，它并不是一个新现象：1830 年，比利时兴业银行（Societe Generale de Belgique）通过证券化成为第一家国际银行。[25]这次证券化（这个名词在 1977 年[26]的《华尔街日报》首次出现）的新颖之处在于被转化的资产类别和产生的金融产品，即金融衍生品。

住房抵押贷款是第一个被证券化的债务。银行不是把住房抵押贷款保留在它们的资产负债表上，而是把它们绑在一起并发行由这些贷款组成的债券——抵押贷款债券（MBS），然后把它们卖给各类投资者：银行、保险公司、对冲基金和全世界的其他金融机构。这种新型的给房地产投资提供资金的方式有着显著的优点：银行不再担有附着在这些贷款上的风险，因此它们不再那么关心借款者的信用度，而且银行作为中介人挣到了手续费。

通过证券化收回已经借出的资金，银行可以提供新的住房抵押贷款或再抵押贷款。其他的资产，特别是普通消费者的债务——保险费、汽车贷款、信用卡借款和学生贷款，等等，也陆续被证券化。它们拥有共同的名字叫资产抵押债券（ABS）。第三类被证券化的资产是担保债务凭证（CDO）。信用衍生品也出现了，比如信用违约互换（CDS）。[27] 21 世纪初，证券化发展神速。在美国，ABS 的发行在 2000 到 2006 年翻了 2 番，从 3 370 亿美元到 12 500 亿美元。在同样的期间，那些非政府代理机构发行的 MBS 也从 1 000 亿英镑上升到 7 730 亿英镑。[28] CDS 的名义本金也从 2001 年的 6 000 亿英镑上升到 2007 年底的 60 万亿美元。[29] 253

虽然金融创新由经济学理论的突破和信息技术的巨大力量所激发，但它由银行的高回报预期和银行家的丰厚薪酬所驱动。证券化的主要好处是高杠杆率。因为这些交易利用专门的投资工具（比如银行金钱通道和结构性投资工具（SIVs）），从而不会出现在银行的资产负债表上。它们一般通过发行短期商业票据（commercial paper）融资，然后投资于长期的资产，比如证券化的债务。通过剥离资产负债表的运作和包括 CDS 在内的其他方式，银行可以在维持资本充足率的监管要求的同时，以相同的资产净值来投资比它大得多的资产。在由结构性投资工具、对冲基金、私募等其他投资实体组成的“影子银行系统”中，杠杆率比以前更高了。到 2007 年，单在美国，这个“影子银行系统”和宽松管制的投资银行一起已经成长得和传统银行系统一样巨大，达到 10 万亿美元左右。[30]

证券化的过程主要是由在纽约和伦敦的投资银行所承揽，这提高了它们在 21 世纪初期的绝对优势地位。证券化使得资金在全世界的各个经济部门和社会的各个领域更充裕。然而，具有讽刺意味的是，它也被认为，通过证券在全世界四处扩散和用高度复杂的模型估值，应该能降低风险（即使不能完全消除）。

欧元。这一时期另外一件值得纪念的大事是 1999 年 1 月 1 日欧元的诞生。[31] 11 个国家[32]使用同一种货币——欧元，这在历史上还是第一次。无论是金本位体制或者像拉丁美洲货币联盟这样的区域货币联盟，还是如 1875 年德国马克那样的国家货币联盟，都不能与欧元相提并论。1987 年欧洲通过了《单一欧洲法案》[33]，为了进一步消除汇率风险和降低交易成本，欧元应运而生了。欧元首先是一个政治产物。欧元的产生是由于欧洲各国想刺激 80 年代末欧洲经济发展的愿望，也是由于 1990 年柏林墙的倒塌及德 254

国重新统一的国际形势的推动。70 年代初，货币统一的想法遭到了很多反对意见，政治上时机也不成熟，这一点可以从《沃纳报告》中看出来。1989 年 4 月公布的《德洛斯报告》重启了这一计划[34]，进一步推动了欧元的成功诞生。这份报告非常详细地阐述了欧元产生的三个阶段，同时还提议成立欧洲货币局来加强各国中央银行的协作，为未来欧洲中央银行的成立铺路。当时的环境比 70 年代好多了。经济上，通货膨胀得到了控制；政治上，法国总统，弗朗西斯·密特朗强力支持欧洲货币统一，他认为放弃德国马克，创造欧元将更有利于德国融入欧洲。

1992 年 2 月《马斯特里赫特条约》的签署标志着创造欧元的计划正式启动。《马斯特里赫特条约》约定到 1999 年 1 月 1 日欧盟中符合五项标准[35]的成员国将自动形成一个单一货币区，其他的国家可以在达到标准后加入。同时还有一项协议允许英国、丹麦和瑞典不加入单一货币区。欧元的准备阶段让欧洲主要城市的思维都得到了磨炼。1992 年的货币危机（在后面的章节中将提到）也没有熄灭它们对成功的渴望，虽然还有来自英国和美国的一贯质疑。另一方面，统一货币为欧洲的金融中心提供了新的发展机遇。虽然欧元计划首先是政治产物，但是金融圈内人士很清楚欧元的
255 优势，特别是其国际影响力，欧元在将来很可能和美元分庭抗礼，甚至取代美元成为主要的储备货币。他们还意识到将来很可能形成一个真正的欧洲资本市场，进而满足更大地理范围的金融需求。但目前单一的货币激起了金融中心之间的竞争，并带来了新的挑战。将来巴黎或法兰克福会利用英国没有加入单一货币区这一点挤掉伦敦在欧洲的金融中心地位吗？选择法兰克福作为欧盟中央银行的所在地似乎得益于海塞（Hessian）的帮忙，而各地的金融机构都开始着手应对这种巨大变化带来的技术性和竞争性的挑战。

严格说来，欧元的产生是成功的，即使欧洲中央银行的货币政策管理还存在问题。欧元诞生 6 个月后对国际金融中心的影响仍然有限，欧元并没有动摇美元的地位，一个真正统一的欧洲资本市场并没有出现，伦敦仍然是居于法兰克福和巴黎之上的欧洲金融中心。

商业动向

过去 25 年世界金融的发展经历了一个特殊的时期，这是不争的事实，虽然现在下最终结论还为时过早。如果继续同 1890—1914 年这段时期的全球化作比较，我们就能得到许多有益的启示。

危机和停滞。20 世纪后 20 年内，经济的增长和股票市场的繁荣让人们暂时忘记了危机和经济停滞。1982 年墨西哥宣布延迟支付外债的利息，宣告了 1974—1980 年美好的石油美元“蜜月”的结束。墨西哥的债务违约给债权国特别是美国的大银行造成了沉重的一击。墨西哥的债务负担迅速增长，即使是在国际货币基金（又称巴黎和美国的俱乐部）的帮助下仍然需要超过 10 年的时间才能偿还。另一方面，1987 年 10 月出现了令人震惊的股票市场崩盘。10 月 19 日，道琼斯指数跌了 500 点，跌幅达到 20%，是历 256
史上最大的单天跌幅，有人甚至把这次崩盘和 1929 年的股市大跌相提并论。但是这次下跌只是暂时的下挫，并不是因为经济基本面出现了问题。1992 年欧洲货币体系遭遇了另一场危机，英镑和里拉遭遇投机被迫放弃固定汇率制，西班牙银币贬值 5%，投机还引起了法国的恐慌。但是这并没有阻止欧洲货币的一体化进程。

1997 年，东南亚爆发了金融危机。由于大量吸引外资，这些国家的投资都高速增长，当外资撤离时，国内的投资得不到金融支持，固定汇率制也难以支撑。自 7 月开始，泰国、马来西亚、印度尼西亚、菲律宾和韩国的货币对主要货币都大幅贬值，造成股市崩溃、银行破产和大量资本逃离。中国香港和日本的股市也出现下跌，一些银行破产。1998 年 8 月，危机传染到俄罗斯，俄罗斯不得不宣布卢布贬值，并对部分债务违约。在危机蔓延到拉丁美洲之前，那里战战兢兢的市场引起了大量资本逃离。西方的股市也经历了大幅调整——长期资本管理公司是这轮危机的主要受害者，股市随后又遭遇了 2000 年春季的技术泡沫破裂。直到 2003 年股市才缓慢恢复过来。这次技术泡沫是一种金融现象而不是经济的衰退。1980—2005 年，并没有威胁到实体经济发展和全球化的危机发生。

金融业务。如表 6.2，银行和金融部门的国际金融业务出现了惊人的增长。自固定汇率制度被废除后，外汇业务出现了急剧的上升。从 70 年代初的日均约 150 亿美元上升到 1982 年的 600 亿美元，然后爆炸性地增长到 1998 年的 14 900 亿美元，欧元的出现让这一数字有了些许下降，2004 年又回到18 800 亿美元。[36] 衍生品在市场中和市场外的流通金额从 1991 年的 34 500 亿美元猛增到 2004 年的 183.5 万亿美元。70 年代资本流动加快，80
年代又出现大幅增长，这些导致欧洲银行的资金借出从 1982 年的 9 830 亿 257
美元猛增到 2004 年的99 000 亿美元。国际债券（包括欧洲债券和外国债券）的发行也从 1982 年的 820 亿美元增长到 2004 年的 15 600 亿美元。[37]

兼并收购。80 年代是公司金融业务（为兼并和收购进行组织和融资安排的活动）的飞速发展时期。70 年代美国普遍认为公司股东的利益被职业经理人侵害了，美国大型企业集团的糟糕表现更让人坚信这一点。从这个角度看，股东受到的恶意收购似乎是对管理层糟糕表现的最好惩罚，同时管理层面临的收购威胁也迫使他们警惕。这一时期掀起了一波收购和出售经济业务、兼并和分拆活动的高潮。一些友好的兼并往往在很好的战术指导下进行，它将公司的资源集中到最赚钱的业务上来。还有一些恶意的收购，它只是为了从公司并购上赚钱，往往是为了这次收购的支持者或是股东的利益。恶意收购虽然次数不多，涉及金额也不是很大，但却是最引人注目的。那个时代是华尔街四处“侵略”的时代[38]：它们经常收购非常大的公司——1985 年 RJR Nabisco 公司被以 250 亿美元的收购价买下，这次在很大程度上是通过杠杆融资收购的。[39]

258 债券市场很大的一块是垃圾债券，垃圾债券的流行是因为德崇（Drexel Burnham Lamber）银行的迈克尔·米尔肯。高信誉的大型机构很少持有这些债券，因为这些债券风险很高，美国的许多大型机构投资者都不持有这些债券。[40]米尔肯和他的公司创造了这些高风险高收益垃圾债券的一级和二级市场。垃圾债券为以前不可能成功的操作提供了融资机会。垃圾债券常为高价和高杠杆的收购融资服务。80 年代末这种操作被废止，迈克尔·米尔肯也因为欺诈和内部交易锒铛入狱。

表 6.2　　国际金融业务量（1982—2004 年）　　单位：10 亿美元

	1982	1990	1997	2004
欧洲货币贷款	983	3 870	5 695	9 883
国际债券	82	226	595	1 560
衍生品①	—	3 450②	29 035	183 503
外汇（日平均数）	60	590	1 490③	1 880

①包括信用违约互换和股权类衍生品。

②1991 年。

③1998 年。

资料来源：R. Roberts，*Inside International Finance*，London，1998；BIS；International Swaps and Derivatives Association.

兼并和收购浪潮迅速传到了英国，市场上出现了“盎格鲁-撒克逊资本主义”这种说法，意思是被市场力量控制。这些入侵者同样出现在城市中，尤其以汉森勋爵为代表，他在 1986 年收购了英国前十大公司之一——帝国集团，1989 年又收购了世界上最大的矿业公司之一——统一金矿。1991 年他还试图收购他最后的猎物，化学业的巨头公司——卜内门[41]，但最后没有成功。撒切尔政府的私有化体现了 80 年代英国的时代特征。1981 年到 1991 年有超过 400 亿英镑的资产被放到市场上，大部分属于公用事业（电信、油气、水和电力）。私有化进程结束时，英国有超过 850 万个私人投资者，也就是说 5 个成年人中就有一个。私有化开始时这个数字是 300 万。法国的私有化受到了一定限制，1986 年到 1988 年大概有 700 亿法郎的资产私有化，私人资本影响了许多企业的竞争力（如 Saint-Gobain、CGE、Paribas 等），这些企业大多数几年前才被国有化。政府部门通过控制某些股东，再通过交叉持股来间接控制这些企业。

90 年代，并购活动更加活跃了。1994 年，新一轮的并购在美国启动了。1998 年兼并和收购的交易额达到了 16 000 亿美元以上，而在 1989 年只有刚超过 2 000 亿美元。2000 年美国在线以超过 180 亿美元的价格收购时代华纳，此举成为当时交易额最大的收购案例，超过了花旗公司和旅行者集团的合并、埃克森和莫比尔的兼并。国外的企业也融入这一浪潮中，引人注目的是戴姆勒-奔驰收购克莱斯勒、德意志银行收购银行家信托。恶意收购和股票市场的争夺开始在欧洲出现。在法国，BNP 收购了 Paribas。德国 259
第二大工业集团曼勒斯曼在进行从冶金到电信的产业转移时，遭到了英国移动电信供应商沃达丰的恶意收购。

这些兼并收购大多发生在纽约和伦敦这样的大金融中心，主要由美国的大型投资银行操作，如 90 年代的高盛、美林、摩根士丹利，随后又出现了瑞士信贷第一波士顿、J. P. 摩根、花旗集团、德意志银行、瑞士银行、雷曼兄弟公司等。这些年这些投行的排名几乎没有变化。前 15 至 20 位的投行还有巴尼巴斯银行、兰扎银行、德雷斯德纳银行、野村证券等。原来在 80 年代英国私有化进程中很活跃的城市商业银行渐渐没落，最后被美国和欧洲的银行收购。欧洲的银行进行收购的目的是为了打开英国市场。另外一起引人注目的交易是 1995 瑞士银行公司收购沃尔堡，随后并入瑞士银行集团。[42]投资银行参与这些活动离不开大型会计事务所（普华永道、毕马威、德勤）和专业的法律事务所（克雷福德、贝克和麦克肯兹、布鲁克豪斯）的支持。会计和法律事务所在过去 20 年中也经历了很多重组。

股票市场昙花一现。这段时期的异常现象来自持续的牛市，特别是科技股的发展。过去 15 年，1987 年 10 月除外，股市走势很正常，主要的指数大概都增长了 4.5 倍。1995 年后，股市又突然增长了。亚洲和俄罗斯金融危机时增长停下来，1999 年秋天至 2000 年 3 月又飞速增长，并形成了泡沫。在股市最高点时，英国和美国的股票价格是 1980 年的 14 倍多。法国、德国、瑞士的一些股票甚至是约 16 倍。[43]纳斯达克科技股的增长更令人惊
260 讶，价格在 20 年内增长了 33.4 倍。[44]不过日本是个例外，日经 225 指数在 80 年代经历了一次突然的增长，从 1980 年 1 月的 6 570 点涨到了 1989 年 12 月的 38 916 点。然后日经指数急剧下跌，到 2003 年春天跌到了 8 000 点以下。2005 年的日经指数一直在 1984 年的水平附近波动，也就是说与最高点相比下跌了 70%。这场危机影响了东京的国际地位。与此同时，美国和欧洲网络科技股泡沫的破裂消除了由股市带来的兴高采烈。股票价格急剧下跌，悲剧效应不亚于 2001 年的“9·11”恐怖袭击。2002 年又发生了欺诈丑闻。2002 年的 9 月，美国的各种指数都跌到了谷底。欧洲的股票市场由于担心美国入侵伊拉克一直下跌，直到 2003 年的冬天。[45]然后，市场开始缓慢复苏。直到 2005 年的春天，绝大多数的指数还处于 1997 年的水平。

21 世纪初股市的反转伴随着令人震惊的银行破产和各种丑闻，这主要是在美国。这给盎格鲁—撒克逊资本模型蒙上了污点。盎格鲁-撒克逊资本模型研究的是股票市场，在过去 10 年中赢得了很多人的拥护。能源巨头安然公司和通信行业世通公司的破产无疑是最受人瞩目的，不单是因为破产公司的规模，还因为管理者欺诈的规模。[46]更糟的是，这两家公司的财务是由一家大型的国际审计公司阿瑟-安德森公司审计的，这家审计公司也没能逃脱对其不尽职或串谋的指控。这些丑闻让人们开始思考道德是不是在金融世界里逐步沦丧，道德规范和公司治理从此受到关注。挪用或盗用公司财产一直是生活中的事实，贯穿国际金融中心的发展史，新的趋势是，这 30 年中这些行为大多发生在大型公司的董事会成员中，而不是单个的冒险者身上。

新的金融精英

金融业务的激增和转变不可避免地伴随着社会专业人员的结构调整。[47]
261 这种变化的主要原因是国际金融中心新的业务机会的增多以及为了迎接新的战术和技术上的挑战而设立的组织结构和等级制度。这次转变也不能忽略世代交替的影响。20 世纪末的金融精英有四大特征，他们形成了世界经济中最独特的圈子。

首先，世界银行和金融业中最有影响力的人物都来自大型的、以交叉持股形式存在的公司高层，如银行、保险公司、投资银行及其附属机构。这种现象不是最近才出现，自第二次世界大战后就传播开来。这与巴黎的“美好年代”或是 20 世纪 20 年代有着惊人的反差。那时，城市商业银行和华尔街的投资银行大多是中等规模的私人公司，但是它们都能对金融发展施加影响，这种局面一直持续到 60 年代。不过这些公司的影响力在逐渐缩小。1990 年商业银行不复存在，而投资银行越来越壮大，再也不能被视为私人公司了。在其他金融中心，私人银行在国内或国际的金融中心的作用越来越小。唯一例外的是日内瓦，这里的一些银行有着非凡的财富管理才能。值得关注的是两大类银行机构，一类是瑞士百达（Pictet），另一类是 Lombard、Odier、Darier、Hentsch。

其次，越来越多的集团属于金融精英阶层。精英是指在他所从事的领域内职位最高的人，他必然是专制的。什么位置才是最高？如果指的是董事会成员或管理层，那么精英的人数很多。在 20 世纪初，一家大银行的管理层只有一个经理和两个副经理。现代银行的高层管理结构要复杂得多，它的设计要在咨询公司如麦肯锡的帮助下进行。1967 年的花旗银行、1970 年的国民威斯敏斯特银行都采取了多维结构。2005 年瑞士银行的董事会有 262
10 个成员，执行官有 8 个，经理超过 50 个。[48]与其相似的是世界上最大的花旗集团，管理委员会包括 57 个成员，包含集团的主席和副主席。

再次，新金融精英的报酬要比其他产业高出很多。这也不新鲜，金融自古以来就意味着财富。自 80 年代以来，产业之间收入和财富的差距就一直在拉大。金融业处在一个特殊的位置，因为有薪水、奖金及期权，许多人都发财了，伦敦 90 年代中期就有超过 1 000 个百万富翁。[49]现在不单是企业家、经理，交易员都能发财，发财不是大型金融机构的管理层的专利，金融精英到底是哪些人这个问题又变得复杂了。

最后，新金融精英的特征是他们的世界主义和流动性。第一个特征在金融行业很典型。这从 19 世纪初的巴黎大型私人银行、城市商业银行和 100 年后的纽约投资银行中可以看出来。但是这是由于国外的银行家和经纪人为了获得更好的市场前景而移民，随着他们的第二代融入当地社会，这种现象不那么明显了，即使他们的国际网络还在持续动作。现在的人们大多是短期出差，比如大型全国银行的高层从一个金融中心飞往另一个金融中心执行任务。融入当地社会不是成为高管的必然要求，大型金融机构的管理也更加国际化。到目前为止，瑞士银行的8个执行官中有4位是外国人，德意志银行的执行委员会主席是瑞士人，巴克莱银行的执行委员会主席是加
263 拿大人。通过收购大型银行进行海外扩张，尤其是美国和英国，推动了这一发展。并不只有金融行业是这样，其他行业的跨国公司也如此。没有当地的据点，没有社区生活经常导致身份的缺失，因此金融中心也常发起教育和文化方面的活动来弥补这一点。

21世纪初的主要金融中心

世界经济的开放毫无疑问推动了国际金融中心的复兴。这次的复兴伴随着经济向后工业时代的过渡。后工业时代第三产业占的比重越来越高，其中金融业又占了很大一块。也有人把后工业时代叫做第三次产业革命，服务业和工业之间的界限也越来越模糊。信息技术行业和金融业的联系变得越来越紧密。

此外，金融在社会经济中发挥的作用越来越大。在经济、政治和学术界，金融中介不再仅仅被认为是实体经济的一个备份，也不再只是工业增长的一种筹资方式，它自身也能创造财富，所以金融中介应该得到鼓励和发展。反对的声音同时出现，主张对金融业采取限制措施，如著名的托宾税就主张对国际货币业务征税以限制投机。但是随后由于金融活动在大城市集中发展，政治家对推动国际金融中心的发展产生了浓厚的兴趣。对于那些非常重要的金融中心来说，加强其国际地位的愿望日益强烈，金融中心之间的长期竞争被重新点燃。

新兴的竞争同19世纪中期伦敦与巴黎及20世纪20年代伦敦与纽约之间的竞争不同。首先，竞争的城市远比以前的两三个多，包括纽约、东京、伦敦、法兰克福、巴黎、苏黎世、香港以及新加坡。其次，由于美国的经
264 济霸主地位，纽约在世界国际金融中心中的领先地位实际上没有受到过挑战，除了东京在80年代幻想过挑战纽约。再次，在每个主要的时区都有一个金融中心，在北美是纽约，欧洲是伦敦，亚洲是东京。

每个大洲内的竞争都日益激烈，特别是在欧洲。巴黎和法兰克福过去50年一直想压倒伦敦，两者也一直在明争暗斗。1993年“巴黎—欧洲”论坛以及1996年“德国金融”论坛的主办就是为了提高本地金融中心的地位。

在亚洲，香港和新加坡，以及新崛起的上海都想抓住日本经济衰退的时机挑战东京的地位。

在具体业务方面的竞争也更加激烈。伦敦在大部分业务方面都领先，除了美国的国内业务。股票市场、衍生品市场和资产管理业务的竞争更加激烈，国际金融市场出现了分工合作，但是主要金融中心的隔离不可避免地催生了一批意欲成为全球金融中心的新城市。

过去 25 年国际秩序没有发生变化，或许等级制度更加严格，3 个全球金融中心处于第一等级，分别是纽约、伦敦和日本。第二等级包括 5 个城市，其中 3 个在欧洲——法兰克福、巴黎和苏黎世，2 个在亚洲——香港和新加坡。后面的几个城市在交易规模上要小于前面的城市，但是同等重要，包括阿姆斯特丹、芝加哥、日内瓦、汉堡、卢森堡、多伦多和悉尼。

纽约

三个全球金融中心中排在第一位的当属纽约，即使伦敦在国际业务方面拥有优势。这反映了与盎格鲁-撒克逊时期两个中心的历史差异。美国经济的霸主地位决定了美国金融机构的运作、业务和金融市场的转变，纽约不费吹灰之力就脱颖而出。纽约决定了国际金融业务的发展方向，因为美国有众多的大型银行，绝大多数在纽约，伦敦的国际影响力也依赖于这些 265
银行的作用。

美国最大的两家银行——花旗和 J. P. 摩根银行的注册地都在纽约，虽然它们都是在 19 世纪成立的。现在的花旗和 J. P. 摩根银行都是 90 年代并购潮和金融管制放松的产物。现在的 J. P. 摩根是 1999 年 J. P. 摩根和曼哈顿大通以及汉诺威制造者合并的产物。2004 年又收购了总部在芝加哥的美国第六大银行——第一银行。比商业银行更能象征美国巨大金融实力的是投资银行。美国的投资银行主宰着全世界范围内的兼并收购等业务。2001 年在投行业务方面美国的六家银行跻身前十。高盛、美林、摩根士丹利占据前三。它们的客户主要是美国人，所以与美国联系的业务占了一半以上，国外银行也是一样。[50]它们通过收购非本国的银行来增加业务量，这些银行受到美国总部的控制。[51]

在衡量国际金融中心重要性的四个主要指标（国际银行业务、资产管理、资本市场和其他市场包括外汇市场）中纽约都位居前列。[52]但是只有资本市场这一项与后者拉开了差距。纽约的资本化比率是东京或伦敦的 5 倍以上。[53]从国外投资者拥有或交易的美国证券数量来看，纽约的国际影响力是十分巨大的，这些形成了金融中心运转的核心，如华尔街。另外美国存托凭证的出现使国外公司的股票可以在美国市场上交易，国外公司将股票存在美国的银行，存托凭证在美国市场上交易。[54]

266 在资产管理方面美国毫无疑问也排在第一。但是纽约在美国各城市中并不排第一。在美国还有很多城市同其竞争，如波士顿、洛杉矶、旧金山、费城和丹佛等都是在资金管理上排前十的（另外四个是伦敦、东京、巴黎和苏黎世）。在外汇和衍生品市场上，芝加哥也超越了华尔街。

种种因素使纽约成为了世界上最重要的金融中心，纽约也象征着美国超强的经济实力和开放的经济特征。“9·11”恐怖袭击事件从另一个极端反映了这点。除了政治和金融影响力，纽约还加速进行着金融业务的传播。随着金融交易越来越脱离实际的交易场所，纽约的许多金融从业人员，特别是投资银行职员选择离开华尔街搬到小城镇去住。世界贸易中心大楼的摧毁加强了这一趋势。许多对冲基金因为税收的原因也选择离开纽约，转到康涅狄格州的格林威治市（Greenwich）等纽约的卫星城市，这些城市也成为了金融世界的一部分。

伦敦

伦敦的转变也是显而易见的[55]，它紧跟着华尔街的脚步。从事金融业的人数很好地反映了这个城市的规模。2004 年纽约和伦敦从事金融业的人数分别是 314 000 人和 311 000 人。对于一个中等经济体来说，这是一个很了不起的数字，其原因还是伦敦在国际金融业务中的专业化优势。这个数字也比东京（约 172 000 人）高出了一截，其他城市数字分别是：法兰克福（90 000 人），香港（约 80 000 人），巴黎（65 000 人）。[56]

自 20 世纪 50 年代欧洲市场形成以来，伦敦和英国当局就一直坚持开放的金融政策，这一政策为伦敦在国际业务方面带来了丰厚回报。伦敦在五项主要国际业务中排名第一。银行同业拆借占有 19.5%的市场份额，领先东京的 11.5%，外汇业务占了 32%的市场份额，高于纽约的 18%。资产管
267 理金额达到 26 000 亿美元，稍微高出纽约的 24 000 亿美元。外国银行和代表处数目是 481 家，纽约是 287 家。欧洲债券有 60%是在伦敦发行的。国际债券发行中 90%是欧洲债券。伦敦是位列芝加哥之后的第二大衍生品交易中心，场外衍生品交易伦敦排名第一，占有 36%的市场；在股票市场方

面伦敦排第三，落后于纽约和东京；国外证券交易（45%）领先纽约（22%）[57]，排名第一。这些数字每年都在变，部分原因是因为汇率的浮动，或者是一个地方暂时或永久地失去其竞争优势。[58]无论怎样，伦敦自 60 年代起就是首要的国际金融中心，这种优势通过不断开辟新的市场而逐步增强。[59]

60 年代伦敦复兴的原因是众所周知的，主要是因为历史传统、普通法案的灵活性和英国当局的态度，特别是他们监管市场的有效途径自由随意而又严格。伦敦在欧洲的优势使其可以享受外部规模经济带来的好处。公司选择在大金融中心设立有众多好处：更具流动性和效率的市场、充足的高质量的从业人员、业务更集中、高质量更完善的服务、更高级会议召开的机会以及金融创新的能力。伦敦就具有这种优势，另外英语这种世界通用语和银行间的激烈竞争也在伦敦复兴的过程中发挥了重要作用。从 80 年代开始伦敦就致力于加强其国际金融中心地位，这伴随着国外银行的影响力越来越大，最好的证明就是伦敦商业银行的消失。[60]

从社会和专业角度看，商业银行之前代表了伦敦的尊贵地位，在将近两个世纪的时间里商业银行主宰了伦敦的金融业务，尤其是国外证券的发行。90 年代后伦敦商业银行面临来自美国投资银行和欧洲大型银行的激烈竞争。前者是被欧洲货币一体化后的经济前景吸引，而后者是希望拓展国 268
际业务，加强其国际地位。80 年代第一起并购发生之后[61]，1995 年 2 月巴林银行的破产引发了收购浪潮，像其他商业银行一样，这个城市脆弱的商业银行不得不自营业务来弥补利差收入的缩水。当尼克·里森在衍生品投资中损失了 80 亿英镑（也就是这家银行的全部资本）之后，巴林银行被荷兰银行以 1 英镑的名义价格收购。[62]十年之后只有罗斯切尔德家族和瑞德兄弟没有被收购。

同时，英国最大的商业银行汇丰银行仍然是全球最大的商业银行。2001 年，包括香港子公司和上海子公司及 1991 年收购的中部银行在内的汇丰集团是世界第二大银行，仅次于花旗集团。苏格兰皇家银行在 2000 年收购了皇家威斯敏斯特银行之后在全球排名第七，莱斯银行（Lloyeds TSB）和巴克莱分别排名第八和第十（见表 6.3）。但是这些银行并没有获得早前银行在银行业务和公司金融业务的地位。[63]

英国金融机构在竞争中逐渐被淘汰的现象有多重要？有些人把这种现象戏称为“金融温布尔登”。温布尔登是世界著名的网球赛事，冠军常常被外国人获得。许多评论家非常满意伦敦在经济上取得的成功，不必担心对国外银行的依赖。不过还是有许多人担心伦敦金融体系的脆弱，一些金融业务有被其他城市夺走的风险，其中首要的对手是纽约。[64]伦敦实际上也没有选择，只有像纽约和东京一样走国际化的道路才能生存。

表 6.3　　2001 年全球前二十大商业银行　　单位：百万美元

银行	市场投资额
1. 花旗集团（美国）	250 143
2. 汇丰银行（英国）	140 693
3. J. P. 摩根（美国）	103 113
4. 富国（美国）	89 251
5. 美国银行（美国）	82 745
6. 瑞士联合银行（瑞士）	73 673
7. 苏格兰皇家银行（英国）	62 865
8. 莱斯银行（英国）	60 663
9. 瑞士信贷（瑞士）	55 719
10. 巴克莱（英国）	53 630
11. 德意志银行（德国）	51 047
12. BSCH（西班牙）	48 311
13. 东京三菱银行（日本）	46 986
14. BBVA（西班牙）	46 774
15. 第一银行（美国）	46 395
16. 佛雷特波士顿银行（美国）	46 022
17. 纽约银行（美国）	41 466
18. 福尔蒂银行（比利时/荷兰）	39 368
19. 法国巴黎银行（法国）	38 367
20. 荷兰银行（荷兰）	35 370

资料来源：*Financial Times*.

东京

80 年代末东京取代纽约成为世界头号金融中心的愿望并不是遥不可及

的，当时“日本模式”发展到了顶峰，而美国出现了衰退的迹象，银行系 269
统的改革也推迟。日本银行在世界银行资产排名中占据了前十位。1987 年日本的投资银行野村证券规模超越了花旗银行和美林，当然东京资本市场市值也超过了纽约交易所。[65]有分析家认为世界头号金融中心会从纽约转向东京，就像 20 世纪初从伦敦转向纽约一样。[66]这些分析太没远见了。首先，国际货币竞争中美元压倒了日元，另外日本的股市和楼市当时存在泡沫。其次，美国的经济并没有衰退，相反在 90 年代经历了一段时期的增长，反倒是日本经济在 90 年代陷入了很长时间的衰退，确保了纽约在这次挑战中的胜利。

即使市场没有崩溃，形势的反转对东京的国际地位也有着深远影响。 270
作为世界第二大经济体的首都，东京在国际金融事务中仍然发挥着重要作用，日元仍然是位居美元和欧元之后的世界货币，东京交易所的市值仅次于纽约，日本银行的海外贷款数目仍然很大，在世界排第二或第三。东京在经济衰退这段时期的退步也很大，世界货币中日元的比重从 1989 年的 13.5%急剧降到 1998 年的 10.5%，资本市场缩水一半，外资银行数目减少，许多银行大规模削减业务，有一些还关闭了在日本的分支机构。银行对非居民的信贷额也并不真实，这些巨额的贷款实际上主要贷给了日本在海外的子公司，而且主要是亚洲的。

事实上日本银行从国际市场上吸走了大量资金，由于在股票市场和房
地产市场泡沫中损失巨大，日本银行资本金达不到《巴塞尔协议》的标准。 271
1987 年发达国家管理当局达成了旨在为国际银行创造一个统一竞争平台的《巴塞尔协议》，要求银行资本对负债的比率不低于 8%。当时日本银行的资本充足率只有 2%，但是这些银行持有其他公司股票，这些股票以买入价计量，大大低于市场价值。日本当局鲁莽地允许这些银行将这些股票计入资本，从而可以达到 80 年代末开始实施的《巴塞尔协议》规定的 8%的要求。日本泡沫破裂后，银行资本情况恶化，许多银行减少贷款以达到最低资本要求，这进一步加重了经济金融危机。许多大型银行都停止开展国际业务，只开展国内业务以达到 4%的资本充足率要求。

许多国际金融机构的离开在很大程度上降低了东京的国际影响力。在这种环境下日本当局希望扭转这种形势也是在意料之中的。1997 年东京决定采取一系列措施以加强同纽约、伦敦的竞争力，1998—2001 年开始执行这些措施。目标有三个：改革当时仍受法律或者行政管制的金融体系；吸

引储蓄从银行流向金融市场；放开汇率管制鼓励日元国际化和贬值。1994到1997年正是日元被高估的一段时期，随后东京废除了银行、证券和保险业之间的隔离制度，放开了外汇交易，引进了与国际接轨的会计制度，加强了对金融市场的监管，赋予银行更多的自治权。

金融自由化方面的结果在21世纪初仍不清楚。20世纪90年代的经济衰退为日本银行业改革提供了契机，日本的银行的地位从此变得更加稳固，
272 像东京三菱和住友三井金融集团（Mitsubshi and Sumitomo Mitsui Financial Group），已经做好了重返国际金融市场的准备（见表6.4）。日本在这段特殊时期后实际上一直是主要的资本输出国，日本银行在之后的资本输出中仍然会发挥重要作用。否定的原因是因为国际金融活动恢复到80年代的水平需要很长一段时间。东京在将来很长一段时间内仍然是亚洲的金融中心，但是它需要依赖本国的经济，就像纽约和法兰克福一样。

表6.4　　2001年全球前十大投资银行　　单位：10亿美元

投资银行	兼并收购业务金额
1. 高盛（美国）	594
2. 美林（美国）	475
3. 摩根士丹利（美国）	445
4. 瑞士信贷第一波士顿（瑞士/美国）	387
5. J. P. 摩根（美国）	383
6. 花旗集团/所罗门（美国）	262
7. 德意志银行（德国）	221
8. 瑞士联合银行（瑞士）	211
9. 雷曼兄弟（美国）	125
10. 德累斯顿（德国）	120

资料来源：*Financial Times*.

法兰克福

法兰克福意图挤掉伦敦而成为欧洲头号金融中心的野心在90年代急速膨胀。关于法兰克福的夸张预测有很多。1995年美国CNBC电视台的一项调查声称法兰克福将在2005年取代伦敦成为欧洲头号金融中心。法兰克福

的金融从业者虽然没有把这项预测作为他们的座右铭，但是对未来都很乐观："优势渐渐转向法兰克福。"银行家弗里德里希[67]在 1998 年写道："法兰克福成为欧洲头号金融中心的梦想可能会实现。"[68]

这种乐观情绪源于三点：第一个原因，1992 年在法兰克福成立新的欧洲中央银行的决定。这项决定没有引起太大争议。德国指出，只有选择法兰克福，德国才愿意接受《马斯特里赫特条约》，开放本国市场。法国同意了德国的意见，货币联盟其他成员国也无异议。[69]这项决定造成了后来伦敦和法兰克福在 1999 年 1 月 1 日开始的欧元上的激烈争辩。许多人认为欧洲中央银行将吸引大量银行和金融从业者到法兰克福，从而获得同伦敦竞争的优势。第二个原因是对德国经济的乐观预期，法兰克福的金融活动代表了德国资本市场的发展。1996 年德国证券化比率为 30%，而英国是 130%，原因可能是德国传统银行发挥了主要融资作用，还有就是大型养老基金数目很多。资本市场增长有巨大潜力。这依赖于人们融资方式的改变，更多 273
地借助资本市场特别是中小型企业的融资，换句话说就是要过渡到盎格鲁-撒克逊资本化方式。随后在 1997 年创立了 Neue 市场，并采取了一系列推动市场发展的措施。第三个原因是德国政治环境变好，德国的统一，随后欧元区域向东扩展，德国正好位于欧洲中心与东欧之间，也便于法兰克福发挥国际金融中心的作用。

但是法兰克福一直没有超越或追上伦敦，即使法兰克福的潜力很大，这一目标在短期内也不可能实现。65 万的人口不能支持全球金融中心至少 30 万的金融从业者，即使是加上附近 160 万的人口。法兰克福太靠近莱茵河，并且也不是历史上的大都市，这些都阻碍了它吸引国际金融业务。德国经济模式的失败对它的利益造成了伤害。无论如何，法兰克福仍然是世界第四大金融中心，股票及衍生品业务繁荣，但是资产管理业务是其弱项。伦敦对德国金融周期的影响减弱，法兰克福的合作、补充及其在欧洲大陆的作用对德国的影响增强。[70]

巴黎

巴黎成功地维持住其某种国际金融中心地位，这主要有赖于外资银行，甚至在战后干涉主义最高峰时期仍是这样。虽然 90 年代被法兰克福超越，但真正拖累巴黎的是"迷失的一代"。80 年代的改革取得了成果，尤其是在加强资本市场作用方面，此前一直是由国家或银行担任主要融资角色。证

券化比率在80年代还不高，随后飞速发展，从1989年的35%发展到2004
274 年的65%，1999—2000年曾达到了100%，这个数字远超德国的40%，但与英国的125%还有差距。[71]

这种增长却令法国公司很担忧。巴黎的资本市场国际业务不活跃，外国股票的成交额只有100亿美元，这个数字是法兰克福的1/5，伦敦的1/120。[72]很少有国外的公司在巴黎交易所上市。此外，国外的投资者，像美国的基金，大量投资法国的公司，持有的股份市值占到巴黎资本市场总值的35%。国际业务的不足成为巴黎金融发展的一大障碍。在国外看来巴黎不是真正意义上的国际金融中心，因为政府的干预经常出现。[73]

不管怎样，巴黎还是重要的金融中心，即便没有主宰国际金融领域的任何一项业务。巴黎的优势在资产管理（在欧洲排名仅次于伦敦）、债券和衍生品业务方面。2000年泛欧交易所在巴黎成立，有可能整合欧洲的证券交易所。最后，巴黎的城市魅力和生活质量也不能低估。金融中心往往是那些大宗交易成交的地方，这一点只有巴黎能与伦敦匹敌。

然而，巴黎在金融中心竞争中胜过伦敦城的可能并不大。90年代中期巴黎的劣势在于法国经济发展缓慢，21世纪初的劣势在于国际金融业务不发达。伦敦在这方面的巨大领先优势可能使法国当局和金融界意志消沉。另一方面，在欧洲大陆，巴黎在许多方面已经超越法兰克福，应该可以重新恢复1914年以前的辉煌地位。

苏黎世和日内瓦

苏黎世和日内瓦是世界重要的国际金融中心，瑞士金融中心21世纪初在世界排名第六，这个排名比全球化初期有所下滑。随着资本流动的限制
275 被解除，瑞士国内的银行无法同主要工业国家的金融中心在质量上展开竞争。20世纪90年代通货膨胀的下降以及欧元的推出使瑞士法郎逐渐失去以往的吸引力。

即使如此，瑞士仍然是世界上金融活动的中心，大量国外资本被吸引进来，然后又投资国外，瑞士在国际银行业务中发挥着重要作用。2000年，瑞士银行的外国负债占了全球银行的7.2%，世界排名第四[74]，当然没有包括资产负债表管理的基金。瑞士的外国资产占了全球的8.9%[75]，世界排名第四。瑞士在货币和金融市场上的劣势也是很明显的，无论是股票、外汇或是衍生品，都排在世界第七位或是第八位。不过瑞士法郎仍然是世界第

五大国际货币，次于美元、欧元、日元和英镑。瑞士的外国银行数量在 2003 年达到了 148 家，67 家在苏黎世，50 家在日内瓦。

瑞士金融中心在很多市场都有竞争力，最有优势的是资产管理，特别是私人财富管理。苏黎世管理的私人和机构的资产规模在世界排名第八，但是私人离岸财富占到了约 35%（高于伦敦的 21%和美国的 12%）。日内瓦更被视为世界私人银行业务的首都，许多国外银行和瑞士最大的两家银行聚集在此开展这项业务。私人银行业务逐渐发展，银行逐渐显现出专业优势。另外，它们还发展机构的管理业务，不断地向客户提供信贷额产品，比如家庭办公室，为那些拥有大量财富的家庭办理继承或其他业务。

瑞士金融中心的竞争力在于这个国家的银行传统、高质量的服务、专业的技术、政治稳定性和货币的强势，这些元素也逐渐成为步入工业化的新兴经济体的典型特征。周边国家的财富都交给安全性很高的瑞士银行管理。银行必须对客户的私人信息保密，毫无疑问与这种现象有关。这种现 276
象在 20 世纪六七十年代还饱受争议，在过去 20 年放松了许多。不过，就国际犯罪活动的合作而言，瑞士的立法是最严格的。另一方面，银行业务保密在避税中起到了重要作用，避税在瑞士是合法的，这并不是逃税和欺诈。基于个人隐私不可侵犯的原则，银行业务保密是瑞士金融中心最大的竞争优势。

瑞士的金融中心由大型银行主导，它们控制的资产从 1980 年的 50%增长到 2003 年的约 67%，但是数量却由 5 个减少到 2 个。瑞士信贷银行分别在 1990 年和 1993 年收购了里约银行和沃克斯银行。1998 年瑞士联合银行同瑞士银行公司合并。同时这两家银行又是跨国银行，2004 年，在市场投资领域瑞士联合银行全球排名第 4，瑞士信贷银行排名第 20 位。[76]这种发展要归功于它们本土的国际业务运营和国外分支机构的运营，绝大多数是在纽约和伦敦进行的投资银行和资产管理业务。这种国际影响力不一定能成为瑞士金融中心的优势，但是随着亚洲经济快速发展带来的各种机会，这两家银行变得越来越壮大。

香港和新加坡

1914 年的全球化同 21 世纪最大的不同在于亚洲—太平洋国际金融中心的出现，在 21 世纪全球化之前亚洲的发展一直受西欧和北美的压制。70 年代东京的崛起反映了日本当时超强的经济实力，新加坡和香港的出现反映了东南亚新兴工业化国家的发展。[77]

即使新加坡和香港发展路径不同，它们的繁荣却并不是偶然。事实上，
277 这两个城市都有许多有利于金融中心出现的特点。首先，它们并不是从零开始。20世纪初，它们同上海一起成为区域内的主要金融中心，1945年以后继续发挥着这种作用。19世纪就有银行出现，特别是诸如汇丰银行这样的英国海外银行。它们同时享有地域上的优势，开放的港口、便利的运输，特别是空运还有领先的远程通信。最后，尽管60年代末中国发生了“文化大革命”，1997年香港回归中国面临着一些不确定性，但它的政治环境很稳定。[78]

尽管有这些良好的条件，但新加坡的发展还是要优于香港。新加坡是政府努力的产物，自1968年独立以后政府就决定把新加坡打造成国际金融中心。1968年政府采取了第一步措施，允许美洲银行开立分支机构开展外汇业务，也就是说吸收存款，放出美元贷款。欧洲美元市场在亚洲渐渐形成，也称为亚洲美元市场。主要业务是像伦敦一样的隔夜拆借。在政府一系列措施和1971年成立的新加坡中央银行的帮助下[79]，这个市场迅速发展，在1982年成交额达到820亿美元。政府还鼓励债券市场的发展，1971年国有新加坡发展银行发行了1 000万美元债券，1972年又发行了1亿美元的债券。

新加坡金融市场真正向国际市场迈进是从20世纪80年代开始的，亚洲美元市场从1982年的0.86亿美元增长到1990年的3.5亿美元以上。外汇市场从1985年的日均约120亿美元增长到1988年的日均1 390亿美元，排名仅次于伦敦、纽约和东京。1984年模仿芝加哥商业交易所清算体制的新
278 加坡国际货币交易所成立，金融衍生品开始交易。这种发展吸引了大量外国银行，外国银行的数量从1981年的145家增长到1995年的185家，投资银行从39家增长到75家，现在新加坡仍然按英国惯例称作商业银行。[80]虽然受本国经济规模的限制和政府的干预，但是处在经济快速增长的亚洲中心、拥有大量外汇储备以及政治的稳定等这些因素都促成了新加坡金融发展的光明的未来。银行体系的完整以及很好的管理水平应该能让新加坡成为同瑞士一样的银行业务中心和财务管理中心。

新加坡成为亚洲主要的欧洲美元和欧洲债券市场，香港则成为了欧元辛迪加信贷的中心。60年代末英国殖民当局对外币存款征收15%的利息税，使得新加坡在发展欧元美元市场上具备了优势。不过这些外汇又流向了香

港进行辛迪加贷款操作，参与者主要是这一区域的日本、中国台湾、菲律宾、泰国、韩国、澳大利亚、新西兰、中国大陆。经过大约 12 年的时间，香港成为了仅次于伦敦和纽约的欧洲货币信贷中心。这主要是因为它在地域上毗邻债务国，并为吸引国外人才采取了开放政策，这些人才造就了香港的专业优势。[81]香港的发展方式与新加坡采取政府扶持政策的方式不同，它的管理当局不干预发展，这是香港最大的竞争优势。另外，优惠的税收政策和现代化的基础设施也都有助于金融业务的发展。最重要的还是放弃汇率管制、允许资本自由流动，以及健全的法律体系，这些优势使中国的大门从 70 年代开始向世界开放。

几年之后，香港的发展赶上了新加坡。特别是 1983 年货币管理局决定实施固定的港币兑美元汇率，这项政策的成功实施表明在经历第二次石油
危机港币贬值后香港的金融体系仍然很健康。商业银行持有的国际资产规 279
模比例从 1975 年的 1.6%上升到 1987 年的 5.6%。它的亚洲竞争对手新加坡则从 1.9%上升到 4.4%。在国际银行贷款方面，香港和新加坡分别排名第五和第八。[82]香港专注于发展在新加坡不发达的市场，比如黄金市场以及资产管理业务。其黄金市场落后于伦敦、纽约和苏黎世，世界排名第四。在证券化方面，香港长时间排在第二，2004 年却超过中国台湾，仅次于东京，并且遥遥领先于新加坡。香港更像是这个区域融资的桥梁，特别是对中国内地，很多的中国内地公司在香港上市，尽管中国内地市场的开放对香港提出了挑战。另一方面，在新加坡的优势领域——债券市场，香港占有的市场规模很小。最能体现香港国际地位的是外国银行数量，1995 年有 357 家，仅次于伦敦。[83]

香港的命运同中国内地的发展紧密相连。1949 年新中国成立后上海市场的关闭提升了香港的地位。70 年代末中国内地的改革开放使香港可以继续朝着国际金融中心的目标前进。21 世纪中国经济的迅速发展会使香港成为另一个纽约、伦敦或东京吗？毫无疑问，像日本和纽约一样，中国也会出现一个同等规模的金融中心，问题是这个中心会是哪里？凭借原先的基础和货币可兑换及法律体制上的优势，香港在未来 15～20 年应该是中国金融中心的首选。但是飞速发展的上海由于得到政府支持，看上去能在长期竞争中占据上风。不论结果怎样，在金融危机前，全球主要的国际金融中心都已经预见到，在 21 世纪亚洲和太平洋地区给世界经济带来的影响。

全球金融危机

280 2007 年夏天，长期的繁荣走向了一个残酷的结局。一年之内，看起来只是前进道路上的短暂停顿，已经演变成了可能是有史以来最严重的金融危机。

危机的标志性事件和严重性在 2007 年 8 月 9 日展现。当时法国重要的投资银行——法国巴黎银行暂停了它的三个投资基金的运作。给出的理由是因为无法合理地给它们的资产定价。法国巴黎银行的宣布标志着信贷危机的开始：银行变得越来越不愿意互相借钱给对方。这种状况不仅对整个金融系统来说很危险，而且可能会伤害实体经济，最终甚至很可能导致全球的经济大萧条。鉴于形势的严峻性，财政监管机构没有袖手旁观：美联储和欧洲的中央银行立即给银行提供贷款，以给金融系统注入坚实的流动性。

那么，银行间的借贷系统怎么会冻结，流动性是如何从系统中蒸发的呢？最直接的原因是美国的次级抵押贷款市场。由于低利率、人口增加的趋势和“业权社会”的吹捧，美国的房地产市场自 20 世纪 90 年代中期以来就开始繁荣了。2006 年的房价是 1995 年的 2 倍多。然而，随着 2 年的连续加息，泡沫最终破裂，住房抵押贷款偿付违约相继发生。两个相互交织的原因导致房地产市场的塌缩更严重了：一是住房抵押贷款人的低信用度和高负债度；另一个是以 MBS 为形式的证券化。这些 MBS 的价格曾经在 21 世纪的第一年飙升，然而随着次债的借贷者违约越来越多，MBS 不仅在贬值，而且它们变得难以被定价。所有金融中心的银行和金融机构可能面临巨大的损失。

尽管对危机的严重性非常震惊，在接下来的几个月里，无论是金融界还是监管机构都认为金融危机会导致大的经济衰退是可以避免的。股票市场继续攀升，于 2007 年 10 月 12 日达到了顶峰——道琼斯指数达到 14 093 点，FTSE 指数在 6 730 点。然而危机的形势却没有改善。信贷危机的第一个遇难者是一家英国银行，Northern Rock——英国最大的住房抵押贷款的
281 发放者之一。它维持运作的基金主要来自货币市场。然而，2007 年 9 月 14 日，客户挤兑取走了大概 20 亿英镑。这是英国银行 100 多年来的第一次。

几个月之后，即 2008 年 2 月，它就被国有化了。另一个给市场发出警告信号的遇难者是 Bear Stern——华尔街上的第五大投行。它的市值从 2007 年 4 月的 180 亿美元跌到 2008 年 3 月 14 日的 35 亿美元。3 天之后，在美国联邦政府的援助下，它被摩根大通仅以 2.4 亿美元的价格买下。

银行的巨大损失引起了大家的关注。从 2007 年 1 月到 2008 年 5 月，世界前 100 大银行和证券公司的资产划减和信用损失（包括为坏账准备的准备金）估计达到了 3 790 亿美元。[84]主要的银行遭受了最严重的损失：花旗以 42.9 万亿美元居首，UBS（38.2 万亿美元）、美林（37 万亿美元）分列第二和第三位。2008 年春，它们的 CEO 都被更换了。全球股票市场急剧下跌，2008 年 1 月就跌了 10%～15%，6 月和 7 月又大幅度下跌。[85]危机会导致经济衰退的担忧越来越大。2008 年 4 月的《全球稳定性报告》杂志中，国际货币基金组织认为，由于证券化的广度和金融系统中的高杠杆率，信贷危机可能会比以前的衰退更广、更深、更长。中央银行通过拍卖给银行提供资金、国际协作[86]、接收更多种类的抵押、以政府债券交换流动性差的资产[87]并且调低利率[88]，以继续给系统注入流动性。面对巨大的划减[89]，银行也从亚洲和中东的主权基金进行了融资。[90]到 2008 年 8 月，花旗集团筹集了近 500 亿美元，美林和 UBS 筹集了大概 300 亿英镑。苏格兰皇家银行和美国银行各筹集 200 多亿美元。[91]

2008 年夏天，形势急转直下，所有这些融资远远不够了。9 月 7 日，美国的房利美和房地美被美国政府接管（它们拖欠或担保的 5 万亿美元债务，其中一半是房屋贷款）。这两个公司的倒闭被认为可能会给美国和全球的金融市场带来太大的风险，而不能让它们倒闭。美国的第四大投行，雷曼兄弟却没这么幸运。它最终在 9 月 15 日申请了破产保护。同一天，美国投行的三巨头之一，美林宣布它已经被美国银行收购。 282

雷曼的倒掉是一个转折点，一个从严重的衰退到剧烈的危机的转折，或者说从危机到恐慌的转折。整个银行系统被几百万亿美元的“有毒资产”所污染。不只是 MBS，而是所有的结构性产品——ABS、CDO、CDS——都可能变得一文不值了。无论规模和声誉，没有一家银行看起来是安全的了，而且银行也不是大到不能倒闭。然而事实是，这种情况并没有发生。雷曼成了唯一的主要受害者。雷曼之后，政府直接介入以拯救银行，防止金融系统的倒塌。这不禁让人联想起 1914 年 8 月的拯救行为和 1931 年 7 月的德国的银行国有化。[92]9 月 16 日，美联储出手拯救了全世界最大的保险公司

AIG，提供了85万亿美元的贷款，以获得该公司的80%的股份。[93]在接下来的几个月里，欧洲和美洲的30多家银行（其中最有名的几家：英国的HBOS和RBS，美国的高盛、摩根士丹利和花旗，德国的Commerzbank和瑞士的UBS）先后通过直接贷款或者资产注入的方式被政府保释。政府干预被证明非常有效，2009年早期，严重的金融危机似乎结束了。

危机的原因，在未来几年，将会被经济学家和历史学家广泛讨论。历史学家需要后见之明和信息来源来合理分析一个事件，因而他们一般会比经济学家和其他社会学家晚开始研究，但他们的兴趣一般也会更持久。历史学家会在和过去历史事件比较的基础上反思现在。2008年的危机被认为是历史上最严重的金融危机。从来没有如此多的发达国家的重要银行几乎在同时都需要政府的干预，以避免它们的倒闭。20世纪30年代早期的银行危机并没有同时影响所有国家，而且有的国家一开始根本没受到影响，比如英国。80年代的债务危机在某种程度上可以类比：面对严重威胁的银行数量上可比，但程度上远没这次严重。

2007和2008年的金融危机不仅是在全球化的经济中发生，而且发生在
283 一个金融创新达到一个新的维度的金融世界中。金融创新被认为要为危机负责，就像投资信托与1929年的华尔街崩溃和1890年的巴林危机相联系在一起，或者欧元市场化和80年代的债务危机联系在了一起。然而，金融创新是一种手段不是结局。新的金融产品可以放大投机的效果，而不会导致投机。21世纪初期的金融形势由于高度复杂晦涩的新衍生品而不同了么？可能没有。某些资深银行家可能对他们的工作不是很理解，但很多人确实理解，至少在20年前开始加入的受过良好训练的经济物理学家们理解。“新金融工具中的高深数学能降低它们的风险”的论断也同样如此。然而，由于缺乏内控和追求更高的回报，导致了对高风险的持有。银行的过高杠杆率就是一个例证。

不得不承认，利率的历史新低导致了市场流动性的供过于求，而高回报率的追逐导致了对高风险资产的投资。两个交织的因素促成了这种状况：一是中央银行的宽松的货币政策，尤其是美联储；另一个是在财政盈余和负债国家越来越深的不平衡。盈余国家过度的储蓄比、负债国家在盎格鲁-撒克逊经济中的家庭负债达到了警戒水平，发展中国家的巨大的外汇储备大多投资于美国的国债[94]，这些宏观经济氛围对金融危机有着推波助澜的作用，尤其是和没什么管制的市场、不足的监管以及监管者对市场的自调

节作用过分信任、失败的评级机构（它们根本无力合理评估衍生品的风险）联系在一起的时候。

这些因素揭示了 2007—2008 年的金融危机显示出查尔斯·金德尔伯格（Charles Kindleberger）在 Hyman Minksy 模型基础上定义的典型危机模式。[95]金融创新在它制造的浪潮中创造了新的盈利机会。开始于 2002 年破裂于 2007 年的泡沫被低利率和过剩的流动性所激励；泡沫破灭后是一段时间的“金融痛苦期”；当投资者意识到将来临的危机时，就开始沽出；然后在危机时期，由于雷曼的倒掉而突然下跌；“反感”和“不信任”导致短暂的恐慌；出借人的最后求助破裂。

在写这本书的时候，即 2009 年春，这场危机的最终结果仍然没完全展 284
现。然而它对实际经济的影响已经出现了：在经合组织（OECD）国家或地区，2008 年第三季度，GDP 萎缩了 2%；2009 年第一季度下降了 2.1%；失业率从 2008 年 4 月的 5.6%上升到 2009 年 4 月的 7.8%。[96]作为回应，所有政府不同程度地采取了财政手段以增加需求（虽然导致了它们的财政平衡的恶化）。这些手段被认为是正确的，因为可以防止经济衰退转变为经济大萧条。

毫无疑问，金融领域受到了严重的打击。在雷曼倒掉的 2 个月内，股票市场萎缩了四分之一到三分之一的价值；2008 年底有所回升，但在 2009 年冬季，再次下跌；在春季上升之前的三月中旬达到最低点。[97]银行的重大损失伴随着它们市值的蒸发。大多数主要的银行在 2007 年夏到 2009 年早期蒸发了三分之二的市值，有些甚至达到了 90%。[98]“影子银行系统”受到了更严重的损害，比如银行金钱管道和结构性投资工具全部消失。住房抵押贷款的出借人大量消失，对冲基金损失惨重。这些受害者导致了工作岗位的严重流失，单单在纽约就失去了 3 万个，华尔街失去了 4 万个。

不只是工作岗位的流失，国际金融中心也失去了它们的骄傲，银行和银行家变得更谦卑了。这些“宇宙的主人”可能不招人喜欢，可他们能够以一种神秘的方式筹集巨额资金的能力，让人敬畏和尊敬。然而随着危机的出现，他们变成了可憎的人物，人们开始鄙视他们的贪婪和职业的无能。银行、金融中心甚至资本主义的未来都开始被人质疑了！其中一个话题是政府管制的广度和深度——一个会极大地影响银行的未来、金融中心的相互协作和竞争的话题。2009 年 2 月的 Larosiere 报告和英国反对银行监管集中到欧洲层级就是很好的例证。[99]

到2009年中期，国际金融中心依旧在震荡中，商务活动在下降，未来仍然不确定，情况没有得到根本改善。在进入危机2年后，8个金融中心（伦敦、纽约、东京、法兰克福、巴黎、苏黎世/日内瓦、中国香港和新加坡）和十几年前一样，国际体系没有任何有意义的改变——纽约和伦敦还
285 是作为两个真正的全球金融中心，领先于其他中心。[100]金融世界正在面临转变——尤其是它的经济意义、规则与监管和它的利润预期，似乎对各个中心的影响没有什么不同。除了它们之间的竞争，它们都面临着同样的挑战。

结　论

国际金融中心的崛起和衰落该如何解释？目前的经济和金融文献指出了它们发展所必需的条件。最重要也是争论最激烈的包括：政治环境的稳定性、货币的强势、充足的储蓄、强大的金融机构、强有力但不干预的监管、轻赋税、高素质的劳动力、多种通信方式、充足可靠且易获取的信息。这些因素可能不全面，却是无可争议的。我们可以从国际金融中心的发展史中找到这些因素。反过来，我们可以看到，以前有时候由于缺少一两个因素它们的国际影响力就下降了。 *286*

还有一种与众不同的分析方法认为，是这种现象的短期和中期原因，而不是那些根本性因素导致了国际金融中心的崛起与衰落，这种分析方法更容易理解过去两百年中各大城市资本财富的变化。

持久的动力和改变

长期历史分析的第一个结论是，主要的金融中心的崛起离不开在背后支持它的强大的经济力量。这一点看似明显却经常被忽略。18 世纪末，三个城市（阿姆斯特丹、伦敦、纽约）成为世界金融中心，同时也是各自国家的金融中心，尤其是纽约。19 世纪最后 30 年的柏林、100 年后的东京和法兰克福也都是如此。正如德国和日本的经济实力创造了这些国际金融中心，最近香港的崛起也离不开中国内地的改革开放。1913 年伦敦、巴黎、
287 纽约和柏林排名世界前四，2005 年纽约、伦敦、东京、法兰克福和巴黎排名前五，这不是偶然。排名也不是和经济规模完全一致，因为主要国际金融中心的出现都有一定的滞后。19 世纪伦敦代替阿姆斯特丹成为头号国际金融中心时英国的实力已经超过尼德兰，同样 20 世纪 20 年代纽约超过伦敦时美国经济实力已超过英国，东京将日本后工业时代超强的实力转化为国际金融中心地位也花了 20 年。存在这种滞后是因为经济发展从工业过渡到金融服务业需要一段时间。

当然也有例外，一共有三个。瑞士的金融中心在 20 世纪 50 年代到 90 年代排在世界第三左右，完全不符合这个国家的经济实力。其原因是，首先，它在战争中采取中立地位、大量的外逃资本流入瑞士以及欧洲大陆其他金融中心的相对沉寂，特别是巴黎和法兰克福。但是 80 年代后，瑞士的地位有所下降。其次，60 年代新加坡利用亚洲美元市场的发展和东南亚没有金融中心的契机迅速崛起，而今天它却正受到这个区域新兴城市的威胁。最后是伦敦，这个城市 60 年代的复兴以及今天的国际地位都与英国的经济规模不符。也可以这样考虑，至少在 2005 年，伦敦作为欧洲金融中心，在欧洲还保有自己的经济地位。主要原因还是伦敦在历史上积淀的国际地位
288 和开放的姿态。不过，即使本国的金融业务也包括在内，伦敦的排名还是下降到第三位，次于纽约和东京。

另外一个结论是，国际金融中心的衰落常常是由战争引起的，不管最后结果怎样，阿姆斯特丹的衰落就是很好的例证。法兰克福在 1866 年的普鲁士战事后经历了短暂的衰退，柏林的陨落则完全是因为 1945 年德国的战败。不过巴黎是一个例外，1870 年战败后，巴黎发展停滞，第一次世界大战后巴黎开始长期衰退，1940 年被德国打败与侵占后，衰退加剧。这个城

市在第一次世界大战中开始变弱，到第二次世界大战战败后，它的衰退似乎是一蹶不振了。这个结论的一种特定情况是和一国疆域变化有关，如1866年奥地利在普鲁士战争中落败和法兰克福地位的下降关系密切，而柏林的衰落则是1945年德国战败的必然结果。

国际金融中心往往能保持很长时间，不管是繁荣还是萧条。金融中心一旦形成就能保持领先优势，即使是暂时落后也能快速赶上，当然这一阶层的排名会有改变，主要金融中心间也存在重要差别。唯一的例外是柏林，第三帝国的崩塌和法兰克福的竞争是柏林没落的原因。布鲁塞尔失去了往日的优势，但是阿姆斯特丹在20世纪重新夺回了一些地位，在此过程中世界经济发展的持久力以及城市的金融传统起到了重要作用。

另外一个推动金融中心发展的因素是创新，创新和城市发展是相辅相成的。金融中心需要吸引国外的银行家和金融家们，并且从中获益。19世纪上半叶从德国和瑞士迁徙的后裔成就了法国高德银行。19世纪伦敦国际金融业务间的人才流动十分频繁，大多数是从银行业中脱离出来。在纽约，19世纪下半叶迁徙过来的德国犹太人开创了投资银行业。

这种流动在20世纪继续进行着。纳粹政权迫使许多犹太银行家逃离德国和欧洲中部，他们中绝大多数去了伦敦和纽约，也有一部分在1945年后去了布鲁塞尔和日内瓦。我们已经看到，在1914年以前罗斯切尔德银行在巴黎和伦敦、斯宾塞·摩根在伦敦、雅戈伯赫夫在纽约以及1945年沃尔伯格在伦敦、梅耶尔在纽约发挥的作用。19世纪60年代后这种迁徙性质发生了变化，主要是银行经理开始在大城市定居。 289

那些长期支撑金融中心发展的因素也显现出来。但这些因素能否解释金融中心的发展？上面提到的这些因素既可以较好地解释金融中心短期和长期的发展，又可以较好地解释金融中心某个阶段的繁荣或萧条，也是对长期分析方法的简单补充。长期历史分析对这些因素在指定的空间和时间进行评估，从而检验其一般性。其中有两项因素特别值得关注：强势的货币和监管的范围。

货币因素

国家货币地位是一个有趣的因素。对强势货币的描述有很多，可以说是稳定的货币或是可兑换的货币，也可以说是储备货币，即可作为外汇和国际储备单位，如此才能成为世界货币，如1914年或者是1931年前的英镑，或者是1945年以后的美元。这样的货币地位有很多好处，确切地说是有利于货币制度和金融中心建设，偶尔也会有坏处，这随着时间而变化。1880年到1914年实行金本位制期间，货币稳定性概念已经不适用了，因为
290 汇率固定中主要货币根本不可能贬值。储备货币可以增加本国的金融活跃程度，法郎和马克就是很好的例子。英镑作为主要的世界货币给伦敦带来了独一无二的优势，稳定的货币在汇率不稳定的环境中具有独特的优势，苏黎世、日内瓦和阿姆斯特丹在20世纪20年代就利用了这一点，1914年之后伦敦继续受益于英镑的强势，不过后来英国经济支持英镑的地位变得日益困难。

到了20世纪五六十年代伦敦的国际地位随着英镑的衰落而下降，与此同时纽约受益于强势美元的迅速崛起。瑞士法郎的强势和避难货币的作用也成为瑞士金融中心的宝贵财富，但是日元和马克的强势并没有给东京和法兰克福带来多大帮助。考虑到它们的经济规模，它们的发展仍然很缓慢，部分原因是这两国政府优先考虑了经济的增长。60年代后货币对金融中心的影响越来越小，伦敦依靠欧洲美元和其他外汇交易重新崛起就是最好的例证。还有就是离岸金融中心的出现。浮动汇率体制下的全球化消除了金融中心所在国必须保持货币强势的压力，为金融中心发展提供了新的机遇。

政府和金融

影响金融中心发展的因素中提到最多的是政府的干预和监管。现代金
291 融理论普遍认为政府应该减少干预以保证市场正常运转。政府干预损害金融市场竞争力的例子数不胜数。当经济受到严格管制和干预时，比如信贷控制或国有化，即便不发生战事，也将损害金融市场功能的正常发挥。我们只需要看看历史上试图扩大和限制资本流动的措施就能明白上述观点。1914年以前柏林和巴黎为吸引国外股票在本国挂牌，在政策上大开绿灯；20年代初伦敦禁止外国证券；第二次世界大战后欧洲的汇率管制；1963年美国决定征收均等利息税；还有60年代限制欧元发展的种种措施等。

我们都知道采取这些措施对本国金融中心不利，反而有利于竞争对手。这时有两个问题需要考虑：有没有其他选择？这些措施对金融中心的损害究竟有多大？对于第一个问题，理论上来说存在其他选择，只是现实中政治上难以实现。不过这回答了第二个问题，走完全不干预的道路能否使得金融中心保持过去同样的发展还是一个很大的疑问。

1914年以前，巴黎和柏林的政治家干预资本市场发展，但对提高其国际地位毫无帮助。巴黎没有回到“辉煌时代”，柏林的影响力更多地表现在国内。60年代以后美国采取了许多限制金融业务发展的措施直接导致国际金融中心的天平倾向了伦敦。这些政治决定的逻辑和限制资本流动的作用值得怀疑。事实上，这些措施没有给国际金融业务造成很大的影响，也没有危害纽约的国际地位，因为纽约国内的业务量占了很大的比重。如果管理当局能够采取更灵活的货币政策，巴黎和法兰克福能够借助欧元市场走上同60年代伦敦同样的发展道路吗？看起来不可能。

这并不是说政府干预对金融市场的干预毫无作用，只是说不能从根本上或长期改变国际金融中心的命运。如果只考虑当前的条件，政治决定就非常重要。英国当局对欧洲美元的坚定支持无疑帮助了伦敦的复兴，但更重要的是当时伦敦比其他任何一个城市更有条件从事欧洲美元业务。1934年瑞士实行的银行业务保密制度提高了金融中心的竞争力，仅通过中立政策，这个国家很难吸引足够的外国资金。新加坡政府推进金融中心发展的措施不是很明确，但是新加坡并不缺乏金融传统，当时东南亚金融发展条件也很好。 292

随着监管体制的完善，政府干预在过去25年变得越来越少。2000年成立的金融服务管理局为伦敦创造了一个很好的监管环境，比纽约、法兰克福和巴黎都要好。这是伦敦的一大优势，另外一个原因就是国际知名的银行在形势变化时并没有离开伦敦。

监管的手段很大程度上受制于金融机构体系，18世纪左右银行开始出现，银行系统在监管中发挥着重要作用。关于银行主导的和资本市场主导的金融体系孰优孰劣的争论一直没有停息过，如何抉择更多地是信仰问题而不是经济问题。目前看来金融中心更多地依靠的是金融市场而不是金融机构。现在政客操纵市场的空间已受到限制，他们的决定还受意识形态的影响。大萧条和对市场机制的不信任催生了30年代的监管措施，20世纪八九十年代的放松监管又回到了从前的形态，这也比新自由主义的解决方案好。

过去、现在和未来

过去两个世纪，无论是发展本国经济还是世界经济，国际金融中心所作出的贡献都不是数字所能衡量的。在过去25年世界经济全球化的背景下， 293

国际金融中心经历了前所未有的快速发展，西方国家进入后工业时代更是提高了金融服务的价值。它们的未来会怎样？这不是历史学家回答的问题，最好还是找其他人来预测长期的趋势。

在它们的全盛时期，金融中心面对来自四面八方的批评——也许这些批评有些逻辑混乱，也不总是有理有据——许多人确实认为金融中心是许多全球化恶果的成因，特别是某些人的暴富、失业和对第三世界的剥削。随着金融危机的爆发，批评变成了咒骂：金融中心的银行家被指责他们使财富大规模缩水，而他们却在被政府保释之前获得了巨大的不应该得的酬劳。金融世界必须重建他们的声誉。然而，在中长期，国际金融中心的成功主要依赖于世界经济的复苏和它们的开放（这种开放可能会由于冗长的衰退而慢慢失去）。国际金融只有在全球化的经济中才能繁荣。

另一方面，金融危机不会打破现有体制的结构秩序。不远的将来，纽约和伦敦可能会被上海、新加坡和迪拜所颠覆。即使在美国的经济已经远远超过英国的时代，纽约仍花了 30 年以取代伦敦成为世界的金融中心。英国取代阿姆斯特丹的时候也同样如此。特别是财富和开放性方面，发展中市场在获得它们的胜利之前还需要符合几个条件。然而，就像 19 世纪的德
294 国和美国、20 世纪的日本一样，随着一些发展中国家，特别是金砖四国的经济比重的增加，将使它们成为具有影响力的金融中心。上海、孟买、莫斯科和圣保罗将会适时地（不必要同时）和纽约、伦敦、东京、法兰克福和巴黎并列。

同时，有人会认为，国际金融中心运营的风险可能已过去，进而转向投机，这些投机者经常在市场出没。公司可以凭借现代发达的远程通信获取信息并在世界各地交易，凭借人际关系网络在外部经济中生存下来。虽然金融中心等级结构的变化趋势很明显，但是没有迹象表明它们会消失。远程通信革命突然爆发要求金融城市与时俱进，现代的金融中心在功能和组织上与过去相比已经有了很大区别，明天它们又将呈现出新的面孔，这也需要作出新的改变。作为国际金融业务运作的核心，金融中心的地位仍然是不可替代的。

词汇表

下面的词汇表包含了本书中常提到的金融和经济术语。在下面词汇的定义中标星号的词汇表示重要术语。 295

承兑 当汇票的开票人不能到期还款时，承兑能保证持票人获得支付。保证支付的承兑人通常是由付款人指定的商业银行*。最开始的付款人都是熟悉交易伙伴财务状况的当地的商业银行。承兑票据很早就出现在国际贸易融资当中，尤其是在伦敦。

套利 利用两地某种实体（证券、商品、货币）报价的不同而从中获利。同投机*不同，套利者知道两地价格，因此不会出错。

国际收支平衡表 一国与世界其他国家在一年内所有交易的价值的记录。每笔交易都涉及进口和出口的支付。传统上的国际收支平衡表包括经常账户*和资本账户*，其中前者记录实物贸易。

银行 吸收存款并将资金贷出或购买其他金融工具的金融机构。原则上储户可以自由存取他们的资金，这不同于保险。银行根据所有权的不同可以分为：国有银行、私人银行*或联合持股银行*、合作银行；也可以根
296 据银行的作用不同分为中央银行*、商业银行*、小额储蓄银行、投资银行、资产管理银行和混业银行*。

银行贷款 银行的主要资产，特别是对于商业银行*而言。具体包括一些没有抵押的信贷，如透支和除房屋抵押之外的贷款。到目前为止，主要有三种重要的贷款形式：贴现式，借款人到期偿还名义金额；资产支持贷款，银行通常会给借款人抵押的资产打一定折扣；另外一种在货币市场*上常见的贷款是回购协议，借款人开始将证券卖给银行，保证到期将资产买回。

票据 开票人作出到期支付一定金额款项的承诺。这种纸质承诺可以立即就得到支付或者在到期日之前得到支付。票据有很多种，如支票就是银行承诺在某时某地支付一定款项。汇票就是开票人指定第三方——付款人在某时支付一定款项。付款人可以在汇票到期日之前承兑*，因为这些票据有信用*良好的开票人或是承兑人担保，因此是非常好的贴现信用工具。

债券 由私人或者公共实体发行的、定期支付利息的债务，利息通常
297 六个月或者一年支付一次。债券有很多种，包括永久债券——发行人不偿还本金，永久地支付利息；固定利息债券——债券持有人到期偿还本金。债券还可分为：国内债券——由国内法人发行的以本国货币标称的债券；国际债券——由国外法人发行的债券，通常货币是发行所在地的货币，不过欧洲债券可以是另外一种可兑换货币，通常是美元。还有可转换债券——到期可以转换成股票*或是股票期权*等。

经纪人 代表自己或者客户交易的金融中介。他们借给客户资金或者证券使客户可以参与投机*。经纪人在交易所*都有席位，无论是电子交易系统还是场内交易。

资本账户 资本在流入和流出一国的净值，分为直接投资*、金融投资——包括银行业务和资产交易，特别是证券买卖。

资本市场 股票*和债券*交易的场所，分为新证券发行的一级市场和二级交易市场（通常是在交易所*交易）。

中央银行 管理货币发行的公共机构。以前中央银行发行通货以金银

作保证，并持有外汇储备，即黄金、白银、可兑换货币。中央银行通过存入银行或国家账目来发行法定货币。中央银行规定法定准备金率，同时也在公开市场（证券市场或是外汇市场）操作。中央银行通过调控法定准备 298
金率、贴现率和公开市场操作来控制流通货币数量。

结算　将应收款项和应付款项互相抵消，从而减少资金实际流动的行为。交易和收付的循环流动性，使得在同一个市场（或者整个国家作为一个货币体系），一家正常运营的商业银行每日处理大量的向其他银行支付的命令同时，也要从其他银行收取大量资金。如果每个支付指令都导致资金的实际流动，那么银行间的资金流动规模将极为庞大。在中央银行*的组织下，商业银行成立一家结算所，结算所将方向相反的支付指令抵消，最终只有抵消后的余额需要真实支付。

商业银行　能够从公众手中吸收短期存款的金融机构。短期存款可以随时或者在相对较短的一段到期时间后提取，短期存款有的付息，有的不付息。银行将吸收的资金用于向家庭、企业和政府的发放短期贷款。短期存款经常用于日常支付使用，比如支票，因此，商业银行必须加入银行间的清算*机制。商业银行因其具有最传统的银行职能，也常简称为银行。

经常账户　记录一国对外商品、服务和要素收入的净流动。由贸易余额、服务（旅游、保险等）余额和要素收入余额（即本国居民对外投资取得的收入和在外国工作取得的劳务收入，表现为股息、利息、工资等）构成。有时用“贸易服务余额”表示贸易余额和服务余额之和。

欧洲市场　开展他国货币存贷和买卖以他国的货币表示的金融工具的 299
市场。通常是欧洲货币交易、欧洲信贷和欧洲证券。

交易所　交易同种货物（商品交易所）或是证券（证券交易所）的场所，通常通过经纪人和做市商集中在一个地方交易。当前，场内交易所逐渐被采用计算机和远程通信技术的电子交易*系统代替。交易所有不同的组织形式：公司制或者会员制。

汇率制度　规定一国外汇政策的一系列制度，可以分为固定汇率制度和浮动汇率制度。前者指本国货币通过中央银行的系统干预维持某种平价汇率制度；后者指汇率由市场决定的汇率制度。实行金本位制和货币局制度*的都属于固定汇率制度，例如那些钉住欧元和美元的货币；而现在许多货币都是自由浮动的。

直接投资　由非居民投资或者购买资产、生产工具或者企业所形成的资本流动。直接投资的目的是为了控制生产企业，关于“控制（绝对控制权、阻止少数、显著持有）”的概念争议很大，IMF 认为 25%以上的股权足够形成控制。基于这个定义，直接投资和跨国公司的概念类似。

300 **远期交易** 交易双方约定在未来确定的日期，按照事先确定的价格，买卖某种物品的商业或者金融交易。这种交易提供了一种极好的投机* 方法，因为买方不需要在合约签订时立刻支付，卖方也不必当时就拥有这项物品，直到确定的交易日期。

控股公司或者信托公司 通过直接或者间接的形式持有其他企业的股份的合伙制或者有限责任公司，其所持股的公司一般在同一个经济部门。除了控股公司对所持股的公司拥有控制权这一点，控股公司和封闭式投资基金* 类似。

投资银行 通过购买资产或者取得商业控制权，从而为自身谋利的银行。这种持有可能是长期的，虽然现在大部分都是短期持有。事实上，承销* 已经成为投资银行的主要业务，有时兼并收购也是投资银行的重要业务，在兼并收购中，投资银行就兼并收购的条件详细谈判。

投资信托或者投资基金 将从大量投资者汇集而来的资金用于购买一定类别的金融工具或证券，通常是股票* 和债券* 。它通过将资金分散于不同类型的债务人或者公司，从而降低中小投资者的风险。投资基金可以分为开放式基金（在美国又称共同基金）、部分开放式基金和封闭式基金。开放式基金的份额随着资金流入流出而变动；部分开放式基金的资金流出受到限制，一般由于到期或者出于对投资不利的惩罚；封闭式基金的份额是固定不变的。

发行 将新的股票* 或是债券* 出售给投资者，为了达到这一目的，银行通常会成立辛迪加* 来承销新的证券。

301 **发行辛迪加或者承销团** 由银行和其他金融中介，包括保险公司等成立的财团，承销大型公司或者国家向大众发行的证券。承销团一般有一到两家主承销商，负责组织和跟踪整个承销过程，其他成员负责将证券销售给各自的客户和一般公众。在欧洲市场发行* 时，辛迪加成员分为保证成员和普通成员。保证成员包括主承销商，有包销义务；普通成员只承销他们所收到的认购请求部分。

股份制银行 实行有限责任制度的银行，股份制是目前最普遍的银行组织形式，易于募集资本和吸收资金。

杠杆 以部分或全部资产作抵押借钱去购买更多的资产。杠杆投资者希望他的资产价值到期能超过负债的价值，并有足够的利润去支付借款本息，如果资产价值下跌，那么他将损失惨重甚至破产。

商业银行家 起初，他们是在伦敦的国际商人，为他们的国际贸易伙伴进行票据*承兑*，慢慢地他们成立承兑所，继而变成银行*，通常是投资银行*。

货币制度 管理法定货币的一系列制度，包括金属本位制和信用货币
制度。在金属本位制中，货币代表了一定量的贵金属——黄金或白银，货 302
币流通中可以转换成金属，中央银行*因此需要储备一定量的金属。最著名的金属本位制包括：金本位制、银本位制和金银双本位制。信用货币制度中纸币的购买力由法律规定。今天所有的货币制度都是信用制。美元黄金本位制于1945—1971年实行，美元和黄金挂钩，规定1盎司黄金兑35美元。

货币市场 货币市场票据，比如短期有价证券、清算*系统内的银行间借款的交易场所。也称为银行间市场，场内的交易主要是以天为基础的，到期时间最低有24小时之短。

期权 在事先确定的未来某个日期，以确定的价格买入或者卖出一定数量的某种资产的权利。期权的买方付给期权的卖方一定的期权费，以获得这个权利；当买方要求时，卖方有义务执行合同。期权在交易所或者柜台交易，其中柜台交易场所主要是银行。

海外银行 以前称为殖民银行和外国银行，是指由设在殖民国中心的总部，指挥在其殖民地的各项业务的银行，这些业务包括承兑、外汇、存贷款等。在殖民地宣布独立后，很多这样的银行仍然继续经营。

私人银行 按合伙制成立的银行，合伙人以其财富承担无限责任。起初，所有的银行都是以这种方式存在的，其所有者一般是当时富裕的金融家。法语中“haute banque”（高级银行）正来源于此，反映了这些金融家显赫的社会背景和这些银行的特权与悠久历史。

股份 又称股票或所有者权益，是对有限责任公司出资所有的凭证， 303
赋予其持有人获得股息的权利，不能被赎回。在公司破产时，股份持有人的损失以所持股份的价值为限。

投机 在价格和利率走势上下注，同时承担可能出现损失的风险。

即期交易 交易根据当前的价格成交并交割。

全能银行 从事多种银行业务的银行，包括投资银行*业务和商业银行业务等。这种银行在欧洲特别是德国很常见，曾经一度因混业经营的风险而禁止。现在在监管当局的监控下进行混业经营已经成为新的趋势。

财富管理 将个人或机构的资产进行管理，所有权和风险的承担者都是财富的所有人。私人的财富管理机构对投资者要求很高，通常是那些资产达到一定数目的富人。财富管理要建立信托关系。现在这种业务也称做私人银行业务。

注释

引言

［1］参见 Saskia Sassen 的分析，特别是 *The Global City. New York，London，Tokyo*，Princeton，2001. 304

［2］C. Kindleberger，"The formation of financial centers"，*Princeton Studies in International Finance*，36，1974，pp. 1 - 78.

［3］D. Scholey，"Essential features of international financial centres"，in Swiss Bankers' Association，*International Financial Centres：Structure，Achievements and Prospects*，Proceedings of the 40th International Summer School，Interlaken/Basle，1987，p. 12.

［4］H. C. Reed，*The Preeminence of In-*

ternational Financial Centers, New York, 1981.

[5] G. Jones, "International financial centres in Asia, the Middle East and Australia: a historical perspective", in Y. Cassis (ed.), *Finance and Financiers in European History 1880－1960*, Cambridge, 1992, pp. 405－406.

[6] R. Roberts, "The economics of cities of finance", in H. A. Diedericks and D. Reeder (eds.), *Cities of Finance*, Amsterdam, 1996, pp. 7－19.

[7] G. Dufey and I. H. Giddy, *The International Money Market*, Prentice-Hall, 1978.

[8] Additional information can be found in R. Roberts (ed.), *International Financial Centres*, 4 vols., Aldershot, 1994.

第1章　私营的银行家时代（1780—1840年）

[1] S. R. Cope, *Walter Boyd. A Merchant Banker in the Age of Napoleon*, London, 1983.

[2] See the classic work by Eric Hobsbawm, *The Age of Revolution*, London, 1962.

[3] N. Crafts, *British Economic Growth during the Industrial Revolution*, Oxford, 1985.

[4] A. Mayer, *The Persistence of the Old Regime*, London, 1981.

[5] See J. de Vries and A. van der Woude, *The First Modern Economy. Success, Failure, and Perseverance of the Dutch Economy, 1500－1815*, Cambridge, 1997.

[6] A. Maddison, *Dynamic Forces in Economic Development*, Oxford, 1991, pp. 30－35.

[7] C. Wilson, *Anglo-Dutch Commerce and Finance in the Eighteenth Century*, Cambridge, 1941, pp. 16－27.

[8] J. Jonker and K. Sluyterman, *At Home on the World Markets. Dutch International Trading Companies from the 16th Century until the*

Present, The Hague, 2000, pp. 124 - 125.

[9] J. C. Riley, *International Government Finance and the Amsterdam Capital Market, 1740 - 1815*, Cambridge, 1980. 305

[10] M. G. Buist, *At spes non fracta. Hope & Co. 1770 - 1815, Merchant Bankers and Diplomats at Work*, The Hague, 1974.

[11] de Vries and van der Woude, *First Modern Economy*, p. 146.

[12] 下面的段落主要参考 J. Jonker, *Merchants, Bankers, Middlemen. The Amsterdam Money Market During the First Half of the 19th Century*, Amsterdam, 1996.

[13] 同上，154 页。

[14] 同上，156 页。

[15] 1817 年第一个进入阿姆斯特丹的境外银行是 Julius Königswärter, 1818 年 S. Raphael 和 1820 年 L. R. Bischoffsheim 银行进入。同期进入的还有 Sichel、Oppenheim、Stern 以及 Rindskopff 银行。

[16] Jonker, *Merchants, Bankers, Middlemen*, pp. 249 - 250.

[17] 同上，90～92 页。

[18] 这三家公司分别是：Hope & Co. , D. Crommelin & Son 以及 Van Eeghen & Co. 。在私营的银行家时代，资本的概念还没有准确的定义，它可以是指股权资本，也可以包括其他资产，诸如存款或者合伙人及他们家庭成员的个人财产。

[19] Jonker, *Merchants, Bankers, Middlemen*, p. 228.

[20] 同上，70～71 页。

[21] 同上，40 页。

[22] 同上，41～44 页。

[23] Jonker and Sluyterman, *At home on the World Markets*, pp. 167 - 168.

[24] See, in particular, P. G. M. Dickson, *The Financial Revolution in England. A Study in the Development of Public Credit, 1688 - 1756*, London, 1967; L. Neal, *The Rise of Financial Capitalism. International Capital Markets in the Age of Reason*, Cambridge, 1990.

[25] 这个体系主要基于税收的集中化和公债发行的制度化。这些公债得到了官方的认可，并增加了由议会掌控的偿还计划，从而实现了部分的

证券化。

［26］J. M. Price，“What did merchants do? Reflections on British overseas trade，1660 - 1790”，*Journal of Economic History*，49，2，1989，pp. 267 - 284.

［27］D. Kynaston，*The City of London. Volume I：A World of its Own 1815 - 1890*，London，1994，p. 10.

［28］See D. E. W. Gibb，*Lloyd's of London. A Study in Individualism*，London，1957；C. Wright and C. E. Fayle，*A History of Lloyd's*，London，1928.

［29］B. Supple，*The Royal Exchange Assurance. A History of British Insurance 1720 - 1970*，Cambridge，1970.

［30］D. M. Joslin，“London private bankers，1720 - 1785”，*Economic History Review*，7，1954.

［31］伦敦金融城的银行家公司包括 Barclay & Co.，Barnett，Hoare & Co.，Glyn，Mills & Co.，Martin & Co.，Smith，Payne & Smiths 公司等。

［32］S. Chapman，*The Rise of Merchant Banking*，London，1984，pp. 5 - 9.

［33］H. Thornton，*An Inquiry into Paper Credit*，London，1802，p. 59.

［34］Chapman，*Rise of Merchant Banking*，pp. 105 - 106.

306 ［35］同上，39 页。

［36］Cope，*Walter Boyd*，pp. 47 - 48.

［37］路易斯安那州 1763 年以前是法国的殖民地，后来成为西班牙的殖民地，1800 年后又回到法国手中，美国总统杰弗逊派使者去法国问拿破仑是否愿意出售部分土地，拿破仑对路易斯安那兴趣不大，当时又缺钱，于是同意把这部分土地以 1 500 万美元的价格卖给美国。冲抵了 375 万美元欠款后，法国拿到了 1 125 万美元，当时折合 5 200 万法郎。

［38］P. Ziegler，*The Sixth Great Power. Barings，1762 - 1929*，London，1988，pp. 70 - 71.

［39］R. Roberts，*Schroders. Merchants & Bankers*，Basingstoke and London，1992，pp. 28 - 30.

[40] 它们包括1802年成立的Horstman公司、1805年成立的William Brandt Sons公司、1809年成立的Frederick Huth公司和1814年成立的Frühling Goschen公司。

[41] N. Ferguson，*The World's Banker. The History of the House of Rothschild*，London，1998，pp. 50 - 63，95 - 102.

[42] Neal，*Rise of Financial Capitalism*，pp. 88 - 90.

[43] Ferguson，*World's Banker*，pp. 135 - 136.

[44] R. Michie，*The London Stock Exchange. A History*，Oxford，1999，p. 53.

[45] 一些南美的小银行，如戈尔德施密特公司、埃尔文·里德公司和汤姆森·威尔逊公司，它们都属于这个集团。

[46] 它们之中包括Barclay，Tritton，Bevan，Smith Payne & Smiths，Glyn，Hallifax，Mills and Jones，Loyd等公司。1810年伦敦有83位的私人银行家正处于他们事业的巅峰。

[47] W. Bagehot，*Lombard Street. A Description of the Money Market*，London，1910，p. 214.

[48] Thellusson，Necker & Cie，Tourton & Baur and Lecouteulx & Cie.

[49] H. Lüthy，*La banque protestante en France de la Révocation de l'Edit de Nantes à la Révolution française*，2 vols.，Paris，1959 - 1961，vol. II，p. 142.

[50] 引自 P. Vilar，*Or et mounnaie dans Phistoire*，Paris，1974，p. 342。

[51] P. Hoffman，G. Postel-Vinay，J. Rosenthal，*Des maeches sans prix*，1660 - 1870，Paris，2001.

[52] A. Plessis："Le development des activites financiers à Paris au XIXème siècle"，in H. A. Diederiks and D. Reeder（eds.），*Cities of Finance*，Amsterdam，1996，pp. 167 - 179.

[53] 参见 M. Levy-leboyer，*Les banques europèennes et l'industrialisation international dans la première moitiè du XIXe siècle*，Paris，1964，pp. 427 -428。

[54] A. Plessis，"La creation de la Banque de France et la genèse des banques nationales d'émission en Europe au XIXe siècle"，in O. Feiertag and M. Margairaz（eds.），*Politiques et pratiques des banques d'émission en Eu-*

rope (*XVIIe-XXe siècle*), Paris, 2003, pp. 25 - 51; F. Crouzet, "Politics and banking in revolutionary and Napoleonic France", in R. Sylla, R. Tilly and G. Tortella (eds.), *The State*, *the Financial System and Economic Modernization*, Cambridge, 1999, pp. 20 - 52.

307 [55] L. Bergeron, *Banquiers*, *négociants et manufactures parisiens du Directoire à l'Empire*, Paris, 1978, p. 45.

[56] L. Bergeron, L. Rothschild *et les autres ... La gloire des banquiers*, Paris, 1991, pp. 36 - 37.

[57] 19 世纪初同样的例子还有很多。很多国外银行和商人追随这种潮流来到了巴黎。Michel Frédéc Pillet-Will 离开了他在洛桑的合伙人，于 1811 年来到了巴黎，并和 Charles Vernes 成立了合伙人公司；1812 年 Henri Hentsch 将他的合伙人 Jean-Antoine Blanc 从日内瓦送到了巴黎，他自己也在一年后到巴黎；1821 年 Jean Ador 和 August Dassier 在巴黎建立了 Ador, Vernes & Dassier 银行；Barthélemy Paccard 于 1825 年来到巴黎，两年后他的同事 Louis Dufour 也加入进来。

[58] Bergeron, *Rothschild*, p. 46; M. stürmer, G. Teichmann and W. Treue, *Wägen und Wagen. sal. Oppenhein jr. and Cie. Geschichte einer Bank und einer Familie*, Munich and Zurich, 1989, p. 41.

[59] 虽然自 1798 年起，Oppenheims 家族便作为第一批定居在科隆的犹太人，但 Oppenheims 家族和 Berr-Leon Fould 家族却于 1813 年在巴黎合伙成立了 B. L. Fould & Fould-Oppenheim 银行，两个家族间建立了一种稳固且持久的关系，同年 Helene Oppenheim 和 Benedict Fould（Berr-Leon 之子）的婚姻则进一步巩固了这种关系。来自卡尔鲁斯厄的 Habers 家族则更加直接，Maurice Haber（1798-1874，Salomon 之子，Salomon 自 1794 年起，成为巴登和普鲁士皇室的银行家，并于 1829 年获得巴登男爵的封号）得到其父亲资助后于 1822 年来到巴黎，与来自法国 Romilly 的 Felix Worms 成立了合伙人公司。另一位来自德国却在巴黎银行业成功的个人是 Adolphe d'Eichthal（Aron-Elias Seligman 之子），巴伐利亚国王的银行家，他曾促使 Baron d'Eichthal 在 1814 年为拿破仑的战争提供资金支持。

[60] Lévy-Leboyer, *Les banques européennes*, pp. 437 - 440.

[61] 同上，441～442 页。

[62] Greffulhe, Baguenault, Hottinguer and Laffitte.

[63] B. Gille，*La banque et le crédit en France de 1815 à 1848*，Paris，1959，pp. 227 - 229.

[64] 同上，260～261 页。

[65] 除了 Bethmann 和 Metzler 外，Goll，Ohlenschalger 及 Neufville 也应被提及。详见 C. -L. Holtfrerich，*Frankfurt as a Financial Centre. From Medieval Trade Fair to European Banking Centre*，Munich，1999，pp. 93 - 94.

[66] Erlanger 家族、Goldschmidt 家族、Seligmann 家族、Speyer 家族和 Stern 家族的扩张都是非常典型的例子。

[67] B. S. Chlepner，*Le marché financier belge depuis cent ans*，Brussels，1930，p. 10.

[68] K. Veraghtert，"Bruxelles éclipse Anvers. Le centre boursier belge sedéplace，1800 - 1840"，in G. de Clercq（ed.），*A la Bourse. Histoire du marché des valeurs en Belgique de 1300 à 1990*，Louvain-la-Neuve，1992，p. 173.

[69] 这个城市遭受了重创，1830—1835 年安特卫普的许多货船更改了港口注册地并转移到了荷兰。

[70] Germain Cassel（和 Bischoffsheim 有着密切的关系）在比利时独立后便来到了这个国家。他在英国短暂逗留后，于 1839 年 4 月以 Banque Cassel et Cie 的名义成立了一家公司。1797 年，同样来自法兰克福的 J. G. Mettenius 在他 20 岁时来到了布鲁塞尔。1793 年出生于法兰克福的 Adolphe Oppenheim 于 1809 年来到布鲁塞尔，通过他的努力，来自科隆的 Salomon Oppenheim 银行在比利时独立后便在布鲁塞尔的金融中心站稳了脚跟。 308

[71] 参见 Tilman，"Portrait collectif des grands banquiers belges Bruxelles-Liège-Anvers（1830 - 1935）：Contribution à une histoire des elites"，doctoral thesis，Université Libre de Bruxelles，2003 - 2004，vol. II，pp. 348 - 384。

[72] Veraghtert，"Bruxelles éclipse Anvers"，pp. 177 - 178.

[73] Chlepner，*Le marché financier belge*，p. 49.

[74] Lüthy，*La banque protestante en France*，vol. II，p. 80.

[75] Lullin，Masbou，Aubert&Cie，Bontemps，Mallet & Cic，two days

after the homonymous banking house in Paris, and Passavant, Bertrand & Cie. Lévy Leboyer, *Les banques europeennes*, p. 424.

[76] 经历了数次更名后，1908 年 Ferrier，Darier & Cie 更名为 Ferrier，Lulin & Cie；1835 年 Henri Hentsch & Cie 更名为 Hentsch & Cie；1830 年 J. G. L. ombard & J. J. Lullim 更名为 Lombard，Odier & Cie。同样地，Candolle，Maller & Cie 在 1926 年最终更名为 Pictet & Cie。

[77] Lévy-Leboyer, *Les banques europeennes*, p. 425; J. Seitz, Histoire de la banque à Genève, Geneva, 1931, pp. 20 - 21; L. H. Mottet, Regards sur l'histoire des banques et banquiers genevois, Geneva, 1982, pp. 135 - 136, 142.

[78] Lévy-Leboyer, *Les banques europeennes*, p. 429.

[79] B. Gille, *Histoire de la maison Rothschild*, vol. I, Des origines à 1848, Geneva, 1965, p. 62.

[80] D. M. Paccard & Cie in 1819, Louis Picter & Cie in 1829, F. Bonna & Cie in 1830 and Chaponnière & Cie in 1837.

[81] *Pictet & Cie 1805 - 1955*, 1955, Geneva, pp. 23 - 28.

[82] Kynaston, *City of London*, vol. I, pp. 36 - 43.

[83] Huskisson Papers, British Library, Add Ms 38, 741, cited by Kynaston, *City of London*, vol. I, p. 37.

[84] 参见 Dtürmer, Teichmann and Treue, *Wägen und Wagen*; F. Barbier, *Finance et politique. La dynastie des Fould XVIIIe-XXe siècle*, Paris, 1991。

[85] 参见 G. Kurgan-van Heutenrijk, S. Jaumain and V. Montens (eds.), *Dictionnaire des patrons en Belqique. Les hommes, Les entreprises, Les réseaux*, Brussels, 1996。

[86] Ferguson, *World's Banker*, pp. 391 - 394, 574 - 577.

[87] 同上，302～303 页。

[88] Kurgan-van Hentenrijk *et al.* (eds.), *Dictionnaire des patrons en Belgique*, p. 409.

[89] Roberts, *Schroders*, pp. 21 - 23.

[90] C. A. Jones, *International Business in the Nineteenth Century. The Rise and Fall of a Cosmopolitan Bourgeosie*, New York, 1987.

第 2 章　资本的聚集（1840—1875 年）

［1］1856—1862 年的英国，1863—1867 年的法国，1870 年的德国。 309

［2］M. Obstfeld and A. Taylor，“Globalization and capital markets”，in M. Bordo，A. Taylor and J. Williamson（eds.），*Globalization in Historical Perspective*，Chicago，2003，pp. 141 - 142.

［3］英格兰国家银行于 1833 年成立，威斯敏斯特银行于 1834 年成立，伦敦郡银行、伦敦股份银行于 1836 年成立，伦敦联合银行于 1839 年成立。

［4］伯明翰和米德尔斯堡银行于 1836 年成立。

［5］W. F. Crick and J. E. Wadsworth，*A Hundred Years of Joint Stock Banking*，London，1936，p. 22.

［6］W. Bagehot，*Lombard Street. A Description of the Money Market*，London，1873，pp. 252 - 253.

［7］最早成立的海外银行是澳大利亚银行（1835 年）和澳大利亚联合银行（1836 年）。在西印度群岛成立了殖民银行（1836 年），在加拿大成立了大不列颠北美银行（1836 年），在中国、印度和远东成立了渣打银行（1854 年），在南非成立了南非标准银行（1862 年）。

［8］伦敦河畔银行和伦敦巴西银行均成立于 1862 年，盎格鲁-埃及银行成立于 1864 年。这样的银行很多，这并非一个详尽的清单。

［9］G. Jones，*British Multinational Banking 1830 - 1990*，Oxford，1993，pp. 393 - 395.

［10］以伦敦巴西银行为例，这家银行的合伙人包括：贸易公司 E. Johnston & Co.（从事咖啡贸易最重要的几家公司之一），商业银行 Robert Benson & Co，Bischoffsheim & Goldschmidt，以及著名的私人银行 Glyn，Mills & Co.。此外，私人银行 Glyn，Mills & Co. 还是几家银行网络的核心，这些银行包括：成立于 1855 年的埃及银行，成立于 1856 年的奥斯曼银行，成立于 1863 年的盎格鲁-奥地利银行。具体参见 D. Joslin，*A Century of Banking in Latin America*，London，1963，pp. 64 - 65；P. L. Cottrell，“A Cluster of Corporate international banks，1855 - 1875”，Business History，33，3，1991，pp. 31 - 52.

[11] H. van der Wee and M. van der Wee-Verbreyt, "Belgian banking in the nineteenth and twentieth centuries: the Société Générale and the Générale de Banque (1822 - 1997)", in R. Sylla, R. Tilly and G. Tortella (eds.), *The State, the Financial System and Economic Modernization*, Cambridge, 1999, p. 61.

[12] H. Houtman-De Smedt, "Société Générale from 1822 to 1848. From 'Bank of the Crown Lands' to 'mixed-type bank'", in H. van der Wee (ed.), *The Generale Bank 1822 - 1897*, Tielt, 1997, p. 49.

[13] See G. Kurgan-van Hentenryk, "Société Générale, 1850 - 1934", in van der Wee, *Generale Bank*.

[14] G. Kurgan-van Hentenryk, *Gouverner la Générale de Belgique. Essai de biographie collective*, Brussels, 1996, p. 15.

[15] Jacques Laffitte 在 1830—1831 年间出任法国总理，但同时他也目睹了他银行的倒闭。

310 [16] 当时，法兰西银行的资本仅为 6 790 万法郎。

[17] 参见 B. Gille, *la banque et le crédit en France de* 1815 *à 1848*, Paris, 1959, pp. 109 - 117。

[18] 这其中包括 1842 年由一个名叫 Hippolyte Ganneron 的巴黎著名商人成立的 Comptoir Génénral du Commerce 公司，名义资本达到 2 000 万法郎。1845 年成立的由私人银行 Bechet Dethomas & Cie 转变而来的巴黎商业信贷银行（Caisse Commerciale de Paris）。1846 年由两名前岁入司司长 Baudon 和 Saint-Albin 创立的商业铁路公司（Commerce ef des Chmins de Fer）在其清算时拥有名义资本 2 500 万法郎。参见 Gille, *La bangue et le crédit en France*, pp. 120 - 121.

[19] F. Torres, Banquiers d'avenir. *Des comptoirs d'escompte à la naissance de BNP Paribas*, Paris, 2000, pp. 12 - 19.

[20] 在印度（1860 年在加尔各答和 1862 年在孟买），在中国（1860 年在上海，1862 年在香港），1867 年在日本横滨，1869 年在埃及的亚历山大港，1869 年在英国伦敦设立了分支办事处。

[21] H. Bonin, "L'outre-mer, marché pour la banque commerciale de 1875 à 1985?", J. Marseilles (ed.), *La France et l'outre-mer*, Paris, 1998, pp. 437 - 483.

[22] 这项法令于1852年11月5号由拿破仑三世签署。

[23] 这方面的主要文献有：D. Landes，“Vieille banque et banque nouvelle：la révolution bancair du XIXe siècle”，*Revue d'histoire moderne et contemporaine*，3，1956，pp. 204－222；B. Gille，Histoire de la Maison Rothschild，vol. II：1848－1870，Geneva，1967；J. Autin，*Les frères Pereire. Le bonheur d'entreprendre*，Paris，1984；E. Chadeau，*L'économie du risque. Les entrepreneurs 1850－1980*，Paris，1988.

[24] 1852年秋天Pereire兄弟创立法国南部铁路公司，一年后又创立了另一家名为Grand Central的铁路公司。1854年他们成立了里沃利路酒店和房地产股份有限公司（Societe Anonyme de I'Hotel et des Immeubles de la Rue de Rivoli）。1855年，Pereir兄弟又先后创立了航运公司（Generale Maritime）（未来的泛大西洋航运公司（Generale Transatlantique））、巴黎公共交通公司（Generale des Omnibus de Paris ）、圣奥诺赫大酒店（du Grand Hotel Saint Honore）以及巴黎电气照明及燃气供暖公司（Parisienne d'Eclairage et de Chauffage par le Gaz）等。

[25] 法兰克福、巴黎、伦敦、维也纳、那不勒斯。

[26] 1860年在萨瓦（Savoy）并入法国的事件中，法兰西银行成功地阻挡了Pereire家族最后的扩张之路。在并入法国之前，萨瓦已经拥有自己的中央银行——萨瓦银行。萨瓦人希望能保留这家银行，这非常符合Pereire家族的倾向，即希望出现若干家发行银行并存的局面。于是Pereire家族和萨瓦银行的董事们在1863年9月签署了一项协议。但是Pereire家族的努力最终还是白费了。不到两年时间，拿破仑三世就决定解散萨瓦银行，并将其并入法兰西银行。

[27] 他们由伦敦汤姆森公司的格纳斯通领导。受英国和美国银行业实务操作的启发，Armand Donon成功地将支票业务引入了法国。N. Stoskopf，*Banquiers et financiers parisiens*，vol. VII in the series *Les patrons du* 311
Second Empire，Paris，2002，pp. 143－144.

[28] 参见J. Bouvier，*Le Crédit Lyonnais de* 1863 *à 1882. Les années de formation d'une banque de dépots*，2 vol.，Paris，1961。

[29] 铁路吸引了Francois Bartholony和Paulin Talabot、英国的Edward Blount等著名的银行家。

[30] E. Bussiere，*Paribas*，*1872－1992. L'Europe et le monde*，Ant-

werp，1992，pp. 19 - 27；Stoskopf，*Banquiers et financiers*，pp. 44 - 48，302 - 305.

[31] 在 18 世纪二三十年代的时候首先尝试的是 Jacques Laffitte。

[32] 其他人中 Gustav Mevissen 和 Abraham Oppenheim 反对当局的决定，他们试图先在科隆然后在法兰克福成立股份银行，最终失败。

[33] 这里需要提到的特别是来自柏林的 Mendelssohn，Bleichröder 和 Warschauer 以及来自科隆的 Mevissen 和 Oppenheim。

[34] 在莱比锡城成立了 Allgemeine Deutsch Credit Anstalt 银行，汉堡成立了 Norddeutsche 银行，在萨克森成立了 Mitteldeutsche 银行。

[35] L. Gall *et al.*，*The Deutsche Bank 1870 - 1975*，London，1995，pp. 3 - 10.

[36] R. Rosenbaum and A. J. Sherman，*M. M. Warburg & Co.*，*1798 - 1938. Merchant Bankers of Hamburg*，London，1979，p. 91.

[37] *Neue Deutsche Biographie*；W. E. Mosse，*Jews in the German Economy. The German-Jewish Economic Elite 1820 - 1935*，Oxford，1987，p. 225.

[38] 贴现公司（The Disconto-Gesellschaft）和柏林贸易公司（Berliner Handels-Gesellschaft）。

[39] J. Seitz，*Histoire de la banque à Genève*，Geneva，1931，pp. 34 - 35；L. -H. Mottet，*Regards sur l'histoire des banques et banquiers genevois*，Geneva，1982，p. 164.

[40] 数据来自：F. Ritzmam，*Die Schweizer Banken. Geschichte*，*Theorie*，*Statistik*，Bern and Stuttgart，1973，Table 1。

[41] R. Sylla，"Shaping the U. S. financial system，1690 - 1913：the dominant role of public finance"，in R. Sylla，R. Tilly and G. Tortella (eds.)，*The State*，*the Financial System and Economic Modernization*，pp. 249 - 270.

[42] Alexander Hamilton 建立了间接税收取体系，并将美国独立战争期间发行的各种债券在联邦政府的层面上进行了整合，从而形成了一个现代化的国债体系。

[43] 中期国库券从此由财政部印刷提供。

[44] 连接利物浦和曼彻斯特间的铁路于 1830 年开通。在法国，圣埃蒂

安（Saint Etienne）与里昂间的铁路于 1832 年开通，纽伦堡与弗思（Fürth）间的铁路于 1835 年开通。美国巴尔的摩与埃利科特·米尔斯（Ellicott's Mills）间的铁路于 1830 年开通。

[45] T. Gourvish，*Railways and the British Economy 1830 - 1914*，London and Basingstoke，1980，pp. 9 - 13.

[46] R. Fremdling，"Railroads and German economic growth：A leading sector analysis with a comparison to the United States and Great Britain"，*Journal of Economic History*，37，3，1997，p. 585.

[47] 以上所有金额均使用各国的本币进行计价。如按美元计价，英国在铁路建设上的投资约为 30 亿美元；法国的投资则从 1852 年的 2 亿多美元升至 1870 年的 15 亿美元；19 世纪 50 年代初期德国在铁路建设上的投资约为 2 200 多万美元，到了 70 年代末则上升至 1.25 亿美元。在这段时期内各国在铁路上的总投资大约为 25 亿美元。

[48] 斯托克顿与达林顿间最早的铁路线建设是由贵格会的教徒及教会赞助人 Edward Pease 和 Jonathan Backhouse 等人促成的，并通过贵格会的家族网络的方式从地方及全国范围内筹措资金。利物浦和曼彻斯特铁路线的大部分资金则来自兰开夏（Lancashire）。M. W. Kirby，Men of Business and Politics. The Rise and Fall of the Quaker Peace Dynasty of North-East England，1700 - 1943，London，1984，pp. 11 - 12. 312

[49] 由于 Glyn 本人的兴趣及商业敏感，他参与了伦敦和伯明翰之间铁路的建设。1833 年公司董事会成立，Glyn 是董事会的成员之一。1837 年他成为董事会主席，在位时间长达 15 年。Glyn 在公司一系列的合并重组中扮演着重要的角色，并最终在 1846 年成立了伦敦和西北铁路公司，这家公司成为掌控英国铁路网络的四大铁路公司之一（中部铁路公司、大西部铁路公司、东北铁路公司）。R. Fulford，Glyn's 1753 - 1953. *Six Generations in Lombard Street*，London，1953，pp. 120 - 127.

[50] 需要特别提到的是 Masterman，Peters & Mildred 等私人银行，它们在英国及海外均有业务，与 Thomas Brassey 及 Samuel Peto 等企业家有着密切的关系。参见 D. Kynaston，*The City of London*，*vol. I*：*A World of its Own*，*1815 - 1890*，London，1994，p. 152.

[51] R. Michie，*The London Stock Exchange. A History*，Oxford，1999，pp. 63 - 66.

[52] Kynaston, *City of London*, Vol. I, p. 174.

[53] D. R. Adler, *British Investment in American Railways, 1834 - 1898*, Charlottes-ville, 1970.

[54] M. Wilkins, *The History of Foreign Investment in the United States to 1914*, Cambridge, Mass., 1980, pp. 113 - 123.

[55] Strasburg 和 Basel，以及 Paris 和 Orléan 之间的铁路都是在 1838 年获得拨款建立的。

[56] G. Ribeill, *La révolution ferroviaire. La formation des compagnies de chemins de fer en France* (*1823 - 1870*), Paris, 1993, pp. 97 - 102.

[57] 其他给予支持的有 Sanson Davillier, Adolphe d'Eichthal 和 Francis Lefebvre。

[58] Charles Laffitte 是 Jacques Laffitte 的侄子，Edward Blount 是一个居住在法国的苏格兰银行家，他非常热衷于投资铁路，Laffitte 和 Blount 在 1834—1848 年间都是 Laffitte, Blount & Cie 银行的合伙人。

[59] 主要是日内瓦和瑞士早期的公司包括 Pillet-Will, André & Cottier, Paccard, Dufour & Cie 等。

[60] 参见 Ribeill, *Révolution ferroviaire*, pp. 112 - 115。

[61] 北部地区、巴黎—斯特拉斯堡、巴黎—里昂、里昂—阿维尼翁 (Avigon) 及南部地区。

[62] Rothschilds, d'Eichthal, Thurneyssen, Laffitte-Blount, Bartholony.

[63] Ribeill, *Révolution ferroviaire*, pp. 113.

[64] 第一项工程是 1853 年开工建设的中央车站，在与 Bartholony 掌控
313 的 Paris-Orleans 公司及 Talabot 家族的 PLM 公司竞争中，Midi 公司 (Pereire 家族掌控) 得到了 Morny (法国皇帝同父异母兄弟) 的大力支持。但是随着 1857 年 Morny 离开了 Pereire 家族，这种优势便消失了。该工程剩余的部分落入了两家竞争者的手中。第二项工程则是连接波尔多至塞特、马赛的铁路，MIDI 公司本想借助该工程来扩展自身的业务，但是在 1863 年被执政当局拒绝了。

[65] 参见 Gille, *Histoire de la Maison Rothschild*, *vol. II*, R. Cameron, *France and the Economic Development of Europe*, *1800 - 1914*, Princeton, 1961。

[66] 特别是 S. Oppenheim，A. Schaaffhausen，J. H. Stein 和 I. D. Herstatt。

[67] A. Oppenhein 在 1837—1844 年间是董事经理，然后成为了副主席。

[68] 参见 M. Sturmer，G. Teichmann and W. Treue，*Wägen und Wagen. Sal. Oppenheim jr. & Co. Geschichte einer Bank und einer Familie*，Munich/Zurich，1989。

[69] Mosse，*Jews in the German Economy*，pp. 111 - 115.

[70] 包括私人银行 Bleichroder 和 Warschauer，著名的大银行 Disconto-Gesellschaft 和 Berliner Handels-Gesellschaft。

[71] F. Stern，*Gold and Iron. Bismarck，Bleichröder and the Building of the German Empire*，New York，1997，p. 62.

[72] Jay Cooke 在处置公司证券方面拥有绝对的权利，扮演着类似于税务专员的角色，他能够直接任命两名公司主管及两名公司执行委员会的成员，同时他也负责公司设备的采购。作为回报，他能获得名义价值约为公司资本的 80%的股票（这在当时相当于 1 亿美元），剩余的股份将作为奖金发放给他，发放比例为：每卖出 1 000 美元的债券，获得 200 美元的奖励。Cooke 原本打算借助欧洲银行家们的支持在欧洲发行这些证券，同时在美国本土采取大规模的销售策略。但是由于欧洲银行家们（包括罗斯切尔德家族）的不信任，及美国华尔街 1869 年 9 月 24 日大崩盘所带来的萧条环境，Cooke 最终失败了。

[73] V. Carosso，*Investment Banking in America. A History*，Cambridge，Mass.，1970，pp. 12，23 - 25.

[74] F. Crouzet，*L'économie de la Grande-Bretagne victotienne*，Paris，1978，pp. 22；P. Bairoch，"La place de la france sur les marchés internationaux"，in M. Lévy-Leboyer（ed.），*La position internationale de la France. Aspects economiques et sociaux XIXe-XXe siècles*，Paris，1977，p. 38.

[75] *Financial News*，22 January 1934，Fiftieth Anniversary Number，*The City 1884 - 1934*，p. 25.

[76] 茶叶、糖、咖啡、烟草以及其他热带产品。

[77] R. Michie，*The City of London. Continuity and Change，1850 - 1990*，Basingstoke and London，1990；Kynaston，*City of London*，vol. I.

[78] 这两个港口同巴黎占法国海外贸易收入的47%。

[79] L. Girard，*La politique des travaux publics sous Second Empire*，Paris，1952.

[80] 为使巴黎成为欧洲最大的沿海商品批发市场，1860年他们吸收合并了一些小公司成立了 Compagnie des Entrepôts et Magasins Généraux 公
314 司，该公司接管了拿破仑港，后来又考虑兼并巴黎港和马赛港。参见 Autin，*Les frères Pereire*，pp. 94，255.

[81] A. Plessis，Preface to Y. Cassis，*La City de Londres*，*1870－1914*，Paris，1987，p. 9.

[82] N. Ferguson，*The World's Banker*. *The History of the House of Rothschild*，London，1998；P. Ziegler，*The Sixth Great Power*，*Barings*，*1762－1929*，London，1998；A. Plessis，*Régents et gouverneurs de la Banque de France sous le second Empire*，Geneva，1985.

[83] Michie，*London Stock Exchage*，p. 88；A. Dupont-Ferrier，*Le marché financier de Paris sous le Second Empire*，Paris，1925，p. 185.

[84] 这里的估计是基于 A. Imlah，"British balance of payments and the export of capital，1816－1913"，*Economic History Review*，2nd ser.，2，1952，pp. 235－236；M. Lévy-Leboyer，"La balance des paiements et l'exportation des capitaux francais"，in Lévy-Leboyer (ed.)，*La position internationale de la France*，pp. 119－120。

[85] 法国在欧洲的投资分布如下：意大利、西班牙和葡萄牙占36%，欧洲中部（奥地利、匈牙利、德国和瑞士）占19%，东欧（俄国、罗马尼亚、希腊和塞尔维亚）占9%，西北欧（比利时、荷兰、卢森堡、英国和斯堪的纳维亚）占4%。

[86] 法国的数字来自 R. Cameron，*France and the Economic Development of Europe 1800－1914*，Princeton，1961，p. 88。英国的数字来自 M. Simon，"The pattern of new British portfolio foreign investment，1865－1914"，in A. R. Hall (ed.)，*The Export of Capital from Britain*，*1870－1914*，London，1968，pp. 39－40。

[87] 在此之前，地理上的分布还不知道。

[88] 法国在欧洲以外的投资集中于中东，占23%，殖民地区的投资占4.3%，包括北美和南美在内的其他地区一共只占5%多一点；而英国在北

美和南美的投资占了 41%（南美占 13%，北美占 28%），其他依次是亚洲 13%，澳大利亚 11%，以及非洲 6%。

[89] 如果能有英国五十年代和六十年代初的数据，欧洲地区针对外国政府的主要贷款中，英国的比例可能要高些。在这期间，英国在中东地区的资本比较充足，随后逐渐减少。

[90] R. Cameron，*France and the Economic Development of Europe*，pp. 438－440；B. Bramsen and K. Wain，*The Hambros 1779－1979*，London，1979，pp. 263－272.

[91] *Des emprunts d'Etat*，19 May 1865，Archives nationales，Papiers Rouher，45 AP，carton 20，2，cited by L. Einaudi，*Money and Politics. European Monetary Unification and the International Gold Standard (1865－1873)*，Cambridge，2001，pp. 43－44.

[92] Dupon-Ferrier，*Le marché financier de Paris*，pp. 187－189.

[93] Einaudi，*Money and Politics*，pp. 43－44.

[94] 奥匈帝国、比利时、西班牙、意大利和瑞士。

[95] M. Flandreau，"The economics and politics of monetary unions：a reassessment of the Latin Monetary Union，1865－1871"，*Financial History Review*，7，1，2000，pp. 34－37.

[96] A. Plessis，*La politique de la Banque de France de 1852 à 1870*，Geneva，1985。 315

[97] Bagehot，*Lombard Street*，pp. 32－33.

[98] 这些货币包括意大利里拉，都有相同的名义价值。

[99] 埃居按照精确的 900/1 000 的比例铸造，而低面值银币则采用 835/1 000 的合金铸造。

[100] Flandreau，"Economics and politics of monetary unions"，pp. 28－32.

[101] 关于这个话题参见 Einaudi：*Money and Politics*。以下段落也参考该书。

[102] 这里考虑的是容易加入法郎区的希腊、西班牙、意大利教皇辖地和奥匈帝国。

[103] 1 英镑硬币。

[104] 代表们同意金在硬币中占比为 9/10，这些硬币价值与法郎或是 5

的整数倍，并成为合约签署国的法定货币。

[105] Parieu 是处理国际货币问题的专家，他还担任过律师、国会议员，并担任过一段时间的部长，1855—1870 年成为国会副主席。

[106] 一份报告表明流通中的金币价值大约贬值了 1/3。

[107] Georges J. Goschen，自由党成员，原来是一个商业银行家，英格兰银行的董事。

[108] 如果德国的补偿没有扣除的话，国际收支平衡表 1871 年的数字是 9.67 亿法郎，1872 年是 19.39 亿法郎，1873 年是 15.54 亿法郎。参见 Lévy-Leboyer，“La balance des paiements”，p. 120。

[109] 按照 Lévy-Leboyer，“La balance des paiement”，p. 120，and Imlah，“British balance of payments”，p. 237 的记载，1874—1880 年英国的收支结存是 59 亿法郎，法国是 260 万法郎。

[110] Cited by J. Bouvier，*Les Rothschild*，Paris，1963，pp. 213 - 214.

[111] Fould，Sellière，Hottinguer，Mallet，André & Marcuard，Pillet-Will.

[112] See J. Jonker，*Merchants*，*Bankers*，*Middlemen. The Amsterdam Money Market during the First Half of the 19th Century*，Amsterdam，1996.

[113] Wilkins，*History of Foreign Investment in the United States to 1914*，pp. 117 - 118.

[114] B. S Chlepner，*Le marché financier belge depuis cent ans*，Brussels，1930，pp. 50 - 54。

[115] H. van der Wee and M. Goossens，“Belgium”，in R. Cameron and V. I. Bovykin，*International Banking 1870 - 1914*，Oxford，1991，p. 118.

[116] Maurice de Hirsch，出生在慕尼黑，1851 年 20 岁时迁入比利时，1855 年和 Jonathan-Rophaèl Bischoffsheim 之女 Clara 结婚。作为中欧和东欧的铁路大亨，他被认为是当时最有钱的欧洲人之一。Jacques Errera，一位富有的威尼斯银行家之子，1857 年与 Joseph Oppenheim 之女结婚。1871 年，他和一些比利时的金融家成立了布鲁塞尔银行。来自马格德堡（Magdeburg），注定要成为亿万富翁的 Franz Philippson，在 19 世纪 60 年代控制了 Errera-Oppenheim 银行。

[117] S. Tilman，“Portrait collectif de grands banquiers belges Bruxelle-Liège-Anvers（1830－1935）”，doctoral thesis，Université Libre de Bruxelles，2003－2004，volume 2，pp. 348－384. 316

[118] Henry Hentsch & Cie，Lombard，Odier & Cie，de Candolle，Turretini & Cie（currently the house of Picter & Cie）and Louis Picter & Cie.

[119] 加入银行集团的有 Bonna & Cie，Paccard，Ador & Cie and Philippe Roget & Fils，Chenevière & Cie 银行于 1866 年也加入了进来。

[120] Seitz，*Historie de la banque à Genève*，pp. 58－60；Mottet，*Regards sur l'histoire des banques et banquiers genevois*，pp. 148－149.

[121] 私人银行家 Charles Hentsch 和 Constant Paccard 以及股票经纪人 Jean-David Lenoir。

[122] Jean Bouvier，*Le Crédit Lyonnais de* 1863 *à* 1882. *Les annés de formation d'une banque de dépôts*，2 vols.，Paris，1961，vol. Ⅰ，pp. 128－138，vol. Ⅱ，pp. 602－603.

[123] Bussière，*Paribas*，pp. 19－29.

[124] 1945 年之后并入了瑞士联合银行。

[125] Seitz，*Histoire de la banque à Genève*，pp. 35－39，Mottet，*Regards sur l'histoire des banques et banquiers genevois*，p. 166.

[126] 下面的段落主要参考了 L. Holtfrerich，*Frankfurt as a Financial Centre. From Medieval Trade Fair to European Banking Centre*，Munich，1999.

[127] 普鲁士将军 Vogel von Falckenstein 曾支持将法兰克福作为首都，但是没有成功。因为普鲁士当局阻止商业金融中心的一切扩张活动。

[128] 中央银行不过是一个私人机构，它的股东是一个由 15 人组成的委员会，其中 9 个住在柏林，他们每月碰面一次讨论董事会的报告。

[129] Wilhelm Carl Rothschild 那年死去后，没有了男性的继承人。这个家庭在伦敦、维也纳和巴黎的其他成员决定停止他们最初发迹的那个城市的业务。

[130] 1817 年通过、1825 年完工的 Erie 运河起到了决定性作用。它以 584 公里的长度连接了纽约和伊利湖且第一次提供了经济、快捷的从东到西，从大西洋到五大湖，横穿阿巴拉契亚山脉的通道。

[131] 参见 R. G. Albion，*The Rise of New York Port*（*1815－1860*），

New York，1939；C. Kindleberger，"The formation of financial centers"，*Princeton Studies in International Finance*，36，1974，pp. 1 - 78。

[132] See Sylla，"Shaping the US financial system".

[133] See S. Bekert，*The Monied Metropolis. New York City and the Consolidation of the American Bourgeoisie 1850 - 1896*，Cambridge，2001.

第 3 章　一个全球化的世界（1875—1914 年）

[1] 见 L. Neal，"Integration of international capital markets：quantitative evidence from the eighteenth to the twentieth centuries"，*Journal of Economic History*，45，2，1985，pp. 219 - 226；S. Homer and R. Sylla，*A History of Interest Rates*，3rd edn，revised with a foreword by H. Kaufman，New Brunswick，1996.

317 [2] P. Bairoch，*Victoires et déboires. Histoire eonomique et sociale du monde du XVIe siecle à nos jours*，3 vols.，Paris，1997，vol. II，pp. 175 - 179.

[3] 同上，123 页。

[4] 同上，127 页。

[5] 1990 年世界范围内电报的发送量为 5 亿次每年，其中金融中心大量使用电报：1907 年，伦敦与欧洲其他地方之间的电报交流为 650 万次，也就是五秒钟一次，其中第一次世界大战之前伦敦和纽约之间每天有 5 000 次，也即每年将近 150 万次。

[6] 电话是亚历山大·贝尔在 1876 年发明的，随后他在 New Haven 建设了第一个电话网络。

[7] 这是意大利人马可尼发明的，为了使他的发明有更强的商业基础，1896 年他移居英国。

[8] P. Bairoch，*Commerce extérieur et dévelopment économique de l'Europe au XIXe*，siècle，Paris，1976。

[9] Simon，"The Pattern of new British portfolio investment，1865 - 1914"，in A. R. Hall（ed.），*The Export of Capital from Britain 1870 - 1914*，London，1968，p. 23.

[10] J. Marseille, *Empire colonial et capitalisme français. Histoire d'un divorce*, Paris, 1984. pp. 100 - 101.

[11] A. Imlah, "British balance of payments and the export of capital, 1816 - 1913", *Economic History Review*, 2nd. ser., 2, 1952; M. Lévy-Leboyer, "La balance des paiements et l'exportation des capitaux français", in Lévy-Leboyer (ed.), *La position internationale de la France. Aspects economiques et sociaux*, Paris, 1977, pp. 120 - 121.

[12] 这些问题参见 G. Jones, *The Evolution of International Business*, London, 1996.

[13] L. E. Davis and R. J. Cull, *International Capital Markets and American Economic Growth 1820 - 1914*, Cambridge, 1994, p. 81.

[14] Jones, *Evolution of International Business*, p. 30.

[15] M. Wilkins, "The free-standing company, 1870 - 1914: an important type of British foreign direct investment", *Economic History Review*, 41, 2, 1988, pp. 259 - 285.

[16] 香港和上海的汇丰银行，印度、澳大利亚和中国的渣打银行，伦敦的 River Plate 银行等。

[17] 关于 1914 年之前英国的领导地位见 F. Crouzet, *L'economie de la Grande-Bretagne victorienne*, Paris, 1978, pp. 17 - 25。

[18] 以 1985 年的美元计算，1870 年英国的 GDP 为 820 亿美元，美国的为 900 亿美元，到 1913 年分别为 1 840 亿美元和 4 720 亿美元。就人均收入而言，英国相较美国在 1870 年仍然保持一定的领先（2 610 美元对 2 247 美元），但战争前夕情况有所改变（4 024 美元对 4 854 美元）。参见 A. Maddison, *Dynamic Forces in Capitalist Development*, Oxford, 1991, pp. 199, 6 - 7.

[19] 见 S. B. Saul, *Studies in British Overseas Trade, 1870 - 1914*, Liverpool, 1960, and F. Crouzet, "Commerce exterieur et empire: l'expérience britannique du libre-échange à la Première Guerre mondiale", *Annales E. S. C.* 19, 2, 1964. *318*

[20] Barry Eichengreen and Marc Flandreau, "The geography of the gold standard", in J. Braga de Macedo, B. Eichengreen and J. Reis (eds.), *Currency Convertibility. The Gold Standard and Beyond*, London, 1996,

pp. 113 - 143.

[21] 那时银的产量的快速增长应该归功于电解技术，这种技术可以使银更多地从丰富的矿石中被提炼出来，就像铜一样。

[22] 如果排除自动调节收支平衡和央行实行严格货币“博弈规则”政策的原因。参见 B. Eichengreen，*Globalizing Capital. A History of the International Monetary System*，Princeton，1996.

[23] *Journal of the Institute of Bankers*，1904，p. 58.

[24] R. Michie，*The City of London. Continuity and Change*，*1850 - 1990*，Basingstoke and London，1992，p. 14.

[25] *The Economist*，20 May 1911，p. 1059.

[26] S. Chapman，*The Rise of Merchant Banking*，London，1984，pp. 105 - 107，209.

[27] 巴林银行的危机后面将叙述。

[28] 承兑的负债：德累斯顿银行 1 440 万英镑，贴现公司 1 250 万英镑，里昂信贷 570 万英镑，伦敦郡及威斯敏斯特银行 780 万英镑，伦敦联合银行 580 万英镑。参见 Chapman，*Rise of Merchant Banking*。

[29] A. R. Hall，*The London Capital Market and Australia*，*1870 - 1914*，Canberra，1963，p. 72.

[30] Chapman，*Rise of Merchant Banking*，p. 58；R. Roberts，“What's in a name? Merchants，merchant bankers，accepting houses，issuing houses，industrial bankers and investment bankers”，*Business History*，35，3，1993，p. 25.

[31] Y. Cassis，*City bankers*，*1890 - 1914*，Cambridge，1994，pp. 30 - 31.

[32] 大多数承兑行委员会的成员都具有海外背景，包括塞黎曼兄弟，这家银行 1864 年开始在伦敦开展业务，在纽约也有机构；Lazard 兄弟公司 (Lazard Freres)，1854 年成立于巴黎，1859 年业务扩展到纽约，1877 年至伦敦；A. Rüffer 公司 1872 年由里昂将业务扩展至伦敦——以上都是承兑委员会的成员。

[33] See N. Ferguson，*The World's Banker. The History of the House of Rothschild*，London，1998.

[34] 1865—1890 年间，为修铁路发行的债券有 28.7%，由商业银行家

在伦敦市场上交易。参见 D. Adler，*British Investment in American Railways*，*1834－1898*，Charlottesville，1970，pp. 143－144.

[35] 见“英格兰银行”一节。

[36] 在与法国银行和德意志银行的合作中，巴林兄弟银行经常与摩根银行组成联合发行团。

[37] See P. Ziegler，*The Sixth Great Power. Barings*，*1762－1929*，London，1988.

[38] 作为被繁荣的伦敦市场所吸引的新英格兰商业精英之一，Junius Spencer Morgan 是 George Peabody 最初的合伙人，他们在 1864 年获得了成功。

[39] See K. Burk，*Morgan Grenfell 1838－1988. The Biography of a Merechant Bank*，Oxford，1989. 319

[40] 克莱沃特银行的负债是其资本的 5 倍，施罗德银行的负债是资本的 4 倍，当时其他公司的标准是 3～4 倍。参见 R. Roberts，*Schroders*，*Merchants and Bankers*，Basingstoke and London，1992；J. Wake，*Kleinwort Benson. The History of two Families in Banking*，Oxford，1997.

[41] Michie，*City of London*，p. 17.

[42] 1870—1914 年间的公司一半是商业公司，1/3 是商业银行，15%是工业企业。参见 Y. Cassis，*La City de Londres*，*1870－1914*，Paris，1987，p. 93.

[43] S. Chapman，*Merchant Enterprise in Britain*，Cambridge，1992，pp. 209－211.

[44] Michie，*City of London*，p. 39.

[45] S. Chapman，“British-based investment groups before 1914”，*Economic History Review*，38，2，1985，pp. 230－251.

[46] 典型的例子有 Finlay 公司，它在印度根基很深，主要从事银行业，棉花、黄麻和丝绸纺织业，煤矿业，船舶运输业和种茶业。Butterfield & Swire 公司，在中国主要从事港口、船运和丝绸产业。Balfour Williamson 公司，它于 1909 年在伦敦城成立，主要在拉丁美洲，从事水泥、面粉加工、钢铁冶炼、煤矿和石油等多样化经营。还有很多其他的例子，包括印度的 Ralli 兄弟公司，俄国的 Knoop 公司和南非的 Wernher Beit 公司。

[47] 欧洲最大公司的规模可参考 Y. Cassis，*Big Business. The Euro-*

pean Experience in the Twentieth Century，Oxford，1997，pp. 3－11.

[48] 一家持有瑞士铁路股份的国际金融机构。这是 Cassel 的第一个机会，他在 19 世纪 80 年代初，将李斯特-托马斯方法引入瑞典铁矿石业，并借此奠定了事业基础。

[49] 特别是，the Texas & Pacific，the New York，Ontario & Western 和 the Mexican Central。

[50] 这家公司仍然难以取得成功，后来计划与德意志银行合作给 Baghdad 铁路提供融资以打开美索不达米亚地区的石油市场，这个计划以失败而告终。

[51] E. Halévy，*Historie du peuple anglais au XIXe siècle*，epilogue II，*Vers la democratie sociale et vers la guerre*（*1905－1914*），Paris，1932，pp. 550－554.

[52] 如劳埃德银行，虽然它的经理 Howard Lloyd 认为五年的利润是普遍适用的收购价格上限，但该行还是在 1884 年以七年利润的价格收购了 Barnrtts Hoare & Co。R. S. Sayers，*Lloyds Bank in the History of English Banking*，Oxford，1957，p. 148.

[53] 伯明翰和米德兰银行因为这个原因收购了伦敦中央银行。

[54] 1904 年最大的两笔注资便是：伦敦城市银行为香港和上海的汇丰
320 银行注资了 75 万英镑，为伦敦 River Plate 银行注资了 50 万英镑。这表明了伦敦提供的银行间服务的重要性。

[55] C. A. E. Goodhart，*The Business of Banking*，*1891－1914*，London，1972.

[56] Parr 银行牵头承销了 1 000 万英镑日本政府发行的贷款。米德兰银行在俄国政府的担保下，发行了 34 万英镑 Aramavir-Touapse 铁路债券，劳埃德银行和 Neuman Luebeck & Co.（该公司是 Sir Sigmund Neumann 用其在南非积累的财富成立的）为布达佩斯的市政当局发行了 200 万英镑债券。

[57] 1913 年米德兰银行成为 156 家外国银行在伦敦的代理人，在 1892 年这一数字是 6。伦敦城市银行和威斯敏斯特银行则代理了超过 200 家外国银行，而在 1892 年，伦敦城市银行只代理 7 家，威斯敏斯特银行没有代理。

[58] S. Battilossi，"Financial innovation and the golden age of international banking：1890－1931 and 1958－81，" *Financial History Review*，7，

2，2000，pp. 150 - 151. M. Flandreau and F. Gallice，"Paris，London and the international money market：lessons from Paribas，1885 - 1913"，in Y. Cassis and E. Bussière（eds.），*London and Paris as International Financial Centres in the Twentieth Century*，Oxford，2005，pp. 79 - 106.

[59] G. Jones，*British Multinational Banking 1830 - 1990*，Oxford，1993，pp. 394 - 397.

[60] Cassis，*La City de Londres*，p. 39.

[61] 印度、澳大利亚和中国的渣打银行，南非的标准银行，澳大利亚银行和澳大利亚联合银行，伦敦 River Plate 银行。

[62] 伦敦 River Plate 银行只在 19 世纪 90 年代代表阿根廷发行过两笔贷款，远低于同期的巴林兄弟。

[63] Jones，*British Multinational Banking*，pp. 119 - 130.

[64] J. Bouvier，Le Crédit Lyonnais de 1863 à 1882. *Les années de formation d'une banque de dépôts*，Volume 2，Paris，1961，vol. II，pp. 577 - 579.

[65] 法国的里昂信贷、兴业银行、法国贴现银行（Comptoir d'escompte)、工商业信贷银行（CIC)；德国的德意志银行、德累斯顿银行、贴现公司等。1913 年以前，因为美国不允许银行在海外开设分支，所以伦敦城没有美国的银行机构。而信托公司则不受制约，有六家美国的信托公司在伦敦城开设了分支机构，其中最重要的是纽约担保信托公司。

[66] *Bankers' Magazine*，80，1905，p. 19.

[67] F. Gallice，"Le Crédit Lyonnais à Londres 1870 - 1939"，in B. Desjardins et al.（eds），*Le Crédit Lyonnais*（*1863 - 1986*），Geneva，2003，pp. 499 - 519.

[68] 1875—1904 年这一数字为每年 1 500 万英镑，第一次世界大战前十年为 2 400 万英镑。参见 Imlah，"British balance of payments"，pp. 237 - 239.

[69] B. Supple，"Corporate growth and structural change in a service industry：insurance 1870 - 1914"，in B. Supple（ed.），*Essays in British Business History*，Oxford，1977，pp. 70 - 72.

[70] B. Supple，*The Royal Exchange Assurance. A History of British Insurance 1720 - 1970*，Oxford，1970，p. 295. 321

[71] 这些变化表明保险公司远没有证券交易所那么活跃，1913 年，60%的投资通过伦敦股票交易所进行，而 1880 年只有 25%。

[72] See Y. Cassis，"The emergence of a new financial institution：investment trusts in Britain 1870 - 1939"，in J. J. van Helten and Y. Cassis (eds.)，*Capitalism in a Mature Economy. Financial Institutions，Capital Exports and British Industry*，Aldershot，1990，pp. 139 - 158.

[73] 1868 年，外国和殖民政府信托公司的宣传册子称，根据它们提出的投资计划，投资者以 100 万英镑的资金投资于谨慎选择的 10～12 只股票，在投资的最后二十或三十年内，不仅能收到很高的利息，还能通过提前还款和偿债基金收回本金，并免费持有更大份额的股票。参见 E. T. Powell，*The Evolution of the Money Market*，London，1915，p. 467。

[74] *Bankers' Magazine*，56，1893，pp. 165 - 173.

[75] Y. Cassis，*City Bankers，1890 - 1914*，Cambridge，1994.

[76] D. Kynaston，*The City of London*，vol. II，*Golden Age 1890 - 1914*，London，1994，p. 21.

[77] 18 世纪下半叶，他们的客户包括建立很久的殖民公司，例如，运输业的哈得逊港，又如半岛及东方蒸汽航运公司（Peninsular & Oriental Steam Navigation)，分布在英国和海外的银行和矿业公司，以及最大的保险市场伦敦劳埃德船舶保险公司。

[78] 作为伦敦为交易和投资公司提供审计服务的公司，Harrison & Crosfield，McAuliffe，Davis & Hope 以 McAuliffe，Davis 和 Bell 公司的名义在远东开展业务，先后于 1909 年于槟榔屿、1912 年于新加坡、1915 年于哥达巴鲁分别开设了办事处。

[79] R. Michie，*The London Stock Exchange. A History*，Oxford，1999，p. 88.

[80] L. Davis and L. Neal，"Micro rules and macro outcomes：the impact of micro structures on the efficiency of security exchanges，London，New York and Paris，1800 - 1914"，*American Economic Review*，88，2，1998，pp. 40 - 45.

[81] See Michie，*Stock Exchange*；D. Kynaston，"The London Stock Exchange，1870 - 1914：an institutional history"，doctoral thesis，University of London，1983.

[82] 会员费从 1870 年的 52.5 英镑连续上涨到 1901 年的 525 英镑，共同目的委员会也没有提出任何反对。1876 到 1914 年间，出现了很多的改革建议，改革的基本想法是让每个会员成为持股人，并在 1904 年决定每个新会员要认购三股，当时的价格在 150～250 英镑之间，已经缴纳的资本为 13 英镑。

[83] 300 家大型公司针对新的措施联合签署了一份抗议书，结果也是徒劳，直到 80 年后，它们的要求才得以实现。

[84] 由于证券交易中间人无法确定可以购入或者转售股票的价格，交易不活跃的公司股票往往买卖价差很大，这些主要是英国制造业公司的股票。证券交易中间人是指那些不知道经纪人是买是卖的情况下提供双边报价的服务者。 322

[85] Michie, *Stock Exchange*, pp. 133 - 135.

[86] 在交易所买股票实际上是贷款，19 世纪 90 年代中期这一比率达到了 80%，15 年后上升到 90%。这一数额非常之大，1914 年 8 月初经纪人和中间商欠伦敦银行和其他金融机构的贷款数额超过了 8 000 万英镑。

[87] W. T. C. King, *A History of the London Discount Market*, London, 1936, p. 282.

[88] H. Withers, *The Meaning of Money*, London, 1910, p. 210.

[89] R. S. Sayers, *The Bank of England 1891 - 1944*, Cambridge, 1976, pp. 37 - 43.

[90] H. Bonin, "Le Crédit Lyonnais, la société générale et les autes: essaid' appréciation des rapports de force (1864 - 1966)", in B. Desjardins et al. (eds.) *Le Crédit Lyonnais (1863 - 1986)*, Geneva, 2003, pp. 725 - 749.

[91] 除伦敦之外，里昂信贷还在日内瓦、布鲁塞尔、亚历山大港、开罗、君士坦丁堡、耶路撒冷、马德里、巴塞罗那、里斯本和圣彼得堡设有分支机构。法国贴现银行是唯一在澳大利亚和印度有分支机构的法国储蓄银行，它甚至在中国和日本也有分支机构。

[92] See, among others, A. Autheman, *La Banque impériale ottomane*, Paris, 1996; E. Eldem, *A History of the Ottoman Bank*, Istanbul, 1999.

[93] 不管是国家银行（代替奥托曼政府发行土耳其币，管理国债交易）

还是商业银行（在奥托曼的债券发行市场占据重要地位，主要集中于巴黎中心），在规模上与英国主要的外资银行都是可比的，它们的总资产在 1913 年就已超过 2 400 万英镑。

[94] M. Meuleau, *Des pionniers en Extrême-Orient: histoire de la Banque de l'Indochine (1875 - 1975)*, Paris, 1989.

[95] See S. Saul, "Banking alliances and international issues on the Paris capital market, 1890 - 1914", in Cassis and Bussière (eds.), *London and Paris as International Financial Centres*, pp. 119 - 150.

[96] 巴黎银行的投资在 1900—1913 年间从 5 200 万法郎上升至 15 600 万法郎，这一期间它的投资方向从东欧转向拉丁美洲。参见 E. Bussière, *Paribas 1872 - 1992. L'Europe et le monde*, Antwerp, 1992.

[97] H. Bonin, *La Banque de l'union parisienne (1874/1904 - 1974), Histoire de la deuxième grande banque d'affaires francaise*, Paris, 2001.

[98] 盎格鲁-埃及银行、伦敦巴西银行、伦敦 River Plate 银行、香港和上海汇丰银行都在巴黎有分支机构。

[99] 1911 年劳埃德银行在巴黎收购了 Armstrong & Cie 银行，形成了劳埃德银行（法国），威斯敏斯特银行于 1913 年也在法国设立了分支机构——威斯敏斯特国外银行。除了法国是国际金融中心这一因素外，它们的主要目的是吸引居住在法国的盎格鲁-撒克逊人。

323 [100] E. Kaufmann, *La banque ed France*, Paris, 1914, pp. 191 - 201; L. Dufourq-Lagelouse, *Les banques étrangères en France*, Paris, 1922.

[101] E. Kaufmann, *La banque en France*, pp. 166 - 174. 公司的名字为：de Rothschild Frères, Hottinguer & Cie, Mallet Frères, Vernes & Cie, Mirabaud & Cie, de Neuflize & Cie, Heine & Cie and Demachy & F. Seillière。

[102] Ferguson, *World's Banker*, p. 1039. 19 世纪 80 年代末，只有大银行才能达到如此巨大的规模，其中主要的部分归功于其吸纳的存款。

[103] 最著名的是 Chemin de Fer du Nord 铁路公司，1869 年在董事会中占据了 5 个席位，1933 年为 6 个。

[104] J. P. McKay, "The House of Rothschild (Paris) as multinational industrial enterprise: 1875 - 1914", in A. Teichova, M. Lévy-Leboyer and

H. Nussbaum (eds.), *Multinational Enterprise in Historical Perspective*, Cambridge, 1986, pp. 74–86. 佩尼亚(Penarroya)在西班牙拥有银和铅矿，在新喀里多尼亚拥有油田，在墨西哥拥有铜矿。BNITO是罗斯切尔德公司于1866年收购的石油公司俄国首字母的缩写，并于1912年卖给皇家壳牌石油公司，后者因而成为最大的股东。

[105] A. Plessis, "La haute banque parisienne et l'économie international au XIXe siècle et au début du XXe siècle', paper", presented at the colloquium "The World of Private Banking", London, 22–23, May 1998.

[106] 根据20世纪初对法国银行业的调查，除公立银行外，E. Kaufmann估计巴黎私人银行家数为150左右。参见Kaufmann, *La banque en France*, p. 175.

[107] Lazard Frères, E. N. Rafaël, Seligmann Frères 和 A. J. Stein 的情况同样如此。

[108] N. J. and S. Bardac和奥托曼帝国银行的关系密切。来自君士坦丁堡的I. Camondo & Cie银行、法国巴黎银行、德意志银行(Gans & Cie to Deutsche Bank)都是其中的有限合伙人。

[109] M. Flaudreau, "Central bank cooperation in historical perspective: a sceptical view", *Economic History Review*, 50, 4, 1997, pp. 735–763.

[110] 这个时期法国中央银行的利率很稳定，低于英格兰银行的水平。这也是法国中央银行借此增加储备的一项重要政策。

[111] 柏林其他著名的银行有Robert Warschauer, F. Mart Magnus和Gebrüder Schickler。

[112] Königliche Giround Lebnbanco银行在1846年改名为Preussiche银行。

[113] C.-L. Holtfrerich, "The monetary unification process in 19th century Germany: relevance and lessons for Europe today", in M. de Cecco and A. Giovannini (eds.), *A European Central Bank? Perspectives on Monetary Unification after Ten Years of the EMS*, Cambridge, 1989, pp. 216–241.

[114] F. Stern, *Gold and Iron. Bismarck, Bleichröder and the*

Building of the German Empire, New York，1977，pp. 180 - 181.

324 ［115］那时黄金短缺，一场通货紧缩即将发生。尽管新的德国货币体系包括了应对黄金短缺的安全措施，但只有 40%的银行票据由黄金担保，而非全部，这与英国的情况相同。

［116］H. James，“The Reichsbank 1876 - 1945”，in Deutsche Bundesbank（ed.），*Fifty Years of the Deutsche Mark. Central Bank and the Currency in Germany since 1948*，Oxford，1999，pp. 3 - 53.

［117］R. Tilly，“International aspects of the development of German Banking”，in R. Cameron and V. I. Bovykin（eds.），*International Banking 1870 - 1914*，Oxford，1991，p. 106.

［118］R. Tilly，“Berlin als preussiches und deutsche Finanzzentrum und seine Beziehungen zu den anderen zentren in ost und west”，in W. Ribbe and J. Schmadeke（eds），*Berlin in Europa der Neuzeit*，Berlin，New York，1990，pp. 202 - 204.

［119］J. Riesser，*Zur Entwicklung der deutschen Grossbanken mit besonderer Rücksicht auf die Konzentrationbestre bungen*，Jena，1906，p. 228.

［120］这些活动自然地加强了大银行和国家大型工业企业之间的联系。自从 Rudolf Hilferding 1910 年出版了著名的 *Das Finanzkapital* 这本书以来，这种影响的范围以及对这些公司和整个德国经济的巨大影响力就引起了极大的争议。在这里，我们的目的不是为了重新开始这一争辩，而是想指出根据最近的研究，大银行在德国经济中所占的权重在政治经济文化领域都被极大高估了。参见 V. Wellhöner，*Grossbanken und Grossindustrieim Kaiserreich*，Göttingen，1989；J. Edwards and S. Ogilvie，“Universal banks and German industrialization：a reappraisal”，*Economic History Review*，49，3，1996. 不同意见参见 P. Marguerat，“Banques mixtes et grandes entreprises induxtrielles en Allemagne，1880 - 1913：du mythe à l'antimythe”，in P. Marguerat，L. Tissot and Y. Froidevaux（eds.），*Banques et entreprises industrielles en Europe de l'Ouest，XIXe-XXe siècles：aspects nationaux et régionaux*，Genena，2000，pp. 29 - 58.

［121］见 Stern，*Gold and Iron*，part II.

［122］见 W. Treue，“Das Bankhaus Mendelssohn als Beispiel einer Privatbank im 19. und 20. Jahrhundert”，in C. Lowenthal-Hensel，*Men-*

delssonhn Studien. Volume 1, Berlin, 1972; P. Emden, *Money Powers of Europe in the Nineteenth and Twentieth Centuries*, London, 1938.

[123] P. Hertner, "German banks abroad before 1914", in G. Jones (ed.), *Banks as Multinationals*, London, 1990.

[124] 在拉美，又建立了另外两家银行：一家由贴现公司和其合作伙伴、总部位于汉堡的 Noddeutsche 银行（德国巴西银行（Brasilianische Bank für Deutschland））于 1857 年成立；另一家则是由德累斯顿银行（Dresdner Bank），Schaafhausenscher Bankverein 和德国国家银行于 1905 年设立。

[125] 三个最大的股东分别认购了 5 000 股当中的 550 股。此外，1905 年，由德累斯顿银行，Schaafhau senscher Bankverein 和德国国家银行成立 325 的 Deutsche Orientbank，在马格里布和中东很活跃。

[126] 其他的 21 个包括科隆、慕尼黑和杜塞尔多夫证券交易所，没有一个达到了 2%。参见 R. Gömmel, "Entstehung und Entwicklung der Effektenbörse im 19. Jahrhundert bis 1914", in H. Pohl (ed.) *Deutsche Börsengeschichte*, Frankfurt am Main, 1992, pp. 135－210.

[127] 同上，107～109 页。

[128] 德国的出口贸易量 1913 年占世界 13.1%，仅次于英格兰的 13.9%。参见 S. Pollard, *Britain's Prime and Britain's Decline. The British Economy 1870－1914*, London, 1989, p. 6.

[129] 如瑞典、丹麦、罗马尼亚、意大利和奥匈帝国。

[130] 见 G. Diouritch, *L'expansion des banques allemandes à l'étranger*, Paris, 1909。

[131] 见 Davis and Cull, *International Capital*.

[132] Drexel 是美国主要商业银行之一，总部在费城，在纽约、伦敦和巴黎都有分支机构。自从 1876 年 John Pierpont Morgan 成为纽约机构的领导者，它就更名为 Drexel, Morgan & CO.。

[133] See B. Supple, "A business elite: German-Jewish financiers in nineteenth century New York", *Business History Review*, 31, 2, 1957, pp. 143－178.

[134] Jacob Schiff 出生于法兰克福一个显赫的学者及商人家庭。1865 年，他 18 岁的时候到达美国，在他永久定居美国并被 Salomon Loeb（他娶

了后者的女儿）邀请加入他的银行前，他曾于 1872 年返回过德国。

[135] J. B. de Long，“Did J. P. Morgan's men add value? An economist's perspective on financial capitalism”，in P. Temin（ed.），*Inside the Business Enterprise. Historical Perspectives on the Use of Information*，Chicago and London，1991，pp. 205 - 236.

[136] V. Carosso，*Investment Banking in America*：*A History*，Cambridge，Mass.，1970，p. 91.

[137] Burk，*Morgan Grenfell*，p. 62.

[138] 纽约的 Speyer & Co. 公司和伦敦的 Speyer 兄弟公司以及法兰克福的 Speyer-Ellisen 公司存在关联。纽约的 J. & W. Seligman 公司同伦敦的 Seligman 兄弟公司及巴黎的 Seligman Frères Cie 公司存在关联。

[139] 在纽约，巴林家族的一员是 Kiddder Peabody 的合伙人。参见 Ziegler，*Sixth Great Power*，pp. 220 - 223.

[140] 合伙人之一的 Felix Warburg 和 Jacob Schiff 的女儿在 1895 年结婚，他的兄弟 Paul 六个月之后和 Salomon Leob 的女儿结婚。参见 R. Rosenbaum and A. J. Sherman，*M. M. Warbury and Co. 1798 - 1938. Merchant Bankers of Hamburg*，London，1979；R. Chernow，*The Warburgs. A Family Saga*，London，1993.

[141] See，among others，E. White，*The Regulation and Reform of the American Banking System*，Princeton，1983.

[142] 百分比计算引自 M. Myers，*The New York Money Market*，vol. I，*Origins and Development*，New York，1931，p. 248.

326 [143] James Stillman，1891—1911 年国家城市银行的主席，同 Kuhn Loeb 联盟，即在太平洋联合铁路重组结构中让其提供相关的银行服务。他的关系网还包括 William Rockefeller，此人不仅是 James D. 的兄弟，还是纽约标准石油公司的主席。参见 H. van B. Cleveland and T. Huertas，*Citibank 1812 - 1970*，Cambridge，Mass.，1985，pp. 32 - 53.

[144] L. Neal，“Trust companies and financial innovation，1897 - 1914”，*Business History Review*，45，1，1971.

[145] V. Carosso，*Investment Banking in America. A History*，Cambridge，Mass.，1970，pp. 47，125.

[146] R. Michie，*The London and New York Stock Exchanges*，Lon-

don，1987，pp. 168－170.

[147] 这样严格的措施使得他们立即感到会员费用的改变，从1862年的3 000美元上升到1866年的10 000美元，到1910年这个数字在65 000美元和94 000美元之间波动。要知道这个时期伦敦的会员费用只比2 500美元多一点。

[148] 19世纪90年代，在伦敦交易所上市的美国股票比纽约交易所还多，铁路公司的股票除外。这使得伦敦交易所在任务分配中不应被忽略。

[149] Burk，*Morgan Grenfell*，pp. 111－123.

[150] 1901年2月，英国财政部的常任秘书由Granville Farquhar换成了Edward Hamilton。参见*Edward Hamilton's Diary*，Add Mss 48，614，6 February 1901，cited by Kynaston，*City of London*，vol. II，p. 222.

[151] Carosso，*Investment Banking*，pp. 80－82.

[152] 国内的银行实际上不能控制海外银行，因此在1913年整个美国银行的海外分支机构的数目只有26家，而英国是1 400家，法国和德国也有500家，这与美国形成鲜明对比。参见M. Wilkings，"Banks over borders：some evidence from their pre-1914 history"，in G. Jones（ed.），*Banks as Multinationals*，London，1990，p. 232.

[153] 渣打银行，香港和上海汇丰银行，伦敦普拉特河银行，标准银行等，这里只提及重要的，其他的在美国运营。

[154] M. Wilkins，*The History of Foreign Investment in the United States to 1914*，Cambridge，Mass.，1989，pp. 453－469.

[155] See M. Friedman and A. J. Schwartz，*A Monetary History of the United States 1867－1960*，Princeton，1963，pp. 156－168.

[156] Sayers，*Bank of England*，pp. 58－60.

[157] Arsène Pujo，路易斯安那州的议员，调查委员会的主席。

[158] See Carosso，*Investment Banking*，pp. 137－155.

[159] G. D. Smith and R. Sylla，"Capital markets"，in S. Kutler *et al.*（eds.），*Encyclopedia of the United States in the Twentieth Century*，New York，1996，vol. III，pp. 1209－1242.

[160] 它们的地理分布反映了美国的社会经济发展状况，东部海岸有五家（波士顿、纽约、费城、里士满和亚特兰大），中西部有六家（克里夫 327

兰、芝加哥、明尼阿波利斯、圣路易斯、堪萨斯和达拉斯)，西部只有一家(旧金山)。由于密苏里州参议员的特许，该州有两家（圣路易斯和堪萨斯城)，而这类投票本需要通过相关法律。

[161] 1913 年比利时兴业银行的总资产达到了 7 190 万英镑，瑞士银行集团是 3 220 万英镑，瑞士信贷为 2 160 万英镑，尼德兰贸易公司为 2 050 万英镑。

[162] 19 世纪 90 年代比利时兴业银行（Société Générale de Belgique）控股了俄中银行（Banque Russo-Chinoise)，盎格鲁-阿根廷银行（Anglo-Argentina）和巴西金融银行（Banque Francise du Bresil)。1902 年，它成立了中比银行（Sino-Belge)，这成了它在 1913 年通过成为比利时海外银行(Belge Pour L'Etranger）进行全球扩张的关键。1911 年，它又参与成立巴西意比银行（Bresilienne Italo-Belge)，该银行的大股东为意大利信托(Credito Italiano)，该银行于 1913 年改名为意比银行。

[163] 关于持股公司的功能以及它们在电力行业中融资的角色参见下面关于瑞士案例的讨论。

[164] 由布鲁塞尔银行、法国巴黎银行以及私人银行 Brugmann、Cassel 创立的法国铁路及矿产资源开发公司于 1882 年吸收合并了法国的有轨电车公司，后者成立于 1874 年，主要运营地为意大利，主要股东是布鲁塞尔银行及其创始人，私人银行家 Jacques Errera。

[165] 1880 年，安特卫普中央银行（Banque Centrale Anversoise)，私人银行 Philippson-horwitz，Empain Group 以及 German Group 联合成立了法国第二铁路运输总公司（Generale des Chemins de Fer Secondaries)。

[166] Gesfurel 是德国电力公司（Gesellschaft für elektrische）的简称，UEG 是德国电力联合公司（Union Elektricitats Gesellschaft）的简称。

[167] Lamberts 和罗斯切尔德家族之间的联系通过 Léon Lambert（银行创办者之子）和 L. 罗斯切尔德之间于 1882 年的联姻进一步加强了。

[168] S. Tilman，"Portait collectif des grands banquiers belges Bruxelles-Liège-Anvers (1830 - 1935), Contribution à une histoire des elites", doctoral thesis, Universite Libre de Bruxelles, 2003 - 2004, Vol. II, pp. 348 - 384.

[169] 自法国巴黎银行 1872 年成立，里昂信贷（Crédit Lyonnais）从 1888 年开始，兴业银行（Société Génjérate）从 1898 年开始（通过银行储

蓄金融公司（Société francaise de Banque et de Dépôts)），法国国家贴现银行（Comptoir national d'escompte de Paris）和法国工商业信贷银行（CIC）从1903年开始，以及北部信贷公司（Crédit du Nord）（通过它与成立于1896年存款与信贷公司（Société de Dépôts et de Crédit）之间的联系）都在布鲁塞尔扎下了根。

[170] M.-T. Bitsch，*La Belgique entre la France et l'Allemagne 1905－1914*，Paris，1994，pp. 137－144.

[171] G. Kurgan-van Hentenryk，"Finance and financiers in Belgium，1880－1914"，in Y. Cassis（ed.），*Finance and Financiers in European History 1880－1960*，Cambridge，1992，p. 322. 328

[172] 大型银行的崛起参见 M. Mazbouri，*L'emergence de la place financiere suisse*，Lausane，2005.

[173] 苏黎世的银行有瑞士信贷，Leu & Co.，苏黎世联邦银行（the Eidgenössische）(1892年其总部从伯尔尼迁到了苏黎世)，温特图尔银行(Bank in Winterthur)（1912年成为瑞士联合银行）；巴塞尔的银行有巴塞尔贸易银行（Basler Handelsbank）和瑞士银行公司，而伯尔尼只有Schweizerische Volkbank 银行。数据来源于 F. Ritzmann，*Die Schweizer Banken. Geschichte-Theorie-Statistik*，Bern，1973，pp. 261ff.

[174] R. Zimmermann，*Volksbank oder Aktienbank? Parlamantsdebatten，Referendum und zunehmende Verbandsmacht beim Streit um die Nationalbank gründung 1891－1905*，Zurich，1987.

[175] 董事会和主管贴现和转账的部门都在苏黎世，但是主管发行银行票据和与联邦政府行政机构沟通的部门则位于伯尔尼。参见 *Banque Nationale Suisse 1907－1957*，Bern，1957，p. 36.

[176] See Y. Cassis，"Swiss international banking，1900－1950"，in Jones（ed.），*Banks as Multinationals*，pp. 160－172.

[177] W. A. jöhr，*Schweizerische Kreditanstalt 1856－1956*，Zurich，1956，pp. 208－209；Wirtschaftsarchiv Basel，623，Schweizerisch-Südamerikanisch Bank.

[178] 资本的规模是2 000万法郎，75%为瑞士信贷持有，25%为苏黎世联邦银行（Edigenössische）持有。后者的总部在苏黎世，在卢加诺（Lugano）和布宜诺斯艾利斯都有分支机构，其同 Hypothekenbank 银行分享这

两家分支机构的管理。

[179] J. J. Schuster-Burckhardt 就像他的很多欧洲同事一样，认为伦敦城会带来许多的商业机会，从而在伦敦城开设了一家分行。

[180] H. Bauer，*Société de Banque Suisse*，*1872 - 1972*，Basle，1972，pp. 131 - 138.

[181] 此外，1872—1918 年间，日内瓦人获得了这家银行领导层的关键位置，占据了 3 个总经理中的 2 个：1872 到 1892 年的 Charles Satter，1908 到 1918 年的 Albert Turrettini。参见 E. Bussière，*Paribas*，*L'Europe et le monde*，*1872 - 1992*，Antwerp，1992。

[182] 由此表明：1935 年以前日内瓦分行还是一个法国区域性银行，从属于里昂信贷的组织构架之中（就像马赛、尼斯或者格勒诺布尔），而非一个国外分支机构（像伦敦、亚历山大、君士坦丁堡及其他地区）。

[183] 参见 Y. Cassis，"Le Crédit Lyonnais à Genève，1876 - 2001"，in B. Desjardins et al.，*Le Crédit Lyonnais*，pp. 619 - 620.

[184] 以贴现票据、远期股票交易贷款或者抵押存款等形式（在瑞士和德国被称为"伦巴第贷款"）。

[185] The Société Belge de Crédit Industriel et Commercial et de Dépôts，the Banque d'Alsace et de Lorraine and Banque Internationale de
329 Petrograd in particular. L. Mottet，*Regards sur l'histoire des banques et banquiers genevois*，Geneva，1982，p. 174.

[186] 这些公司的官方名称是：Bonna & Cie，Chenenviere & Cie，Darier & Cie，Ferrier，Lullin & Cie，Galopin，Forget & Cie，Hentsch & Cie，Lenoir，Poulin & cie，Lombard，Odier & Cie，Miraboud & Cie 和 Pictet & Cie。

[187]（新）法国铁路银行（The Banque nouvelle des chemins de fer）1885 年在日内瓦成立，其前身为法国铁路银行（the Banque des chemins de Fer）（1878 年创建于巴塞尔并接管了北部铁路公司（Chemin de Fer de Nord-est）的资产）。开始它想为辛普伦隧道（Simplon Tunnel）融资，但后来又放弃了这个项目，而和几家巴黎的银行成立了两家与塞尔维亚和奥托曼帝国存在利益关系的金融公司。在 1889 年遭受了主要合伙人（巴黎贴现银行（Compoir d'escompte de Paris））破产的打击后，它不得不与金融协会（Association Financière）合并。

[188] J. Seitz，*Histoire de la banque à Genènve*，Geneva，1931，pp. 86 - 87，Mottet，*Regards*，pp. 176 - 177.

[189] 投资公司往往专注于行业的某个门类或世界的特定地区，这两者通常关联性很强，但有时它们的实际操作却更加多样化，虽然这种情况并不常见。这与英国的信托投资公司类似。参见 S. Paquier，"Swiss holding companies from the mid-nineteenth century to the early 1930s：the forerunners and subsequent waves of creation"，*Financial History Review*，8，2，2001，pp. 163 - 182.

[190] 这个时期有几家金融机构在日内瓦成立，包括 1892 年成立的法国—瑞士金融协会（Société Financière Franco-Suisse），和 1910 年成立的在美法国电子企业金融服务公司（Société Financière pour Entreprises Electriques aux Etats-Unis）。参见 *Pictet and Cie 1805 - 1855*，Geneva，1955，pp. 52 - 55.

[191] S. Paquier，"Banques，Sociétés Financières，industrie électrique de 1895 à 1914"，in Y. Cassis and J. Tanner（eds.），*Banques et credit en Suisse*（*1850 - 1930*），Zurich，1993，pp. 242 - 245. See also his *Histoire de l'électricité en Suisse*：*La dynamique d'un petit pays europeéen 1875 - 1939*，Geneva，1998.

[192] 经过五年的连续增长后，它的初始资本由原来的 3 000 万法郎增长到一战前的 7 500 万法郎，这与瑞士信贷的资产相当（其资产的主要部分来自 7 500 万法郎的等价债券）。

[193] 这个集团包括巴塞尔贸易银行（Basler Handelsbank），the Leu & Cie 银行和柏林私人银行（Warschauer & Co）。

[194] 参见 Paquier，"Banques，Sociétés Financières，industrie electrique" and P. Hertner，"Les sociétés financieres suisses et le déve loppement de l'industrie électrique jusqu'à la Première Guerre mondiale"，in F. Cardot（ed.），*1880 - 1980. Un siècle d'électricité dans le monde*，Paris，1987，pp. 341 - 355.

[195] 这一特殊情况涉及股本及证券交易的增长（两家公司都是公司资本金未完全出资到位的情况下创立的）。公司拥有获得自己股票的机会，并且对于发行债券没有限制，而且也不收取印花税，这都使得在瑞士发行证券的成本非常具有吸引力。

［196］1905到1908年间，巴林兄弟与 Kidder Peabody 和其他美国投资
330 银行，包括 J. P. 摩根和阿姆斯特丹的 Hope & Co. 一起，代表美国电话电报公司参与了1.5亿美元的证券发行，并于1909年到1912年期间，又参与了美国电话电报公司纽约分公司超过7 000万美元的证券发行。参见 J. Orbell，*Baring Brothers and Co. limited. A History to 1939*，London，1985，pp. 69－70.

［197］下面的文章主要参考了 R. Michie，*The London and New York Stock Exchanges 1870－1914*，London，1987，pp. 34－98.

［198］B. Barth，"The financial history of the Anatolian and Baghdad railways，1889－1914"，*Financial History Review*，5，1998，pp. 115－137.

［199］下面的财富数量的单位都是美元，以便于比较。要想粗略估计今天的价值，这些数字需要再乘以50。

［200］D. Augustine，*Patricians and Parvenus. Wealth and High Society in Wilhelmine Germany*，Oxford，1994，p. 29.

［201］Baron Max von Goldschmidt-Rothschild 的财富估计有3 900万美元，Baroness Mathide von Rothschild 的财富估计有2 200万美元，即1.63亿马克和9 200万马克。参见 R. Martin，*Das Fahrbuch der Millionäre Deutsch Lands*，Berlin，1913.

［202］Hans von Bleichroder（700万美元），Paul Von Schwabach（500万美元），James von Bleichroder（420万美元），以上便是私人银行 S. Bleichroder 的全部合伙人。

［203］W. D. Rubinstein，*Men of Property*，London，1981，pp. 62－63.

［204］1900—1939年英国有172位银行家去世，财富合计至少250万美元（50万英镑）。1911年，去世的银行家人数粗略估计为172位的两倍，即344人，财富为150万美元，德国则有136人去世，这是综合考虑了1911年以前的死亡人数、英镑贬值、在一战中及以后累计的财富、生前的赠与和财富金字塔基数的扩大等因素得出的结论。

［205］A. Daumard，*Les fortunes francises au XIXème siècle*，Paris，1973.

［206］A. Plessis，*Regents et gouverneurs de la Banque de France sous le Second Empire*，Geneva，1985.

[207] W. D. Rubinstein, "Introduction" in Rubinstein (ed.), *Wealth and the Wealthy in the Modern World*, London, 1980, p. 19.

[208] 同上，18 页。

[209] S. Beckert, *The Monied Metropolis. New York City and the Consolidation of the American Bourgeoisie, 1850 - 1896*, Cambridge, 2001, p. 245.

[210] 伦敦最受欢迎的俱乐部包括："查尔顿"、"改革"、"布鲁克斯"、"雅典娜神殿"、"旅行者"和"怀特"。巴黎最受欢迎的俱乐部有"骑士俱乐部"，"联合会俱乐部"（Cercle de l'union）、"皇家大道俱乐部"（Cerle de la Rue Royale）等；纽约则为"联合"俱乐部，"联盟"俱乐部，"荷兰籍纽约人"俱乐部，以及"曼哈顿"俱乐部等。

[211] 传统上是指更广泛意义上的贸易平衡，在另外的词汇中则包括生产要素收入。

[212] S. Pollard, "Capital exports, 1870 - 1914: harmful or beneficail?", *Economic History Review*, 38, 4, 1985, pp. 489 - 514.

[213] 由此表明，他认为英国资本输出和货物出口之间是有联系的，而法国没有。

[214] 见 Lysis, *Contre l'oligarchie finacière en France*, Paris, 1907 331
(which brings together his articles published in December 1906 and at the beginning of 1907 in *La Revue*); and Testis, *Le róle des etablissements de crédit en France*, Paris, 1907 (which brings together his articles published in 1907 in *La revue politique et parlementaire*).

[215] 见 M. Flandreau, "Le service des etudes financières sous Henri Germain (1871 - 1905): une macroéconomie d'acteurs", in Desjardins et al. (eds.), *Le Crédit Lyonnais*, pp. 271 - 301.

[216] M. Bordo and H. Rockoff, "The gold standard as a 'Good Housekeeping seal of Approval'", *Journal of Economic History*, 56, 2, 1996, 389 - 428.

[217] N. Ferguson, "The City of London and British imperialism: new light on an old question", in Cassis and Bussière (eds.), *London and Paris as International Financial Centres*, pp. 57 - 77.

[218] M. Flandreau and D. Zumer, *The Making of Global Finance*

1880 - 1913，OECD，2004.

[219] P. J. Cain and A. G. Hopkins，*British Imperialism*，2 vols.，London，1993.

[220] 信件是 Ferdinand de Rothschild 给 Charles Dilke 先生的，1885 年 1 月 14 日，引自 Ferguson，*World's Banker*，p. 849.

[221] Kynaston，*City of London*，vol. II，pp. 194 - 195.

[222] *Journal of the Institute of Bankers*，33，2，1912，p. 82.

第 4 章　战争与萧条（1914—1945 年）

[1] Cited in P. Ziegler，*The Sixth Great Power. Barings，1762 - 1929*，London，1988，p. 320.

[2] E. Hobsbawm，*Age of Extremes. The short Twentieth Century 1914 - 1991*，London，1994.

[3] R. Michie，*The London Stock Exchange. A History*，Oxford，1999，p. 165.

[4] See M. de Cecco，*Money and Empire. The International Gold Standard，1890 - 1914*，Oxford，1974.

[5] J. Rivoire，*Le Crédit Lyonnais. Histoire d'une banque*，Paris，1989，p. 106.

[6] G. D. Feldman，*The Great Disorder. Politics，Economics，and Society in the German Inflation，1914 - 1924*，Oxford，1997，pp. 34 - 35.

[7] 这些银行包括罗斯切尔德、巴林、摩根·格伦菲尔、施罗德、德累斯顿、Hambros、Lazard and Fredk Huth 等。

[8] 数据来自 Ziegler，*Sixth Great Power*，p. 377.

[9] R. Roberts，*Schroders. Merchants & Bankers*，London，1992，pp. 159 - 165.

[10] D. Artaud，"Les dettes de guerre de la France，1919—1929"，in M. Lévy-Leboyer（ed.），*La position internationale de la France. Aspects économique et financiers，XIXe-XXe siècles*，Paris，1977，pp. 313 - 318.

[11] 在三年内死掉 3 位 70 岁以上合伙人，这使他们在伦敦的形势更加

严峻，而且银行在战争初期遭受严重损失，1914 年为 150 万英镑，1915 年则超过 10 万英镑。

[12] N. Ferguson，*The World's Banker. A History of the House of Rothschild*，London，1998，pp. 982 - 983.

[13] V. Carosso，*Investment Banking in America. A History*，Cambridge，Mass，1970，p. 212. 332

[14] K. Burk，*Morgan Grenfell 1838 - 1988. The Biography of a Merchant Bank*，Oxford，1989. pp. 125 - 134.

[15] R. Chernow，*The House of Morgan. An American Banking Dynasty and the Rise of Modern Finance*，London，1990，p. 188.

[16] Burk，*Morgan Grenfell*，pp. 268 - 269.

[17] 摩根・格伦菲尔的净利润在 1915 年达到了 43.9 万英镑，在战争年间平均每年 18.5 万英镑。巴林银行在 1915 年的净利润超过 100 万英镑，1916 年到 1918 年平均 58.9 万英镑。

[18] 巴林档案馆 204071.1，"History of the Russian business of Barings 1914 - 1985". 我要感谢 John Orbell，ING 巴林的档案保管员，在我的安排下精心准备了富有价值的摘要材料。

[19] 佣金费率是 0.25%，看起来不高，但是绝对金额却很可观，而且交易几乎没有风险。巴林银行在 1915 年的一笔 3 亿英镑大额贷款合同中将费率定为 0.062 5%，在 12 个月后其又签下一笔 1.5 亿英镑的合同，合计收费 28.1 万英镑。

[20] A. R. Holmes and E. Green，*Midland，150 Years of Banking Business*，London，1986，p. 128.

[21] Rivoire，*Le Crédit Lyonnais*，p. 108.

[22] A. R. Holmes and E. Green，*Midland*，p. 128.

[23] O. Feiertag，"Le Crédit Lyonnais et le Trésor public dans l'entredeuxguerres：les ressorts de l'économie d'endettement du XXe siècle"，in B. Desjardins et al.（ed.），*Le Crédit Lyonnais 1863 - 1986*，Geneva，2003，pp. 805 - 832；G. D. Feldman，"The Deutsche Bank from world war to world economic crisis 1914 - 1933"，in L. Gall *et al.*，*The Deutsche Bank 1870 - 1995*，London，1995，p. 130.

[24] Michie，*London Stock Exchange*，p. 184.

[25] F.-W. Henning, "Börsenkrisen und Börsengesetzgebung von 1914 bis 1945 in Deutschland", in H. Pohl (ed.), *Deutsche Börsengeschichts*, Frankfurt am Main, 1992.

[26] A. Plessis, "When Paris dreamt of competing with the City", in Y. Cassis and E. Bussière (eds.), *London and Paris as International Financial Centres in the Twentieth Century*, Oxford, 2005, pp. 42-54.

[27] D. Kynaston, *The City of London*, *vol. III*: *Illusions of Gold 1914-1945*, London, 1999, p. 10.

[28] A. J. Mayer, *The Persistence of the Old Regime. Europe to the Great War*, London, 1981。

[29] C. Feinstein and K. Watson, "Private international capital flows in Europe in the inter-war period", in C. Feinstein (ed.), *Banking*, *Currency and Finance in Europe Between the Wars*, Oxford, 1995, p. 98.

[30] 1913—1919年间，美国的批发价格涨了2倍，英国2.5倍，法国3.5倍，德国4倍。消费者价格也同样乘以这些彼此不同的乘数。

[31] G. Hardach, *The First World War 1914-1918*, London, 1977, p. 172.

333 [32] 查尔斯·道斯，美国商人和公务员，专家委员会主席，负责发行审核工作，1925年诺贝尔和平奖的获得者。

[33] 纽约国家城市银行在海外有55家分支机构，很早就采取了全球扩张策略。

[34] M. Wilkins, "Cosmopolitan finance in the 1920s: New York's emergence as an international financial centre", in R. Sylla, R. Tilly and G. Tortella (eds.), *The State*, *the Financial System and Economic Modernization*, Cambridge, 1999.

[35] 建立于纽约，Paul Warburg是发起人，其他投资者还有纽约的Kuhn Loeb，伦敦的N. M. 罗斯切尔德，汉堡的M. M. Warburg，瑞士信贷及瑞士银行等。参见M. Wilkins, *The History of Foreign Investment in the United States*, *1914-1945*, Cambridge, Mass., 2004, pp. 175-176.

[36] B. H. Beckhart, *The New York Money Market*, vol. III, New York, 1932, pp. 310-319.

[37] T. Balogh, *Studies in Financial Organization*, Cambridge,

1947, p. 167.

[38] Beckhart, *The New York Money Market*, vol. III, pp. 322 - 325.

[39] 纽约和伦敦的外国发行额在 1924 年分别达到 9.69 亿美元和 5.92 亿美元，1927 年是 13.37 亿美元和 6.76 亿美元。1929 年分别为 6.71 亿美元和 4.57 亿美元。参见 K. Burk, "Money and Power: the shift from Great Britain to the United States", in Y. Cassis (ed.), *Finance and Financiers in European History*, Cambridge, 1992, p. 364.

[40] Carosso, *Investment Banking in America*, pp. 255 - 262.

[41] H. van B. Cleveland and T. Huertas, *Citibank 1812 - 1970*, Cambridge, Mass., *1985*, pp. 113 - 158.

[42] L. V. Chandler, *Benjamin Strong*, Central Banker, Washington, DC, 1958; H. Clay, *Lord Norman*, London, 1957; B. Eichengreen, *Golden Fetters. The Gold Standard and the Great Depression 1919 - 1939*, Oxford, 1995; P. Roberts, "Benjaminstrong, the Federal Reserve and the Limits to interwar American nationalism", Federal Reserve bank of Richmond, *Economic Quarterly*, 86, 2, 2000, pp. 61 - 98.

[43] 1923 年这一数字是 38，后来有所下降，主要是因为波兰、罗马尼亚和捷克银行的衰退。

[44] Wilkins, *Foreign Investment in the United States, 1914 - 1945*, pp. 274 - 280.

[45] F. Torres, *Banquiers d'avenir. Des comptoirs d'escompte à la naissance de BNP Paribas*, Paris, 2000, p. 64.

[46] Roberts, *Schroders*, pp. 214 - 237.

[47] H. Bullock, *The Story of Investment Companies*, New York, 1959, p. 212.

[48] 20 年代，纽约的海外机构发行量占其国内外总发行量的 15%～18%。其中，1923 年和 1929 年曾分别减少到 10%和 6%。

[49] Carosso, *Investment Banking in America*, p. 248.

[50] Cleveland and Huertas, *Citibank*, pp. 140 - 143.

[51] Wilkins, *Foreign Investment in the United States, 1914 - 1945*, p. 184.

[52] M. L. Jollife, *The United States as a Financial Centre 1919 -*

1933, Cardiff, 1935, p. 112.

334 [53] L. H. Jenks, *The Migration of British Capital to 1875*, New York, 1927, p. 6.

[54] 英镑重回金本位制，参见 D. E. Moggridge, *British Monetary Policy, 1924 - 1931*, Cambridge, 1972; S. Howson, *Domestic Monetary Management in Britain, 1919 - 1939*, Cambridge, 1975; R. S. Sayers, *The Bank of England 1891 - 1944*, Cambridge, 1976; Eichengreen, *Golden Fetters*; Kynaston, *City of London*, vol. III.

[55] See, for example, Sidney Pollard, "Introduction", in Pollard (ed.), *The Gold Standard and Employment Policies between the Wars*, London, 1970.

[56] 英格兰银行的行长 Montagu Norman 在国家联合贷款中扮演了重要角色，试图推动欧洲中部经济的发展。在 1922—1924 年间，尽管存在多个发行贷款的金融中心，且纽约是当时最大的贷款发放地点，他还是将伦敦金融城作为最佳选择。

[57] P. L. Cottrell, "Established connections and new opportunities. London as an international financial centre, 1914 - 1958", in Cassis and Bussière (eds.), *London and Paris as International Financial Centres*, pp. 161 - 164.

[58] Balogh, *Studies in Financial Organization*, p. 167.

[59] W. M. Scammel, *The London Discount Market*, London, 1968, pp. 192 - 219.

[60] J. Wake, *Kleinwort Benson. The History of Two Families in Banking*, Oxford, 1997, pp. 213 - 216.

[61] Michie, *London Stock Exchange*, pp. 245 - 256.

[62] Clay, Lord Norman; Sayers, *Bank of England*; Kynaston, *City of London*, vol 3.

[63] 1929 年，劳埃德银行、国家海外银行、威斯敏斯特银行、巴克莱银行、米德兰银行并列为五大银行，其中米德兰银行与众不同，在欧洲有 42 家支行，主要在法国。参见 G. Jones, "Lombard Street on the Riviera: The British clearing banks and Europe, 1900 - 1960", *Business History*, 24, 1982, pp. 186 - 210.

[64] M. Ackill and L. Hannah, *Barclays. The Business of Banking 1690－1996*, Cambridge, 2001, pp. 79－85, 399.

[65] 最重要的是伦敦南美银行，它在1923年由伦敦普拉特河银行以及伦敦巴西银行合并成立并持有略超过50%的股权。参见D. Joslin, *A Century of Banking in Latin America*, London, 1963。

[66] 印度、澳大利亚、中国境内的渣打银行，中国香港和上海的汇丰银行，南非标准银行，澳大利亚银行，澳大利亚联合银行，伦敦南美银行(BOLSA)。

[67] G. Jones, *British Multinational Banking 1860－1990*, Oxford, 1993.

[68] 见 Ziegler, *Sixth Great Power*, Roberts, *Schroders*; Wake, *Kleinwort Benson*; Burk, *Morgan Grenfell*; Ferguson, *World's Banker*, B. Bramsen and K. Wain, *The Hambros 1779－1979*, London, 1979; Kynaston, *City of London*, vol. III.

[69] S. A. Schuker, *The End of French Predominance in Europe. The Financial Crisis of 1924 and the Adoption of the Dawes Plan*, Chapel Hill, 1976; J.-N. Jeanneney, *L'argent caché. Milieux d'affaires et pouvoir politique dans la France du XXe siècle*, Paris, 1981; J. N. Jeanneney, *Lecon d'histoire pour une gauche au pouvoir. La faillite du Cartel 1926*, Paris, 1977.

[70] Plessis, "When Paris dreamt of competing with the City…", in 335
Cassis and Bussière (eds.), *London and Paris as International Financial Centres*, p. 47; A. Sauvy, *Histoire économique de la France entre les deux guerres*, Paris, 1984, vol. II, p. 173.

[71] 见 M. Myers, *Paris as a Financial Centre*, London, 1936, pp. 141－143.

[72] 见 O. Feiertag, "La Banque de France et les problèmes monétaires européens de la Conférence de Gênes à la création de la B. R. I. (1922－1930)", in E. Bussière and M. Dumoulin (eds.), *Milieux économiques et intégration européenne en Europe occidentale au XXe siècle*, Arras, 1998.

[73] E. Moreau, *Souvenirs d'un gouverneur de la Banque de France: Histoire de la stabillisation du franc (1926－1928)*, Paris, 1954, p. 603.

[74] Myers, *Paris as a Financial Centre*, pp. 162 - 177; K. Mouré, *La politique du franc Poincaré (1926 - 1936)*, Paris, 1998, pp. 217 - 223.

[75] Myers, *Paris as a Financial Centre*, p. 170.

[76] 巴黎建立贴现市场的一个原因是弥补市场发行的衰退。

[77] Myers, *Paris as a Financial Centre*, pp. 140 - 144.

[78] Jolliffe, *The United States as a Financial Centre*, p. 106; Balogh, *Studies in Financial Organization*, pp. 249 - 250.

[79] 最好的例子就是法国最大的里昂信贷银行。除去法郎的通胀因素，其资产规模在30年代初仅微超过战前水平，即使在1929年时达到了140亿法郎，但与同期的劳埃德银行500亿法郎相比，仍然很少。

[80] B. Ambigapathi, "La stratégie de cartellisation bancaire en France du Crédit Lyonnais entre 1919 et 1925", Desjardins et al. (eds), *Le Crédit Lyonnais*, pp. 851 - 866.

[81] 1930年里昂信贷有44个海外分支机构和下属机构。巴黎国家贴现银行有29个分支机构。

[82] E. Bussière, "The French 'Banques d'affaires' in the interwar period: the case of the Banque de Paris et des Pays-Bas (Paribas)", in M. Kasuya (ed.). *Coping with Crisis. International Financial Institutions in the Interwar Period*, Oxford, 2003, pp. 114 - 121.

[83] H. Bonin, *L'apogée de l'économie libérale bancaire francise (1919 - 1935)*, Pairs, 2000, pp. 204 - 207; L. Dufourcq-Lagelouse, *Les banques etrangères en France*, Paris, 1922.

[84] J. Bouvier, *Les Rothschild*, Brussels, 1983, p. 309.

[85] A. Sabouret, *MM Lazard Frères et Cie: Une Saga de la fortune*, Pairs, 1987; H. Bonin, "Les banques face au cas Citroën: Essai d'appréciation de la puissance bancaire", *Revue d'histoire moderne et contemporaine*, 32, 1985, pp. 74 - 98.

[86] See O. Feiertag and P. Martin-Aceña, "The delayed modernization of the central banks of France and Spain in the twentieth century", in C.-L. Holtfrerich, J. Reis and G. Toniolo (eds.), *The Emergence of Modern Central Banking from 1918 to the Present*, Aldershot, 1999, pp. 41 - 44.

[87] Feiertag, "La Banque de France et les problèmes monétaires européens".

[88] 这个问题的经典著作包含经济、社会及政治方面，见 G. D. Feldman, *The Great Disorder. Politics, Economy and Society in the German Inflation 1914 - 1924*, Oxford, 1997. 336

[89] H. Wixforth, "German banks and their business strategies in the Weimar Republic: new findings and preliminary results", in Kasuya (ed.), *Coping with Crisis*, p. 138.

[90] Feldman, "Deutsche Bank from world war to world economic crisis", pp. 181 - 182.

[91] 表格数据引自 Feldman, *Great Disorder*, pp. 598 - 599.

[92] Wixforth, "German banks", p. 136.

[93] H. James, "Strukturwandel im Kriegs-und Kriszeiten 1914 - 1945", in H. Pohl (ed), *Geschichte des Finanzplatzes Berlin*, Frankfurt, 2002, p. 162.

[94] Henning, "Börsenkrisen und Börsengeschichte von 1914 bis 1945".

[95] Feinstein and Watson, "Private international capital flows in Europe", pp. 97, 110.

[96] H. James, *The German Slump. Politics and Economics 1924 - 1936*, Oxford, 1986, p. 145.

[97] 也包括建立其他国际金融机构，如在纽约建立美洲和大陆公司，在阿姆斯特丹建立 N. C. Nederlandsche Crediet-enFinanciering-Maatschappij 及 Mendelssohn and the Nederlandsche Handel's-Maatschappij 公司。

[98] E. Rosenbaum and A. J. Sherman, *M. M. Warburg and Co., 1798 - 1938: Merchant Bankers of Hamburg*, London, 1979, pp. 135 -140.

[99] H. James, *The Reisbank and Public Finance in Germany 1924 - 1933*, Frankfurt, 1985; T. Balderston, "A comparison of British and German monetary policy 1919 - 1932", in Feinstein (ed.), *Banking, Currency and Finance in Europe between the Wars*.

[100] J. Houwink, ten Cate, "Amsterdam als Finanzplatz Deutsch-

lands (1919 - 1923)", in G. D. Feldman (eds), *Konsequenzen der Inflation*, Berlin, 1989, pp. 152 - 189.

[101] 除了前文提到的门德尔松银行外，德意志银行、Commerz-und 私人银行以及德累斯顿银行都在那里开设了分支机构。贴现公司则将其安特卫普分公司 Albert de Pury & Co 迁到了那里。

[102] J. Jonker, "Spoilt for choice? Banking concentration and the structure of the Dutch capital market, 1900 - 1940", in Y. Cassis, G. D. Feldman and U. Olsson (eds.) *The Evolution of Financial Institutions and Markets in Twentieth Century Europe*, Aldershot, 1995, p. 203.

[103] P. Einzig, *The Fight for Financial Supremacy*, London, 1931, p. 137.

[104] Jonker, "Spolit for choice?", p. 203.

[105] Einzig, *Fight for Financial Supremacy*, p. 138.

[106] E. L. Dulles, *The Bank for International Settlements at Work*, New York, 1932.

[107] M. Worner, *La Suisse, centre financier européen*, Argenton, 1931, p. 111.

[108] Einzig, *Fight for Financial Supremacy*, pp. 139 - 142.

[109] Worner, *La Suisse, centre financier européen*, p. 101.

[110] 瑞士银行集团，瑞士信贷，瑞士联合银行，沃克斯银行，苏黎世联盟银行，巴塞尔贸易银行，日内瓦贴现银行（the Comptoir d'Escompte de Genève）和 Leu 公司。

337 [111] F. Ritzmann, *Die Schweizer Banken. Geschichte, Theorie, Statistik*, Bern, 1983, p. 267.

[112] See Y. Cassis, "Commercial banks in 20th century Switzerland", in Cassis, Feldman and Olsson (eds.), *Evolution of Financial Institutions and Markets*, pp. 64 - 77.

[113] 他们每家在 1930 年都有 16 亿法郎的资产，里昂信贷有 28 亿法郎，德意志银行有 36 亿法郎，劳埃德银行有 110 亿法郎。

[114] M. Perrenoud and R. Lopez, *Aspects des relations financières franco-suisses (1936 - 1946)*, Zurich, 2002, p. 42.

[115] M. Fior, *Les banques suisses, le franc et l'Allemagne. Contri-*

bution à l'histoire de la place financière suisse (*1924 - 1945*), Geneva, 2002, pp. 198 - 199.

[116] M. Perrenoud et al., *La place financiére et les banques suisses à l'époque du national-socialisme*, Zurich, 2002, p. 87 - 98, 620 -623.

[117] 战前瑞士在控股公司方面拥有显著的优势，这在第三章已经提到。

[118] S. Paquier, "Swiss holding companies from the mid-nineteenth century to the early 1930s: the forerunners and subsequent waves of creations", *Financial History Review*, 8, 2, 2001, 177 - 181.

[119] M. König, *Interhandel. Die Schweizerische Holding der IG Farben und ihre Metamorphsen* (*1910 - 1999*), Zurich, 2001.

[120] 联合石油公司（The Société Réunie des Pétroles Fanto SA）于2001年在日内瓦成立，由瑞士联合银行和奥斯德银行（Österrei-chische Bodenkre-ditanstalt）共同持股。公司在奥地利、匈牙利、捷克斯洛伐克和波兰的几家石油公司中拥有控股权。法国和德国也出于自身利益于1921年在苏黎世设立了拥有资本金2.2亿法郎的石油公司。

[121] Y. Cassis, "La place financiére suisse et la City de Londres, 1890 - 1990", in P. Bairoch and M. Körner (eds.), *La Suisse dans l'économie mondiale* (*15éme - 20éme siécle*), Zurich, 1990, p. 348.

[122] Y. Sancey, "Place financière suisse et émergence d'une régulation paraétatique durant l'Entre-deux-guerres", in S. Guex et al. (eds.), *Krisen und Stabilisierung. Die Schweiz in der Zwischenkriegszeit*, Zurich, 1998, pp. 81 - 93.

[123] J. K. Galbraith, *The Great Crash*, 1929, Boston, 1954.

[124] E. White, "The stock market boom and crash of 1929 revisited", *Journal of Economic Perspectives*, 4, 2, 1990, p. 76.

[125] 同上，79～80页。

[126] See P. Rappoport and E. White, "Was the crash of 1929 expected?" *American Economic Review*, 84, 1, 1994, pp. 271 - 281.

[127] White, "Stock market boom and crash", p. 81.

[128] Jolliffe, *The United States as a Financial Centre*, p. 106.

[129] Owen P. Young，通用电气和RCA的主席，1929年担任了德国

复兴公会的主席，其决定成立国际清算银行。

[130] 统计数据来自 C. H. Feinstein，P. Temin and G. Toniolo，*The European Economy between the Wars*，Oxford，1997，pp. 104 - 107.

338 [131] P. Bairoch，*victories et déboires*，vol. III，Paris，1997，p. 80.

[132] 意大利商业银行、罗马银行及意大利信托银行。

[133] 德国的银行业危机给金融体系造成了重大破坏。参见 K. E. Born，*Die Deutsche Bankenkrise 1931*，Munich，1967；H. James，"The causes of the German banking crisis of 1931"，*Economic History Review*，38，1984；T. Balderston，"The banks and the gold standard in the German financial crisis of 1931"，*Financial History Review*，1，1994.

[134] 股权资本随着合并而减少。德累斯顿银行和达纳特银行的股权资本从 2.2 亿马克减到 1.5 亿马克。德国贴现公司的股权资本从 2.85 亿马克减到 1.44 亿马克。

[135] 这种形式 1931 年给施罗德造成了 150 万英镑的损失，1935 年给克莱沃特造成了 330 万英镑的损失。参见 Roberts，*Schroders*，pp. 262 - 266；Wake，*Kleinwort Benson*，pp. 244 - 249.

[136] See Sayers，Bank of England，pp. 387 - 415；A. Cairncross and B. Eichengreen，*Sterling in Decline*：*The Devaluations of 1931*，*1949 and* 1967，Oxford，1983；D. B. Kunz，*The Battle for Britain's Gold Standard in 1931*，London，1987；P. Williamson，*National Crisis and National Government*：*British Politics*，*the Economy and Empire*，*1926 - 1932*，Cambridge，1992.

[137] P. Coste，*La lutte pour la suprématie financière. Les grands marchés financiers. Paris*，*London*，*New York*，Paris，1932，p. 10.

[138] H. Laufenburget，*Les banques francaises*，Paris，1940，p. 237.

[139] H. Bonin，*La Banque nationale de crédit. Histoire de la quatrième banque de dépots francaise en 1913 - 1932*，Paris，2002.

[140] H. Bonin，*La Banque de l'union parisienne*（*1874/1904 - 1974*），Histoire de la deuxieme grande banque d'affaires francaise，Paris，2001.

[141] Myers，*Paris as a financial centre*，p. 168.

[142] 1935 年 5 月比利时货币已经贬值，荷兰和瑞士随后也跟随法国贬值。

[143] 1929年6月到1933年末，美国的商业银行数目由24 504家降到14 440家，存款从490亿美元降到330亿美元。

[144] E. White，"Banking and finance in the twentieth century"，in S. L. Engerman and R. E. Gallman（eds.），*The Cambridge Economic History of the United States*，*Volume III*，*The Twentieth Century*，Cambridge，2000，pp. 761 - 763.

[145] P. Ehrsam，"Die Bankenkrise der 30er Jahre in der Schweiz"，in Eidgenössische Bankenkommission（ed.），50 Jahre eidgenössische Bankenaufsicht，Zurich，1985，p. 87.

[146] 参见 Perrenoud *et al*. *La place financière et les banques suisses*，pp. 153 - 195.

[147] 1930—1935年间它们的资产从86亿法郎降到41亿法郎，净利润从740万法郎降到210万法郎。

[148] 陷入困境的六大银行总的损失估计有14亿法郎。参见 Ehrsam，"Die Bankenkrise der 30er Jahre in der Schweiz"。

[149] 虽然银行是独立的机构，但日内瓦政府却是其股东之一，并派驻了两名董事会成员，这就说明了正是政治目的与商业目的冲突导致了银行的危机。

[150] D. Bodmer，*L'intervention de la Confédération dans l'économie bancaire suisse*，Basle，1948，pp. 50 - 65. 339

[151] 也称作 Gray-Pecora 调查，以两位委员命名，这两人领导两个参议院下属委员会执行调查并取得成功。

[152] See White，"Banking and finance"，pp. 764 - 769.

[153] G. D. Smith and R. Sylla，"Wall Street and the US. capital markets in the twentieth century"，in *Financial Markets*，*Institutions and Instruments*，1993.

[154] G. Kurgan-van Hentenryk，"Finance and financiers in Belgium"，in Y. Cassis（ed.），*Finance and Financiers in European History 1880 - 1960*，Cambridge，1992，p. 327.

[155] H. James，"Banks and bankers in the German interwar depression"，in Cassis（ed.），*Finance and Financiers in European History*，pp. 277 - 279.

[156] W. E. Mosse, *Jews in the German Economy. The German-Jewish Economic Elite 1820 - 1935*, Oxford, 1987, pp. 374 - 375; H. James, "The Deutsche Bank and the dictatorship 1933 - 1945", in L. Gall et al., *The Deutsche Bank 1870 - 1995*, London, 1995, pp. 293 - 298.

[157] C. Kopper, *Zwischen Markwirtschaft und Dirigismus. Bankenpolitik im "Dritten Reich" 1933 - 1939*, Bonn, 1995, pp. 254 - 275.

[158] 见 A. Hirsch, "Les objectifs de la loi sur les banques", in Eidgenossische Bankenkommission (ed.), *50 Jahre eidgenossische Bankenaufsicht*, pp. 271 - 272.

[159] 关于银行保密业务，见 J. P. Kernen and H. Schonle, *les secret bancaire suisse*, Bern. 1982。

[160] 这一禁令应用广泛，甚至适用于税务机关等公共行政领域，但是在刑事诉讼中法官可以免除禁令的适用，因为瑞士的法律不能用于保护犯罪行为。瑞士法律认为隐瞒资产属于行政犯罪而非刑事犯罪，而这将防止法官获取案件中的银行涉密信息。然而实际上，这一规定在应用过程中千差万别，而且近期隐瞒资产的定义也被进一步缩小了。

[161] 参见 C. Andrieu, *Les banques sous l'occupation. Paradoxes de l'histoire d'une profession*, Paris, 1990, pp. 201 - 237.

[162] 1932—1938 年间，国外的贷款有 2 850 万英镑，不到伦敦总发行量的 3%。

[163] Balogh, *Studies in Financial Organization*, p. 250.

[164] Feinstein and Watson, "Private international capital flows in Europe", pp. 116 - 118.

[165] S. Pollard, *The Development of the British Economy, 1914 - 1980*, 3rd edn, London, 1983, pp. 216 - 223.

[166] A. S. Milward, *War, Economy and Society, 1939 - 1945*, London, 1977, pp. 132 - 149.

340 [167] 1942 年 12 月，随着瑞士联邦议院引入了铸币及金条最高价格的规定，并要求进出口贵金属需获得国家银行授权，相关监管逐渐严格。

[168] Commission Indépendente d'Experts Suisse-Seconde Guerre Mondiale, *La Suisse, le national-socialisme et la Seconde Guerre Mondiale. Rapport final*, Zurich, 2002, pp. 224 - 238.

［169］C. R. Geisst，*Wall Street. A History*，Oxford，1997，pp. 264－267.

［170］1945 年国家城市银行持有 25 亿国债，占总资产的 52%。

［171］White，“Banking and finance in the twentieth century”，pp. 773－774.

［172］Kynaston，*City of London*，vol. III，pp. 462－507.

［173］Roberts，*Schroders*，p. 274.

［174］Holmes and Green，*Midland*，p. 208.

［175］Kynaston，*City of London*，vol. III，pp. 463－507；Michie，*London Stock Exchange*，pp. 287－325.

［176］M. Margairaz，“La Banque de France et l'occupation”，in M. Margairaz（ed.），*Banques*，*Banque de France et Seconde Guerre mondiale*，Paris，2002，pp. 37－84。

［177］感谢 Patrick Verley 提供此信息。

［178］以 1938 年法郎计算，除去通胀因素，1939—1944 年里昂信贷的净利润从 8 200 万法郎下降到 4 900 万法郎。

［179］A. Plessis，“Les grandes banques de dépôts et l'occupation”，in Margairaz（ed.），*Banques*，*Banque de France et Seconde Guerre mondiale*，pp. 15－36.

［180］P. Burrin，*La France à l'heure allemande 1940－1944*，Paris，1995，pp. 267－282.

［181］J. M. Dreyfus，“La spoliation des banques juives. Trois études de cas”，in Margairaz（ed.），*Banques*，*Banque de France et Seconde Guerre mondiale*，pp. 130－151；Andrieu，*La banque sous l'occupation*，pp. 238－279.

［182］James，“Deutsche Bank and the dictatorship 1933－1945”，pp. 338－354.

［183］Perrenoud et al.，*La place financière et les banques suisses à l'époque de national-socialisme*，pp. 144.

［184］以现在的价格计算，1939—1945 年间瑞士信贷和瑞士银行集团的利润下降了 21%。

［185］Commission Indépendente d'Experts，*La Suisse*，*le national-socialisme et la seconde Guerre Mondiale*，pp. 249－251.

第5章　发展与监管（1945—1980年）

［1］A. Maddison，*Dynamic Forces in Capitalist Development. A Long-Run Comparative View*，Oxford，1991，p. 49；N. Crafts and G. Toniolo，"Postwar growth：an overview"，in N. Crafts and G. Toniolo（eds.）*Economic Growth in Europe since 1945*，Oxford，1996，p. 2.

［2］G. Toniolo，"Europe's golden age，1950－1973：speculations from a long-run perspective"，*Economic History Review*，51，2，1998，p. 256.

［3］Maddison，*Dynamic Forces*，pp. 198－199.

［4］M. Nadler，S. Heller and S. Shipman，"New York as an international financial center"，in *The Money Market and its Institutions*，New York，1955，pp. 290－291；R. Orsingher，*Les banques dans le monde*，Paris，1964，pp. 140－141.

341 ［5］1936年7月24日通过的法案授予监管当局更多直接干预银行内部管理事务的权力。在法兰西银行，以往由200个最大股东选出的15名董事代表，已经改由20个议员替代，其中只有2名由会员大会选出，其他人大部分则由政府从更为广泛的利益群体中选拔任命，当时也出现了由银行雇员推选议员的新现象。

［6］董事会中有16名成员包括州长和副州长，都得到财政部的提名。事实上他们已经预先被指派了。实践中，主要商业银行机制持续存在着，但是，当它开始执行英国货币政策的时候，这种机制已经没有实际的影响力了。

［7］H. James，*International Monetary Cooperation since Bretton Woods*，New York and Oxford，1996，pp. 148－174.

［8］See，in Particular，M. J. Hogan，*The Marshall Plan：America，Britain，and the Reconstruction of Western Europe，1947－1952*，Cambridge，1987；R. Girault and M. Lévy-Leboyer（eds.），*Le Plan Marshall et le relèvement economique de l'Europe*，Paris，1993.

［9］See Nadler，Heller and Shipman，"New York as an international financial center".

[10] 主要的银行有国家城市银行、国家大通银行、制造商信托、中央汉诺威银行和 J. P. 摩根银行。

[11] Nadler，Heller and Shipman，“New York as an international financial center”，pp. 294 - 295.

[12] 包括拉丁美洲的 55 个分支银行，欧洲的 17 个以及远东的 20 个分支银行。

[13] 20 世纪 50 年代，纽约州和美国联邦法律都没有准许设立外国分支机构。

[14] V. Carosso，*Investment Banking in America*，Cambridge，Mass，1970，pp. 458 - 495.

[15] 17 家金融机构包括摩根士丹利、雷曼兄弟、高盛、第一波士顿等，1947 年受到了司法部的投诉，1950 年被起诉垄断证券业务。但是，1953 年诉讼被撤销，这些公司的声誉得以恢复。

[16] R. Roberts，*Wall Street*，London，2002，pp. 32 - 33.

[17] C. R. Geisst，*Wall Street*. *A History*，Oxford，1997，p. 280.

[18] 这中间的政府机构包括澳大利亚（13 笔），挪威（5 笔），比利时（4 笔），新西兰（3 笔），丹麦（2 笔），以及日本发展银行。

[19] 50 年代并购潮中首先出现的是曼哈顿大通银行，接着是第一国民银行，最后是制造商汉诺威信托。这些银行在纽约银行中心占据了重要位置，直到 90 年代新一轮的并购潮出现。

[20] R. Sylla，“United States banks and Europe：strategy and attitude”，in S. Battilossi and Y. Cassis（eds.），*European Banks and the American Challenge*. *Competition and Cooperation in International Banking Under Bretton Woods*，Oxford，2002，pp. 53 - 73.

[21] See H. van B. Cleveland and T. Huertas，*Citibank 1812 - 1970*，Cambridge，Mass.，1985，pp. 254 - 257.

[22] Cited in A. Sampson，*The Money Lenders*，London，1981，p. 121.

[23] G. Jones，*British Multinational Banking 1830 - 1990*，Oxford，1993，pp. 400 - 401.

[24] C. Schenk，“International financial centres，1958 - 1971：competitiveness and complementarity”，in Battilossi and Cassis（eds.），*Euro-*

pean Banks and the American Challenge, p. 75.

[25] R. Roberts, *Schroders. Merchants & Bankers*, London, 1992, p. 326.

[26] W. M. Clarke, *The City's Invisible Earnings*, London, 1958, p. 21.

[27] Ibid., pp. 66 - 74; R. Michie, *The city of London. Continuity and Change, 1850 - 1990*, Basingstoke and London, 1992, pp. 53 - 66; D. Kynaston, *The City of London*, vol. IV: *A Club No More, 1945 - 2000*, London, 2001, pp. 123 - 127.

[28] 平均每年超过15亿英镑，50年代中期达到42亿英镑。

[29] 伦敦劳埃德船舶保险是一个保险市场，通过中间人撮合保险的买方和卖方。联合包销人由保险专业人士领导，其中大部分由劳埃德保险的成员组成，通常被称为“Names”，这些人从包销团获取一定股份，但是一旦财团破产，他们将以自身的全部财产来承担。

[30] J. Mensbrugghe, “Foreign issues in Europe”, *International Monetary Fund Staff Papers*, 111, 1964, pp. 327 - 328.

[31] See R. Michie, *The London Stock Exchange. A History*, Oxford, 1999, pp. 326 - 422.

[32] 1950—1960年，英国公司在整个证券市场上持有的股份从21%上升到40%，其他公众证券的比例从57%下降到33%。

[33] G. Blakey, *The Post-War History of the London Stock Market*, London 2nd edn, 1994, pp. 30 - 38.

[34] 澳大利亚、新西兰、南非、印度、巴基斯坦、锡兰、缅甸、冰岛、伊拉克、约旦、利比亚和波斯湾。

[35] C. Schenk, *Britain and the Sterling Area. From Devaluation to Convertibility in the 1950s*, London, 1994, p. 11.

[36] C. Schenk's statement, *Britain and the Sterling Area*, on this question.

[37] G. Burn, “The state, the City and the Euromarkets”, *Review of International Political Economy*, 6, 2, 1999, p. 238.

[38] 虽然是以逐渐松散的方式，但英镑货币区仍然持续发挥作用，尤其是在1967年英镑贬值后，至1972年取消固定汇率体制的几年期间里。

[39] 里昂信贷，法国兴业银行，CNEP，BNCI。

[40] 在它们之中，有 3 家常规保险公司（寿险、火险、意外险），4 家国企，2 家有限责任公司，2 家联合公司。

[41] 它包括法国信托投资局（大量储蓄银行资产）、国家信贷公司（成立于一战结束之后，从事中长期企业信贷业务）、不动产信贷公司、法国农业信贷银行以及法国外资商业银行（成立于 1946 年）。 343

[42] F. Marnata, *La Bourse et le financement des investissements*, Paris, 1973, pp. 74, 80.

[43] A. Straus, "Structure financiers et performances des enterprises industrielles en France dans la second moitié du XXe siècle", *Entreprises et Histoire*, 2, 1992, pp. 19 - 33.

[44] See O. Feiertag, "The international opening-up of the Paris Bourse: overdraft-economy curbs and market dynamics", in Y. Cassis and E. Bussière (eds.), *London and Paris as International Financial Centres in the Twentieth Century*, Oxford, 2005, pp. 229 - 246.

[45] 其他法国的大银行也在海外设立了分支机构。BNCI 有 56 家支行，兴业银行有 35 家支行，CNEP 有 26 家支行。

[46] C. Schenk, "International financial centres", p. 75; Orsingher, *Les banques dansle monde*, pp. 36 - 38.

[47] 当时法国巴黎银行，巴黎联合银行（the Banque de I'Union Parisenne）和东方汇理银行（the Banque de l'Indochine）仍然是私立银行。

[48] Eric Bussière, Paribas. *L'Europe et le monde*, *1872 -1992*, Antwerp, 1992.

[49] 这部分的内容还参考了 Holtfrerich, *Frankfurt as a Financial Centre. From Medieval Fair Trade to European Banking Centre*, Munich, 1999, pp. 220 - 238.

[50] 同 Brinckman, Wirz & Co. (the former M. M. Warbury & Co. bank or Delbrück, Schickler & Co).

[51] M. Dickhaus, "Fostering 'the bank that rules Europe': the Bank of England, the Allied Banking Commission and the Bank deutscher Länder, 1948 - 51", *Contemporary European History*, 7, 2, 1998, pp. 161 - 180.

[52] 汉堡和法兰克福在 1950 年从事金融业的总人数分别是 13 000 人和 8 200 人，1970 年是 46 500 人和 40 200 人。单就银行业来说，汉堡 1950 年从业人数为 8 200 人，1970 年为 25 000 人，1987 年为 26 000 人，法兰克福的银行从业人数分别为 6 900 人、28 000 人和 41 000 人。参见 Holtfrerich, Frankfurt as a Financial Centre, p. 255.

[53] 更多的信息参阅 G. L. Holtfrerich, "The Deutsche Bank *1945 - 1957*: war, military rule and reconstruction", in L. Gall et al., *The Deutsche Bank 1870 - 1995*, London, 1995, pp. 357 - 521。

[54] H. Bauer, *Société de Banque Suisse 1872 - 1972*, Basle, 1972, p. 300.

[55] M. Iklé, *Die Schweiz als internationaler Bank-und Finanzplatz*, Zurich, 1970, p. 132.

[56] 在内战时期，由于英格兰银行广泛使用"绅士协议"以便使得 BNS 能够进行调停，虽然该协议没有完整的法律权利（参见第 4 章）。在 1950—1980 年期间，为了能够不断地阻止海外热钱的涌入，在汇率固定的政策体系下，瑞士银行大幅增加货币供应量，降低利率水平，最终导致了通货膨胀。当时还存在一种担心，那就是如果瑞士法郎的借款人不再将瑞
344 士法郎兑换为外国货币，那么瑞士法郎可能变成一种小型国际流通货币，可能会出现有投资者长期持有瑞士法郎的情况，瑞士央行也将丧失其对瑞士法郎的绝对控制力。

[57] 20 世纪 50 年代这一集团包括七家大型的银行分别是：Bordier & Cie; Darier & Cie; Ferrier, Lullin & Cie; Hentsch & Cie; Lombard, Orier & Cie; Mirabaud & Cie 和 Pictet & Cie（它们均是 1931 年成立的私人银行家集团（the Groupement des Banquiers Privés）的成员）。

[58] 这些银行之中，最引人注意的是由以色列特拉维夫外贸银行于 1950 年建立的瑞士以色列商业银行，及于 1952 年成立的贴现银行，掌管以色列的利率政策。还有由贝鲁特银行于 1958 年建立的 Intra 银行。

[59] 1945 年州银行的资产总值占到了瑞士银行资产总值的 45%，1955 年为 40%，大型银行通常只有 28%到 31%。

[60] K. Speck, *Strukturwandlungen und Entwicklungtendenzen im Auslandgeschäft der Schweizerbanken*, Zurich, 1974, p. 35.

[61] C. Schenk, "The origins of the Eurodollar market in London,

1955－1963”，*Explorations in Economic History*，35，1998.

[62] 这家银行购买美元远期的溢价率是 2.125%。这种手法使它以 4% 的利率借到英镑，甚至这个时候英国的优惠利率为 4.5%。套汇不会导致大西洋两岸达到一致，因为许多国家阻止资金自由流通。

[63] R. Fry（ed.），*A Banker's World. The Revival of the City 1957－1970. The Speeches and Writings of Sir George Bolton*，London，1970.

[64] 1962 年初，伦敦城伟大的公众投资人及革新家 Siegmund Warburg 计划代表 ECSC 发行一种贷款，后因其纽约合作伙伴 Kuhn Loeb 的干涉，不得不放弃该计划。他后来将注意力转向 IRI，一家意大利国有企业。J. Attali，*Un homme d'influence. Sir Siegmund Warburg*（*1902－1982*），Paris 1985，pp. 378－379；Kynaston，*City of London*，vol. IV，pp. 275－280.

[65] I. M. Kerr，*A History of the Eurobond Market*：*The First 21 Years*，London，1984.

[66] “Witness seminar on the origins and early development of the Eurobond market”，introduced and edited by Kathleen Burk，*Contemporary European History*，1，1，1992，pp. 65－87.

[67] 参照利率是著名的 LIBOR——伦敦银行同业拆放利率。

[68] 二级市场由美国 White Weld 公司建立。

[69] R. Roberts，*Take Your Partners. Orion，the Consortium Banks and the Transformation of the Euromarkets*，Basingstoke，2001，p. 13.

[70] H. McRae and F. Cairncross，*Capital City. London as a Financial Centre*，London，1973，p. xiii.

[71] 引自一封致著名商业银行行长及英格兰银行的董事 Charles Hambro 的信。详见 Schenk，“International financial centres 1958－1971”，p. 85。

[72] 在这个领域之内，巴黎是唯一能与伦敦相比的金融城市。 345

[73] Sampson，*Money Lenders*，p. 126.

[74] M. Baker and M. Collins，“London as an international banking centre，1950－1980”，in Cassis and Bussière（eds.），*London and Paris as International Financial Centres*.

[75] 在伦敦，美国银行是最多的，1950 年仅有 7 家，1966 年发展到 14 家，1970 年达到了 37 家。同年，它还有 50 家欧洲银行，13 家日本银行，

26 家英联邦国家银行（传统上，便在伦敦开设分行）及 33 家其他国家的银行。

[76] See Roberts，*Take Your Partners*，pp. 17 - 41.

[77] 自 1972 年起，它的主要股东是曼哈顿大通银行、国家威斯敏斯特银行、加拿大皇家银行、意大利信托银行、三菱银行等。

[78] 那时伦敦有 21 家银行，对比之下，巴黎 7 家，布鲁塞尔 6 家，苏黎世 5 家，卢森堡、阿姆斯特丹、维也纳各 2 家。

[79] S. Battilossi，"Banking with multinationals：British clearing banks and the Euromarkets" challenge，1958 - 1976，in Battilossi and Cassis（eds.），*European Banks and the American Challenge*，pp. 106 - 107.

[80] Kerr，*History of the Eurobond Market*.

[81] Baker and Collins，"London as an international banking centre".

[82] T. Huertas，"U. S. multinational banking：history and prospects"，in G. Jones，*Banks as Multinationals*，London，1990，p. 253.

[83] R. Sylla，"United States banks and Europe：strategy and attitudes"，in Battilossi and Cassis（eds.），*European Banks and the American Challenge*，pp. 66 - 67.

[84] 这两项措施是为了限制美国国民的资金流出，减轻美国财政赤字。

[85] 1963—1967 年兼并收购有 1 951 例，1968—1972 年上升到 3 736 例。

[86] 1950 年最大的 200 家公司中截至 1975 年仅剩余 148 家，其中 1950 年平均每家公司拥有 5.22 个产品，到 1975 年平均每家公司拥有 9.74 个产品。

[87] M. O'Sullivan，*Contests for Corporate Control*，Oxford，2000，p. 110.

[88] See J. B. Baskin and P. Miranti，*A History of Corporate Finance*，Cambridge，1997，pp. 273 - 285.

[89] 在巴黎银行集团合伙人、1940 年移民美国的 Andre Meyer 的领导下，在此期间，Meyer 发挥了非常重要的领导作用，他广受赞誉并被誉为公司金融之父。

[90] See *Luxembourg，an International Financial Centre*，Luxembourg，1972.

[91] See R. Roberts（ed.），*Offshore Financial Centres*，Aldershot，

1994.

[92] "Witness seminar on the origins and early development of the Eurobond market", p. 80.

[93] Holtfrerich, *Frankfurt*, pp. 269 - 270.

[94] G. Franke, "The Bundesbank and financial markets", in Deutsche Bundesbank (ed.), *Fifty Years of the Deutsche Mark. Central Bank and the Currency in Germany since 1948*, Oxford, 1999, pp. 246 - 247. 346

[95] P. Gallant, *The Eurobond Market*, Cambridge, 1988, pp. 85 - 89, 119 - 121.

[96] See E. Bussière, "French banks and the Eurobonds issue market in the 1960s", in Cassis and Bussière (eds.), *London and paris as International Financial Centres*.

[97] R. Larre, "Le développement du rôle de Paris dans le marché internationale des capitaux: Paris, place financière internationale", 13 July 1966, Larre private archives, Comité pour l'histoire économique et financière de la France, typescript. My thanks to Laure Quennouëlle-Corre for passing this document on to me.

[98] 那时它包括六个国家：联邦德国、比利时、法国、意大利、卢森堡和荷兰。

[99] C. P. Kindleberger, "European economic integration and the development of a single financial center for Long-term capital", *Weltwirtschaftliches Archiv*, 90, 2, 1963, pp. 189 - 208.

[100] 在 1969 年 12 月举行的海牙国家及政府首脑峰会上，决定以卢森堡总理及专家团主席 Pierre Werner 的名字命名。

[101] 见 D. Ross, "European banking clubs in the 1960s: a flawed strategy", *Business and Economic History*, 27, 1998, pp. 353 - 366, and "Clubs and consortia: European banking groups as strategic alliances", in Battilossi and Cassis (eds.), *European Banks and the American Challenge*, pp. 135 - 160.

[102] 全称欧洲银行联合公司，这个组织包括九个银行：the Banque Nationale de Paris, Barclays Bank, the Banca Nazionale del Lavoro, the Dresdner Bank, the Algemene Bank Nederland, the Bayerische Hypotheken

und Wechsel Bank, the Banque de Bruxelles, the Banque Internationale du Luxembourg 和 the Osterreichische Landerbank.

[103] 欧洲银行国际公司。俱乐部的组成将在下文提到。

[104] 它包括里昂信贷、the Commerzbank、罗马银行和 Banco Hispano Americano。

[105] 包括 the Kredietbank, the Crédit Commercial de France, the Berliner Handels-Gesellschaft und Frankfurter Bank, the Nederlandsche Middenstandbank, Williams and Glyn's, the Banco Ambrosiano and the Privatbanken.

[106] A. R. Holmes and E. Green, *Midland. 150 Years of Banking Business*, London, 1986, pp. 253 - 260; H. E. Büschgen, "Deutsche Bank from 1957 to the present: the emergence of an international financial conglomerate", in Gall *et al.*, *Deutsche Bank*, pp. 751 - 759.

[107] 其他业务主要是向工业企业提供中期贷款，也参与辛迪加欧元贷款。

[108] 它在美国主要从事国际贸易融资和商业银行业务。同时，它还为客户提供以欧洲货币计价的贷款。特别是那些在美国开立子公司的欧洲企
347 业，可以通过 1969 年开业的位于拿骚（Nassau）的分部获得贷款。1972
年，它在旧金山和洛杉矶分别成立分公司，以进入加利福尼亚市场。接着，通过与富士银行、澳洲商业银行及加州联合银行的合作，它在墨尔本成立了欧洲太平洋金融公司，至此其业务扩展到澳大利亚。

[109] EBICREDIT 为客户提供了一条跨国贷款的捷径；EBILEASE 给出口商提供更好的融资机会。EBICEM 培训员工，加强了国家间员工的交流。

[110] H. J. Mast, "La Suisse place financière-bénédiction ou malé-diction?", *Cahiers du Crédit Suisse*, 42, March 1977.

[111] 瑞士货币管理局采取了一系列措施防止过量的资本流入国内。包括限制非国民的银行存款利率，临时调节利率措施等，以此手段隔离国内法郎市场和欧洲法郎市场。

[112] P. Braillard, *La place financière Suisse. Politique gouvernementale et compétitivité internationale*, Geneva, 1987, p. 154.

[113] 1965 年美国银行占银行海外资产总额的 23.7%，英国银行占

17.1%。而到1975年，英国银行升为22.2%，领先占有率跌至9.7%的美国银行，后者与巴哈马银行持平。参见IMF，*International Monetary Statistics*，1981.

[114]“La Suisse，place financière”，*Cahier SBS*，6，1975.

[115]银行代理客户投资，收取佣金，但是由客户承担风险。事实上，它们主要投资于伦敦的瑞士银行分行所持有的的瑞士法郎，这种方法能帮助投资者避免缴纳35%的各项瑞士利率税款。因此，银行信托投资不仅提高了瑞士法郎的流动性，还帮助富裕的瑞士本土居民投资于欧洲货币市场，从而避免缴纳高昂的瑞士赋税。

[116]Braillard，*La place financière suisse*，pp.149－151.

[117]Banque Nationale Suisse，*Les banques suisses*，annual publication，1962 and 1972.

[118]Iklé，*Die Schweiz*，p.180.

[119]此观点的长期适用参见M.obstfeld and A.Taylor，“Globalization and capital markets”，in M.Bordo，A.Taylor and J.Williamson (eds.)，*Globalization in Historical Perspective*，Chicago，2003，pp.121－183.

[120]BIS，*Annual Report*，1980.

[121]OCDE，*International Capital Markets Statistics*，1950－1995.

[122]可转债的债权人拥有将债券转换成股票的权利，权证给予权证持有人获得发行公司及其母公司股票的权利。

[123]Jones，*British Multinational Banking*，p.550.

[124]G.Bird，*Commercial Bank Lending and Third World Debt*，London，1989，pp.2－3. 348

[125]通常以LIBOR上浮几个基点计算。

[126]A.Sampson，*The Money Lenders*，London，1981，p.128.

[127]巴克莱银行、国家威斯敏斯特银行、米德兰银行和劳埃德银行。国家地方银行和威斯敏斯特银行于1968年合并。

[128]信托业务从1970年的380亿法郎上升到1980年的1 210亿法郎，占瑞士银行总资产的比例从16%上升至25%。

[129]Braillard，*La place financière suisse*，pp.149－159.

[130]OECD，*International Capital Markets Statistics*，1950－1995.

[131] 1969 年首先开展这项业务的是 Donaldson，Lufkin & Jenrette，美林证券紧随其后。

[132] E. White，“Banking and finance in the twentieth century”，in S. L. Engerman and R. E. Gallman (eds.)，*The Cambridge Economic History of the United States*，vol. III，*The Twentieth Century*，Cambridge，2000，pp. 799 - 800.

[133] H. C. Reed，“The ascent of Tokyo as an international financial center”，*Journal of International Business Studies*，11，3，1990，pp. 290 - 291.

[134] 主要的商业银行是 Dai-Ichi Kangyo，Fuji，Sumitomo，Mitsubishi 和 Sanwa，最大的投资银行是 Nomura，Nikko，Yamaichi 和 Daiwa。

[135] See L. S. Presnell (ed.)，*Money and Banking in Japan*，London，1973.

[136] T. Hoshi and A. K. Kashyap，*Corporate Financing and Governance in Japan. The Road to the Future*，Cambridge，Mass.，2001，pp. 124 - 125.

[137] S. Eken，“Integration of domestic and international financial markets：the Japanese experience”，in *International Monetary Fund Staff Papers*，33，3，1984，pp. 501 - 503.

[138] K. M. Dominguez，“The role of the yen”，in M. Feldstein (ed.)，*International Capital Flows*，Chicago，1999，p. 145.

[139] Eken，“Integration of domestic and international financial markets”，pp. 505 - 510.

[140] W. Lazonick and M. O'Sullivan，“Finance and industrial development：evolution to market control. Part II：Janpan and Germany”，*Financial History Review*，4，2，1997，pp. 124 - 126.

[141] Eken，“Integration of domestic and international financial markets”，pp. 513 - 517.

第 6 章　全球化、金融创新和危机（1980—2009 年）

[1] 1951 年第一台商业计算机诞生，1971 年英特尔生产出第一台微处

理器，1965年贝尔实验室发明了调制解调器。调制解调器打通了计算机技术与通信网络之间的联系，但是此项技术在70年代被新技术所取代，诸如光纤、数字技术，进程技术等。参见 F. Caron，*Les deux revolutions industrielles du XXe siècle*，Paris，1997，pp. 396 - 434.

[2] M. Obstfeld and A. Taylor，*Global Capital Markets*：*Integration*，*Crisis and Growth*，Cambridge，2004，p. 53. 349

[3] 美国毫无疑问是最大的债务国。1914年它首次成为净债务国家，而现在它是世界上最发达的国家，它的世界地位也在20世纪发生了实质性的改变。

[4] D. Kynaston，*The City of London vol. IV*：*A Club No More 1945 - 2000*，London，2001，p. 585.

[5] 这个名字本身就非常有启示作用。巴黎和东京也用这个词描述对其他市场的放松管制措施。

[6] 英国机构投资者的海外资产从1978年的104亿英镑增加到1985年的773亿英镑。参见 R. Roberts and D. Kynaston，*City State. How the Markets Came to Rule our World*，London，2001，p. 93.

[7] 垄断是逐步被废除的；海外投资机构，例如法国等外资机构的持股比例限制由1988年的30%到1990年的全部放开，两年之后，垄断史完全画上句号。再如伦敦，证券公司也逐步丧失其独立性，Oddo & Cie 公司及financière Meeschaert 公司除外。

[8] G. Franke，"The Bundesbank and financial markets"，in Deutsche Bundesbank（ed.），*Fifty Years of the Deutsche Mark*，Oxford，1999，pp. 246 - 253.

[9] 1980年的资本输出是230亿法郎，1993年是450亿法郎，随后十年下降到平均为350亿法郎。

[10] 见 Swiss National Bank，"Exportation de capitaux soumises à autorisation"，in *Rapport annuel de gestion*，years*1980 - 1995*，Zurich.

[11] H. Davies，"Regulation and politics：the need for a new dialogue" or "A Letter to John Redwood"，*Hume Occasional Papers*，66，2005.

[12] 见下文269页（原版书页码——译者注）。

[13] P. L. Bernstein，*Capital Ideas*，*The Improbable Origins of Modern Wall Street*，New York，1992.

[14] 科学家主要集中在华尔街的大型银行、高等学府、咨询公司当中，他们将相关的学术研究同金融产品的研发结合在一起为金融企业服务。这些科学家总结归纳统计学风险，这项工作是投资的重中之重，特别是与远期交易直接或间接相关的产品。

[15] 1980 年到 2001 年，纽约商业银行从业人数从 170 000 降到 105 000，证券业从业人数则从 85 000 增加到 190 000。参见 R. Roberts，*Wall Street*，London，2002，pp. 8 - 10。

[16] 按操作方式来划分，还有第三种类型——互换（在到期日之前互换），它主要应用于金融中介公司之间，因而对投标人及一级交易商没有直接影响。

[17] 因此到期时潜在的盈利和损失都可预知。如果潜在损失过大，会导致追加保证金或强行平仓，以此控制经纪公司的风险。

[18] 同时还推出了价格指数和温度指数交易，但并不成功。

[19] John Barkshire 整合了英国外贸银行、商业银行、贴现公司、股票经纪公司和商品经纪公司。

350 [20] 法国巴黎期权交易所（MONEP）这个二级市场成立于 1987 年。

[21] 在德国衍生品市场缺失的状况下，伦敦国际金融期货交易所于 1988 年 9 月推出了德国国债期货，该产品在十年之后才回归法兰克福，那是在欧洲期货交易所（Eurex）成立之后。

[22] 泛欧交易所于 2000 年由巴黎、阿姆斯特丹、布鲁塞尔证券交易所合并而成，随后又兼并了里斯本证券交易所。

[23] 20%的利润分成加上 1.5%～2%的管理费。

[24] 他们包括老虎管理公司的 Robertson、卡克通（Caxton）公司的 Kovner、图朵尔（Tudor）公司的 Tudor、摩尔资本公司的 Bacon。

[25] 见前面，p. 46。

[26] L. S. Ranieri，“The origins of securitization，sources of its growth，and its future potential”，in L. T Kendall and M. J. Fishman (eds.)，*A Primer on Securitization*，Cambidge，Mass.，2000，p. 31.

[27] 关于证券化改革的详细深入的分析及结论详见 G. Tett，*Fool's Gold. How Unrestratined Greed Corrupted a Dream，Shattered Markets and Unleashed a Catastrophe*，London，2009。

[28] 见时任欧盟金融监管高级小组主席 Jacques de Larosiere 所著的

Report（Brussell，2008 年 2 月 25 日，p. 8）。

[29] 见国际互换衍生品协会统计的 *Market Survey*（2008）。

[30] 在纽约经济俱乐部的讲话中，时任纽约联邦储备银行行长 Tim Geithner 指出："2007 年初，资产支持商业票据（asset-backed commercial paper）包含了多种结构性投资工具，包括拍卖利率证券（auction rate preferred securities）、招标期权债券（tender option bonds）、浮动利率票据（variable rate demand notes），合计约 2. 2 万亿美元。另外，隔夜回购增长至 2. 5 万亿美元。对冲基金大约增长至 1. 8 万亿美元。五家主要投行的资产负债表总计 4 万亿美元。对比之下，美国排名前五的银行控股公司的资产价值才仅仅超过 6 万亿美元，整个银行系统的资产价值约为 10 万亿美元。"以上转引自 P. Krugman 所著的 *The Return of Depression Economics and the Crisis of 2008*（London，2008，pp. 160 - 161）。

[31] 见 R. Raymond，*L'euro et l'unité monétaire de l'Europe*，Paris，2001；E. Apple，*European Monetary Integration 1958 - 2002*，London，1998.

[32] 这十一个国家是澳大利亚、比利时、芬兰、法国、德国、爱尔兰、意大利、卢森堡、荷兰、葡萄牙、西班牙，2002 年希腊也加入该组织。周边的小国家由于与其强邻使用相同的币种，因此也采用了这一新货币并被允许铸造自己的欧元硬币，例如，安道尔、摩纳哥、梵蒂冈。

[33] 1986 年，欧洲议会通过第一欧洲法案，并在卢森堡签署，1987 年 7 月 1 号开始实施。该法案目标是在 1993 年元旦前建立统一的内部市场，351
实现欧盟成员国之间商品、人才、服务和资本的自由流通。

[34] 雅克·德洛斯（Jacques Delors），欧盟委员会主席，经济财政研究联合会会长，1988 年 6 月任汉诺威国家及政府首脑峰会专家组成员，并任 12 家欧洲经济共同体（EEC）成员国的央行顾问。

[35] 这些标准包括通货膨胀率、财政赤字、公共债务、汇率波动率和长期利率。

[36] 这些数字记录了以股票为标的的衍生品的成交数量，它们比实际的交易量大得多。

[37] R. Roberts，*Inside International Finance*，London，1998，pp. 31 - 52. Figures published by the Bank for International Settlements and, for derivatives，by the International Swaps and Derivatives Association.

[38] 这些企业掠夺者中包括著名的 Carl Icahn，Thomas Boone Pickens 和凯雷基金（Kohlerg，Kravis，Roberts），其曾计划收购 RJR Nabisco 公司。

[39] J. B. Baskin and P. J. Miranti，*A History of Corporate Finance*，Cambridge，1997，pp. 289 - 296；M. O'Sullivan，*Contests for Corporate Control*，Oxford，2000，pp. 161 - 169.

[40] 这些可能是那些遭遇永久性或暂时性困难而降级的公司，也可能是成立时间太短而无法获得较高评级的中小企业。

[41] A. Brummer and R. Cowe，*Hanson. A Biography*，London，1994.

[42] 摩根·格伦菲尔银行同德意志银行、克莱沃特银行同德累斯顿银行、施罗德同所罗门美邦/花旗银行、巴林银行同 ING、弗莱明银行同曼哈顿大通银行、汉布罗银行同兴业银行之间都是如此。

[43] 更精确地说，1979 年 12 月底到 2000 年 3 月或 8 月间各指数均创下新高，道琼斯指数从 840 点上升到 11 497 点，标准普尔 500 指数从 108 点上升到 1 527 点，FTSE100 指数从 509 点上升到 6 930 点，CAC40 指数从 421 点上升到 6 922 点，Dax30 指数从 498 点上升到 8 004 点，SMI 指数从 5 617 点上升到 8 317 点。

[44] 1979 年底到 1995 年初 NASDAQ 指数从 151 点涨到 752 点，2000 年 3 月 10 日涨到 5 048 点。

[45] 此次下跌非常惨重，相对于历史高点纳斯达克指数跌去了 3/4，Dax30 指数跌去了 2/3，FTSE、CAC40 和标普 500 指数跌去一半。由于道琼斯指数由很多防御性股票构成，仅下跌了 1/3。

[46] 安然公司是美国市值第七的大公司，世通公司是经营远程通信的主要公司。

[47] 参见 Y. Cassis，"Financial elites revisted"，in R. Michie and P. Williamson（eds.），*The British Government and the City of London in the Twentieth Century*，Cambridge，2004，pp. 76 - 95。

[48] 这个银行分成了五个部门：财富管理、银行业务、投资银行、全
352 球资产管理、公司中心，每个部门由各部门的首席执行官领导，他们都是董事会成员。

[49] D. Hobson，*The National Wealth. Who Gets What in Britain*，

London，1999，p. 536.

[50] 2001 年，60%的兼并和收购业务由美国的投资银行进行，第一信贷波士顿占 73%，德意志银行占 53%。

[51] 1978 年第一波士顿同 White Weld 一起并入瑞士信贷，1999 年银行家信托和德意志银行合并。

[52] See Roberts，*Inside International Finance*.

[53] 2001 年，纽约交易所的资本市值达到 11 万亿美元，纳斯达克为 2.9 万亿美元，东京为 2.3 万亿美元，伦敦为 2.15 万亿美元。无论股市与汇率如何波动，此比例到 2004 年也没有大的变化。

[54] 2000 年纽约交易所有 921 家外国公司，纳斯达克有 488 家，伦敦有 448 家。参见 Roberts，*Wall Street*，p. 216。

[55] 港区和金丝雀码头（Docklands and Canary Wharf）的发展改变了伦敦的金融格局。

[56] R. Roberts，*The City*，London，2004，pp. 246 - 247.

[57] R. Roberts and Kynaston，*City State*，pp. 67 - 79；Roberts，*City*.

[58] 比如伦敦股票及期货市场——LIFFE，其在 2003 年丧失其排名第二位的宝座跌至欧洲期货交易所（Eurex）之后。

[59] See H. McRae and F. Cairncross，*Capital City. London as a Financial Centre*，1st edn.，London，1973，2nd edn.，London，1984.

[60] R. Roberts and Kynaston，*City State*，pp. 95 - 102；P. Augar，*The Death of Gentlemanly Capitalism*，London，2000.

[61] 1989 年德意志银行收购了在 1987 年股灾中受重创的摩根·格伦菲尔银行。

[62] 同年，由于亏损及与摩根士丹利的合并计划流产，华宝银行被瑞士银行（2005 年变更为 UBS）收购，而克莱沃特（Kleinwort）考虑到其自身规模太小以至于无法同时保持其竞争优势及独立性，宁可选择与德累斯顿银行结盟。施罗德银行及罗伯特·弗莱明银行也采纳了类似的做法，于 2000 年分别并入了花旗集团及曼哈顿大通银行（2005 年更名为摩根大通银行）。

[63] 巴克莱银行的子公司 BZW 及威斯敏斯特银行的子公司 Natwest Markets 在投资市场的尝试以失败而告终，并在 1997 年分别出售给了瑞士信贷第一波士顿银行和美国信孚银行（Bankers' Trust of New York），而

后者在一年后并入了德意志银行。

[64] Augar, *Death of Gentlemanly Capitalism*.

[65] A. Alletzhauser, *The House of Nomure*, London, 1990, p. 7.

[66] See K. Burk, "Money and power: the shift from Great Britain to the United States", in Y. Cassis (ed.), *Finance and Financiers in European History, 1880 - 1960*, Cambridge, 1992, pp. 359 - 369.

[67] 法兰克福私人银行 B. Metzle seel. Sohn & Co. 的合伙人。

353 [68] C. -L. Holtfrerich, *Frankfurt as a Financial Centre*, Munich, 1999, pp. 293, 304.

[69] M. Marshall, *The Bank*, London, 1999, pp. 172 - 173.

[70] D. Franke, "Internationale Finanzplàtze: Rivalen oder Partner?", *Die bank*, April 2002, pp. 176 - 179.

[71] A. Straus, "The future of Paris as an international centre from the perspective of European integration", in Y. Cassis and E. Bussière (eds.), *London and Paris as International Financial Centres in the Twentieth Century*, Oxford, 2005.

[72] Roberts, *Inside International Finance*.

[73] Straus, "The future of Paris".

[74] 海外居民存款英国排名第一，占 20.8%，美国占 12.6%，德国占 8.7%。

[75] 海外居民贷款英国排名第一，占 19.1%，美国占 11.5%，日本占 9.3%。参见 J. -C. Lambelet and A. Mihailov, "Le Poids des places financières suisse, genevoise et lémanique", Institut "Crea" de Macroeconomie Appliquée, Université de Lausanne, 2001, pp. 18 - 20.

[76] *FT Global 500*, 27 May, 2004.

[77] 20 世纪 60 年代开放的韩国、中国台湾、中国香港、新加坡被誉为"四小龙"，它们的发展方式被泰国、马来西亚、印度尼西亚、菲律宾（被称为"四小虎"）和中国大陆模仿。

[78] G. Jones, "International financial centres in Asia, the Middle East and Australia: a historical perspective", in Cassis (ed.), *Finance and Financiers in European History*, pp. 405 - 428; C. Schenk, *Hong Kong as an International Financial Centre: Emergence and Development, 1945 - 1965*,

London，2001；R. C. Bryant，“The evolution of Singapore as a financial centre”，in K. S. Sandhu and P. Wheatley（eds.），*Management of Success*. The Moulding of Modern Singapore，Singapore，1989，pp. 337－372.

[79] 这些措施包括：1968年对非居民免征40%的收入税，1972年取消对持有亚洲货币20%的存款流动贮备限制。这使得新加坡市场与欧洲市场站同一水准之上，在可控水平下向海外银行及金融机构开放。

[80] D. R. Lessard，“Singapore as an international financial centre”，in R. Roberts（ed.），*Offshore Financial Centres*，Aldershot，1994，pp. 200－235；Roberts，*Inside International Finance*.

[81] Y. S. Park，“A comparison of Hong Kong and Singapore as Asian financial centres”，in P. D. Grub *et al*.（eds.），*East Asia Dimension of International Business*，Sydney，1982，pp. 21－28.

[82] 中国香港是6 080亿美元，新加坡为4 390亿美元。

[83] Y. C. Jao，“Hong Kong as an international financial centre：evolution and prospects”，in *The Asian NIEs*：*Success and Challenge*，Hong Kong，1983，pp. 39－82；R. Roberts，*Inside International Finance*.

[84]Bloomberg，19 May 2008.

[85] 2007年12月28日到2008年1月25日，道琼斯指数从13 366点跌至12 099点，随后从5月23日的12 480点跌至7月11日的11 101点；富时指数2008年1月4日到1月21日期间，由6 500点跌至5 700点，随后5月27日到7月15日，从6 054点跌至5 172点。 354

[86] 特别是美联储、欧洲央行、英格兰银行、加拿大银行以及瑞士央行。

[87] 美联储与英格兰银行分别于2008年3月及4月执行相关方案。

[88] 2007年8月17日到2008年5月1日美联储八次降低基本利率，基本利率由5.75%降低至2.25%；同时欧洲央行也分别在2007年7月9日与2008年10月9日两次降低基本利率至5.25%及4.25%。

[89] 2008年8月它们超过了5 000亿美元；Bloomberg，12 August 2008。

[90] 特别是阿布扎比投资局（花旗集团）、科威特投资局（花旗集团、美林银行）、卡塔尔投资局（巴克莱银行、瑞士信贷）、新加坡政府投资局（花旗集团、瑞士银行）、淡马锡控股公司（美林银行）、中投公司（摩根士丹利）。

[91] Bloomberg，12 August 2008.

[92] 见前面 pp. 145 - 147 及 pp. 182 - 183。

[93] AIG 已经为银行持有的结构性投资产品信用违约互换投保了上千亿美元，最终的崩溃被归结于产品潜在的灾难性。

[94] 参考 M. Wolf 在 *Fixing Global Finance*：*How to Curb Financial Crisis in the 21st Century*（New Haven and London，2009）中的最新评论。

[95] 参见 C. Kindleberger，*Manias*，*Panics and Crashes*. *A History of Financial Crisis*，London，1978。

[96] OECD Quarterly National Accounts，25 May 2009；OECD Harmonised Unemployment Rates，8 June 2008.

[97] 道琼斯指数首先于 2008 年 9 月 15 日从 11 416 点跌至 11 月 21 日的 7 552 点，随后又于 2009 年 1 月 5 日爬升至 9 627 点，3 月 10 日再度跌到 6 547 点，6 月 8 日回升至 8 759 点。另外，富时 100 指数价格在 2008 年 9 月 15 日、11 月 21 日、2009 年 1 月 5 日、3 月 10 日、6 月 8 日分别为 5 204 点、3 781 点、4 580 点、3 715 点、4 405 点。

[98] 花旗集团从 2007 年第二季度到 2009 年 1 月，市值跌去 92%（2 250 亿美元到 190 亿美元）；巴克莱银行跌去 90%（910 亿美元到 74 亿美元）；德意志银行跌去 86%（760 亿美元到 103 亿美元）；瑞士银行跌去 69%（1 160 亿美元到 350 亿美元）；汇丰银行仅跌去 54%（2 150 亿美元到 970 亿美元）；摩根大通跌去 48%（1 650 亿美元到 850 亿美元）。数据来源：Bloomberg，20 January 2009。

[99] 见欧盟金融监管高级小组编制的报告。该报告提出了一系列金融监管及改革的措施，其中包括重新修订《巴塞尔协议 2》的基础条款，逐步提高资本要求；对平行银行系统进行监管；单一化、标准化 OTC 衍生品；至少成立一家为 CDS 清算的资金实力充裕的中央对手方机构；完善偿付激
355 励机制，鼓励股东以公司长期盈利为目标；建立欧洲系统性风险理事会（European Systemic Risk Council），欧洲央行行长为该理事会主席；设想成立欧洲系统金融监管小组（European System of Financial Supervision），进行分散式网络管理；IMF、央行、BIS、ESRC 加强合作，以市场稳定发展及运作为目标，加强风险预警能力。

[100] 参见 *The Global Financial Centres Index*，5，March 2009，p. 2。

参考书目

Ackrill, M., and L. Hannah, *Barclays: The Business of Banking 1690 – 1996*, Cambridge, 2001.

Adler, D. R., *British Investment in American Railways, 1834 – 1898*, Charlottesville, 1970.

Albert, M., *Capitalisme contre capitalisme*, Paris, 1990.

Albion, R. G., *The Rise of New York Port (1815 – 1860)*, New York, 1939.

Alletzhauser, A., *The House of Nomura*, London, 1990.

Ambigapathi, B., "La stratégie de cartellisation bancaire en France du Crédit Lyonnais entre 1919 et 1925", in B. Desjardins *et al.*, *Le Crédit Lyonnais 1863 – 1986*, Geneva, 2003.

Andrieu, C., *Les banques sous l'occupation. Paradoxes de l'histoire d'une profession*, Paris, 1990.

Appel, E., *European Monetary Integration 1958 – 2002*,

London, 1998.

Artaud, D. , "Les dettes de guerre de la France, 1919 - 1929", in M. Lévy-Leboyer (ed.), *La position internationale de la France. Aspects économiques et financiers, XIXe-XXe siècles*, Paris, 1977.

Attali, J. , *Un homme d'influence. Sir Siegmund Warburg (1902 - 1982)*, Paris, 1985.

Aubert, M. , J.-P. Kernen and H. Schönle, *Le secret bancaire suisse*, Bern, 1982.

Augar, P. , *The Death of Gentlemanly Capitalism*, London, 2000.

Augustine, D. , *Patricians and Parvenus. Wealth and High Society in Wilhelmine Germany*, Oxford, 1994.

Autheman, A. , *La banque impériale ottomane*, Paris, 1996.

Autin, J. , *Les frères Pereire. Le bonheur d'entreprendre*, Paris, 1984.

Bagehot, W. , *Lombard Street. A Description of the Money Market*, London, 1873.

Bairoch, P. , *Commerce extérieur et développement économique de l'Europe au XIXe siècle*, Paris, 1976.

"La place de la France sur les marchés internationaux", in M. Lévy-Leboyer (ed.), *La position internationale de la France. Aspects économiques et sociaux XIXe-XXe siècles*, Paris, 1977.

Victoires et déboires. Histoire économique et sociale du monde du XVIe siècle à nos jours, 3 vols. , Paris, 1997.

Baker, M. , and M. Collins, "London as an international banking centre, 1950 - 1980", in Y. Cassis and E. Bussière (eds.), *London and Paris as International Financial Centres in the Twentieth Century*, Oxford, 2005.

Balderston, T. , "The banks and the gold standard in the German financial crisis of 1931", *Financial History Review*, 1, 1, 1994.

"A comparison of British and German monetary policy 1919 - 1932", in C. H. Feinstein (ed.), *Banking, Currency and Finance in Europe between the Wars*, Oxford, 1995.

Balderston, T. , *The Origins and Course of the German Economic Crisis: November 1923 to May 1932*, Berlin, 1993.

Balogh, T. , *Studies in Financial Organization*, Cambridge, 1947.

Bankers' Magazine, 1844 - 1889; 1890 - 1954.

Banque Nationale Suisse 1907 - 1957, Bern, 1957.

Banque Nationale Suisse, *Les banques suisses*, various years.

Banque Nationale Suisse, "Exportations de capitaux soumises à autorisation", in *Rapport annuel de gestion, années 1980 - 1995*, Zurich.

Barbier, F., *Finance et politique. La dynastie des Fould, XVIIIe-XXe siècles*, Paris, 1991.

Barth, B., *Die Deutsche Hochfinanz und die Imperialismen: Banken und Aussenpolitik vor 1914*, Stuttgart, 1995.

"The financial history of the Anatolian and Baghdad railways, 1889 - 1914", *Financial History Review*, 5, 1998.

Baskin, J. B., and P. Miranti, *A History of Corporate Finance*, Cambridge, 1997.

Battilossi, S., "Financial innovation and the golden age of international banking: 1890 - 1931 and 1958 - 1981", *Financial History Review*, 7, 2, 2000.

"Banking with multinationals: British Clearing Banks and the Euromarkets' challenge, 1958 - 1976", in S. Battilossi and Y. Cassis (eds.), *European Banks and the American Challenge. Competition and Cooperation in International Banking Under Bretton Woods*, Oxford, 2002.

Battilossi, S., and Y. Cassis (eds.), *European Banks and the American Challenge. Competition and Cooperation in International Banking Under Bretton Woods*, Oxford, 2002.

Bauer, H., *Société de Banque Suisse, 1872 - 1972*, Basle, 1972.

Beckert, S., *The Monied Metropolis. New York City and the Consolidation of the American Bourgeoisie, 1850 - 1896*, Cambridge, 2001.

Beckhart, B. H., *The New York Money Market*, 4 vols., New York, 1931 - 1932.

Bergeron, L., *Banquiers, négociants et manufacturiers parisiens du Directoire à l'Empire*, Paris, 1978.

Les Rothschild et les autres ... La gloire des banquiers, Paris, 1991.

Bernstein, P. L., *Capital Ideas. The Improbable Origins of Modern Wall Street*, New York, 1992.

Bird, G., *Commercial Bank Lending and Third World Debt*, London, 1989.

BIS, *Annual Reports*, various years.

Bitsch, M.-T., *La Belgique entre la France et l'Allemagne 1905 - 1914*, Paris, 1994.

Blakey, G., *The Post-War History of the London Stock Market*, 2nd edn, London, 1994.

Bodmer, D., *L'intervention de la Confédération dans l'économie bancaire suisse*, Basle, 1948.

Bonin, H., "L'outre-mer, marché pour la banque commerciale de 1875 à 1985?", in J. Marseilles (ed.), *La France et l'outre-mer. Un siècle de relations monétaires et financières*, Paris, 1998.

L'apogée de l'économie libérale bancaire française (1919 - 1935), Paris, 2000.

La Banque de l'union parisienne (1874/1904 - 1974). Histoire de la deuxième grande banque d'affaires françaises, Paris, 2001.

La Banque nationale de crédit. Histoire de la quatrième banque de dépôts française en 1913 - 1932, Paris, 2002.

"Le Crédit Lyonnais, la Société générale et les autres: essai d'appréciation des rapports de force (1864 - 1966)", in B. Desjardins *et al.* (eds.), *Le Crédit Lyonnais (1863 - 1986)*, Geneva, 2003.

Bordo, M., and A. J. Schwartz (eds.), *A Retrospective on the Classical Cold Standard, 1821 - 1931*, Chicago, 1984.

Bordo, M., and B. Eichengreen (eds.), *A Retrospective on the Bretton Woods System. Lessons for International Monetary Reform*, Chicago, 1993.

Bordo, M., and H. Rockoff, "The Gold Standard as a 'Good Housekeeping Seal of Approval'", *Journal of Economic History*, 56, 2, 1996.

Bordo, M., and R. Sylla (eds.), *Anglo-American Financial Systems: Institutions and Markets in the Twentieth Century*, Burr Ridge, Ill., 1996.

Bordo, M., A. Taylor and J. Williamson (eds.), *Globalization in Historical Perspective*, Chicago, 2003.

Born, K. E., *Die Deutsche Bankenkrise 1931*, Munich, 1967.

International Banking in the 19th and 20th Centuries, Leamington Spa, 1977.

Bouvier, J., *Le Crédit Lyonnais de 1863 à 1882. Les années de formation d'une banque de dépôts*, 2 vols., Paris, 1961.

Les Rothschild, 2nd edn, Brussels, 1983.

Braga de Macedo, J., B. Eichengreen and J. Reis (eds.), *Currency Convertibility. The Gold Standard and Beyond*, London, 1996.

Braillard, P., *La place financière suisse. Politique gouvernementale et compétitivité internationale*, Geneva, 1987.

Bramsen, B., and K. Wain, *The Hambros 1779 - 1979*, London, 1979.

Brummer, A., and R. Cowe, *Hanson. A Biography*, London, 1994.

Bryant, R. C., "The evolution of Singapore as a financial centre", in K. S Sandhu and P. Wheatley (eds.), *Management of Success. The Moulding of Modern Singapore*, Singapore, 1989.

Buist, M. G., *At spes non fracta: Hope and Co. 1770 - 1815, Merchant Bankers and Diplomats at work*, La Haye, 1974.

Bullock, H., *The Story of Investment Companies*, New York, 1959.

Burk, K., *Morgan Grenfell 1838 - 1988. The Biography of a Merchant bank*, Oxford, 1989.

"Money and power: the shift from Great Britain to the United States", in Y. Cassis (ed.), *Finance and Financiers in European History*, Cambridge, 1992.

Burn, G., "The state, the City and the Euromarkets", *Review of International Political Economy*, 6, 2, 1999.

Burrin, P., *La France à l'heure allemande 1940 - 1944*, Paris, 1995.

Büschgen, H. E., "Deutsche Bank from 1957 to the present: the emergence of an international financial conglomerate", in L. Gall *et al.*, *The Deutsche Bank 1870 - 1975*, London, 1995.

Bussière, E., *Paribas. L'Europe et le monde*, *1872 - 1992*, Anvers, 1992.

"The French 'Banques d'affaires' in the interwar period: the case of the Banque de Paris et des Pays-Bas (Paribas)", in M. Kasuya (ed.), *Coping with Grisis. International Financial Institutions in the Interwar Period*, Oxford, 2003.

"French banks and the Eurobonds issue market in the 1960s", in Y. Cassis and E. Bussière (eds.), *London and Paris as International Financial Centres in the Twentieth Century*, Oxford, 2005.

Cain, P. J., and A. G. Hopkins, *British Imperialism*, 2 vols., London, 1993.

Cairncross, A., and B. Eichengreen, *Sterling in Decline. The Devaluations of 1931, 1949 and 1967*, Oxford, 1983.

Cameron, R., *France and the Economic Development of Europe 1800 - 1914*, Princeton, 1961.

Cameron, R., and V. I. Bovykin, *International Banking 1870 - 1914*, Oxford, 1991.

Capie, F., "Structure and performance in British banking, 1870 - 1939", in P. L. Cottrell and D. E. Moggridge (eds.), *Money and Power. Essays in Honour of L. S. Presnell*, London, 1988.

Capie, F., and G. Rodrik-Bali, "Concentration in British banking, 1870 - 1920", *Business History*, 29, 3, 1982.

Caron, F., *Les deux révolutions industrielles du XXe siècle*, Paris, 1997.

Carosso, V., *Investment Banking in America. A History*, Cambridge, Mass., 1970.

The Morgans. Private International Bankers 1854 - 1913, Cambridge, Mass., 1987.

Cassis, Y., *Les banquiers de la City à l'époque édouardienne*, *1890 - 1914*, Geneva, 1984.

La City de Londres, *1870 - 1914*, Paris, 1987.

"Swiss international banking, 1900 - 1950", in G. Jones (ed.), *Banks as Multinationals*, London, 1990.

"The emergence of a new financial institution: investment trusts in Britain 1870 - 1939", in J. J. van Helten and Y. Cassis (eds.), *Capitalism in a Mature Economy. Fi-*

nancial Institutions, *Capital Exports and British Industry*, Aldershot, 1990.

"La place financière Suisse et la City de Londres, 1890 - 1990", in P. Bairoch and M. Körner (eds.), *La Suisse dans l'économie mondiale (15ème-20ème siècle)*, Zurich, 1990.

City Bankers, 1890 - 1914, Cambridge, 1994.

Big Business. The European Experience in the Twentieth Century, Oxford, 1997.

"Le Crédit Lyonnais à Genève, 1876 - 2001", in B. Desjardins *et al.*, *Le Crédit Lyonnais 1863 - 1986*, Geneva, 2003.

"Commercial Banks in 20th Century Switzerland", in Y. Cassis, G. D. Feldman and Olsson U. (eds.), *The Evolution of Financial Institutions and Markets in Twentieth-Century Europe*, Aldershot, 1995.

"Financial elites revisited", in R. Michie and P. Williamson (eds.), *The British Government and the City of London in the Twentieth Century*, Cambridge, 2004.

Cassis, Y. and E. Bussière, *London and Paris as International Financial Centres in the Twentieth Century*, Oxford, 2005.

Cassis, Y., and J. Tanner, *Banques et crédit en Suisse (1850 - 1930)*, Zurich, 1993.

Cassis, Y., G. D. Feldman and U. Olsson (eds.), *The Evolution of Financial Institutions and Markets in Twentieth-Century Europe*, Aldershot, 1995.

Cassis, Y. (ed.), *Finance and Financiers in European History 1880 - 1960*, Cambridge, 1992.

Chadeau, E., *L'économie du risque. Les entrepreneurs 1850 - 1980*, Paris, 1988.

Chancellor, E., *Devil Take the Hindmost. A History of Financial Speculation*, London, 1999.

Chandler, L. V., *Benjamin Strong*, *Central Banker*, Washington, DC, 1958.

Chapman, S. D., *The Rise of Merchant Banking*, London, 1984.

"British-based investment groups before 1914", *Economic History Review*, 38, 2, 1985.

Merchant Enterprise in Britain, Cambridge, 1992.

Chernow, R., *The House of Morgan. An American Banking Dynasty and the Rise of Modern Finance*, London, 1990.

The Warburgs. A Family Saga, London, 1993.

Chlepner, B. S., *Le marché financier belge depuis cent ans*, Brussels, 1930.

Clarke, S. V. O., *Central Bank Cooperation 1924 - 1931*, New York, 1967.

Clarke, W. M., *The City's Invisible Earnings*, London, 1958.

Clay, C., *Gold for the Sultan: Western Bankers and Ottoman Finance, 1856 - 1881. A Contribution to Ottoman and to International Financial History*, London, 2000.

Clay, H., *Lord Norman*, London, 1957.

Cleveland, H. Van B. and T. Huertas, *Citibank 1812 - 1970*, Cambridge, Mass., 1985.

Collins, M., *Money and Banking in the UK. A History*, London, 1988.

Commission Indépendante d'Experts Suisse-Seconde Guerre Mondiale, *La Suisse, le national-socialisme et la Seconde Guerre Mondiale. Rapport final*, Zurich, 2002.

Cope, S. R., *Walter Boyd. A Merchant Banker in the Age of Napoleon*, London, 1983.

Coste, P., *La lutte pour la suprématie financière. Les grands marchés financiers, Paris, London, New York*, Paris, 1932.

Cottrell, P. L., *British Overseas Investment in the Nineteenth Century*, London, 1975.

"Great Britain", in R. Cameron and V. I. Bovykin (eds.), *International Banking 1870 - 1914*, Oxford, 1991.

"A cluster of corporate international banks, 1855 - 1875", *Business History*, *33*, *3*, 1991.

"Silver, gold and the international monetary order 1851 - 1896", in S. N. Broadberry and N. F. R. Crafts (ads.), *Britain in the International Economy*, *1870 - 1939*, Cambridge, 1992.

"Aspects of commercial banking in Northern and Central Europe, 1880 - 1931", in S. Kinsey and L. Newton (eds.), *International Banking in an Age of Transition*, Aldershot, 1998.

"Established connections and new opportunities. London as an international financial centre, 1914 - 1958", in Y. Cassis and E. Bussière (eds.), *London and Paris as International Financial Centres in the Twentieth Century*, Oxford, 2005.

Crafts, N., *British Economic Growth during the Industrial Revolution*, Oxford 1985.

Crafts, N., and G. Toniolo, "Postwar growth: an overview", in N. Crafts and G. Toniolo (eds.), *Economic Growth in Europe since 1945*, Oxford, 1996.

Crick, W. F., and J. E. Wadsworth, *A Hundred Years of Joint Stock Banking*, London, 1936.

Crouzet, F., "Commerce extérieur et empire. L'expérience britannique du libreéchange à la Première Guerre Mondiale", *Annales E. S. C.*, 19, 2, 1964.

L'économie de la Crande-Bretagne victorienne, Paris, 1978.

"Politics and banking in revolutionary and Napoleonic France", in R. Sylla, R. Tilly and G. Tortella (eds.), *The State, the Financial System and Economic Modernization*, Cambridge, 1999.

Daumard, A., *Les fortunes françaises au XIXe siècle*, Paris, 1973.

Davies, H., "Regulation and politics: the need for a new dialogue" Or "A letter to John

Redwood", *Hume Occasional Papers*, 66, 2005.

Davis, L. E., and R. J. Cull, *International Capital Markets and American Economic Growth 1820 - 1914*, Cambridge, 1994.

Davis, L. E., and R. A. Huttenback, *Mammon and the Pursuit of Empire. The Political Economy of British Imperialism, 1860 - 1912*, Cambridge, 1986.

Davis, L. E., and L. Neal, "Micro rules and macro outcomes: the impact of micro structures on the efficiency of security exchanges, London, New York and Paris, 1800 - 1914", *American Economic Review*, 88, 2, 1998.

de Cecco, M., *Money and Empire. The International Gold Standard, 1890 - 1914*, Oxford, 1974.

de Cecco, M., and A. Giovannini (eds.), *A European Central Bank? Perspectives on Monetary Unification after Ten Years of the EMS*, Cambridge, 1989.

de Clercq, G. (ed.), *A la Bourse. Histoire du marché des valeurs en Belgique de 1300 à 1990*, Louvain-la-Neuve, 1992.

De Long, J. B., "Did J. P. Morgan's men add value? An economist's perspective on financial capitalism", in P. Temin (ed.), *Inside the Business Enterprise. Historical Perspectives on the Use of Information*, Chicago and London, 1991.

de Vries, J., and A. van der Woude, *The First Modern Economy. Success, Failure, and Perseverance of the Dutch Economy, 1500 - 1815*, Cambridge, 1997.

Desjardins, B., M. Lescure, R. Nougaret, A. Plessis and A. Straus (eds.), *Le Crédit Lyonnais (1863 - 1986)*, Geneva, 2003.

Deutsche Bundesbank (ed.), *Fifty Years of the Deutsche Mark. Central Bank and the Currency in Germany since 1948*, Oxford, 1999.

Dickhaus, M., *Die Bundesbank im westeuropäischen Wiederaufbau. Die internationale Währungspolitik der Bundesrepublik Deutschland 1948 bis 1958*, Munich, 1996.

"Fostering 'the bank that rules Europe': the Bank of England, the Allied Banking Commission and the Bank deutscher Länder, 1948 - 1951", *Contemporary European History*, 7, 2, 1998.

Dickson, P. G. M., *The Financial Revolution in England. A Study in the Development of Public Credit, 1688 - 1756*, London, 1967.

Diederiks, H. A., and D. Reeder (eds.), *Cities of Finance*, Amsterdam, 1996.

Diouritch, G., *L'expansion des banques allemandes à l'étranger*, Paris. 1909.

Dominguez, K. M., "The role of the yen", in M. Feldstein (ed.), *International Capital Flows*, Chicago, 1999.

Dreyfus, J.-M., "La spoliation des banques juives: Trois études de cas," in M. Margairaz (ed.), *Banques, Banque de France et Seconde Guerre mondiale*, Paris, 2002.

Duffey, G., and I. H. Giddy, *The International Money Market*, New York, 1978.

Dufourcq-Lagelouse, L., *Les banques étrangères en France*, Paris, 1922.

Dulles, E. L., *The Bank for International Settlements at Work*, New York, 1932.

Dupont-Ferrier, A., *Le marché financier de Paris sous le Second Empire*, Paris, 1925.

Edwards, J., and K. Fischer, *Banks, Finance and Investment in Germany*, Cambridge, 1994.

Edwards, J., and S. Ogilvie, "Universal banks and German industrialization: a reappraisal", *Economic History Review*, 49, 3, 1996.

Ehrsam, P., "Die Bankenkrise der 30er Jahre in der Schweiz", in Eidgenössische Bankenkommission (ed.), *50 Jahre eidgenössische Bankenaufsicht*, Zurich, 1985.

Eichengreen, B., *Golden Fetters. The Gold Standard and the Great Depression 1919 - 1939*, Oxford, 1995.

Eichengreen, B., *Globalizing Capital. A History of the International Monetary System*, Princeton, 1996.

Eichengreen, B. (ed.), *Europe's Post-war Recovery*, Cambridge, 1995.

Eichengreen, B., and M. Flandreau, "The geography of the gold standard", in J. Braga de Macedo, B. Eichengreen and J. Reis (eds.), *Currency Convertibility. The Gold Standard and Beyond*, London, 1996.

The Gold Standard in Theory and History, New York, 1997.

Einaudi, L., *Money and Politics. European Monetary Unification and the International Gold Standard (1865 - 1873)*, Cambridge, 2001.

Einzig, P., *The Fight for Financial Supremacy*, London, 1931.

Eken, S., "Integration of domestic and international financial markets: the Japanese experience", *International Monetary Fund Staff Papers*, 33, 3, 1984.

Eldem, E., *A History of the Ottoman Bank*, Istanbul, 1999.

Emden, P., *Money Powers of Europe in the Nineteenth and Twentieth Centuries*, London, 1938.

Feiertag, O., "La Banque de France et les problémes monétaires européens de la Conférence de Gênes à la création de la B. R. I. (1922 - 1930)", in E. Bussière and M. Dumoulin (eds.), *Milieux économiques et intégration européenne en Europe occidentale au XXe siècle*, Arras, 1998.

"Le Crédit Lyonnais et le Trésor public dans l'entre-deux-guerres: les ressorts de l'économie d'endettement du XXe siécle", in B. Desjardins *et al*. (ed.), *Le Crédit Lyonnais 1863 - 1986*, Geneva, 2003.

"The international opening - up of the Paris Bourse: overdraft-economy curbs and market dynamics", in Y. Cassis and E. Bussière (eds.), *London and Paris as International Financial Centres in the Twentieth Century*, Oxford, 2005.

Feiertag, O., and M. Margairaz (eds.), *Politiques et pratiques des banques d'emission en Europe (XVII-XXe siècle)*, Paris, 2003.

Feiertag, O., and P. Martin-Aceña, "The delayed modernization of the Central Banks of France and Spain in the twentieth century", in C.-L. Holtfrerich, J. Reis and G. Toniolo (eds.), *The Emergence of Modern Central Banking from 1918 to the Present*, Aldershot, 1999.

Feinstein, C. H. and K. Watson, "Private international capital flows in Europe in the inter-war period", in C. H. Feinstein (ed.), *Banking, Currency and Finance in Europe Between the Wars*, Oxford, 1995.

Feinstein, H., P. Temin and G. Toniolo, *The European Economy Between the Wars*, Oxford, 1997.

Feinstein, H. (ed.), *Banking, Currency and Finance in Europe Between the Wars*, Oxford, 1995.

Feis, H., *Europe the World's Banker, 1870–1914*, New York, 1961.

Feldman, G. D., "Banks and banking in Germany after the First World War. Strategies of defence", in Y. Cassis (ed.), *Finance and Financiers in European History, 1880–1960*, Cambridge, 1992.

"The Deutsche Bank from world war to world economic depression 1914–1933", in L. Gall *et al.*, *The Deutsche Bank 1870–1995*, London, 1995.

The Great Disorder. Politics, Economics, and Society in the German Inflation, 1914–1924, Oxford, 1997.

Ferguson N., *The World's Banker. The History of the House of Rothschild*, London, 1998.

The Cash Nexus. Money and Power in the Modern World 1700–2000, London, 2001.

"The City of London and British imperialism: new light on a old question", in Y. Cassis and E. Bussière (eds.), *London and Paris as International Financial Centres in the Twentieth Century*, Oxford, 2005.

FT Global 500, 27 May 2004.

Fior, M., *Les banques suisses, le franc et l'Allemagne. Contribution à l'histoire de la place financière suisse (1924–1945)*, Geneva, 2002.

Flandreau, M., "Central bank cooperation in historical perspective: a sceptical view", *Economic History Review*, 50, 4, 1997.

"The economics and politics of monetary unions: a reassessment of the Latin Monetary

Union, 1865 - 1871", *Financial History Review*, 7, 1, 2000.

"Le service des Etudes financières sous Henri Germanin (1871 - 1905): une macro-économie d'acteurs", in B. Desjardins et al. (eds.), *Le Crédit Lyonnais 1863 - 1986*, Geneva, 2003.

Flandreau, M., and Gallice, F., "Paris, London and the international money market: lessons from Paribas, 1885 - 1913", in Y. Cassis and E. Bussière (eds.), *London and Paris as International Financial Centres in the Twentieth Century*, Oxford, 2005.

Flandreau, M., and D. Zumer, *The Making of Global Finance 1880 - 1913*, OECD, 2004.

Franke, D., "Internationale Finanzplätze. Rivalen oder Partner?", *Die Bank*, April 2002.

Franke, G., "The Bundesbank and financial markets", in Deutsche Bundesbank (ed.), *Fifty Years of the Deutsche Mark. Central Bank and the Currency in Germany since 1948*, Oxford, 1999.

Fremdling, R., "Railroads and German economic growth: a leading sector analysis with a comparison to the United States and Great Britain", *Journal of Economic History*, 37, 3, 1977.

Friedman, M., and A. J. Schwartz, *A Monetary History of the United States 1867 - 1960*, Princeton, 1963.

Fry, R. (ed.), *A Banker's World. The Revival of the City 1957 - 1970. The Speeches and Writings of Sir George Bolton*, London, 1970.

Fulford, R., *Glyn's 1753 - 1953. Six Generations in Lombard Street*, London, 1953.

Galbraith, J. K., *The Great Crash, 1929*, Boston, 1954.

Gall, L., G. D. Feldman, H. James, C.-L Holtfrerich, and H. E. Büschgen, *The Deutsche Bank 1870 - 1975*, London, 1995.

Gallant, P., *The Eurobond Market*, Cambridge, 1988.

Gallice, F., "Le Credit Lyonnais à Londres 1870 - 1939", in B. Desjardins *et al* (eds.), *Le Crédit Lyonnais, 1863 - 1986*, Geneva, 2003.

Geisst, C. R., *Wall Street. A History*, Oxford, 1997.

Gibb, D. E. W., *Lloyd's of London. A Study in Individualism*, London, 1957.

Gille, B., *La banque et le crédit en France de 1815 à 1848*, Paris, 1959.

Histoire de la maison Rothschild, vol. 1, Des origines à 1848, Geneva, 1965.

Histoire de la Maison Rothschild, vol. II: 1848 - 1870, Geneva, 1967.

Girard, L., *La politique des travaux publics sous le Second Empire*, Paris, 1952.

Girault, R., and M. Lévy-Leboyer (eds.), *Le Plan Marshall et le relèvement économique de l'Europe*, Paris, 1993.

Gömmel, R., "Entstehung und Entwicklung der Effektenbörse im 19. Jahrhundert bis 1914", in H. Pohl (ed.), *Deutsche Börsengeschichte*, Frankfurt am Main, 1992.

Goodhart, C. A. E., *The Business of Banking, 1891 – 1914*, London, 1972.

Gourvish, T., *Railways and the British Economy 1830 – 1914*, London and Basingstoke, 1980.

Guex, S., *La politique monétaire et financière de la Confédération Suisse 1900 – 1920*, Lausanne, 1993.

"The origins of the Swiss Banking secrecy law and its repercussions for Swiss federal policy", in *Business History Review*, 74, 2000.

Halévy, E., *Histoire du people anglais au XIXe siècle, Epilogue II, Vers la démocratie sociale et vers la guerre (1905 – 1914)*, Paris, 1932.

Hall, A. R., *The London Capital Market and Australia, 1870 – 1914*, Canberra, 1963.

Hall, P. A., and D. Soskice (eds.), *Varieties of Capitalism*, Oxford, 2001.

Hardach, G., *The First World War 1914 – 1918*, London, 1977.

Henning F.-W., "Börsenkrisen und Börsengesetzgebung von 1914 bis 1945 in Deutschland", in *Deutsche Börsengeschichte*, Frankfurt am Main, 1992.

Hertner P., "Les sociétés financières suisses et le développement de l'industrie électrique jusqu'à la Première Guerre mondiale", in F. Cardot (ed.), *1880 – 1980. Un siècle d'électricité dans le monde*, Paris, 1987.

"German banks abroad before 1914", in G. Jones (ed.), *Banks as Multinationals*, London, 1990.

Hilferding, R., *Finance Capital: A Study of the Latest Phase of Capitalist Development*, London, 1981; 1st edn, Vienna, 1910.

Hirsch, A., "Les objectifs de la loi sur les banques", in Eidgenossische Bankenkommission, *50 Jahre eidgenossische Bankenaufsicht*, Zurich, 1987.

Hobsbawm, E. J., *The Age of Revolution 1789 – 1848*, London, 1962.

Age of Extremes. The Short Twentieth Century 1914 – 1991, London, 1994.

Hobson, D., *The National Wealth. Who Gets What in Britain?*, London, 1999.

Hobson, J. A., *Imperialism: A Study*, London, 1902.

Hoffman, P., G. Postel-Vinay and J.-L. Rosenthal, *Des marchés sans prix. Une économie politique du crédit à Paris, 1660 – 1870*, Paris, 2001.

Hogan, M. J., *The Marshall Plan. America, Britain, and the Reconstruction of Western Europe, 1947 – 1952*, Cambridge, 1987.

Holmes, A. R., and E. Green, *Midland 150 Years of Banking Business*, London, 1986.

Holtfrerich, C.-L., "The monetary unification process in 19th century Germany: relevance and lessons for Europe today", in M. de Cecco and A. Giovannini (eds.), *A European Central Bank? Perspectives on Monetary Unification after Ten Years of the EMS*, Cambridge, 1989.

"The Deutsche Bank 1945 - 1957: war, military rule and reconstruction", in L. Gall *et al.*, *The Deutsche Bank 1870 - 1995*, London, 1995.

Frankfurt as a Financial Centre. From Medieval Trade Fair to European Banking Centre, Munich, 1999.

Holtfrerich, C.-L., J. Reis and G. Toniolo (eds.), *The Emergence of Modern Central Banking from 1918 to the Present*, Aldershot, 1999.

Homer, S., and R. Sylla, *A History of Interest Rates*, 3rd ed., Revised with a Foreword by H. Kaufman, New Brunswick, 1996.

Hoshi, T., and A. K. Kashyap, *Corporate Financing and Governance in Japan. The Road to the Future*, Cambridge, Mass., 2001.

Houtman-De-Smedt, H., "Société Générale from 1822 to 1848: from 'Bank of the Crown Lands' to 'mixed-type bank'", in H. van der Wee (ed.), *The Generale Bank 1822 - 1897*, Tielt, 1997.

Houwink ten Cate, J., "Amsterdam als Finanzplatz Deutschlands (1919 - 1923)", in G. D. Feldman *et al.* (eds.), *Konsequenzen der Inflation*, Berlin, 1989.

Howson, S., *Domestic Monetary Management in Britain, 1919 - 1939*, Cambridge, 1975.

Huertas, T., "U. S. multinational banking: history and prospects", in G. Jones (ed.), *Banks as Multinationals*, London, 1990.

Iklé, M., *Die Schweiz als internationaler Bank- und Finanzplatz*, Zurich, 1970.

IMF, *International Monetary Statistics*, Washington, DC, 1981.

Imlah A., "British balance of payments and the export of capital, 1816 - 1913", *Economic History Review*, 2nd ser., 2, 1952.

James H., "The causes of the German banking crisis of 1931", *Economic History Review*, 38, 1984.

The Reichsbank and Public Finance in Germany 1924 - 1933, Frankfurt, 1985.

The German Slump. Politics and Economics 1924 - 1936, Oxford, 1986.

"Banks and bankers in the German interwar depression", in Y. Cassis (ed.), *Finance and Financiers in European History, 1880 - 1960*, Cambridge, 1992.

"The Deutsche Bank and the dictatorship 1933 - 1945", in L. Gall *et al.*, *The Deutsche Bank 1870 - 1995*, London, 1995.

International Monetary Cooperation since Bretton Woods, New York and Oxford, 1996.

"The Reichsbank 1876 - 1945", in Deutsche Bundesbank (ed.), *Fifty Years of the Deutsche Mark. Central Bank and the Currency in Germany since 1948*, Oxford, 1999.

"Strukturwandel im Kriegs-und Kriszeiten 1914 - 1945", in H. Pohl (ed.), *Geschichte des Finanzplatzes Berlin*, Frankfurt, 2002.

James, J., *Money and Capital Markets in Postbellum America*, Princeton, 1978.

Jao, Y. C., "Hong Kong as an international financial centre: evolution and prospects", in *The Asian NIEs: Success and Challenge*, Hong Kong, 1983.

Jeanneney, J.-N., *Leçon d'histoire pour une gauche au pouvoir. La faillite du Cartel 1926 - 1926*, Paris, 1977.

L'argent caché. Milieux d'affaires et pouvoir politique dans la France du XXe siècle, Paris, 1981.

Jenks, L. H., *The Migration of British Capital to 1875*, New York, 1927.

Jöhr, W. A., *Schweizerische Kreditanstalt 1856 - 1956*, Zurich, 1956.

Jollife, M. F., *The United States as a Financial Centre 1919 - 1933*, Cardiff, 1935.

Jones, C. A., *International Business in the Nineteenth Century. The Rise and Fall of a Cosmopolitan Bourgeoisie*, New York, 1987.

Jones, G., "Lombard Street on the Riviera: The British clearing banks and Europe, 1900 - 1960", *Business History*, 24, 1982.

"International financial centres in Asia, the Middle East and Australia: a historical perspective", in Y. Cassis (ed.), *Finance and Financiers in European History 1880 - 1960*, Cambridge, 1992.

British Multinational Banking 1830 - 1990, Oxford, 1993.

The Evolution of International Business, London, 1996.

Merchants to Multinationals. British Trading Companies in the Nineteenth and Twentieth Centuries, Oxford, 2000.

Multinationals and Global Capitalism from the Nineteenth to the Twenty - first Century, Oxford, 2005.

(ed.), *Banks as Multinationals*, London, 1990.

Jonker, J., "Spoilt for choice? Banking concentration and the structure of the Dutch capital market, 1900 - 1940", in Y. Cassis, G. D. Feldman, and U. Olsson (eds.), *The Evolution of Financial Institutions and Markets in Twentieth Century Europe*, Aldershot, 1995.

Merchants, Bankers, Middlemen. The Amsterdam Money Market during the First Half of the 19th Century, Amsterdam, 1996.

Jonker, J. and Sluyterman, K., *At Home on the World Markets. Dutch International Trading Companies from the 16th Century until the Present*, La Haye, 2000.

Joslin, D. M., "London private bankers, 1720 - 1785", *Economic History Review*, 7, 1954.

A Century of Banking in Latin America, London, 1963.

Journal of the Institute of Bankers, 1904.

Jung, J., *Von der Schweizerischen Kreditanstalt zur Credit Suisse Group. Eine Bankengeschichte*, Zurich, 2000.

Kasuya, M. (ed.), *Coping with Crisis. International Financial Institutions in the Interwar Period*, Oxford. 2003.

Kaufmann, E., *La banque en France*, Paris, 1914.

Kelly, J., *Bankers and Borders. The Case of American Banks in Britain*, Cambridge, Mass., 1977.

Kennedy, P., *The Rise and Fall of the Great Powers*, London, 1988.

Kerr, I., *A History of the Eurobond Market. The First 21 Years*, London, 1984.

Keynes, J. M., *The Economic Consequences of the Peace*, London, 1919.

The Economic Consequences of Mr. Churchill, London, 1925.

Kindleberger, C. P., "European economic integration and the development of a single financial center for long-term capital", *Weltwirtschaftliches Archiv*, 90, 2, 1963.

The World in Depression 1929 - 1939, London, 1973.

"The formation of financial centers", *Princeton Studies in International Finance*, 36, 1974.

Manias, Panics and Crashes. A History of Financial Crises, London, 1978.

A Financial History of Western Europe, 2nd edn, New York, 1993.

King, W. T. C., *A History of the London Discount Market*, London, 1936.

Kinsey, S. and L. Newton, *International Banking in an Age of Transition*, Aldershot, 1998.

Kirby, M. W., *Men of Business and Politics. The Rise and Fall of the Quaker Pease Dynasty of North-East England, 1700 - 1943*, London, 1984.

König, M., *Interhandel. Die Schweizerische Holding der IG Farben und ihre Metamorphosen (1910 - 1999)*, Zurich, 2001.

Kopper, C., *Zwischen Marktwirtschaft und Dirigismus. Bankenpolitik im "Dritten Reich" 1933 - 1939*, Bonn, 1995.

Kunz, D. B., *The Battle for Britain's Gold Standard in 1931*, London, 1987.

Kurgan-van Hentenryk, G., "Finance and financiers in Belgium, 1880 - 1914", in Y. Cassis (ed.), *Finance and Financiers in European History 1880 - 1960*, Cambridge, 1992.

Gouverner la Générale de Belgique. Essai de biographie collective, Bruxelles, 1996.

"The Société Générale, 1850 - 1934", in H. Van der Wee (ed.), *The Generale Bank 1822 - 1997*, Tielt, 1997.

Kurgan-van Hentenryk, G., S. Jaumain, and V. Montens (eds.), *Dictionnaire des patrons en Belgique. Les hommes, les entreprises, les réseaux*, Bruxelles, 1996.

Kynaston, D., "The London Stock Exchange, 1870 - 1914: an institutional history", Ph. D. diss., University of London, 1983.

The City of London. Vol. I: A World of its Own, 1815 - 1890, London, 1994.

The City of London, Vol. II: Golden Age, 1890 - 1914, London, 1995.

LIFFE: A Market and its Makers, Cambridge 1997.

The City of London, Vol. III: Illusions of Gold 1914 - 1945, London, 1999.

The City of London, Vol. IV: A Club No More 1945 - 2000, London, 2001.

"La Suisse, place financière", *Cahier SBS*, 6, 1975.

Lambelet, J.-C., and A. Mihailov, "Le poids des places financières suisse, genevoise et lémanique", Institut "Créa" de macroéconomie appliquée, Université de Lausanne, 2001.

Landes, D., "Vieille banque et banque nouvelle: la révolution bancaire du XIXe siècle", *Revue d'histoire moderne et contemporaine*, 3, 1956.

Bankers and Pashas. International Finance and Economic Imperialism in Egypt, Cambridge, Mass., 1958.

Larre, R., "Le développement du rôle de Paris dans le marché international des capitaux: Paris, place financière internationale", 13 juillet 1966, Archives privèes Larre, Comité pour l'histoire éonomique et financière, 46 p. dactylogr.

Laufenburger, H., *Les banques françaises*, Paris, 1940.

Lazonick, W., and M. O'Sullivan, "Finance and industrial development: evolution to market control. Part I: The United States and the United Kingdom", *Financial History Review*, 4, 1, 1997.

"Finance and industrial development: evolution to market control. Part II: Japan and Germany", *Financial History Review*, 4, 2, 1997.

Lessard, D. R., "Singapore as an international financial centre", in R. Roberts (ed.), *Offshore Financial Centres*, Aldershot, 1994.

Lévy-Leboyer, M., *Les banques européennes et l'industrialisation internationale dans la première moitié du XIXe siècle*, Paris, 1964.

"La balance des paiements et l'exportation des capitaux français", in Lévy - Leboyer (ed.), *La position internationale de la France. Aspects économiques et sociaux*, Paris, 1977.

Lévy-Leboyer, M. (ed.), *La position internationale de la France. Aspects économique et financiers, XIXe-XXe siècles*, Paris, 1977.

Lindert, P. H., *Key Currencies and Gold 1900 - 1913*, Princeton, 1969.

Lüthy, H., *La banque protestante en France de la Révocation de l'Edit de Nantes à la Révolution française*, 2 vols., Paris, 1959 - 1961.

Luxembourg, an International Financial Centre, Luxembourg, 1972.

Lysis, Contre l'oligarchie financière en France, Paris, 1907.

Maddison, A., *Dynamic Forces in Capitalist Development. A Long-Run Comparative View*, Oxford, 1991.

Margairaz, M., "La Banque de France et l'occupation", in M. Margairaz (eds.), *Banques, Banque de France et Seconde Guerre mondiale*, Paris, 2002.

(ed.), *Banques, Banque de France et Seconde Guerre mondiale*, Paris, 2002.

Marguerat P., *La Suisse face au IIIe Reich. Réduit national et dissuasion économique*, Lausanne, 1991.

"Banques mixtes et grandes entreprises industrielles en Allemagne, 1880 - 1913: du mythe à l'antimythe", in P. Marguerat, L. Tissot and Y. Froidevaux (eds.), *Banques et entreprises industrielles en Europe de l'Ouest, XIXe-XXe siècles. Aspects nationaux et régionaux*, Geneva, 2000.

Marguerat, P., L. Tissot, and Y. Froidevaux (eds.), *Banques et entreprises industrielles en Europe de l'Ouest, XIXe-XXe siècles. Aspects nationaux et régionaux*, Geneva, 2000.

Marnata, F., *La Bourse et le financement des investissements*, Paris, 1973.

Marseille, J., *Empire colonial et capitalisme français. Histoire d'un divorce*, Paris, 1984.

Marshall, M., *The Bank*, London, 1999.

Martin, R., *Das Jahrbuch der Millionäire Deutschlands*, Berlin, 1913.

Mast, H. J., "La Suisse place financière: bénédiction ou malediction?", *Cahiers du Crédit Suisse*, 42, March 1977.

Mayer, A. J., *The Persistence of the Old Regime. Europe to the Great War*, London, 1981.

Mazbouri, M., *L'émergence de la place financière suisse (1890 - 1913)*, Lausanne, 2005.

McKay, J. P., "The House of Rothschild (Paris) as a multinational industrial enterprise: 1875-1914", in A. Teichova, M. Lévy-Leboyer and H. Nussbaum (eds.), *Multinational Enterprise in Historical Perspective*, Cambridge, 1986.

McRae, H. and, F. Cairncross, *Capital City. London as a Financial Centre*, 1st edn, London, 1973; 2nd edn, London, 1984.

Mensbrugghe, J., "Foreign issues in Europe", *International Monetary Fund Staff Papers*, 11, 1964.

Meuleau, M., *Des Pionniers en Extrême-Orient. Histoire de la Banque de l'Indochine (1875-1975)*, Paris, 1989.

Michie, R., *The London and New York Stock Exchanges 1870-1914*, London, 1987.

The City of London. Continuity and Change, 1850-1990, Basingstoke and London, 1992.

"The invisible stabilizer: asset arbitrage and the international monetary system since 1700", *Financial History Review*, 5, 1, 1998.

The London Stock Exchange. A History, Oxford, 1999.

Michie, R. and Williamson, P. (eds.), *The British Government and the City of London in the Twentieth Century*, Cambridge, 2004.

Milward, A. S., *War, Economy and Society 1939-1945*, London, 1977.

Moggridge, D. E., *British Monetary Policy, 1924-1931*, Cambridge, 1972.

Moreau, E., *Souvenirs d'un gouverneur de la Banque de France. Histoire de la stabilisation du franc (1926-1928)*, Paris, 1954.

Mosse, W. E., *Jews in the German Economy. The German-Jewish Economic Elite 1820-1935*, Oxford, 1987.

Mottet, L., *Regards sur l'histoire des banques et banquiers genevois*, Geneva, 1982.

Mouré, K., *La politique du franc Poincaré (1926-1936)*, Paris, 1998.

Myers, M., *The New York Money Market, Vol. I, Origins and Development*, New York, 1931.

Paris as a Financial Centre, London, 1936.

Nadler, M., S. Heller and S. Shipman, "New York as an international financial center", in *The Money Market and its Institutions*, New York, 1955.

Neal, L., "Trust companies and financial innovation, 1897-1914", *Business History Review*, 45, 1, 1971.

"Integration of international capital markets: quantitative evidence from the eighteenth to the twentieth centuries", *Journal of Economic History*, 45, 2, 1985.

The Rise of Financial Capitalism. International Capital Markets in the Age of Rea-

son, Cambridge, 1990.

"How it all began: the monetary and financial architecture of Europe during the first global capital markets, 1648 - 1815", *Financial History Review*, 7, 2, 2000.

Neue Deutsche Biographie, Berlin, 1952.

O'Sullivan, M., *Contests for Corporate Control*, Oxford, 2000.

Obstfeld, M. and Taylor, A., "Globalization and capital markets", in M. Bordo, A. Taylor and J. Williamson (eds.), *Globalization in Historical Perspective*, Chicago, 2003.

Global Capital Markets. Integration, Crisis and Growth, Cambridge, 2004.

OCDE, *International Capital Markets Statistics*, *1950 - 1995*, Paris, 1996.

Orbell, J., *Baring Brothers & Co., Limited. A History to 1939*, London, 1985.

Orsingher, R., *Les banques dans le monde*, Paris, 1964.

Paquier, S., "Banques, sociétés financières, industrie électrique de 1895 à 1914", in Y. Cassis and J. Tanner (eds.), *Banques et credit en Suisse* (*1850 - 1930*), Zurich, 1993.

Histoire de l'électricité en Suisse. La dynamique d'un petit pays européen 1875 - 1939, Geneva, 1998.

"Swiss holding companies from mid-nineteenth century to the early 1930s: the forerunners and subsequent waves of creation", *Financial History Review*, 8, 2, 2001.

Park, Y. S., "A comparison of Hong Kong and Singapore as Asian financial Centres", in P. D. Grub *et al.* (eds.), *East Asia Dimension of International Business*, Sydney, 1982.

Perkins, E., *Wall Street to Main Street. Charles Merrill and Middle-Class Investors*, Cambridge, 1999.

Perrenoud, M. and R. Lopez, *Aspects des relations financières franco-suisses* (*1936 - 1946*), Zurich, 2002.

Perrenoud, M. *et al.*, *La place financière et les banques suisses à l'époque du nationalsocialisme*, Zurich, 2002.

Pictet & Cie 1805 - 1855, Geneva, 1955.

Plessis A., *Régents et gouverneurs de la Banque de France sous le Second Empire*, Geneva, 1985.

La politique de la Banque de France de 1851 à 1870, Geneva, 1985.

"Le développement des activités financières à Paris au XIXe siècle", in H. A. Diederiks and D. Reeder (eds.), *Cities of Finance*, Amsterdam, 1996.

"Les grandes banques de dépôts et l'occupation", in M. Margairaz (ed.), *Banques*,

Banque de France et Seconde Guerre mondiale, Paris, 2002.

"La création de la Banque de France et la genèse des banques nationales d'émission en Europe au XIXe siècle", in O. Feiertag and M. Margairaz (eds.), *Politiques et pratiques des banques d'émission en Europe (XVIIe-XXe siècle)*, Paris, 2003.

"When Paris dreamt of competing with the City...", in Y. Cassis and E. Bussière (eds.), *London and Paris as International Financial Centres in the Twentieth Century*, Oxford, 2005.

Pohl, H. (ed.), *Deutsche Börsengeschichte*, Frankfurt am Main, 1992.

Geschichte des Finanzplatzes Berlin, Frankfurt, 2002.

Pollard, S., *The Development of the British Economy, 1914 - 1980, 3rd* edn., London, 1983.

"Capital exports, 1870 - 1914: harmful or beneficial?" *Economic History Review*, 38, 4, 1985.

Pollard, S., *Britain's Prime and Britain's Decline. The British Economy 1870 - 1914*, London, 1989.

Pollard, S. (ed.), *The Gold Standard and Employment Policies between the Wars*, London, 1970.

Porter, M., *The Competitive Advantage of Nations*, London, 1990.

Powell, E. T., *The Evolution of the Money Market*, London, 1915.

Presnell, L. S., "Gold reserves, banking reserves and the Baring Crisis of 1890", in C. R. Whittlessey and J. S. G. Wilson (eds.), *Essays in Money and Banking in Honour of R. S. Sayers*, London, 1968.

Presnell, L. S. (ed.), *Money and Banking in Japan*, London, 1973.

Price, J. M., "What did merchants do? Reflections on British overseas trade, 1660 - 1790", *Journal of Economic History*, 49, 2, 1989, 267 - 284.

Quelles places financières pour demain?, *Revue d'économie financière*, special edn, 57, 1999.

Quennouëlle-Corre, L., *La direction du Trésor, 1947 - 1967. L'État-banquier et la croissance*, Paris, 2000.

Rappoport, P. and White, E., "Was the crash of 1929 expected?" *American Economic Review*, 84, 1, 1994.

Raymond, R., *L'euro et l'unité monétaire de l'Europe*, Paris, 2001.

Reed, H. C., *The Preeminence of International Financial Centers*, New York, 1981.

"The ascent of Tokyo as an international financial center", *Journal of International*

Business Studies, 11, 3, 1990.

Reis, J. (ed.), *International Monetary Systems in Historical Perspective*, Basingstoke, 1995.

Reitmayer, M., *Bankiers im Kaiserreich. Sozialprofil und Habitus der deutschen Hochfinanz*, Göttingen, 1999.

Ribeill, G., *La révolution ferroviaire. La formation des compagnies de chemins de fer en France (1823 – 1870)*, Paris, 1993.

Riesser, J., *Zur Entwicklung der deutschen Grossbanken mit besonderer Rücksicht auf die Konzentrationbestrebungen*, Jena, 1906.

Riley, J. C., *International Government Finance and the Amsterdam Capital Market, 1740 – 1815*, Cambridge, 1980.

Ritschl, A., *Deutschlands Krise und Konjunktur. Binnenkonjunktur, Auslandsverschuldung und Reparationsproblem zwischen Dawes-Plan und Transfersperre 1924 – 1934*, Berlin, 2002.

Ritzmann, F., *Die Schweizer Banken. Geschichte, Theorie, Statistik*, Bern and Stuttgart, 1973.

Rivoire, J., *Le Crédit Lyonnais. Histoire d'une banque*, Paris, 1989.

Roberts, P., "Benjamin Strong, the Federal Reserve and the limits to interwar American nationalism", Federal Reserve Bank of Richmond, *Economic Quarterly*, 86, 2, 2000.

Roberts, R., *Schroders. Merchants & Bankers*, Basingstoke and London, 1992. "What's in a name? Merchants, merchant bankers, accepting houses, issuing houses, industrial bankers and investment bankers", *Business History*, 35, 3, 1993.

Inside International Finance, London. 1998.

Take Your partners. Orion, the Consortium Banks and the Transformation of the Euromarkets, Basingstoke, 2001.

Wall Street, London, 2002.

The City, London, 2004.

Roberts, R. and Kynaston, D., *City State. How the Markets Came to Rule our World*, London, 2001.

Roberts, R. (ed.), *International Financial Centres*, 4 vols., Aldershot, 1994.

Rosenbaum, R., and A. J. Sherman, *M. M. Warburg & Co. 1798 – 1938. Merchant Bankers of Hamburg*, London, 1979.

Ross, D., "European banking clubs in the 1960s: a flawed strategy", *Business and Economic History*, 27, 1998.

"Clubs and consortia: European banking groups as strategic alliances", in S. Battilossi and Y. Cassis (eds.), *European Banks and the American Challenge. Competition and Cooperation in International Banking under Bretton Woods*, Oxford, 2002.

Rubinstein, W. D., "Introduction", in W. D. Rubinstein (ed.), *Wealth and the Wealthy in the Modern World*, London, 1980.

Men of Property, London, 1981.

Sabouret, A., *MM Lazard Frères et Cie. Une Saga de la fortune*, Paris, 1987.

Sampson, A., *The Money Lenders*, London, 1981.

Sancey, Y., "Place financière suisse et émergence d'une régulation para-étatique durant l'Entre-deux-guerres", in S. Guex *et al.* (eds.), Krisen und Stabilisierung. *Die Schweiz in der Zwischenkriegszeit*, Zurich, 1998.

Sassen, S., *The Global City. New York, London, Tokyo*, Princeton, 2001.

Saul, S. B., *Studies in British Overseas Trade, 1870 - 1914*, Liverpool, 1960.

Saul, S., "Banking alliances and international issues on the Paris capital market, 1890 - 1914", in Y. Cassis and E. Bussière (eds.), *London and Paris as International Financial Centres in the Twentieth Century*, Oxford, 2005.

Sauvy, A., *Histoire économique de la France entre les deux guerres*, 3 vols., Paris, 1984.

Sayers, R. S., *Bank of England Operations 1890 - 1914*, London, 1936.

Lloyds Bank in the History of English Banking, Oxford, 1957.

The Bank of England 1891 - 1944, 3 vols., Cambridge, 1976.

Scammel, W. M., *The London Discount Market*, London, 1968.

Schenk, C., *Britain and the Sterling Area. From Devaluation to Convertibility in the 1950s*, London, 1994.

"The origins of the Eurodollar market in London, 1955 - 1963", *Explorations in Economic History*, 35, 1998.

Hong Kong as an International Financial Centre. Emergence and Development, 1945 - 1965, London, 2001.

"International financial centres, 1958 - 1971: competitiveness and complementarity", in S. Battilossi and Y. Cassis (eds.), *European Banks and the American Challenge. Competition and Cooperation in International Banking under Bretton Woods*, Oxford, 2002.

Scholey, D., "Essential features of international financial centres", in Swiss Bankers' Association, *International Financial Centres: Structure, Achievements and Prospects, Proceedings of the 40th International Summer School*, Interlaken/ Basle, 1987.

Schuker, S. A., *The End of French Predominance in Europe. The Financial Crisis of 1924 and the Adoption of the Dawes Plan*, Chapel Hill, 1976.

Seitz, J. , *Histoire de la Banque à Genève*, Geneva, 1931.

Simon, M. , "The pattern of new British portfolio foreign investment, 1865 - 1914", in A. R. Hall (ed.), *The Export of Capital from Britain, 1870 - 1914*, London, 1968.

Smith, G. D. , and R. Sylla, "Wall Street and the U. S. capital markets in the twentieth century", in *Financial Markets, Institutions and Instruments*, 1993.

"Capital markets," in S. Kutler *et al.* (eds.), *Encyclopedia of the United States in the Twentieth Century*, vol. III, New York, 1996.

Speck, K. , *Strukturwandlungen und Entwicklungtendenzen im Auslandgeschäft der Schweizerbanken*, Zurich, 1974.

Stern, F. , *Gold and Iron. Bismarck, Bleichröder and the Building of the German Empire*, New York, 1977.

Stoskopf, N. , *Banquiers et financiers parisiens*, vol. VII, Les patrons du Second Empire, Paris, 2002.

Strange, S. , *Sterling and British Policy*, London, 1971.

Straus A. , "Structures financières et performances des entreprises industrielles en France dans la seconde moitié du XXe siècle", *Entreprises et Histoire*, 2, 1992.

"The future of Paris as an international centre from the perspective of European integration", in Y. Cassis and E. Bussière (eds.), *London and Paris as International Financial Centres in the Twentieth Century*, Oxford, 2005.

Stürmer, M. , G. Teichmann and W. Treue, *Wägen und Wagen. SaL Oppenhein jr. & Cie. Geschichte einer Bank und einer Familie*, Munich and Zurich, 1989.

Supple, B. , "A business elite: German-Jewish financiers in nineteenth century New York", *Business History Review*, 31, 2, 1957.

The Royal Exchange Assurance. A History of British Insurance 1720 - 1970, Cambridge, 1970.

"Corporate growth and structural change in a service industry: insurance 1870 - 1914", in B. Supple (ed.), *Essays in British Business History*, Oxford, 1977.

Suzuki, T. , *Japanese Government Loan Issues on the London Capital Market 1870 - 1913*, London, 1994.

Sylla, R. , "Shaping the U. S. financial system, 1690 - 1913": the dominant role of public finance', in R. Sylla, R. Tilly and G. Tortella (eds.), *The State, the Financial System and Economic Modernization*, Cambridge, 1999.

"United States banks and Europe: strategy and attitudes", in S. Battilossi and Y. Cassis (eds.), *European Banks and the American Challenge. Competition and Cooperation in International Banking under Bretton Woods*, Oxford, 2002.

Sylla, R., R. Tilly and G. Tortella (eds.), *The State, the Financial System and Economic Modernization*, Cambridge, 1999.

Testis, *Le rôle des établissements de crédit en France*, Paris, 1907.

The Economist, 1843 -.

Thornton, H., *An Inquiry into Paper Credit*, London, 1802.

Tilly, R., "Berlin als preussiches und deutsches Finanzzentrum und seine Beziehungen zu den anderen Zentren in Ost und West", in W. Ribbe and J. Schmädeke (eds.), *Berlin in Europa der Neuzeit*, Berlin, New York, 1990.

"International aspects of the development of German banking", in R. Cameron and V. I. Bovykin (eds.), *International Banking 1870 - 1914*, Oxford, 1991.

Tilman, S., "Portrait collectif de grands banquiers belges Bruxelles-Liège-Anvers (1830 - 1935): contribution à une histoire des élites", Thèse de doctorat, Université Libre de Bruxelles, 2003 - 2004.

Toniolo, G., "Europe's golden age, 1950 - 1973: speculations from a long-run perspective", *Economic History Review*, 51, 2, 1998.

Torres, F., *Banquiers d'avenir. Des comptoirs d'escompte à la naissance de BNP Paribas*, Paris, 2000.

Treue, W., "Das Bankhaus Mendelssohn als Beispiel einer Privatbank im 19. und 20. Jahrhundert", in C. Lowenthal-Hensel, *Mendelssohn Studien. Beiträge zur neueren deutschen Kultur und Wirtschaftsgeschichte*, vol. I, Berlin, 1972.

United Nations, *International Capital Movements during the Interwar Period*, New York, 1949.

Van der Wee, H., and M. Goossens, "Belgium", in R. Cameron and V. I. Bovykin, *International Banking 1870 - 1914*, Oxford, 1991.

Van der Wee, H., and M. van der Wee-Verbreyt, "Belgian banking in the nineteenth and twentieth centuries: the Société Générale and the Générale de Banque (1822 - 1997)", in R. Sylla, R. Tilly and G. Tortella (eds.), *The State, the Financial System and Economic Modernization*, Cambridge, 1999.

Van der Wee, H. (ed.), *The Generale Bank 1822 - 1897*, Tielt, 1997.

Van Helten, J. J., and Y. Cassis (eds.), *Capitalism in a Mature Economy. Financial Institutions, Capital exports and British Industry*, Aldershot, 1990.

Veraghtert, K., "Bruxelles éclipse Anvers. Le centre boursier belge se déplace, *1800 - 1840*", in G. de Clercq (ed.), *A la Bourse. Histoire du marché des valeurs en Bel-*

gique de 1300 à 1990, Louvain-la-Neuve, 1992.

Vilar, P., *Or et monnaie dans l'histoire*, *Paris*, 1974.

Vogler, R., "The genesis of Swiss banking secrecy: political and economic environment", *Financial History Review*, 8, 1, 2001.

Wake, J., *Kleinwort Benson. The History of Two Families in Banking*, Oxford, 1997.

Wellhöner, V., *Grossbanken und Grossindustrie im Kaiserreich*, Göttingen, 1989.

White, E., *The Regulation and Reform of the American Banking System, 1920 – 1929*, Princeton, 1983.

"The stock market boom and crash of 1929 revisited", *Journal of Economic Perspective*, 4, 2, 1990.

"Banking and finance in the twentieth century", in S. L. Engerman and R. E. Gallman (eds.), *The Cambridge Economic History of the United States*, vol. III, *The Twentieth Century*, Cambridge, 2000.

Wilkins, M., "The free-standing company, 1870 – 1914: an important type of British foreign direct investment", *Economic History Review*, 41, 2, 1988.

"Banks over borders: some evidence from their pre – 1914 history", in G. Jones (ed.), *Banks as Multinationals*, London, 1990.

"Cosmopolitan finance in the 1920s: New York's emergence as an international financial centre", in R. Sylla, R. Tilly and G. Tortella (eds.), *The State, the Financial System and Economic Modernization*, Cambridge, 1999.

The History of Foreign Investment in the United States to 1914, Cambridge, Mass., 1st edn, 1989, 2nd edn 2004.

The History of Foreign Investment in the United States, 1914 – 1945, Cambridge, Mass., 2004.

Williamson, P., *National Crisis and National Government: British Politics, the Economy and Empire, 1926 – 1932*, Cambridge, 1992.

Wilson, C., *Anglo-Dutch Commerce and Finance in the Eighteenth Century*, Cambridge, 1941.

Withers, H., *The Meaning of Money*, London, 1910.

"Witness seminar on the origins and early development of the Eurobond market", introduced and edited by Kathleen Burk, *Contemporary European History*, 1, 1, 1992, 65 – 87.

Wixforth, H., "German banks and their business strategies in the Weimar Republic: new findings and preliminary results", in M. Kasuya (ed.), *Coping with Crisis. International Financial Institutions in the Intevwar Period*, Oxford, 2003.

Wixforth, H., and D. Ziegler, "Deutsche Privatbanken und Privatbankiers im 20. Jahrhundert", *Geschichte und Gesellschaft*, 23, 2, 1997.

Worner, M., *La Suisse, centre financier européen*, Argenton, 1931.

Wright, C., and C. E. Fayle, *A History of Lloyds*, London, 1928.

Ziegler, P., *The Sixth Great Power. Barings, 1762–1929*, London, 1988.

Zimmermann, R., *Volksbank oder Aktienbank? Parlamentsdebatten, Referendum und zunehmende Verbandsmacht beim Streit um die Nationalbankgründung 1891–1905*, Zurich, 1987.

索引

Südwestbank，西南银行，217

译后记

重大的地理发现、经济飞跃、制度变革，是怎样促成几百年来全球国际金融中心的变迁？而监管体制是如何推动、适应甚至阻碍潜在的有可能成为国际金融中心城市的发展？中国建设国际金融中心应该如何适应特定的国际经济环境？瑞士日内瓦大学经济史学教授尤瑟夫·凯西斯在其力作《资本之都》中详细地介绍了国际金融中心变迁发展的情况，特别是19世纪后半叶到20世纪上半叶期间，金融中心城市的变迁历史，这些历史演变的过程可以为回答这些问题提供很好的注解。他山之石，可以攻玉，这也是自金德尔伯格的《欧洲金融史》以来，译者见到这方面材料最翔实的专著。希望能让对国际金融中心建设感兴趣的读者，从国际金融中心成长和发展的漫长历史中得到启迪。

2008年全球金融危机之后，世界金融中心的格局发生了怎样的变化？2009年3月，伦敦金融城公布了其委托的专业机构对国际金融中心竞争力评比排名的结果，所有金融中心城市都受到了金融风暴的冲击，无一幸免。虽然前6位金融中心（伦敦、纽约、新加坡、香港、苏黎世、日内瓦）的排名没有变化，但其总评分均下降，而亚洲地区的金融中心城市排名大都下跌。2010年1月，伦敦金融城再次发布全球金融中心指数显示，纽约和伦敦并列全球金融中心榜首，但亚洲金融中心排名总体快速上升，且伦敦、纽约等老牌金融中心的总分与其他金融中心之间的差距持续缩小。迈入后金融危机时代的短短两年内，世界金融中心版图已经发生耐人寻味的变化。

2009年4月，国务院颁布《关于推进上海加速发展现代服务业和先进制造业、建立国际金融中心和国际航运中心的意见》，明确提出到2020年，将上海基本建成与中国经济实力和人民币国际地位相适应的国际金融中心。这一历史性的决定，标志着上海国际金融中心建设迈入实质性阶段。显然，在金融危机的大背景下，上海国际金融中心建设已经成为了一项长期的国家战略。

在2008年全球金融危机中，我国金融部门受到的直接冲击较小。其中一个重要原因，是由于我国金融发展程度和开放度较低，但这不能成为我们应该放慢金融发展与改革开放的理由。在当前我国经济发展中，金融市场产品和工具简单、金融业务发展不足等问题，不仅影响结构调整和资源有效配置，而且也成为影响自主创新和技术进步、消费需求结构提升的障碍之一。因此，在金融危机之后，国家还是要坚持金融领域的改革开放，提高金融发展程度和水平。

从未来发展角度看，百年一遇的金融危机将给世界经济格局、世界金融市场格局带来巨大冲击，国际经济的发展可能进入多极化阶段，中国、俄罗斯、巴西、印度等发展中国家可能会获得更多的世界关注，得到一定的“成长溢价”。历史经验告诉我们，每次大的金融危机之后都会崛起新的金融中心，比如18世纪荷兰“郁金香泡沫”破灭后，伦敦、巴黎等城市相继成为金融中心。此次危机后，老牌的金融中心和新兴市场的金融中心之间的竞争将更加激烈，世界金融活动中心将向东方实现重要的转移。在此背景下，中国要想抓住金融危机所带来的契机，参与国际金融市场“重建”，在世界经济中充当重要角色，就必须要加快国际金融中心建设。

由于金融危机势必引发全球资本市场格局的调整，因此我国在国际金融中心的建设模式上，不应简单参考美国模式或伦敦模式，应仔细研究各主要金融中心的演化路径和历史，结合目前国内的机遇和条件来确定目标模式和突破口。“以史为鉴，可以知兴替。”《资本之都》所描绘的金融中心变迁史，可以为我国建设国际金融中心提供有益的借鉴。

首先，要善于抓住机会谋求国际金融中心的建设与发展。金融中心的崛起很可能只有少数几次机会，错失了这些机会就可能在长期内失去战胜竞争对手的机遇。而且金融中心发展策略必须适应国际经济秩序的变化，历史上多个金融中心兴起和衰落均源于不能迅速应变和坐失良机。《资本之都》中的不少篇幅详细介绍了 19 世纪后期巴黎与伦敦之间的竞争：在 19 世纪时，伦敦更多是贸易中心而非金融中心，当时欧洲大陆铁路网的建设已经为巴黎提供了取代伦敦的机会，但巴黎没有抓住历史性的机遇；同时一系列的政策失误，如在 1878 年之前坚持法郎不可兑换，使得英国银币成为国际清算货币，而贸然终止纸币和贵金属的自由兑换，使得伦敦成为唯一的世界性贵金属市场；对德战败引致的财政赤字，导致法国资本输出能力受限。最近的一次机会是在 20 世纪 60 年代，法国为了利用法郎强势而英镑弱势的有利时机，曾经开放了巴黎金融市场，但 1966 年重新启动的外汇管制，使巴黎重新丧失了这一机遇，并最终成就了伦敦作为欧洲美元业务中心的地位，延续其作为国际金融中心的辉煌。

其次，国际金融中心的发展经验表明，金融中心应该立足成为金融资产和实物资产的定价中心，只有成为资产定价中心和风险管理中心，金融中心的服务链条才能迅速延伸，增强竞争力。现实中可以利用我国贸易大国的地位在贸易金融及相关服务上实现突破，人民币跨境贸易结算业务已经取得了显著进展；同时，在国际货币体系改革的进程中，要大力推进人民币国际化，没有人民币的国际化和更为广泛的使用，我国的金融中心就很难成为国际性的金融中心，要通过人民币国际化有力推动扩大我国金融中心的服务广度和深度。金融危机冲击了美元的国际地位，将相对提升人民币的国际地位。上海应该利用后发优势，同时成为人民币的资本交易中心、资产定价中心、风险管理中心。也就是说，在目标模式上可借鉴伦敦经验，但发展路径上可借鉴美国经验，新加坡政府推动模式的经验也值得学习。人民币地位的提升将对我国国际金融中心的建设产生积极的催化作用，进而夯实上海国际金融中心地位的基础。

此外，金融中心的形成必须具备充分的金融创新空间，要处理好金融监管与金融创新的关系。金融危机让人谈“金”色变，一些金融创新产品更是被夸张地妖魔化，这容易导致金融监管的矫枉过正。但是从建设国际金融中心的目标和监管机制上看，金融创新有助于金融市场功能的发挥，从而更好地服务于实体经济，同时这也是金融中心具有长久生命力的关键。虽然要防止过度投机及金融风险的积累，但对金融创新的矫枉过正亦不利于金融中心的形成和繁荣。

总的来说，在后金融危机时代加快我国国际金融中心的建设步伐，实际上是对我们提出了更高的要求。我们既要设法化解金融危机带来的负面影响，又要从金融危机中吸取经验教训，使金融发展更为稳健，使国际金融中心建设更加稳妥，少走弯路，减少风险。在这个过程中，充分了解过往几百年国际金融中心的演变历史及经验教训，可以为我国建设国际金融中心提供有益的借鉴。这也是译者致力于翻译《资本之都》的初衷。

本人长期在期货市场工作，先后在上海期货交易所、中国金融期货交易所从事金融期货的研究与开发国际交流及战略规划和风险管理工作，对于金融衍生品市场比较熟悉，而金融衍生品是金融中心建设不可或缺的重要内容。放眼全球，伦敦、芝加哥、纽约、巴黎、中国香港、新加坡、法兰克福、悉尼、米兰、马德里、斯德哥尔摩、东京、首尔、中国台湾、吉隆坡、莫斯科、圣保罗、墨西哥城、约翰内斯堡、孟买，这些国际性或区域性的金融中心，没有一个不是重要的衍生品交易、清算中心及风险管理中心！令人欣慰的是，金融危机之后，我国政府决策层高瞻远瞩，充分认识到股指期货作为风险管理工具，在推动资本市场稳步健康发展、增强机构投资者长期持股信心、促进直接融资与间接融资协调发展方面的积极作用，作出了批准股指期货上市交易的英明决策。股指期货，在经过长期艰苦不懈的努力准备之后，终于破茧而出，并实现了从商品期货到金融期货的跨越！2010 年 4 月 16 日，股指期货成功上市，这也是上海建设国际金融中心进程中的重大突破，也拉开了我国金融期货及衍生品市场发展的序幕。随着我国经济规模的进一步增长，金融市场对于风险管理及资产配置的进一步需要，在未来十年，逐渐建立基于股票指数、国债及银行间同业拆放利率、人民币对主要外币汇率、单只股票的期货、期权等金融衍生品市场体系是我们的光荣使命，我们正在开辟一个激动人心的崭新时代！

多年来，本人专注于衍生品的研究与实践，但对于金融中心及其演变的研究，则完全是门外汉。无知者无畏，故而翻译本书只能算是大胆的尝试。感谢中国人民大学出版社马学亮主任、梁硕编辑及中国金融出版社第三图书编辑部戴硕主任对本书出版的鼎力支持。在本书的翻译和校对过程中，上海财经大学金融学院副院长刘莉亚副教授、上海浦东发展银行资金总部资产管理部总经理杨再斌博士、中国金融期货交易所王玮博士等同行与朋友提供了热情帮助和大力支持，在此表示诚挚的感谢！原伦敦金融城中国首席代表刘莹小姐一直致力于推进伦敦金融城和不断成长中的上海国际金融中心的交流合作，也希望上海在建设国际金融中心的过程中能够博采众长、充分借鉴各金融中心的发展经验，故而对本书的翻译也提出了许多宝贵的意见和建议，但她在今年春天突然离我们而去，灿烂的生命之花顷刻间凋谢，令人痛惜不已并深感人生无常。愿以本书的出版，作为对刘莹的永远缅怀和纪念！

最后要感谢我的夫人徐燕燕对我的一贯理解和支持，没有她我将一事无成；还要感谢我亲爱的女儿妞妞，我的上一本书的书稿完成时，她才刚刚降临人世，而在本书出版的时候，她已经在满怀憧憬打算做一名好好学习天天向上的小学生了，每天早晨看着她那张灿烂的笑脸，让一不小心已经步入中年的我感到生活中充满了乐趣和希望！愿生活中的每一天都充满关爱和希望，也祝愿作为东方明珠的上海伴随着伟大中华复兴的节拍，朝着国际金融中心的目标不断迈进！

陈晗

2011 年 6 月 30 日于上海

图书在版编目（CIP）数据

资本之都：国际金融中心变迁史（1780—2009年）/凯西斯著；陈晗译. —北京：中国人民大学出版社，2011

ISBN 978-7-300-14106-0

Ⅰ.①资… Ⅱ.①凯…②陈… Ⅲ.①国际金融中心-经济史 Ⅳ.①F831.9

中国版本图书馆CIP数据核字（2011）第152937号

资本之都——国际金融中心变迁史（1780—2009年）

尤瑟夫·凯西斯 著

陈 晗 译

Zibenzhidu

出版发行	中国人民大学出版社		
社　　址	北京中关村大街31号	**邮政编码**	100080
电　　话	010－62511242（总编室）		010－62511398（质管部）
	010－82501766（邮购部）		010－62514148（门市部）
	010－62515195（发行公司）		010－62515275（盗版举报）
网　　址	http://www.crup.com.cn		
	http://www.ttrnet.com(人大教研网)		
经　　销	新华书店		
印　　刷	三河市汇鑫印务有限公司		
规　　格	185 mm×250 mm 16开本	**版　　次**	2011年11月第1版
印　　张	25.25 插页2	**印　　次**	2011年11月第1次印刷
字　　数	404 000	**定　　价**	58.00元